现代物流系统集成

——方法、实践与思辨

尹军琪 著

中国财富出版社有限公司

图书在版编目（CIP）数据

现代物流系统集成：方法、实践与思辨 / 尹军琪著 .—北京：中国财富出版社有限公司，2020.10（2024.10 重印）

ISBN 978 - 7 - 5047 - 7241 - 1

Ⅰ. ①现…　Ⅱ. ①尹…　Ⅲ. ①物流管理　Ⅳ. ①F252.1

中国版本图书馆 CIP 数据核字（2020）第 173370 号

策划编辑 王　靖　张　茜　　**责任编辑** 庞冰心
责任印制 梁　凡　　**责任校对** 孙丽丽　　**责任发行** 敬　东

出版发行	中国财富出版社有限公司		
社　　址	北京市丰台区南四环西路 188 号 5 区 20 楼	**邮政编码**	100070
电　　话	010 - 52227588 转 2098（发行部）		010 - 52227588 转 321（总编室）
	010 - 52227566（24 小时读者服务）		010 - 52227588 转 305（质检部）
网　　址	http：//www.cfpress.com.cn	**排　　版**	宝蕾元
经　　销	新华书店	**印　　刷**	北京九州迅驰传媒文化有限公司
书　　号	ISBN 978 - 7 - 5047 - 7241 - 1/F · 3206		
开　　本	787mm × 1092mm　1/16	**版　　次**	2020 年 10 月第 1 版
印　　张	19.75	**印　　次**	2024 年 10 月第 7 次印刷
字　　数	421 千字	**定　　价**	56.00 元

序

世间万物都存在于一个或多个系统之中。比如，我们可以把太阳系看作一个系统，该系统由太阳与八大行星及其卫星、矮行星以及其他小天体所构成。作为太阳系中独一无二的地球，目前共有 233 个国家和地区。从系统的视角来看，地球上的人类是地球系统中生存共同体和生命共同体的重要组成部分。各国和地区之间尽管存在国别、制度、种族、信仰等差别，但是共有一个地球、一个太阳和一个月亮。战争、海洋和大气污染、贸易摩擦等都会给世界造成负面影响，这种影响亦是系统性的。物流之所以被视为科学，其原因之一是物流是一个系统，这个系统的活动几乎遍布世界各个角落，凡是有物的位移的地方就有物流活动。物流活动包括运输、装卸、储存保管、包装、搬运、拣选、配送、流通加工、数据处理及信息传送等。物流系统中的各个子系统或者说各种功能模块互相依存、互相补充、互相制约。在管理好各个子系统的同时，用科学方法和手段处理好子系统之间的各种关系，并找出各子系统之间的最佳结合点，使整个物流系统管理和物流作业能始终衔接好、匹配好、协调好，始终保持协调、顺畅、贯通，是物流系统之精髓。物流系统整体保持高质量、高效率、高速度，少移动、少能耗、少成本，乃是物流追求的终极目标。要使物流系统达到上述目标，所需的要素很多，其中，物流系统设计规划和物流系统集成是最重要的环节。物流系统集成的质量和水平，直接关系到物流的总效率和总成本，关系到物流质量、物流安全和物流服务水平，举足轻重，非同小可。

尹军琪先生既是一位成功的企业家，也是一位教授级的物流专家，他勤奋好学，学识渊博，在物流系统集成领域声名赫赫。他所创建的北京伍强科技有限公司，在行业中独树一帜，以提升我国物流技术水平为己任，不断创新，不断实践，不断提高，在物流系统集成领域取得了非常突出的成就，令人刮目相看。《现代物流系统集成——方法、实践与思辨》，是一本关于物流系统集成的专著，内容独特而翔实。既有物流系统集成的理论和方法，也有物流系统集成实践的经验和典型案例；既记录了我国物流系统集成发展的历史和典故，又有作者对物流集成和社会物流现象的思考，以及对物流技术发展的考察经历和深切体会。集系统性、专业性、理论性、趣味性、可读性、可操作性于一体，观点新颖独到，紧扣时代发展主题，是一部经典力作。对从事物流仓储系统规划、物流系统集成的工程师和大专院校物流专业的师生来说，是一本难得的、有很高实用价值的、开阔视野的专著；对广大的物流企业工作者来说，又是一本难得的、充满知识性和趣味性、有助于理解物流技术和物流管理方法的科普著作。截至目前，此类著作少之又少，该书的出版发行可以说是为我国物流系统集成的创新与发展填补了空白，作出了突出贡献。

尹总是我多年的老朋友和忘年交，我们相识相交有20余年，他是我拓荒单元化物流征程中最给力的企业家之一。2012年我在网上看到“单元化物流”一词后，意识到“单元化物流”有着极重要的地位和作用，于是第一时间找尹总探讨，尹总非常认同我的观点，支持我的工作，还建议我编著《中国单元化物流全书》一书。多年来我们共同为我国单元化物流事业的发展，披荆斩棘，砥砺前行。我欣喜地看到，他的有关单元化物流系统集成的论文也收录在本著作之中，为全书增添了亮点。

欣闻尹总的新著《现代物流系统集成——方法、实践与思辨》一书即将出版发行，我为他感到由衷的高兴，并表示衷心的祝贺。从某种意义上讲，这是他几十年宝贵工作经验的系统总结，也是他几十年耕耘物流技术的真实写照，充分反映出一位当代企业家的不懈追求和无私奉献精神，令人敬佩，值得点赞！相信尹总的新书一定能在行业内外引起广泛共鸣，成为物流系统集成工作者和高校师生们的重要参考著作，在新时代的我国物流技术领域大放异彩！

靳　伟

2019年8月于北京

前　言

物流是什么？很多人把它理解为搬搬运运的简单工作。事实上，长期以来，物流并不受人重视，仓储也好，运输也好，在世人眼里，都只是一些粗活重活罢了。直到计算机和互联网的出现，才彻底改变了物流的地位。

“物流”一词是一个引进的外来词语，通常有两种表述：logistics 和 material flow，它们反映了物流历史的起源。第一个单词是“后勤”的意思，与军队有关，据说是美国军队最早发现了物流的重要性，并将其地位提升到一个前所未有的高度，“二战”结束后，物流从军队来到了民间，于是掀起了一场革命。第二个单词更加接近于“物流”的本意，日本人将其翻译为“物的流动”，1978 年，一个中国物资工作考察团到日本访问，此后，“物流”被引入中国。

直到 20 世纪 80 年代后期，“物流”一词也只在行业内被人认知，物流从业者常常要向人们解释什么是物流。

真正改变现代物流地位的是电子商务的兴起。由于电商在很短时间内深入千家万户，“物流”一词也就为大众所知晓。现在，“物流”一词已经成为年度的热词之一。

然而，物流的真正含义，却并不为大众所知，即使是行业内人士，也有很多人对物流的内涵存在疑惑，至少是认知不清。

一方面，物流是一个系统过程，是供应链的一部分。从系统的观点来看物流，是对物流真正含义的准确定位。无论是生产领域，还是流通领域，物流都不是独立存在的，它是整个社会活动这个大系统中的一部分。

为什么“系统”对物流如此重要呢？这是因为物流所追求的并非只是简单完成搬搬运运这一过程，而是要在整个过程中，在满足客户要求（主要是对时间和质量的要求）的前提下，追求总体成本最低。“效率”与“成本”是物流系统的两个最关键的评价指标。而要达成这一目标，必然要从系统的角度去优化，这是物流的精髓所在。

另一方面，物流的过程可以简单概括为满足需求的过程，包括装卸、运输、储存、搬运、包装、配送及信息处理等，其最终的目的是满足客户的要求。在最早的定义中，流通加工也包括在物流活动之中，现在这一活动逐渐被淡化。

在一个生产系统中，物流是原料的供给、储存和配送，是面向生产车间的，与生产系统密切关联的所有物料的处理系统。而在一个流通系统中，其范围更加广阔，它几乎无所不在。

我们这一代人是幸运的，甚至可以说适逢其时，正好赶上了中国物流大发展的历史机遇期。作为一个物流系统的集成商，北京伍强科技有限公司一直在探索物流技术的奥秘，并将之应用于实践。

正如“系统”的观点之于物流的重要性一样，物流系统集成商的视角常常超越了一项单一技术本身，而是将重点放在了整个系统之上，有时甚至需要超越单个系统本身，把目光投射到更大的范围和更高的高度。系统集成方法涵盖了很多方面，如数据分析、总体设计、土建配合、设备选型、系统选型、项目管理、集成管理、系统测试、上线管理，以及售后服务等。物流技术横跨了机械、计算机、通信与自动控制、数学（尤其是统计学）、建筑、管理学等多个学科，这里每一项工作都包括理论、技术、应用等多个方面。比如说设计，就包括很多方面，既要通过详细的调研了解用户的需求，也要有历史数据、行业数据分析和目标分析，总体布局比较、技术方案比较，以及对国家法律法规的准确理解等。集成商的能力要求是全方位的，从专业能力上讲，对物流技术、装备以及信息系统的掌握是最基本的要求，因地制宜、灵活应用则是评价一个集成商是否合格的试金石，有时，集成商可能并不清楚软件的具体编制方法，但必须熟悉软件系统的基本功能、适用场合、行业发展情况、相关禁止要求等。

本书是作者对于现代物流技术与系统的粗浅理解和总结，也是对现代物流系统集成实践的总结。特别是近几年来，物流技术突飞猛进，给了每个人以探索、实践、创新的机会。本书是一部论文集，其中大部分章节，是由在媒体上公开发表过的文章组成的，主要是2015—2019年发表的文章。在编入本书时，为了统一格式，有些地方做了修改。正因为如此，在编辑本书时，作者没有按照教科书的模式，系统阐述一些基础理论与知识，并不试图做到知识的面面俱到，没有刻意去补齐整个系统的所有内容，因为有些内容读者完全可以从其他途径轻松获得。

本书分为6章，共55篇，是作者对于物流系统集成理论与方法的总结与实践，是对物流技术全面思考和心得体会的汇总。

第1章主要介绍物流系统的基本构成、物流技术发展的历史，以及国内外物流发展的主要差距，重点介绍物流系统集成的基本内容，并对自动化立体库系统集成过程进行了专门的介绍，最后对一个优秀的物流系统提出了评价标准。

第2章主要以专题的形式重点论述了系统设计和集成过程的一些方法论，如数据分析方法，设计工程师的基本素养，托盘选型分析，WMS（仓库管理系统）选型分析，招标文件的起草及评审，对项目经理的要求，系统的安装与调试、测试与验收，如何计算可用度等。并对改扩建工程、冷库建设、电子商务物流、全渠道配送物流，以及单元化物流集成进行了专门论述。

第 3 章主要介绍物流系统集成过程中的专门技术，包括安全性与安全系数、信息化与综合布线、消防问题、并行拣选与串行拣选、补货时机与策略、“货到人”拣选技术、重量复核技术、物流仓储费用测算、柔性化设计、穿梭车技术等。

第 4 章列举了 9 个案例，主要从时间和行业两个方面进行精选，尽量做到每个案例都有其代表性。所有案例均为作者的亲身经历，大多是作者为《物流技术与应用》等杂志撰写的有关案例，个别则是为出版本书而特意撰写的案例。

第 5 章是问题与思辨，主要是对物流系统集成实践中的一些热点问题的思考，如物流自动化与物流速度对物流的重要性问题；探讨了单元化物流概念、智能物流的本质以及绿色物流的重要性等问题；对物流中的坪效、零库存，以及所谓的“黑科技”等概念进行论述与溯源，给物流设备制造商提出建议，如何解决定制化与规模生产之间的矛盾，如何认识智能制造的本质；通过给大学生们提出做课题的建议，阐述理论联系实际的重要性。

第 6 章是作者走出去看到外面世界的感想，期望通过游记散文的形式给读者介绍国外物流技术的发展以及风土人情，不致使阅读过于枯燥。

全书可以作为大专院校物流专业的教学参考书，也可以作为物流系统集成从业者以及相关企业决策者的参考资料。物流系统集成的方法其实并非只是集成本身，它需要很多辅助的材料和知识，这构成一个集成商基本的知识储备。本书作为一个整体，期望读者能够完整耐心地阅读。当然，本书的目的在于给读者以全新的视角理解物流技术与应用，重点是读者阅读中能有所思考，进而有所启发。如果因此有人产生了共鸣，将是非常荣幸的一件事。

作者曾作《物流赋》一篇，其中有几句可以作为前言的总结语：

> 大地分南北，物流通有无。
> 车船为载体，网络是中枢。
> 立体作存储，信息含太虚。
> 单元宜共享，效率在输出。
> 定制人虽乐，零拆我欲哭。
> 莫嗟前路阻，智慧达通途。

写一本书是本人多年的梦想，但真正的成书过程绝非一个人的力量可以完成，是众人智慧的结晶。在此对同事渠晓通总裁和王欣旭高级副总裁表示感谢，他们不仅为书中的案例部分付出了大量心血，而且在过去 20 多年间给予了本人持续不断的鼓励。李亚华、李葱蔚、林敏、秦叙斌、谭俊龙等同事也对本书的撰写提供了不少帮助。《物流技术与应用》杂志副主编江宏女士在案例编写方面给予了很多帮助指导。中国财富出版社有限公司王靖编辑对全书的结构提出了宝贵意见。北京信息科技大学侯凌燕教授参与了部分章节的撰写，并仔细核对了全书，提出了不少建设性建议，在此一并致谢。

尹军琪

2020 年夏于北京

目　录

1 物流系统集成概述

本章导读

本章总计6个专题。第一个专题“现代物流仓储技术概览”详细论述了各个作业环节的物流仓储技术的发展状况，是全书的开篇。第二个专题“中国物流技术发展概述”则简要回顾了自20世纪70年代到2019年我国物流技术发展的基本历程以及阶段划分，其中有许多不为人知的历史典故。第三个专题“中国物流技术与发达国家的差距”论述了中国物流技术与先进国家的主要差距，让读者有一个全面的认识。第四个专题“物流系统集成概述”是本书的重点章节之一，全面论述了物流系统集成的主要方法与内容，是本书内容的提纲。第五个专题“自动化立体库（AS/RS）集成概述”以一个最典型的系统——自动化立体库系统为例，全面论述物流系统集成各个环节的工作内容及注意事项。最后一个专题“物流集成系统的评价标准”则提出了如何评价物流系统，也是全书的关键章节之一。

1.1 现代物流仓储技术概览

我国的物流技术，在2005—2020年属于快速发展时期。一方面，得益于市场的需求，如食品加工、烟草、医药及电子商务等；另一方面，也得益于科学技术的发展，尤其是自动化技术、计算机信息技术和网络技术的发展。当然，一个充分竞争的市场也是使得我国物流技术的发展领先于很多其他领域的重要原因。

如果从物流技术的总体来看，过去的研究重点在于码垛、输送与仓储、拣选和分拣、配送环节诸技术，可以预见，在今后很长一段时间，这些仍然是研究和应用的重点。

1.1.1 码垛、输送与仓储环节

自动码垛和拆垛技术在工业制造领域物流系统中的应用非常普遍，在流通领域的应用也有数十年的历史，但由于成本问题，一直不能大面积推广。最近几年的情况发生了改变，在烟草、食品加工、医药、电商等领域应用前景非常广阔。

AGV（自动导引小车）的应用也是如此。尽管AGV在生产领域的应用有超过40年的历史，但大规模的应用是最近几年的事情。尤其是KIVA机器人的应用，从亚马逊在其美国的物流中心一次性超过3200台的应用被公开以后，人们的观念发生了根本改变。自2015年以来，世界上的主要叉车企业纷纷向自动化转型，推出了无人叉车的概念，事实上无人叉车就是AGV的变种。

可以预见，AGV的应用将在更多领域和更大范围内得以实施。

在存储环节，各种形式的存储系统已经全面应用，如密集存储、自动化存储等。自动化立体库技术自2000年以来逐步完善，已经成为一项应用十分普遍和成熟的技术。与此对应的是，自动化立体库的规模越来越大，如鞋服行业、电商行业、家居行业、新能源行业等都出现了特大型的自动化立体库，这是以前所没有的。

密集存储技术的发展已经有很多年，多种密集储存技术的应用相对比较成熟，如重力式密集存储、双深度密集存储、穿梭车密集存储等。这一存储理念的未来发展还有很大的空间。

应该看到的是，以箱为单位的存储技术将成为未来的热点。事实上在过去数年中，这种技术已经得到快速应用，如Miniload（料箱式自动化立体仓库）、多层穿梭车、KIVA、四向穿梭车等，其应用已经变得非常普遍。

1.1.2 拣选和分拣环节

高效的拣选技术也得到了长足发展。传统的拣选技术，如纸单拣选、电子标签拣选、RF拣选等虽然还是主流，但这些拣选技术无一例外的是效率太低，准确性也是一个大问题。因此，新的拣选技术应运而生，如“货到人”拣选技术，已经在很多领域得到应用，未来的发展不可限量。从技术发展的前景看，下一步将是自动拣选技术的发展，尤其是“货到人”自动拣选技术将首先得到突破。

快速分拣系统已经成为十分普遍的解决方案。我国海量的快递包裹是引发自动分拣技术快速应用的根本原因。据统计，2019年全国的快递包裹量超过630亿件，是2015年的3倍多，并且今后相当长一段时期内，每年的增速将超过20%，这是一个很大的需求。国产快速分拣设备在此期间得到了快速发展。

1.1.3 配送环节

“最后一公里”是过去几年的热点问题，现在已经有多种解决方案，其中丰巢系统是一个成功的案例，物美推出的多点系统也给电商带来了新的解决方案。

在配送环节，无人机配送找到了新的着力点，即在比较困难的环境下解决配送问题，如山顶、孤岛、高层建筑等，尤其在应急情况下（如地震发生时公路受阻），无人机会有特殊的用途。关键的一点是，无人机技术得到了根本解决。

配送过程的透明化管理成为重点，这一点随着互联网技术的发展已经不成问题。

总结起来，过去十多年行业所重视的热点问题，今后将仍然为研究应用的重点。随着物流技术的不断发展应用，一些过去没有被重视的物流环节，或将被重视起来，从而弥补物流过程的“短板”。

1.1.4 包装环节

随着电商的发展，拆零拣选和包装复核变得越来越重要。从实际作业看，拣选与包装复核是人员最多的两个重要环节，而包装复核与拣选所需要的人员数量几乎一致。

自动复核和自动包装牵涉很多环节，包括扫描、开箱、装箱（袋）、封箱、覆膜、贴标等，有些技术相对比较成熟，有些技术尚在探索之中。由于现场情况变化多端，普遍适用的技术还存在很大的不确定性。这是一个难点。

实践表明，相对单一的应用场合，如条烟的自动包装与覆膜，会大幅度提升效率和减少人员，与“货到人”拣选技术一样，这些技术将是颠覆性的，效率的提升也是跨越性的，一般效率可以提升 5～10 倍，因此，未来的应用将十分广阔。

此外，就包装物来说，也有很多技术需要提升，如普遍适用的包装盒等。标准化是一个挑战，但充满希望。

1.1.5 集货环节

集货问题也是困扰人们的普遍问题之一。越是大型的物流中心，集货问题越突出。不仅是集货的场地需求非常大，而且随着场地的扩大，作业效率变得越来越低。

正因为如此，自动化集货技术将成为研究和应用的热点，包括自动混合码垛技术、密集缓存技术、动态缓存技术等诸多技术。

混合码垛技术存在很多算法上的挑战，现有的研究还不能突破三维的应用要求，利用过于复杂的前处理技术来完成混合码盘，不仅成本很高，效率也未必可以达到要求。

密集缓存技术可以大大提升空间的利用率，而且可以解决远距离搬运的问题，使得大型的物流系统的集货区变得不那么大，搬运距离相应缩短。

1.1.6 装卸货环节

自动装车系统，在国外已经有一些研究和应用。自动装车技术解决了两方面的问题：其一是装载率的问题，其二是装载速度的问题，这两方面也是困扰人们的主要问题。因此，自动装卸车技术具有很好的前景。

此前的应用也有不少，最典型的是伸缩皮带机的应用。伸缩皮带机虽然解决了部分装卸车劳动强度问题，但由于设备布局过于刚性，以及伸缩长度、高度并不符合实际要求，所以还有大的改进需求。

从卸货到装货再到卸货，在供应链上是一个闭环，因此，考虑整个供应链上的物流改造，将成为一项重要的研究课题。

1.1.7 结束语

与其他领域的技术一样，物流技术的应用也是一个渐进过程，当主要问题解决了以后，就会面临次要的问题。有些看起来并不重要实际却很重要的问题，往往被长期忽视，但最终会浮出水面。

现在的社会非常浮躁，新名词、新模式层出不穷，让人应接不暇，物流行业也是如此。炒作完智慧物流、线上线下、O2O 的概念，接着又是“新零售”“新物流”，真正关注问题本质的人越来越少。物流不仅仅是把货送到目的地那么简单，至少还有其他的目的，如增值服务、品质、效率等，但很少有人去全面关注。目光远一些的，会考虑得多一些，会尊重规律和规则，并遵循一定的标准，舍得为此付出代价；目光短浅的，会违背基本规则，图解一时之难，并对自己的小聪明扬扬得意，双方各得其所。

其实，再新鲜的名词，如果没有看懂事物后面的本质，也只是一时热闹而已，于事无补。电商是一个好东西，可惜被一些过度商业化的思维所利用，生出了很多弊端，偏偏又缺乏监管。中国电商平台企业广受诟病的原因之一是低价倾销，无节制地提高配送速度，使得社会资源浪费严重。盲目追求所谓的用户体验也许只是一种借口，其目的不过是要获取流量。在强调消费者利益的同时，有多少人考虑过社会的整体利益呢？如果哪一天企业家把追求个人利益最大化转变为追求社会利益最大化，那才是社会的进步。

技术的发展，总是会淘汰一些持落后观念的企业，只有那些紧跟时代发展脚步，并及时做出调整的企业，才有可能成为最后的赢家。古往今来，莫不如此。

把物流放到一个供应链的环境中去考虑，会有一些不同的发现，这是近年来所取得的重大成就。而物流技术向末端延伸，则是更加重视整体效能的一种表现。这是一种必然，令人欣喜不已。

1.2 中国物流技术发展概述

1.2.1 1970—1989 年启蒙阶段

1972—1973 年，原一机部和四机部联合立项，围绕汽车制造，提出十大技术创新课题。其中自动化立体库系统作为十项课题之一，由北京起重运输机械研究所（现为北京起重运输机械研究院，以下简称“北起所”）负责研究设计，总工程师虞和谦担任总负责人，参与单位包括北京自动化研究所、长春汽车厂设计处、北京汽车制造厂等。

开启了我国自动化立体库的设计、研究、制造与应用的征程。

第一座自动化立体库设计在参考资料极其缺乏的艰苦情况下完成。项目组仅凭几张图片和零星报道资料即开始进行设计，确定高度15米，托盘承载能力为1000千克，采用单片机进行控制，行走和提升均采用双速调速，历时7年完成。在这期间，一机部胡光部长和孙有余副部长给予了大力支持，并在1975年利用参加伦敦第15届物料搬运展览会的机会，派项目组主要成员赴欧洲进行考察。该成果被应用到北京汽车制造厂。

1980年，北起所为北京低压开关厂又生产了两台堆垛机，并参加了1980年在北京农业展览馆举行的全国矿山机械展览会，这是改革开放后的一次盛会。1981年，北京自动化研究所将成果应用到湖北二汽厂备件库，这是国内第一次规模化应用，有5个巷道。太原五一机器厂作为第一个成果转让单位，承担了20世纪80年代初期的几个项目的生产制造工作，太原五一机器厂是太原刚玉的前身。

1985年，结合宝钢集团的技术改造，宝钢引进德国西马克（SMS Siemag）全套自动化立体库技术，我国自动化立体库技术研究因此上了一个新的台阶。作为引进消化的主要参加单位，原苏州起重机厂参与了宝钢集团堆垛机的生产制造和图纸转化工作，并在1986—1987年生产出第一台基于德国引进技术的堆垛机。

1985—1989年，自动化立体库在有限的几个领域得到应用，比较有名的是保定乐凯胶片厂、无锡感光胶片厂等，有多个自动化立体库投入使用。自动化立体库作为一种新兴的存储系统，逐步得到有关行业的重视。截至1989年，行业应用还非常有限，主要应用于化工、感光胶片、汽车、化纤、造纸等行业，尤其是特殊领域的应用成为重要切入点。

此外，在国家“七五”期间（1986—1990年），自动化立体库关键技术作为重机装备的关键技术之一，由北起所申请立项，结合对引进技术的消化，在堆垛机的完整技术，尤其是安全性和整机性能设计方面，进行了大量的研究和试验，取得了一批研究成果。各种相关标准的制定也在此期间完成，为我国自动化立体库发展应用奠定了坚实的基础。图1-1为北起所专家观看国家重点攻关项目——桥式起重机CAD研究成果演示。

作为物流仓储系统中的其他重要装备——输送机和分拣机系统，则在原邮电部的下属企业得以研究，原邮电部519厂和539厂即是其中的突出代表，他们在1975年前后即开始研究和开发邮包处理技术，并在输送分拣领域取得了重要进展，成为我国最早研究交叉带分拣机的企业，但最初的应用仅局限于邮政包裹处理系统。

这一时期的叉车企业，则主要是以北起所作为技术归口，在全国各地开始生产制造，但社会需求有限，产量都很低。

整个启蒙阶段的技术是相对落后的，尤其受限于相关基础技术、材料，以及自动控制技术，计算机还很少被应用到物流管理中来，很多情况下还只能实现单机自动，

图 1－1　小型机演示 CAD 研究成果现场

全自动控制的系统寥寥无几。然而，即使如此，先驱们在市场并不明确的时候，看到了未来的需求与发展趋势，这不能不说他们目光的远大与深邃。

1.2.2　1990—1999 年探索与发展阶段

这一阶段可以细分为两个小阶段：1990—1994 年的应用阶段，1995—1999 年的新一代堆垛机研究阶段。

自动化立体库在美国从 20 世纪 50 年代即开始研究应用，60 年代在日本、欧洲已经大量应用，但技术受限于控制技术和计算机技术，其规模都不是很大。1970—1990 年是日本自动化立体库研究应用的高峰期，总计有近 20000 套自动化立体库系统被应用到各个领域，使其成为世界领先的国家。这一现象的背后原因，应该是日本国土面积小，自动化立体库在提升空间利用率方面起到了至关重要的作用。

从 1990 年起，自动化立体库在我国的应用逐步展开，参与研究和应用的单位也逐渐多起来。如原沈飞 62 厂就在航空生产系统内开始进行立体库的研究与应用；太原刚玉、原苏州起重机械厂等单位依靠前期生产优势，逐步掌握了立体库的关键设备技术，开始独立承接项目；北京自动化研究所也将自动化立体库系统作为关键技术，在生产领域寻求应用；机械科学研究院也开始介入该领域，主要在机场行李储存系统中寻求应用。

位于天津开发区的德国威娜化妆品公司的自动化立体库是 1990 年前后投入使用的，这是第一座采用组合式货架的自动化立体库——此前的立体库均采用焊接式货架。上海金星货架厂（即现在的上海精星仓储设备工程有限公司）成为国内第一个立体库用组合式货架的生产单位。

顺便指出的是，20 世纪 90 年代初期的 CIMS 系统（计算机集成制造系统）应用研究，对于我国自动化立体库的研究应用起到了巨大的推动作用。可惜的是，这一研究没有延续下来，以致很多年以后，在德国实施工业 4.0 后，我们对物流在制造业中的作用的认识还停留在 20 世纪 90 年代的水平。

到了 1995 年，西门子 PLC（可编程控制器）控制技术被首次应用于自动化立体库，这是一个划时代的变化，宣告了过去以单片机和单板机为代表的控制技术的结束。引领这次变革的是北起所以陆大明为代表的团队，代表项目是康师傅杭州下沙项目。许多年以后，当时参加项目实施的工程师王欣旭颇为感慨，那时候的下沙，芦苇遍布河滩，秋风瑟瑟，旷野中渺无人烟，其实这就是中国自动化物流技术发展的大环境缩影。1996 年，北京首都机场物流系统进行改造，为北起所提升其技术创造了条件，新一代的物流仓储设备得到了成功应用。

随着改革开放的深入进行，我国经济在 20 世纪 90 年代后期开始腾飞。物流技术逐步在更广泛的领域得到应用，尤其是在烟草领域，昆明船舶设备集团（以下简称“昆船”）抓住了机遇，率先于 1996 年前后承担了昆明卷烟厂物流工程项目。这是一次非常好的机会。为此，昆船成立了物流设备研究中心，并首次建成了堆垛机实验室。通过引进日本村田堆垛机技术，使我国的物流技术从另一个渠道与国际先进技术直接连接。1998 年，昆船承接了海尔黄岛成品库。几乎与此同时，联想公司在北京兴建大型自动化物流系统，由北起所承担总体设计和关键设备研发，最新一代的堆垛机系统——以激光测距为代表的堆垛机开始在中国应用。

在此期间，很多货架企业出现了重大的变化。1994 年南京轧钢厂与美国震晨公司合资成立南京震晨输送仓储设备有限公司，到了 1997 年前后，南京音飞、江苏六维、南京华德等一批影响了中国货架市场分布的企业相继诞生，江苏南京成为中国的货架之都。

AGV 也是在此阶段诞生的。最早在 1975 年前后，北起所研制出了第一台磁导航 AGV，但没有得到实际应用。到了 1997 年，昆船开始引进 AGV 技术，从此，物流技术的历史揭开了新的一页。

AGV 最早批量应用是在烟草制造领域，昆明卷烟厂和杭州卷烟厂是第一批应用的企业，采用的是最先进的激光制导技术。作为较早来到中国的外资企业，Swisslog 相继在杭州卷烟厂、常德卷烟厂等多个单位应用了 AGV 技术，以致后来 AGV 成为烟草生产物流系统的标配。

1997 年，沈阳新松公司成立，一大批物流装备公司在此前后诞生，从此，中国物流装备的发展进入了一个全新的时代。

20 世纪 90 年代后期创建的企业还有湖州德马和山东蓝剑等。湖州德马专门从事输送机生产。湖州历来有生产输送机的传统，尤其是锟筒生产厂多达百余家，不得不令人称奇。此外，广东东莞、深圳也是输送机生产的聚集地，有一批企业诞生于此。

在整个20世纪90年代里，外资企业一直在小心翼翼地试探着进入中国，林德叉车属于先行者，1995年在厦门建厂，如今在外资品牌中一枝独秀。其他企业，包括日本村田、韩国现代等，也开始在中国寻找发展机会，但机会都不是很多。只有烟草物流可以作为一个突破点，取得了很好的效果。还有一个企业不得不提，这就是SEW公司，1993年张胜利先生受SEW德国委托来到中国，创立SEW中国公司，1997年SEW天津工厂建成投产，经过20年努力，SEW中国公司2017年的销售额已经达到80亿元，而与世界同步的是，SEW动力成为我国物流装备的标配。

到20世纪90年代末，随着计算机技术的发展，全自动控制系统已经开始广泛应用，尤其是联想物流系统的成功上线，开启了中国应用ERP/WMS系统的新时代。联想集团北京厂物流中心作为我国新一代物流系统的典范，不仅创造了很多个第一，而且奠定了我国现代物流的基本模式：全自动控制、新技术的全面应用、与ERP的实时连接等，解决了物流系统信息孤岛的问题。作者有幸作为中国第一个成功实施SAP与WMS连接的全自动化物流系统的参与者之一，见证了这一历史时刻。作为用户方，联想的技术团队也作出了很大的贡献。

1.2.3 2000—2015年群雄逐鹿时期

进入21世纪的中国，不仅互联网技术蓬勃发展，整个物流装备行业也欣欣向荣。一大批新兴企业诞生，外资企业大量涌入，基础零部件供应日新月异，市场需求呈现出前所未有的增长态势，每年都有高达30%以上的增长速度，这是百年一遇的机会。

但历史的车轮，也无情地碾压了很多企业。比较有名的是太原五一机器厂等，这些企业现在已经消失在人们的视野之中。这些倒下的企业，其实并没有彻底消失，而是在原有基础上诞生了更多新企业而已。

原苏州起重机厂转制后，成立了苏州富士达公司，并在2005年被德马泰克（DEMATIC）收购，这是外资在中国本土进行的第一次物流装备企业收购。客观地说，苏起厂使苏州成为中国堆垛机的重要生产制造基地。像苏州普成机械、苏州富士德等企业，很好地继承了苏州起重机厂的技术并发扬光大。太原五一机器厂的改制，也催生出太原刚玉、太原高科、山西东杰、太原福莱瑞达等一批企业，使得太原成为中国另一个堆垛机的重要制造基地。追根溯源，相比于昆船、井松等主要以日本技术为代表的后来崛起的厂家，这些企业的技术更多是在原来北起所和北自所的基础上发展起来的，它们与德国的技术同根同源。

随着大量新兴企业的诞生，分工越来越细，各种专业公司应运而生。最终形成了目前百花齐放的景象。目前所熟知的企业，如今天国际（系统集成，2000年成立）、伍强科技（系统集成，2003年成立）、富勒科技（WMS软件，2003年成立）、无锡中鼎（设备制造，2006 年成立无锡富士达物流设备有限公司，2009 年更名）、合肥井松（设备制造，2007 年成立）均诞生于短短的几年之内。外资企业和合资企业更是如雨后春笋般涌现。德马泰克、大福、瑞士格、胜斐迩、TGW、INTERROLL、永恒力等，这些现在仍活跃于市场的国际性企业，几乎同时选择在这一时期开始在中国落地生根。到 2010 年，大部分的世界知名物流装备企业和系统集成商都进入了中国，形成了一道靓丽的风景。外资企业的大举进入，不仅带来高端的技术，而且促进了中国物流装备与技术应用的升级换代。

到目前为止，活跃于中国市场的物流系统集成商、装备制造商、配套产品提供商已经有数千家之多，并且还有快速上升的趋势。这些企业活跃在物流装备的各个领域，共同创造中国物流装备行业的繁荣。

从物流应用领域看，几乎覆盖了国民经济的各个方面，与 20 世纪 80 年代的只有少数几家应用企业相比，现在几乎没有哪个行业可以离开现代物流。

烟草：无论是生产还是流通，过去 20 年来都体现了中国物流装备应用市场的高端需求。现在很多集成商和设备供应商的业务仍以烟草为主。自动化立体库、AGV 等大范围的应用是其特点。

医药：医药也是最早应用现代物流的行业之一，尤其在医药制造领域。除了当时 GMP 和 GSP 标准认证的推动作用外，自身的需求也是主要因素。

电子商务：作为新兴的领域，电子商务这些年异军突起，成为物流装备应用的重点领域。尤其是以京东、苏宁、天猫、唯品会为代表的龙头企业的带动，使电商一夜之间取代了烟草，成为物流技术应用的最前沿领域，其中智能存储系统的应用更是如火如荼。

快递：以分拣需求为代表的快递业的发展也主要得益于电商的快速发展。据统计，2016 年中国的快递包裹数量超过 300 亿件，平均每天接近 8500 万件，而且每年增速高达 30% 以上，这是一个庞大的数字。典型的用户是“四通一达”以及京东、天猫、唯品会等大型电商企业，参与的企业则有数百家之多。

冷链：现代物流在冷链业应用是最近几年的事情，在国外则比较普遍。虽然参与的企业比较少，但随着市场的不断扩展，相信会有更多的企业参与其中。

服装：作为新兴的市场，服装物流需求在最近 10 年被挖掘。一方面，与行业的发展相关；另一方面，则是电子商务的推动。服装物流中心的特点是规模大、品种多，因此自动化程度自然就比较高。

图书：图书是一个小市场，却有非常突出的特点。以新华书店为代表的物流中心自 2003 年就已经开始建设。现在几乎每个省、直辖市都建设有大型的配送中心，尤其是北京、上海、浙江、江苏、湖南、山东、江西、河南、福建、四川、重庆、辽宁等地尤为突出。出版社方面，高教社、中国出版集团等较为领先。

此外，物流在汽车、零售、电力、食品、快消品、教育、军队后勤等领域的应用也是蓬勃兴起，尤其是以工业4.0为契机的生产物流系统的应用，更是出现了前所未有的发展态势。为数众多的企业，凭借着自身的拼搏精神和创新能力，在这场经济大潮中应运而生，成为未来最有生机活力的后起之秀。

据统计，自2000年以来，物流装备十多年间一直保持30%以上的增长，2017年中国自动化物流装备市场规模已达到423亿元（不含叉车、托盘），这一数字已经超越日本及北美地区，仅次于欧洲。而从设备的数量看，中国已经成为全球第一的物流装备单一市场和供应地。

1.2.4 未来已来

很多物流专家认为2016年是一个历史的转折之年，在这一年，智能物流首次全方位受到重视。从汉诺威到东京再到上海的展览会，Smart Logistics 被反复提起。

一方面，在中国，2016年突然有更多的物流新技术备受推崇。机器人、AGV、无人机、“货到人”技术、密集存储，这些属于高端应用的产品与技术，正在被许多企业列为应用的重点。众多的新兴企业如雨后春笋般涌现出来。

另一方面，作为传统的制造行业，物流装备市场一直风平浪静。但2014—2016年突然被资本市场所青睐，许多的公司IPO成功，许多新型的企业被资本所追捧。这是一个不一样的时代，每个身处其间的企业都感到了突如其来的巨大变化带来的机遇和挑战。

2015年，历时两年，由30多位专家共同撰写的《物流工程技术路线图》一书出版，书中预测了未来15年的物流仓储技术的发展趋势，现实比想象的发展更快，京东宣布其无人仓研制成功，密集存储、“货到人”拣选等众多技术，已经在全面铺开。

2016年，一场机器与人类的围棋大战，几乎让人类颜面扫尽，这使人们有理由相信未来科技进步的步伐会比想象的更快。人工智能的实现已经看到曙光，智能物流已经在向我们招手。

回望历史，常常为很多的偶然和必然感慨不已。先行者的足迹总是令后来者惊叹不已。放眼当下，琳琅满目的各式各样的技术，其实未来就在其中。谁有慧眼，识破未来？

1.3 中国物流技术与发达国家的差距

1.3.1 话题的引起

有关中国物流技术与欧美日的差距到底有多大，成为2019年年初以来业内的热点话题。有乐观者认为，中国物流技术已经与欧美日难分伯仲，有些方面甚至超越了他们，甚至认为中国即将引领物流技术世界发展的潮流；悲观者则认为，中国物流技术与欧美日还有巨大差异，中国落后至少有20~30年，而且这种差距还在扩大，长期的追赶不可避免。

2018 年的 CeMAT ASIA 国际物流展览会，云集了全球大多数物流装备的供应商和集成商，可谓盛极一时，完全可以媲美德国、日本和美国的物流展。这应是乐观者的理由之一，尤其是最近一年多来，以京东商城为代表的电商企业，力推无人仓库和无人配送，仿佛中国的无人配送已经指日可待，更为乐观者提供了佐证。

由于看问题的角度不同、知识结构不同，对事物的了解程度不同，因此对同一个问题的评价不同是非常自然的结果。更何况，很多情况是目的不同。

那么，实际情况是什么样呢？下面就来客观地比较一番。

1.3.2 中国物流技术的进步巨大

毋庸置疑，改革开放 40 年来，中国在各方面都取得了举世瞩目的巨大进步，物流技术也是如此。我国的物流关键技术研发起步于 20 世纪 70 年代中后期，以自动化立体库和自动分拣系统作为标志性产品，1980 年，我国第一座自主研发的自动化立体库正式投入运营。从此以后，伴随着国民经济的快速发展，我国物流技术走向了一条“引进消化”和“自主发展”相结合的发展道路。仅立体库技术就有两次大的引进，其一是 1986 年，引进德国西马克技术，其二是 1996 年引进日本村田技术。特别是 20 世纪 90 年代我国烟草行业的技改，推动了德国和日本技术的大量引进，大大促进了我国物流装备的发展。

进入 21 世纪，尤其是 2010 年以后进入“电商时代”，物流技术进入快速发展时期，随着市场需求的快速提升，行业参与人员也是呈现爆炸式增长，加上资本的推波助澜，我国物流装备业在短短几年之间呈现出前所未有的蓬勃发展态势。而与之形成鲜明对比的是，欧美和日本的集成商在中国的市场份额却逐步缩小，国内集成商在大型项目中的竞争力得到快速提升。

一方面，物流关键设备和系统，如 AS/RS 系统、Miniload 系统、输送分拣系统、AGV 系统（包括 KIVA 系统）、穿梭车系统（包括多层穿梭车、四向穿梭车）等，国产品牌占据了比较大的优势，有些甚至是绝对优势。软件技术也是如此，随着国产软件系统的不断成熟，其市场份额已大大超过进口软件。

另一方面，中国的市场规模，事实上也已经成为世界最大的单一市场，超越了欧洲、美国和日本市场。这在很大程度上为我国的物流技术发展提供了丰富的土壤和试验基地。不得不提的是中国的电商领域，这是一个全世界独一无二的新兴市场，正是由于这一市场的独特性和爆发式增长，使得中国的物流技术发展在这一领域获得了巨大机会，显示了欧美日所没有的优势。

此外，烟草、医药、食品加工、零售、电商、冷链、制造业、服装、家具、军队、机场、快递、化工、新能源等众多行业不断增长的需求，显示出中国市场在世界的占比还有比较大的提升空间，这的确是一个好消息。

特别值得指出的是，随着智慧物流概念的推出，中国的物流技术应用更是获得了巨大发展机会，物流技术应用已经超越了传统应用领域，向着更宽广的市场迈进。在大数据、AI 应用、无人化、单元化物流、新零售应用、快递柜等方面，中国人对于物流的理解与新领域开拓应用已经令世界刮目相看。

1.3.3 差距还非常明显

然而，理性地分析可以看出，中国与欧美日的差距还是非常明显，有些是根本性的。

1. 关键零部件研发和生产

关键零部件包括电机减速器、PLC 及控制元器件，自动识别装置，机器人主机等。

电机减速器是物流装备的关键零部件之一，虽然国产电机减速器在 20 多年前即有应用，但效果并不理想，以至于到现在为止，关键设备的电机减速器仍主要采用德国和日本产品。这一现状还将延续很长一段时间。与此相关的还有轴承、滑触线、扁电缆、齿形带等配套产品。

PLC 及控制元器件的应用主要以 SIEMENS 等品牌占据绝对优势，中国国产品牌的影响力几乎可以忽略，差距很难用时间来度量。

自动识别装置包括激光测距装置、激光导航装置、条码扫描装置、光电开关、照相机、RFID 系统等一系列产品和技术，这些产品和技术在物流系统中的应用越来越重要。然而，欧美日产品到目前为止还处于绝对控制地位，国产品牌短期内看不到希望。

机器人在物流系统中应用越来越频繁，但机器人本体的研究还处于初始阶段，ABB、库卡、安川等品牌占据了绝对优势。

此外，应当看到，除了产品性能外，行业的惯性及竞争态势也导致这些差距不可能在短期内缩小，并有可能进一步扩大。

2. 关键设备的性能指标

AS/RS、分拣机、AGV 等关键设备，尽管出现了国产替代的可能，但差距依然明显。最大的差距在于设备的成熟性和多样性等方面。导致这种结果的根本原因在于，很多国内企业的设备投入市场的时间有的还太短，没有经过严格的试验和实际应用的检验。时间、机会和研发的方法论都成为制约技术进步的重要因素。

以分拣机为例，国产交叉带分拣机尽管有数十年的历史，但产品的关键指标——可靠性、分拣能力、稳定性、噪声等，一直不能与进口设备相提并论。所以，大型的机场行李系统和包裹分拣系统几乎被国外产品垄断，这是不争的事实。

还有 AGV 系统，最典型的就是 KIVA 系统，虽然国产产品如雨后春笋般发展，但产品的可靠性、分拣能力、大规模应用的软件系统等都还没有得到时间的检验，现在的应用与期望还相去甚远。

目前有很多设备和技术，在中国仅仅是在实验室里研究了出来，还没有定型，没有经过耐久性和可靠性试验，离量产和大规模应用还有很长时间的路要走，将要遇到的困难和问题还有很多，里面有太多的变数。

除此之外，国内很多企业还很年轻，经验不足、人才短缺，导致在设计、生产工艺、材料、关键配套件、控制系统、试验方法等多方面与欧美日都还存在巨大差距。尤其是人才和经验方面，并非短期可以弥补。

3. 关键设备的发明创造

有人说，现在物流系统中的关键设备，还没有一种是中国人独创和发明的。的确如此，从货架、托盘、叉车等传统设备，到自动化立体库、分拣机、AGV、穿梭车、机器人、无人机等自动化设备，这些概念都不是中国人第一个提出的，尽管这些技术存在的历史不是很长，我们完全有机会提出自己的创新理念，但是没有。

听上去令人气馁，但这就是差距所在。我们必须正视现实，从零做起，从基础做起，开动脑筋，不断创新，总有一天会有中国自己的重大创新和发明。

创新需要积累和灵气，更需要对需求的深刻理解。物流技术是实用性很强的技术，解决这种需求需要从物流过程入手。

4. 关键设备的出口和企业规模

衡量一个企业或产品技术水平的一个重要指标是国际市场的占有率和竞争力。与欧美日设备大量进入中国不同，中国的物流设备，尽管在本土有一些成绩——主要还是依靠低价策略，但在国际市场上仍然缺乏与之同台竞技的能力。只有一些低端产品，如货架、输送机、简易叉车等有一些机会，其他产品还非常困难。

另一个衡量指标是企业规模。中国到目前为止还没有一家集成商或生产厂商，其营业收入能够进入世界前十名（叉车除外），从一定程度上说明企业的规模还太小，也可以说中国市场还过于分散，这些都是差距所在。

注：根据美国《现代物流》杂志排名，2017 年世界排名第一的日本大福公司收入达到 30 亿美元，排名第十的是 Swisslog，约 7 亿美元。中国目前最大的物流系统集成商新松机器人全部营收也不过 4 亿美元，这已经非常令人鼓舞了，而其他的都在 2 亿美元以内。

1.3.4 未来之路

1. 创新之路漫长

企业也好，国家也好，未来的关键在于创新，这是很多人的共识。

创新有很多种方式，有新产品发明，也有现有产品的应用和改进，更有新的业务领域和业务模式的发现。

在过去的几十年间，中国并非没有创新，眼下如火如荼的 AGV 应用和“货到人”拣选，就是一种创新，而基于软件和信息层面的创新，更是从来没有停止过，也取得了明显的效果。中国物流技术已经走过了从无到有的道路，未来创新的重点应着力于解决具体问题，尤其在新零售、电商、工业制造等领域的应用。

应该指出的是，创新不是一蹴而就的工作，要经过长期的学习和探索，不断实践和不断改进，才有可能迸发出创新的火花。而当前一些领域盲目地喊口号、炒概念，完全不顾客观实际应用的可行性和性价比，甚至不顾基本的科学规律，这与创新精神是背道而驰的，需要警惕。

2. 短期全面超越还不现实

中国与欧美日的差距目前看来还很大，尤其在基础零部件和元器件层面，短期超越是非常困难的。因此，引进、消化、学习还是必修的功课，盲目自大只会导致失败。

主要装备方面，自动化立体库的差距已经不大了，一些外资企业已经倾向于在中国制造或采购，AGV 和机械手还要解决自主知识产权和自主创新的问题，穿梭车的差距最小，这是因为这一技术诞生也不过才 20 年，高速分拣设备的差距主要还是速度和可靠性方面，短期内还难以取得突破进展。

我们也不必过分自卑。在一些领域，如电商、新零售等，很多问题是欧美日没有遇到的，所以也就不可能有现成的答案，他们的理论也好，技术也好，也不能解决市场遇到的所有问题，这无疑给我们提供了超越的机会。事实上也是如此，这些年以来，以 KIVA 为基础的 AGV 就迎来了前所未有的机遇，这是中国的市场造就的，更是中国物流技术领域的工程师们创造的。

中国太大了，大到超出了人们的想象。因此，中国面对的物流问题是前所未有的。从过去几年的实践可以看出，有时在面对中国的实际问题时，我们的集成商有自己的优势，特别在沟通、理解、服务、实时性响应、价格等方面，优势更加明显。

3. 深耕中国市场还是主要方向

市场方面，中国有着无与伦比的优势，从体量看，中国人口比欧洲、美国、日本之和还要多，而且还有众多的新型市场等待开拓，如新零售、新能源汽车。因此，对大多数企业来说，在当前还不具备进军国外市场能力的情况下，将重点放在国内市场是必要的。少数企业的少数产品，如果在国际上有竞争力，完全可以走出去。

从目前的预测看，电商（包括新零售）、工业 4.0、冷链将是物流技术应用的重中之重，其他的如机场、医药、服装、部队、服装、快递等都有很大机会。

中国市场不仅仅面临新领域快速扩展的需求，更面临传统领域的全面升级换代。在未来 10 年甚至更长时间，中国物流装备的需求将以每年大于 10% 的速度增长，并且重点在于自动化和智能化装备的需求。

4. 品质和标准是根本

对比中外的差距，应该看到品质是关键。无论是基础元器件还是关键产品，大家拼的都是品质。

如何保持高品质，或者说如何做好高质量的产品？一方面要有科学的方法和精益求精的匠人精神；另一方面要敢于突破，敢于试验，勇于实践。

此外，加强产品的标准建设意义重大。对一个杂乱无章的市场来说，标准可以起到淘汰落后产品的作用，而对于企业自身来说，标准还可以提升产品品质，尤其是应对大规模定制化带来的物流管理问题。

随着计算机技术的快速发展，尤其是计算机仿真技术和3D打印技术的成熟应用，产品的设计周期大大缩短，成本也大大降低，这为技术创新创造了良好的客观条件，模块化和标准化的作用将进一步显现出来。因此，标准化建设成为能否赶超世界先进水平的一道门槛。

1.3.5 前途无限光明

中国改革开放走过了40年的辉煌历程，中国物流技术的发展也经历了40年艰苦的跋涉。虽然从总体看，中国物流技术与欧美日的差距还很明显，但这种差距正一天天缩小。虽然中国在基础领域的研究距欧美日还有较大距离，但我们在大型项目的集成能力方面，在很多关键产品的设计、生产方面，在信息系统方面，都在快速接近发达国家的水平，尤其在有些领域的应用已经走在了行业的前列，这是我们需要树立信心的地方。

市场方面，中国的发展不可逆转，世界经济在总体上总会处于上升态势，与之相应的市场需求也会处于上升态势。而技术的发展，总体上将是越来越快。物流技术的发展在很大程度上取决于相关技术的发展，尤其是计算机技术、网络技术、通信技术的发展。因此，从某一项单机技术来看，可能差距要大一些，但从系统总体技术看，世界各国的技术水平在进一步逼近。欧美日今天的技术，比之30年前，也是不可同日而语的。

要克服两种心态，急躁的心态和不作为的心态。前者不顾客观规律，妄想一夜吃成胖子，盲目自大，急于求成；后者沉湎于空喊口号，喜欢幻想，却不肯付诸实践，小事不做，大事做不来。中国需要的是脚踏实地的工匠精神。

中国工程师的勤劳和拼搏精神是世界上少有的，这是我们面对未来的资本。相信假以时日，中国企业必将在世界舞台与欧美日企业同台竞技时胜出，中国的产品也必将走向世界舞台的中心，中国在5~10年之内必将诞生出世界级的优秀品牌和优秀企业。前途无限光明，让我们拭目以待。

1.4 物流系统集成概述

1.4.1 系统与系统集成

1. 系统

中文的“系统”一词是一个外来词，来源于英文system的音译，而英文system一词，正如很多其他的外来词，它是来源于古希腊文（systεmα），其大意为“部分组成的整体”。这一含义一直被延续了下来。

“系统”的音译，如幽默（humor）、逻辑（logic）等，在如今看来，耳熟能详，也是绝妙无比。

关于系统的定义有很多种，钱学森是中国最早从事系统工程研究的著名科学家之一，他给出的定义是：“系统是由相互作用、相互依赖的若干组成部分结合而成的，具有特定功能的有机整体，而且这个有机整体又是它所从属的更大系统的组成部分”。一般系统论的创始人贝塔朗菲（Ludwig Von Bertalanffy）则这样定义：“系统是相互联系、相互作用的诸元素的综合体”。总体来说，系统具有以下特征。

（1）系统由 2 个或 2 个以上的元素构成。

（2）系统的所有元素并非独立的，而是相互联系、相互依赖、相互作用的有机体。

（3）系统的各元素共同构成一个整体，并且具有一定的功能。

（4）每个系统具有一定的独立性，并且是它所从属的更大系统的组成部分。

从以上的定义可以看出，系统形态各异，包罗万象。一块手表是一个系统，一台机器也是一个系统；一个家庭是一个系统，一个社会一个国家也是一个系统；一棵树是一个系统，一片森林也是一个系统。系统可以是非常简单的，也可以是非常复杂的。一个细胞可以构成一个系统，它可以简单地描述成由细胞核、细胞质和细胞膜组成，构成一个系统，并具有一定功能。一个宇宙也是一个系统，它由无数星系构成，复杂无比。

人们把构成一个大系统的各个小系统称为子系统。在我们从事的物流领域，一个仓库的建筑是一个系统，一台堆垛机和一套分拣机是一个系统，一个立体库是一个系统，它们都是一个物流系统的一部分，而物流系统则是一个非常复杂的集成系统。

一个典型的物流系统，它包括外部的道路、大门、停车场、变电站、建筑物、站台、雨棚等；其内部包括建筑的基本构成，如基础、墙体、屋面、柱网、门洞、楼梯等；包括各功能区域，如办公区、作业区、储存区、充电区等；包括各种系统，如消防系统、照明系统、排水系统、网络系统、安防系统、温湿度控制系统、物流工艺系统、信息管理系统等；包括各种物流设备，如货架、堆垛机、输送机、分拣机、叉车、托盘、周转箱等。

系统并非一成不变，而是在不断变化之中。

2. 系统集成

所谓集成，就是将一些互相之间本来没有关联的、孤立的事物或元素通过一定方式集中在一起，使其产生关联，并成为一个具有一定功能，能够完成一定目标的有机整体。

系统集成的概念由来已久，最早兴起于计算机信息行业，系统集成里所说的“系统”，在很多场合下，主要是指信息系统或自动控制系统，这是由于计算机系统或自动控制系统领域是最早提出集成要求的领域。现在，系统集成仍然是信息系统领域最热的词汇，也是人们最先联想到的行业之一。如今，几乎所有的产品都在朝着数字化和智能化的方向发展，信息系统在其中发挥着不可或缺的重要作用，因此，从一定意义上说，系统集成离开信息系统是没有意义的。

每一个系统集成厂商对系统集成的理解并不相同，各有其侧重点，但本质上是相同的。系统集成的目的，都是按照用户的需求，合理配置各种软件和硬件产品，形成一个完整的、能够解决客户具体应用需求的集成方案，并使其落地。集成不是简单的设备堆砌，而是有机的组合，以便达到整体性能最优，不仅具有可行性、适应性、灵活性、经济性、可扩展性，而且在技术上具备先进性，在表现上具备美的观感。

系统集成有狭义与广义之说，这是与系统的狭义与广义相对应的。狭义的系统，仅仅集中在系统本身，如网络系统、软件系统等，其实现的关键在于解决系统之间的接口与通信问题，面对多厂商和多产品的局面，如何解决设备与系统之间、子系统与子系统之间的接口协议，是系统集成的主要工作。广义的系统集成则广泛许多，包括人力资源的集成、组织管理、设备（硬件）、系统软件、应用软件、土建、外部系统等。物流系统集成是一个典型的广义系统集成系统。

系统集成工作者必须具备一定的知识结构和能力，如通过调研，深入了解客户及行业知识；提出具体的解决方案，对技术的了解则决定了解决方案的科学性、合理性和先进性；要有一套评估体系，包括运用计算机仿真技术、虚拟现实技术等实验手段，确保解决方案对实际问题的解决是可行的和可信的；还要有一套集成的方法论，确保设计方案是可实施的，有明确可行的步骤和节点评估手段、安装方法、调试方法、测试方法、管理方法等。

总之，所谓系统集成，就是在现有技术的基础上，通过提供设计方案，规范软件接口，使本来不相干的子系统、设备、软件等组合起来，形成一个有机的完整的系统，完成用户提出的特定目标。通过集成所形成的系统应是符合一定标准的、先进的、开放的、资源共享的。系统的综合性能、可靠性、经济性以及先进性，是评价集成系统的关键指标。

信息系统集成如此，物流系统集成也是如此。

1.4.2 物流系统的构成

为了简化，以下所说的物流系统主要是指内部物流系统，外部物流系统将归类在供应链系统之中，是一个更大的系统（当然，内部系统也是属于供应链系统的一部分）。由于行业不同，用途不同，物流系统的构成千差万别。从范围和形式看，它可以是一个仓库、一个物流中心，或一个物流园区，也可以是一个工厂物流系统，或一个集团公司的物流系统。不同规模，不同行业的物流系统，其构成大不相同，即使是同一行业的不同企业，甚至是同一企业的不同项目，也千差万别。这是物流系统的特点，也是物流系统集成的难点所在。

然而，再复杂的系统，我们仍然可以将其分解为硬件和软件两部分。各种硬件之间通过接口共享数据和信息，通过软件的驱动互相协调、共同完成各种既定功能与目标。这是物流系统的最简单的分类。现代物流系统在一定程度上可以看成是一个自动化系统和一个计算机系统的组合。

如果要再分解，我们可以将物流系统分解为更多层级。

1. 硬件部分

物流系统的硬件部分可以简单分解为建筑系统和工艺系统两部分。其中建筑系统包括房屋建筑、基础、道路、停车场地、消防系统、照明系统、网络系统、安防系统、供电系统、温控系统（如空调系统）、监控系统等。对于一个物流中心来说，物流建筑（仓库）是其主体，因此，建筑应以物流需求为中心进行设计，这是容易理解的。而对于一个工厂物流系统来说，生产车间是设计的主体，而物流系统则处于配角地位。然而，即使如此，一个工厂的物流系统仍然应该按照物流的要求来设计。可是，很多情况下却做不到这一点，只有那些富有经验的设计院，才能考虑将现代物流技术融入设计之中，并做到恰如其分。

工艺系统包括收货系统、储存系统、输送系统、拣选系统、分拣系统、发货系统、退货系统、辅助系统等。每个系统的构成是不一样的，不是每个物流系统都包含上述的每一项子系统，每个子系统的构成也有简单和复杂之分，有规模大小之分，有技术规格之分。有的子系统还包含多个更低层级的子系统，如储存系统，可能有平置区、叉车作业区、立体库区、拆零库区等，拆零库区又有隔板货架区、流利货架区、立体货架区等更低的层级。

物流工艺设备是构成物流硬件的主体。由于物流设备门类繁多，并且每种设备的规格也是多种多样，这给物流设计带来了挑战。另外，随着新技术的不断涌现，物流技术变得越来越复杂且高度自动化。如最近几年来的“货到人”拣选技术、穿梭车和KIVA 系统迅速成为行业应用的重点，以前作为应用的冷门技术，如 AGV 机器人、码垛机械手等，正逐步成为物流系统的标配。

2. 软件部分

物流系统的软件可以分解为底层软件、系统软件、接口软件和应用软件几个部分。其中底层软件包括构成计算机系统的底层逻辑、算法、接口和协议；系统软件则包括诸如操作系统、数据库管理系统等软件；接口软件包括了系统与系统间、上层与下层间的通信机制及定义；应用软件最为复杂，除包括人们熟知的上层管理软件（如ERP)、库存管理软件（WMS)、运输管理软件（TMS)、仓储控制软件（WCS)、监控软件（WSS）外，还包括各子系统的 PLC 控制软件、调度软件，以及各种工具应用软件等。软件在其成长的过程中，并不一直受到足够的重视，但随着软件扮演角色的重要性日益凸显，软件在物流系统中将越来越占据主导地位。

物流系统应用软件主要是指 ERP 系统、WMS 系统、TMS 系统、WCS 系统，以及品类繁多的自动化控制软件和接口系统。作为系统集成商，了解软件并具备软件的集成能力是必要的。早期的系统集成商，能力更多是体现在软件和接口方面。

计算机信息技术发展比起硬件来说，更为迅速。大数据、区块链、云技术、远程监控等新技术迅速进入物流领域，并成为应用研究的焦点。这为系统集成带来了更大的挑战。

1.4.3 物流系统集成的范围与内容

物流系统集成的工作目标，就是通过专业设计，把各种无关的设备、技术、系统组合起来，形成一个有机的整体，以满足客户的关于物流的各种需求。

不同于一个单纯的信息系统，物流系统集成要复杂得多。这一方面是由于物流系统的构成复杂所决定的，从大的方面看，物流系统包括建筑、消防、照明、道路、网络、供电、机械、液压、传动、信息管理、自动化、安防、温控等涉及众多学科，还涉及地震、地理、气候的有关知识，是一个多学科的组合；另一方面，物流系统内部构成复杂，牵涉众多学科和众多专业技术。如信息系统中，就有计算机软件和硬件、网络、数据库、接口技术、大数据技术、云技术、无线网络技术等。设备技术更是五花八门，包括货架、堆垛机、输送机、提升机、穿梭车、分拣机、AGV、机械手、机器人，以及众多的辅助设备和系统等数十个大类，数百个小类的专门技术。横跨机械、动力学、自动化、电子工程、无线电、计算机、物理学、数学、力学、管理学、信息学等众多学科。此外，物流系统用户遍布几乎所有行业，如机械制造业、轻工制造业、化工制造业、食品加工业、烟草行业、农牧渔林业、商业零售业、大宗货物储运等，需求更是千变万化、千差万别的，即使是同一行业的不同用户，其需求也是不尽相同，有的甚至是完全不同。这是物流系统集成的困难之处。

当然，对集成商而言，各种技术的需求，并不完全处于一个等级，有的只是需要了解其基本原理、应用限制、技术特点，并完成配合即可，如建筑、消防、地理、地震知识等，有的则需要全面掌握，如系统流程、用户需求、设备的性能，软件的性能、原理，光机电技术、接口技术、现场管理技术、市场供需情况。技术发展情况等。

物流系统集成的工作内容，按照时间顺序可以大致分为 4 个阶段，每个阶段下又有若干工作（见表 1－1）。

表1－1　　物流系统集成的主要阶段及工作内容

集成阶段	项目	主要内容	参与单位
阶段1：立项与设计阶段	立项	确定要进行一项物流工程的投资	本项工作由业主完成
	可研报告	确定物流工程的可行性	由业主与专业咨询商、设计院所完成
	确定设计单位	土建设计单位 物流设计单位（集成商）①	业主
	调研报告	国内外技术与应用情况调研 用户的需求 用户的基础条件 历史数据调研 同行数据调研	业主 土建设计单位② 集成商
	数据分析	历史数据分析 同行数据分析 设计指标确定	业主 土建设计单位 集成商
	选址	根据需求进行选址 选址比较与分析 选址确认	业主 顾问
	初步设计	总体方案设计③ 多方案比较 方案报批	业主 土建设计单位（建筑） 集成商（工艺）
	扩初设计	根据报批结果进行扩初设计 物流方案同步设计	业主 土建设计单位（建筑） 集成商（工艺）
	详细设计	土建详细设计 土建施工方案设计 物流方案详细设计	业主 土建设计单位（建筑） 集成商（工艺）
阶段2：采购与招标阶段	土建监理招标	具有资质的土建项目监理单位	业主 招标公司
	土建总包招标	土建总包招标 消防系统招标 空调系统招标 弱电系统招标 安防系统招标	业主 招标公司

续 表

集成阶段	项目	主要内容	参与单位
阶段 2：采购与招标阶段	设备招标	总集成招标[4] 货架招标 托盘招标 输送系统招标 分拣系统招标 叉车招标 计算机硬件采购	业主 招标公司 集成商[5]
	信息系统招标	WMS WCS TMS ERP 接口软件	业主 招标公司 集成商[6]
	辅助设备招标	包括系统中需要的一些辅助设备，如地牛、调节平台、周转箱、拣选小车等	业主 招标公司 集成商
	其他		
阶段 3：生产与安装阶段	专用设备的生产	货架、堆垛机、输送机、分拣机、提升机、AGV、穿梭车等	设备供应商[7]
	通用设备的生产	机械手、托盘、叉车、周转箱、调节平台、计算机硬件等	设备供应商[8]
	软件的定制化生产	需求分析 软件开发 软件调试	应用软件供应商[9]
	接口软件开发	1. 系统间的接口 WMS↔ERP WMS↔WCS WMS↔TMS 2. 系统与设备间的接口 WCS↔AS/RS WCS↔SORT WCS↔ROBOT WCS↔AGV WCS↔CONVEYOR ……	应用软件供应商[10]
	设备安装	与土建的配合 安装计划	集成商 设备供应商

续　表

集成阶段	项目	主要内容	参与单位
阶段3：生产与安装阶段	软件安装	测试完成的软件	集成商 软件供应商
	设备调试	各种设备的调试	集成商 设备供应商
	软件调试	各种软件的调试	集成商 软件供应商
	设备单机测试	各种设备的单机测试，如堆垛机	集成商 设备供应商
	子系统测试	1. 各种子系统的测试 2. 与 WCS 联机测试	集成商 设备供应商 软件供应商
	联合测试	全系统联合测试 1. WMS 2. WCS 3. 各子系统	集成商 设备供应商 软件供应商
阶段4：验收阶段	设备及软件的初步验收	1. 设备清单 2. 基本功能演示[11] 3. 培训 4. 图纸及资料	业主 集成商 设备供应商
	系统初步验收	1. 系统可靠性指标[12] 2. 系统培训 3. 有关资料	业主 集成商 设备供应商
	系统上线	1. 初步验收通过（移交系统） 2. 系统初始化 3. 岗位设计 4. 上线指导	业主 集成商 设备供应商
	系统搬迁	1. 搬迁计划 2. 搬迁实施	业主 集成商 设备供应商
	设备最终验收	1. 遗留问题解决及澄清 2. 备品备件清单	业主 集成商 设备供应商

续 表

集成阶段	项目	主要内容	参与单位
阶段4：验收阶段	系统最终验收	系统可靠性评价⑬	业主 集成商
	系统进入正式运行阶段	签署验收报告	业主 集成商 设备供应商
	系统进入质保阶段	1. 系统保驾护航 2. 质保期的维护保养 3. 持续改进⑭	业主 集成商 设备供应商

注：①无论是物流设计单位，还是土建设计单位，仍然可以分阶段招标确定。即工作内容仅包含设计阶段。这时，可以是设计单位代替集成商完成前期的设计工作。但这样带来的问题是，后期的集成商如果不是前期的设计单位，很有可能许多工作要重来一遍，这显然是浪费且有风险的。

②在方案设计阶段，关于物流的部分，土建设计单位会尊重物流设计（集成）的意见，很多用户不清楚这一点，结果出了较大的问题。比较理想的方法是：物流设计方给出建筑的要求，土建设计方在此基础上完成建筑的设计，将会大大节约时间，而且会节省投资。与土建设计单位的沟通和接口，是集成商的一项重要工作。集成商必须了解土建的标准和习惯，了解建筑、消防设计的有关法律法规。

③由土建方进行的总体设计，对用户的调研是必要的。但与物流关注的点不一样。一般情况下，土建包括的内容不仅是物流建筑，还包括一些其他建筑，如厂房、办公楼、宿舍、配电站、大门等。一个工厂的设计，往往是土建先行，而一个物流中心的设计，往往是物流先行，两者是有很大差别的。但是在刚刚开始的时候，两者也是需要同步进行的。

④显然，有的阶段是连续的，有的却是间歇性的，实际的过程并不完全按照上述阶段进行。如采购，应根据需求的时间表进行，因此，即使到了工程的最后阶段，仍然会有部分采购工作。

⑤集成商可以提供部分设备，也可以由业主单独采购。特别是一些标准设备，业主采购更具有优势。业主单独采购时，集成商可以提出参考意见。

⑥物流信息系统内容很多，但这里主要是指 WMS/WCS/TMS/ERP 等。系统集成商如果能力许可，也可以提供这些系统，但通常由专业的供应商提供。

⑦物流专用设备门类繁多，基本采用定制化生产。在生产的前期，还要进行产品的设计工作，需要有足够的时间，这是往往容易忽视的地方。

⑧标准产品如叉车、托盘、周转箱、计算机等，这些产品本身具有一定的标准化，更为重要的是，其对系统的依赖度相对较低。其供货周期各有不同，它决定了采购的时机。

⑨计算机软件包括软件的本体和定制化开发部分。软件的开发应与设备的生产同步进行。除此之外，建筑施工也会同步进行。

⑩设备与上位系统间的接口几乎是定制化的。但在具体协议定义上，有两种典型的方式，即与 WMS 连接或与 WCS 连接。越来越多的设备供应商倾向于与 WCS 连接。

⑪初步验收的工作内容比较多，除了要求供货内容要与合同一致外，还要求对设备和软件的性能指标进行详细的验证，包括对速度、加速度、能力（单项能力和综合能力）、噪声等进行详细的验证。如果出现不能达到验收指标的情况，还要进行整改，然后约定时间再验证。

⑫系统验收的关键指标是可靠性指标，其计算方法和测定方法按照双方约定和有关规范进行。

⑬对一个集成系统的可靠性评价是验收的重点内容，系统的可靠性有专门的定义和计算公式。此外，集成系统的可靠性、可用性、可维护性和安全性（即 RAMS）共同构成了系统的几个关键性能指标，可靠性是其基础。

⑭物流系统的完善是一项长期过程，系统完成上线运行后，将进入一个长期的维护、管理与完善改造阶段，这是物流系统的特点，也是许多其他系统的特点。

1.4.4 物流系统集成的主要方式

物流系统集成的方式多种多样，并在不断发展，但要仔细分起来，主要分为3种：总集成方式、部分集成方式和纯集成方式。以下简单介绍各种方式的优劣及适用场合。

1. 总集成方式

所谓总集成方式，即用户（业主）将整个项目整体打包，交给集成商统一完成，自己不操心，俗称“交钥匙工程”。

优点：用户省心，对用户团队的要求低，用户将关注点放在项目的进度和质量即可。

缺点：用户参与度低，不易掌控项目，一般需要聘请独立的顾问以完成对质量的控制。

适应场合：简单项目、小型项目。所谓简单项目，即构成相对简单，如一个单一的AS/RS系统、一个独立的分拣系统，或一个纯粹的输送系统等。所谓小型系统，主要是通过投资规模结合系统体量来判断的，并没有统一的标准。每个行业的定义不尽相同，如医药物流行业，当面积小于10000平方米，物流设备及系统投资少于1000万元时，可以认为是一个小项目。但若对于一个快递分拣系统，则其定义就会有较大不同。

实现方式：先完成初步的方案设计，再进行总包采购。由于方案简单，设计工作量不大，设计难度低，故容易进行比较。如一个单纯的立体库系统往往采用这一方式。

在这一模式下，用户自行采购的项目很少，仅包括非常标准的设备，如托盘、周转箱、叉车等。有时甚至连标准产品也一并包括在总包之中。

市场接受度：10% ~20%。

历史演变：总集成方式在国外比较多，这是由于市场比较成熟、竞争不太激烈等多种因素决定的。受此影响，早期国内的物流中心采用这一方式的比较多，但随着市场的不断成熟，竞争加剧，设备供应商渠道不断透明，这一模式渐渐失去优势。因为没有一家集成商会拥有全部的自主产品，所以很多规模较大的项目，用户更倾向于自己采购部分设备，以便获得价格优势，这是导致这一模式的接受程度不断降低的主要原因。

2. 部分集成方式

所谓部分集成方式，即用户将整个系统的关键部分打包，交给集成商统一完成，另一部分用户自己单独采购，由集成商负责整个系统集成。

优点：用户充分参与，有足够的选择权，能够控制每个单项的性价比，控制总体财务风险。

缺点：对用户团队的要求较高，对整体的高质量构成威胁，并且工期较长。

适用场合：由于用户采购的范围可以根据用户的能力以及市场情况进行人为定义，所以几乎所有项目都可以采用这一模式，尤其是规模较大的项目，采用这一模式具有较大的优势。

实现方式：先进行设计，然后进行集成招标采购和部分设备采购。一般情况下，与系统关联比较密切的关键设备应包括在集成范围之中，如堆垛机、输送机、分拣机、穿梭车、AGV、机械手、电子标签、调度系统等。ERP 系统、WMS 系统、TMS 系统可以单独采购。而需要定向采购的设备（如机场的检测设备和仪器）、标准化的设备（如货架、托盘、叉车）、特殊的设备（如高速分拣机、机械手、AGV 系统等），可以由用户单独采购。

市场接受程度：70% ~80%。

3. 纯集成方式

所谓纯集成方式，即用户负责采购全部设备，集成商只负责系统集成工作。这一模式又称为软集成模式。

优点：项目推动较快，对用户团队的要求较低，集成商集设计、集成、顾问工作于一身。

缺点：由于集成费用不高，集成商的意愿不是很强烈，很多大型系统集成商不接受这一方式。

适应场合：大型项目、特别复杂的项目。

实现方式：先确定集成商，由集成商完成设计规划，再进行设备招标。系统集成费按照项目的规模、实施周期、实施难度收取，容易计算。在这一模式下集成商基本不能提供设备。

市场接受程度：10% ~15%。

市场演变：纯集成模式并非一开始就有，很多集成商是从设备制造商演变而来的，而采用纯集成模式的集成商往往是系统规划商演变而来的。在国外，物流的分工从一开始是非常明确的，有专业的设计规划商，也有专业的软件供应商，还有更多的设备制造商。虽然现在的市场仍然有这样的影子，但边界逐渐模糊。随着大型的系统集成商都倾向于做大，纯集成模式更为一些规模较小的公司所采用，一方面是出于财务考虑，另一方面也是为风险考虑。这是与市场需求相匹配的。

4. 补充说明

集成商的集成能力，最初体现在总体规划、软件系统和设备的集成等方面，但随着市场竞争的加剧，集成商往往希望通过兼并关键设备制造商以获得竞争优势。关键设备供应商由于长期与集成商配合，对系统集成表现出极大的兴趣，加上技术成熟后，集成难度降低，尤其对于简单系统来说，纯集成模式更没有表现出自身的绝对优势，所以，很多的设备供应商逐步转变成为系统集成商。关于企业兼并，最典型的例子莫过于德国的胜斐迩（Schaefer）公司，2000年之前，该公司主要是货架和器具的供应商，但通过多年的不断兼并，一跃成为全球最大的系统集成商，并且在设计、关键设备、软件等方面均表现出强大的能力。

系统集成商的这种兼并行为，导致在激烈的市场竞争中，如果一个企业没有一两项核心产品，就很难获得市场的认可，并在竞争中处于劣势。

然而，集成商的设计规划能力、软件能力，以及对大型系统的集成能力仍然是系统集成商最核心的竞争力。无论采用何种集成方式，集成商的集成能力仍然是至关重要的，越大的项目，越复杂的项目，对集成商集成能力的关注和依赖就越高。关键设备也许会对集成商在特定项目中的竞争产生积极作用，但过于关注设备的研发，将会分散集成商对核心集成能力的专注与提升。

1.5 自动化立体库（AS/RS）集成概述

自动化立体库（AS/RS）是现代物流技术的重要发明，也是物流仓储领域最主要的技术之一。一个典型的自动化立体库系统主要由货架、堆垛机系统、输送系统、托盘（或料箱）、叉车，以及计算机控制、监控与管理系统组成。随着物流技术的进步和新产品的不断开发，更多的立体库形式和装备被应用到各行各业，如AGV、机器人等装备已成为自动化立体库系统和自动化物流系统的标准配置。

本篇开宗明义，从系统集成的角度来阐述自动化立体库的设计、制造、安装以及上线运行的基本内容。

1.5.1 设计过程

如今大家所说的自动化立体库或自动化仓储系统，其内涵已经大大超出以前的定义。简单分类包括托盘式立体库（AS/RS）和箱式立体库（Miniload），这两个大类之下，又分别有很多子类。

AS/RS：自动化立体库的最初型式是指采用单深度堆垛机的立体库，后来发展出双深度的型式，以及多深度密集存储系统（包括穿梭车、子母车等多种型式）等。此外，还根据托盘型式的不同、货架型式的不同、轨道型式不同、控制型式不同以及堆垛机结构的不同等，分解出很多小类。

Miniload：主要有单深度、双深度两种情形，同时也包括多层穿梭车系统、四向穿梭车系统等新型系统。

进一步细分的种类还有很多，为了简化话题，这里不再一一列举，读者可以参考一些专业的书籍。以下的叙述也都是以简单的托盘式AS/RS为主，偶尔会说一下其他的内容。

构成一个自动化立体库的主要设备和系统包括：货架系统（货架、巷道设备、平台等)、堆垛机系统、输送机系统（包括提升机）、托盘、网络和信息系统等。此外还有配套的叉车、称重装置、尺寸检测装置、空托盘收集设备、标牌、护栏等。

从物流集成系统设计者角度考虑，自动化立体库也许只是一个物流系统的一部分，即选择什么样的存储形式。

托盘：在早前，托盘设计成为立体库设计的重要内容之一，原因是托盘标准没有制定，基本上是以货物尺寸来确定托盘尺寸，这也是我国托盘规格特别多的基本原因之一。经过多年的发展，托盘规范以1200mm×1000mm和1100mm×1100mm作为两个推荐的标准，改变了过去的设计思路，即在一般情形下，推荐采用标准托盘（1200mm×1000mm）以简化系统和设计。托盘的标准化对于物流系统及其上下游的设计具有重大意义，尤其在建立托盘共用体系方面。当然，这一规定并不是不可以更改，尤其是在内部物流的情况下，采用非标托盘也是常见的情形。

单深度还是双深度问题：采用双深度的情况其实并不多，主要是大宗货物储存方面有优势，如酒水、牛奶、食品、烟草的成品等。双深度除了在特定情况下会有15%～25%的库存效率提升外，其限制很多。有些设计人员津津乐道地采用双深度立体库，如果不进行精确动态的分析，往往达不到提升存储效率的目的。

在选择仓储技术时，关键指标是库存、效率和成本，这三个指标相互依存，又相互制约。有时对库存要求高，而没有效率问题，有时则是效率需要保障，有时是成本成为关键因素。技术的应用要考虑适用性，不能生搬硬套。

以下几项是设计阶段的关键。

1. 基础数据

设计是以基础数据为依据的。任何设计，离开基础数据就没有意义，也无法判断设计的优劣。很多设计人员不理解这一点，一上来就画图，结果不知所云。

基础数据中最关键的是库存、收发货量、拆零量、工作时间、SKU数量及分布等。一般这些数据要以历史数据或行业数据作为参考。基础数据越准确，设计越合理。

2. 荷载

基础承载能力（包括地面和楼面）：应按照规范进行计算，而不是随意确定。

货架承载能力（地震荷载是重点）：运用有限元法进行力学分析是必要的，尤其是地震荷载的确定，非常关键。

3. 层高

层高有好几个概念，如楼层高度、货架每层高度等，这里仅指货架层高。

层高虽然很简单，但对一个新手或非专业人员来说，往往容易发生错误。对单深度堆垛机而言，层高包括横梁、托盘、货物、存取空间、安全空间高度，此外还有底层高度和顶层高度要求。如果没有对堆垛机进行深入了解，确定层高并不是一件容易的事情。对双深度而言，层高还有更加复杂的规定。

还有一点也要注意，组合式货架一般是有固定孔距限制的，如采用 75mm 或 100mm 的孔距，层高并非随意的。

4. 库前区和库后区

要确定库前区和库后区的尺寸，首先要对堆垛机的结构有充分了解，很多初始设计者对此一头雾水。如果是一个没有经验的设计者，最好参考一下有经验者的设计。

除了正确理解库前区和库后区，还要了解维修区的要求。

5. 效率

堆垛机的效率是可以计算的，FEM 9.851 标准给出了计算方法。但对双深度而言，因为考虑到存取货位置问题，计算会稍微复杂一些。

堆垛机的效率是一个关键因素，但要正确认识如何提高效率并不容易。有些设计人员往往只注重某一个指标而忽视综合指标。有时计算的结果往往出乎意料。

6. 输送系统

输送机作为主要的外围配套设施，其设计往往比立体库本身还要重要和复杂，其难度也大一些。输送机采用的技术有很多，除了传统的输送机以外，现在广泛使用的还有穿梭车、环形穿梭车、提升机等。无论采用什么技术和设备，都要对其应用场合和技术要求了解清楚。

输送机系统的设计还要考虑效率的匹配。有时，采用什么样的输送形式和输送速度，对于输送系统的效率有非常大的影响。

7. 消防分区问题

消防分区对立体库的设计产生了很大影响。对于丙 2 类物料而言，带自动喷淋的分区面积为 3000 平方米，而一个单层仓库的总体投影面积限制为 12000 平方米。这就是为什么立体库不能建得很大的原因之一。在设计阶段，如何充分理解和运用消防规范非常重要。

立体库的设计参数还有很多。作为一个专业设计人员，最重要的是要做到系统平衡和选择适用的技术。平衡就是各个设计指标要基本一致，不要有的指标过高，有的过低。过高的指标会造成浪费，过低的指标会影响整个系统的能力，其实也是一种浪费。适用就是所采用的技术是恰当的，不要为应用而应用，为先进而先进。有的设计者，对立体库的适用场合不甚了解，出现误用的情况很多。量体裁衣，因地制宜，才能恰如其分。

自动化立体库设计方案（局部）如图 1－2 所示。

1.5.2 采购、生产和安装

从一个集成者的角度看，有很多设备需要采购，一般只有很少的设备是自己生产的。无论是采购还是自己生产，质量的要求是一致的。

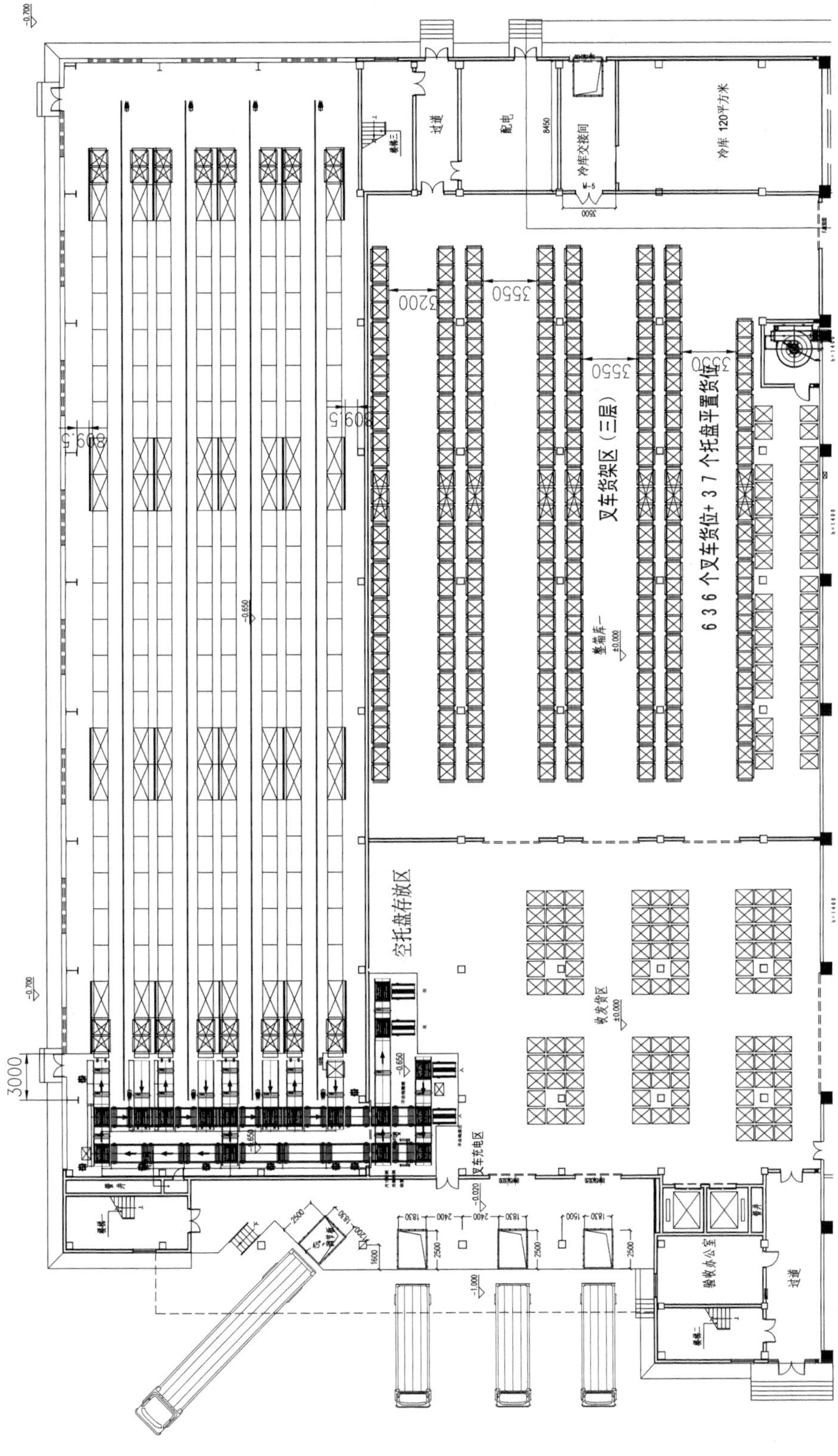

图1－2　自动化立体库设计方案（局部）

货架系统：达到一定高度或规模的货架要经过力学有限元计算，结构要合理，工艺水平要达到要求，表面涂层厚度符合要求且颜色均匀，加工精度要符合规范等。而从采购者角度看，材料（主要是立柱和横梁）要符合要求。如何确定材料符合要求？除了要对采购单进行鉴定外，重要项目还要对材料物理性能进行检测。

此外，货架的安装非常重要，除按照设计要求进行安装外，对安装结果应进行检查。

比较重要的安装问题有如下几个。

（1）基础预埋问题。

很多情况下基础预埋不符合要求，除了在安装过程中进行监督指导外，发现问题及时纠正应该是比较合适的办法。一旦返工，质量往往不尽如人意，而成本也会增加，工期也会延长。

（2）安装基准。

货架的安装基准非常重要，要在建筑施工时就确定基准，目前国内很多项目都没有这么做，导致了一些问题的发生。

（3）安全销。

很容易忽视的问题是横梁的安全销，很多事故的发生也是安全销所引起。此外，横梁前后高度出现问题的情况也屡见不鲜。因此，在安装结束时，仔细检查安全销和横梁高度是非常必要的。安装人员更要养成好习惯，避免犯不必要的错误。

（4）轨道连接。

轨道连接是安装中的重要问题，很多连接不好的轨道不仅影响使用，未来还会有断裂的隐患。

（5）接地。

货架要求接地，防止静电对设备的损坏。这一点也非常重要。

堆垛机：作为立体库的关键设备之一，堆垛机至关重要。工艺要合理、电机与减速器品牌型号要符合要求、安全措施要全面、定位方式要符合要求。对堆垛机的安装检查是一项非常专业的工作，重点还应该在外观检查、主要零部件型号、安全防护装置、设备功能演示、速度、定位方式、定位精度、作业能力、噪声等多方面内容进行逐一检查和测试。

输送机：要符合总体设计要求，包括表面工艺、电机与控制系统、安全措施等。安装检查包括对安装外观的检查、轨道表面是否平整、主要零部件是否符合要求以及设备功能是否齐全等。

托盘：符合设计要求，包括整体尺寸、板厚。此外，承载实验应达到要求。托盘虽然结构简单，但数量多，要做到每一个托盘均符合要求并不容易，托盘对立体库的正常运行影响很大。

对一个现场经理来说，制订安装计划、协调到货计划、确认安装工艺的可行性和安全性以及检查安装质量是非常重要的。

对设备的质量检查和安装检查，要出具正式的结果文件，以备未来系统验收之用。立体库示意如图 1－3 所示，自动化立体库内景如图 1－4 所示。

图 1－3　立体库示意

图 1－4　自动化立体库内景

1.5.3 软件系统

立体库的软件系统主要包括 WMS、WCS 和监控系统等。有的供应商将监控系统与 WCS 集成在一起，统称为 WCS 系统。对此，从系统实施角度考虑，采用分开设计的架构，会有较好的效果。

1. WMS

作为立体库的 WMS，除了要求具备普通的 WMS 功能外，还有很多特别之处，简述如下。

（1）组盘要求。

组盘要求非常严格，绝对不能超差和超重，这是 AS/RS 系统的显著特点。AS/RS 有尺寸和重量监测装置，要求这两项均不超过设定值。

（2）货位均衡。

自动化立体库基于作业安全和效率的考虑，对货位分配有特别的要求。一般情况下，要求同一 SKU 的多个托盘被均匀分配到不同巷道，在整个作业过程中各巷道的托盘数基本相同。这是与普通的仓库管理系统不同的地方。

（3）实时性要求。

一方面堆垛机完成每个作业的时间并不相同，另一方面由于故障等原因，会导致分配的任务并不能按时完成，从而打乱了原先的分配原则。这时要求 WMS 根据实时情况分配货位。此外，由于堆垛机是自动完成作业的，所以 WMS 要实时记录货位的变化，避免出现账实不符。

（4）故障处理。

WMS 系统的故障类型很多，主要有以下两个需要处理。

货位空故障：出库时，记录的货位有托盘，但实际监测没有，造成账实不符。

这一类故障将直接影响发货，而系统也需要进行处理。一般情况下，处理此类错误首先需要人工确认监测结果是否正确，如果属于监测错误，则应修复设备，排除故障，重新作业；如果监测无误，则要求重新分配货位，并对当前货位进行跟踪处理。

货位满故障：入库时，记录的货位无货物，但实际监测有托盘，造成账实不符。

这一类故障影响入库作业，处理此类错误首先需要人工确认监测结果是否正确。如果属于监测错误，则应修复设备，排除故障，继续作业；如果检测无误，则要求重新分配货位并对当前货位的货物进行跟踪，修复库存。

此外的故障还有库存不准确等，也需要处理。维持库存准确是保证作业流畅的前提。

（5）在线拣选。

在线拣选是 AS/RS 系统的一项重要功能，WMS 对此要有相应支持。

对于波次拣选，要求减少堆垛机作业次数，一次完成整个波次的拣选，有些类似于提总拣选。

在拣选完成后，面临托盘回库的问题。有两种策略：其一是回到原货位，其二是重新分配货位。不管采用哪种策略，WMS 将担负管理货位和分配货位的责任。如果拣选完成后成了空托盘，堆垛机可将空托盘自动收集成垛然后储存在空货格内。

（6）货位锁定。

货位锁定对于 AS/RS 系统非常重要。有时是因为堆垛机故障需要锁定货位，有时是因为其他原因需要锁定。WMS 应提供自动和手工锁定货位的功能。

（7）货位状态管理。

AS/RS 系统的货位状态有很多种，如空货位、满货位、入库状态、出库状态、锁定状态，此外还要根据实际应用设计其他状态。

（8）与 WCS 的接口。

当然，除与 ERP 有接口外，WMS 必须与自动化监控系统有接口。由于系统和设备的多样性，接口也具有多样性。采用 WCS 系统架构，将 WMS 与设备隔离开来，实现 WMS 与设备无关的目标，进而简化 WMS 的设计、发布和维护。

立体库 WMS 的特性还有很多，如盘库策略和方法、货位的优先级管理、双深度货位管理等。限于篇幅，不一一列举。

2. WCS

众所周知，一个复杂的物流系统，其自动化系统会不止一个。有时，这些自动化系统并不是一个供应商所提供，这就形成了多个子监控系统。如果 WMS 直接与这些监控系统连接，势必破坏 WMS 的独立性和标准化，给系统开发和维护带来很大困难。试想，如果一个 WMS 实施的每一个系统都是不一样的，未来的维护将是怎样的一个态势？此外，一个基本的事实是大部分 WMS 厂商并不了解自动化系统。

图 1－5 表示了两种结构的差异。

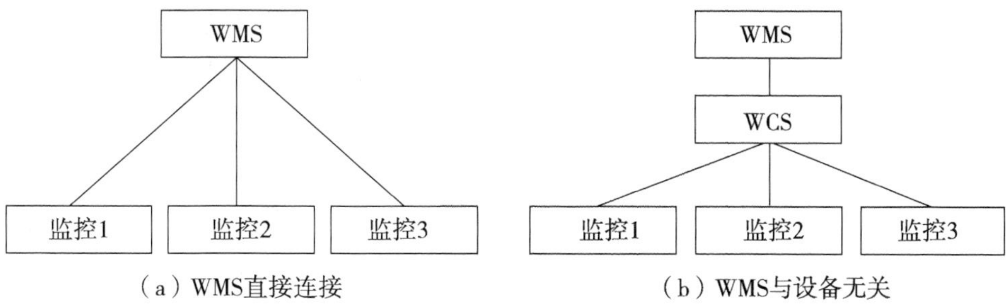

图 1－5　WMS 的两种连接方式

图 1－5（a）表达的结构是传统的结构，WMS 直接与设备连接。有人问，这有何不同吗？这个问题只有对物流系统结构非常熟悉的人才知道，这一结构是导致很多矛盾和问题产生的根源。其实，更大的问题还不在这里，而是这种非标准化设计思想，

导致 WMS 系统本身不稳定，更不要说实施、部署、维护的困难了。

WCS 的基本功能包括接受 WMS 的作业指令，经过整理、组合、拆分，形成各自动化系统的作业指令，分发给各自动化系统，同时，接收各自动化系统的现场状态，反馈给 WMS。

从 WCS 的角度看，WMS 是关于作业要求的发出者。在入库作业时，将托盘货物存放在什么位置；在出库作业时，要求货物从什么位置出，出多少，这些应是 WMS 的工作内容。而具体由什么系统去执行，并不是 WMS 要关心的事情，WCS 则负责完成任务分发的工作。这种架构设计看似简单，却给物流系统带来了革命性的影响。

WCS 有如下显著特点。

①明确了 WMS 与设备无关的概念，结构清晰，易于维护。

②厘清了 WMS 与监控系统的职责，各司其职，不再有理不清的矛盾。

③对于大型物流中心，大大减少了联合调试的时间。

④系统稳定性大大加强。

⑤便于远程部署 WMS 系统，尤其是云端系统的部署变得可行。

3. 监控系统

顾名思义，监控系统完成自动化作业任务的监控。

在一个自动化立体库系统中，要求监控系统与立体库设备紧密互动，主要是堆垛机、输送机、穿梭车等。在其他系统中，还有分拣机、AGV、机械手等自动化设备。

（1）堆垛机监控系统。

入库：一个堆垛机的入库作业循环如下。

①接受输送机系统的入库请求。

②堆垛机到达入库口（其中包括加速、运行、减速、停准、起升的载货台回原位等动作）。

③堆垛机取货作业（其中包括伸叉、叉体到位、微升、微升到位、回叉、回叉对中等动作），取货完成还需要发给输送机一个取货完成指令，以便输送机释放占位。

④堆垛机运行到指定位置（包括水平位置和高度位置）。

⑤堆垛机检查货位是否有货（若有货则报故障）。

⑥堆垛机放货作业（其中包括伸叉、叉体到位、微降、微降到位、回叉、回叉对中等动作）。

⑦堆垛机待机。

一个完整的出库环节如下。

①接受监控系统的出库请求（在一个队列里的第一条指令）。

②堆垛机达到预定货位位置（其中包括加速、运行、减速、停准等动作，起升的载货台要求同步运动到预定位置）。

③堆垛机检查货位是否有货（若无货则报故障）。

④堆垛机取货作业（其中包括伸叉、叉体到位、微升、微升到位、回叉、回叉对中等动作）。

⑤堆垛机运行到指定出库口位置（包括水平位置和载货台高度位置），有时一个巷道有多个出库口，因此，指定出库口非常重要。

⑥堆垛机向输送机系统发出卸货申请，输送机即刻回复是否可以卸货。

⑦当允许放货时，堆垛机执行放货作业（其中包括伸叉、叉体到位、微降、微降到位、回叉、回叉对中等动作）。

⑧堆垛机待机。

在整个作业循环中，堆垛机要求时刻监控货物是否在运行中超差。如果发现超差，将立即停止运行，并报故障。

对于堆垛机系统来说，每个控制系统与监控系统的交互并不是完全一样的。有的是将整个作业循环作为一个事务来处理，这样交互的内容就很少；有的是将整个循环划分为多个小循环和多个小事务，交互的情形就比较多。总体来看，各有优缺点。

（2）输送机监控系统。

相对来说，输送机监控系统要简单一些，这是由输送机的功能简单决定的。在输送阶段，几乎没有什么需要监控，一切按照内部逻辑运行，只是在出现故障时需要处理。而在分流段，则需要根据系统规划的路线或外部的条码信息决定分流路线。但输送机也有复杂的地方，如条码的识别就是一个问题，系统不仅要求识别要准确，而且要求快捷，但现实是这两点都难以做到。

（3）穿梭车监控系统。

穿梭车的监控有点类似于堆垛机，但比堆垛机要简单一些，主要是没有载货台的控制，也没有货叉作业（注：有些采用货叉的穿梭车除外）。

（4）图形显示系统。

监控系统的另一工作是图形显示，可以安排专门的计算机系统完成。

利用一个好的图形显示可以观看到整个中心的作业情况，对于日常维护是非常重要的。

1.5.4　项目验收

立体库的验收需要有专门的知识。作为一个完整的验收程序，包括制定验收大纲、到货完整性检查、技术资料检查、安装检查、功能参数测试、故障与安全性测试、作业能力测试、可靠性测试等，以下逐一说明。

1. 验收大纲

验收大纲确定验收内容、时间安排、测试用例准备、材料准备、人员准备、测试表格、测试指标、测试依据、测试报告等，需要与用户一起确定。

验收不只是某一方的工作，应包括集成商、供货商及用户。大家应对测试结果进行签字确认。

2. 到货完整性检查

根据合同清单，检查到货完整性，包括设备名称、规格、品牌、数量等。

货物的清单要求注意落实，对于安装好的货物，则以安装结果为依据；对于不需要安装的设备，如托盘、叉车、地牛等设备，应在到货时进行清点；对于备品备件，则应按照清单移交，对于缺失的货物，应如实记录，以便补充。

3. 技术资料检查

技术文件包括图纸、技术说明文件、使用维护说明、培训资料书等，是构成系统不可或缺的部分。文件的完整性检查是非常重要的内容。

作为一项重要内容，人员培训是保证系统能够顺利移交的关键。培训是否满足要求，应通过检查考试成绩和实操测试记录确定。这一点往往容易忽视。

4. 安装检查

对安装的检查比较专业，可以按照大类进行，如货架、输送机、堆垛机等。

安装分为外观检查和尺寸检查两部分。

所谓外观检查，包括安装是否符合美观要求、表面保护是否到位、连接是否平滑、螺栓是否遗漏和松动、零件是否有缺损等。外观检查要逐一进行，是一件非常烦琐的工作。

尺寸检查则应根据设计要求进行，如货架的变形是否符合要求、轨道连接是否满足要求等，尺寸检查要求细致。对于大规模的检查，采用安装方先自行进行测试，然后抽查的方法。

5. 功能参数测试

货架：主要包括生产工差、安装误差、板厚、涂层、承载、变形等是否符合要求。对于有地震载荷要求的，一般进行 FEM 计算。

堆垛机：电机及减速机品牌、功率，货叉品牌，激光器品牌，光电开关品牌、数量，起升、运行、货叉的速度和加速度，安全装置，限位开关，重载测试等。

输送机：电机及减速机品牌、功率，货叉品牌、光电开关品牌及数量，条码扫描器品牌及数量，位置、尺寸、承载（满载）、辅助设施等。

穿梭车：电机及减速机品牌、功率，光电开关品牌及数量、运行及移载的速度和加速度、安全装置、限位开关及重载测试等。

6. 故障与安全性测试

主要针对堆垛机、穿梭车、输送机等。

堆垛机的故障约有 30 种，其中有关安全的测试包括松绳、超差、超重、限位开关。货叉超时，过热保护及断绳保护等一般不测试。此外，比较关键的是空取货、货位双重入库保护等属于测试的重点。

穿梭车的安全测试集中在超差、超重保护。此外，双重入库和空取货也是测试的要点。

输送机安全测试重点在于轻载和重载的停准、移载定位、超时保护等。

7. 作业能力测试

输送机和穿梭车的作业能力即通过能力。测试时一般要求与系统连接，否则很难测试。

堆垛机的作业能力按照 FEM 9.851 规定进行。关于 FEM 9.851 内容，请参考有关资料。

8. 可靠性测试

很多用户不知道系统可靠性为何物，因此在合同中并未提出可靠性验收的标准，也不进行可靠性验收，其实这是复杂物流系统验收最关键的指标之一。

物流系统的可靠性指标是通过系统可用度进行定义的，根据欧洲 FEM 9.851 标准，一个系统的可用度指标根据式（1-1）进行计算。

$$A = (T_0 - T_1) / T_0 \times 100\% \tag{1-1}$$

其中：

A 表示系统的可用度，用百分比表示；

T_0 表示作业的总时间，一般要求连续测试 5 天，每天 8 小时；

T_1 表示总的当量故障时间。

所谓当量故障时间，是指并行子系统故障时间对于整个系统的影响当量。例如，假如一个立体库系统有 10 台堆垛机，那么任何 1 台堆垛机故障，它的影响当量因子只有 1/10，即一台设备发生故障的当量时间只有实际故障时间的 1/10。而对于 WMS 系统和 WCS 系统，其当量因子则为 1。

根据 FEM 9.851 标准，一般情况下，可用度达到 93% 即认为可以通过初步验收，系统可以上线运行，而要通过最终验收，则可用度应达到 97% 以上。

1.5.5 上线与维护

如前所述，可用度达到 93%，系统即可以上线运行，上线前的准备与上线后的维护十分复杂，有以下内容。

1. 现场检查

上线前的现场检查，主要包括线路检查、安装遗留的垃圾检查（包括消防安装等）、现场工作站（计算机、打印机）检查、机房检查等。

作为一项完整的检查，应列出清单，由专人负责，确保上线的安全性。

2. 人员到位

上线一旦启动，操作人员必须到位。有时，由于存在老系统的作业问题，操作人员很难兼顾，这就要求作出系统规划。操作人员的培训是至关重要的，一般情况下，每个作业环节必须至少有1个关键人员经过严格培训，懂得如何正确操作。

3. 系统初始化

系统初始化工作需要清除测试过程中的垃圾数据，按照实际运行环境配置岗位，并初始化岗位人员，RF和现场终端则要求严格按照规则进行配置。此外，主数据的初始化是一个重要环节，货位配置要求与实际相符。

初始化工作一般需要2~3天时间。

初始化后，应进行适应性测试，包括各岗位的登录、入库作业、出库作业等一系列完整性作业，以检查初始化是否满足要求，确保上线切换顺利。适应性测试要细致周到，不能一带而过，同时也要做好测试计划，逐一实施，以防止系统初始化带来的新问题。

初始化完成后，系统应进行完全备份。

4. 搬迁策略

很多系统上线的第一件工作是搬迁。搬迁既复杂又紧张，甚至决定了系统是否能够成功上线。很多失败的案例，均在搬迁环节就已经发生问题。

搬迁时，人员少、任务重、设备不稳定、系统不稳定、流程不熟悉，本来就容易出现问题。如果大意，会导致无法收拾的结果。

正是因为搬迁的困难太大，所以应特别重视搬迁工作。

首先，应制订合适的搬迁策略。搬迁的原则是在保证数据正确的前提下，越简单越好。比如，不改变旧仓库的货位库存，实行一对一的搬迁就是一个好的策略。这一策略的优点是下架简单、操作有序，可以及时盘点，避免在搬迁时出现大的问题。一般情况下，新的仓库规模要大于旧仓库，这样为搬迁创造了好的条件。

其次，要计算搬迁的工作量，切实做好计划和准备工作。包括车辆、人员、托盘、耗材等，使搬迁有序进行。

再次，要开发搬迁程序，即根据搬迁要求专门开发一些程序，确保搬迁操作的简便快捷。

最后，要选择好搬迁时机，一般应选择淡季搬迁，对生产影响较少。此外，在搬迁前夕，对库存进行整理盘点，减少系统误差和搬迁工作量，适当降低库存也是必要的。这就要求管理部门密切配合，统一行动。

本文只是一个提纲，很多的细节均可以逐一展开研究探讨，这是留给各位感兴趣读者的课题。

1.6　物流集成系统的评价标准

对于一个物流集成系统或物流中心的评价，是一项非常专业和复杂的工作，需要多个专业的协同与配合，所以会耗时耗力，而且难度也比较大。很多企业乐于请个专业人士做顾问，希望顾问能给即将建设的物流系统出主意，甚至提供一个设计的方案。其实这种做法是可以理解的，但问题是很少有人得到了想要的结果，更多的是为此付出了高昂的代价。

总体来说，一个稍微复杂的物流系统的设计，要经过多轮反复论证和方案比较才能达到比较理想的结果。在这一过程中，科学的调研分析和团队协作是非常重要的，如果没有一个具有丰富经验且有灵性的团队，即使设计时间再长也没有用处。

一个物流系统的设计就像是下棋，有时一步随手的棋，会导致输掉整个棋局。专业棋手和业余棋手的区别，不在于每一步棋的外表有多像，而在于对棋局的理解和判断，进而作出决策，并付诸行动。有时一步棋，高手下和常人下是一样的，但他们对于为什么这么下的理解是不一样的。

物流行业不是一个很成熟的行业，每个人对于物流技术的理解各自不同，有时甚至有很大分歧，对设计者和业主来说更是如此。尤其对于物流方案的理解，更是没有一个简单的标准可以参照——也许客观上也不存在。有很多设备制造商很乐于给用户出主意，搞设计，其出发点是好的，结果却害了他们。

总体来说，非常优秀的物流系统少之又少。中国如此，世界也如此。这是一个正常现象，因为物流系统之间的差异性很大，且需求变化很大，即使设计得再好，一旦需求变化，就很难适应，更何况设计本来就有问题的系统呢？以下是关于物流集成系统的评价指标及分析。

1.6.1　关于物流系统的关键指标

一个物流集成系统有两个关键指标，即成本（Cost）和效率（Efficiency）。离开这两个指标去谈物流系统或物流中心的设计和优化，无异于舍本逐末。在大多数情况下，效率和成本是互相制约的。提高效率，降低成本，是物流系统设计与运营所追求的根本目标。

物流中心的成本主要包括两部分：建设成本（投资）和运营成本。其中建设成本可细分为建筑成本、设备（包括软件系统）成本、建设期管理成本等，其中大部分可以通过折旧体现在运营成本之中，所以事实上就剩下一个运营成本。运营成本主要包括建筑和设备折旧（如果是租赁，就体现为租赁费）、电费、耗材、人员及管理成本、运输成本、税金等，也包括其他必须支出的成本，如损耗、财务成本等。从根本上讲，物流中心设计和研究的目标就是在满足不断增长的需求的前提下，控制成本，而表面上则体现为各种技术的研究和合理应用。

对物流系统的要求，可以体现在“6R”之中，即在正确的时间，将正确的物品，按照正确的数量，以正确的状态，沿着正确的方向，准时送达正确的客户。这也是物流服务的关键评价指标。效率可以分为两个方面：其一是单位时间的作业能力，与成本有关。如果系统和人员确定，那么高效率就意味着成本降低；其二是服务水平的基本体现，主要是对时效的需求，这时，越高的要求往往意味着成本的上升。

困扰物流设计工程师的关键问题之一就是：当需要更高的效率时，往往需要付出更大的成本。比如采用更加自动化的装备，聘请更加专业的管理团队，通过专业的设计和培训，使效率的提升大于成本的增加，这就是物流发展追求的目标之一。

好的物流中心，其设计和系统选型必须是好的，这是基础。然而，运营管理却是更为重要的部分。这就好比一辆车，车好是基础，驾驶员的技术和日常保养却更为重要，很多企业不理解这一相互关系，因而做出了错误的判断。

1.6.2 与环境有关的指标分析

一个物流中心的建设，首先是从选址开始的。教科书会教导我们如何选址，以及选址的原则和方法，这些都非常重要。但是随着城市化的不断推进，理想的地址越来越少，所以往往只能退而求其次。

方位：物流中心的选址要考虑配送成本。从当前全国发展的情况看，选址已经受到很多限制而变得不能随心所欲，所以，考虑人口密度低、交通便利、配送距离适中的位置来建设物流中心是合适的。尤其要考虑城市未来发展，一般来说，物流中心要选择与城市发展方向一致的方位，而不是相反。

外围道路：物流中心的选址对于道路考虑非常重要，首先要考虑覆盖范围内的道路网问题，道路等级问题（公路等级、宽度、限高、限重、桥梁等）、限行问题、停车问题，有的还要考虑扰民问题。一个好的物流中心要求道路是畅通的。

网点：很多企业的物流中心网点是遍布全国的，牵涉全国的布局问题，尤其电子商务更是如此。影响全国布局的基本出发点主要还是成本和效率，前者要从运营成本考虑是否合算，后者则要求从服务承诺来看是否可行，所以配送量和配送半径就成为关键指标。以电子商务为例，要建立一个网点的评估模型，首先要考虑订单量和发展前景，过低的订单量是不会产生好的经济效益的，也难以达到预期的目标。在考虑配送半径问题时，高速公路是一个非常重要的因素。

地价：土地价格也是选址要重点考虑的因素之一，其直接影响未来的运营成本。一般的物流中心均选择在城市外环（如各省会城市的绕城高速），紧邻高速出入口，就是综合考虑地价和交通的结果。

有些评估因素是可以量化的，如地价、配送距离、人工成本等。有些是不能量化的，如发展潜力、升值潜力等。

1.6.3 与建筑有关的指标分析

具体到一个物流中心园区的设计，所关注的方面就要窄得多。一般应遵循由外而内、由浅入深的基本原则。

大门：地块红线确定以后，首先要确定建筑物的基本需求，如物流场所、办公场所、宿舍等。园区的大门、道路是最先要考虑的。根据设计规范，大门不应开设在主干线上，不应距离路口过近，这些都是应该注意的。

园区道路：道路要考虑物流和消防两重需要。一般情况下单向车道不小于 4.5 米，双向车道不小于 7 米。繁忙的系统可能需要更宽的道路。

建筑朝向：这是一个比较复杂的问题，也是设计中的难点之一。简单来说，在南方，关键要考虑夏天西晒和通风问题，在北方，要考虑冬天的风沙和西北风问题。与此相关的问题就是站台布置。方位是第一重要的事情，其次是停车位置要满足要求。

停车场：站台前停车是一个主要问题。一般情况下，对于城市配送，收货需要大车，发货则主要用小车。对于跨省配送，则可能都需要大车，这一点要了解清楚。大车要考虑 35 米以上的宽度，小车要考虑不小于 25 米的宽度，具体情况还要具体分析。

站台和雨棚：站台高度一般为 1.2 米，宽度 5 米为宜，雨棚高度要求有 4.5 米以上的净空，但也不要太高，雨棚宽度应尽量宽一些，尤其是多雨的地区。

建筑面积：建筑面积要满足两个条件，其一是容积率，其二是建筑密度。不同的地区和不同的园区对两个指标的要求是不同的，需要与设计院认真核对。

在基本确定建筑外围轮廓的基础上，影响建筑设计的关键指标还包括柱网、楼层、层高、防火分区、基础承载能力等，这是比较细的内容。

柱网：柱网是影响物流设计的关键参数。研究表明，不同的柱网最多可影响空间利用率达 30% 以上。对于一个大型的物流中心来说，空间利用率显得尤为重要。一个物流中心可能采用多种储存技术，如自动化立体库、高架仓库、平面库、阁楼和隔板货架等，不同的存储技术和不同的设备所要求的柱网是不一样的，这是设计的难点之一。有时为了比较各种柱网布置的优劣，还需要进行不同设备的选型分析，比如采用什么样的叉车进行作业？当选择高架仓库时，前移式叉车、平衡重叉车和窄巷道叉车（VNA）对于柱网的要求是有很大差异的。

楼层：现代物流中心不建议采用多层建筑，因为多层建筑的柱网很密，对设备布置有很多限制，建筑成本高，使用成本也很高。但有时局限于土地的面积，不得不采用多层建筑。即使如此，过多的楼层也是影响作业成本和效率的。一般情况下，2～3 层是比较合适的。欧美一般遵从这一原则，即使土地奇缺的日本，也很少见到 10 层以上的物流中心。

层高：单层建筑，如采用自动化立体库，建议层高为24米。这是建筑防火等级的要求，也可以根据实际需要低一些。但如果是叉车作业，则高度应在15米以下为宜。有的叉车库，其层高达到20米以上，是一种明显的浪费。对于多层建筑，要求对层高采取特别慎重的态度。如果仅用于平面作业，一般4.5米就是比较合适的选择。但如果要采用货架或者阁楼，则高度应选择6.7~7.0米比较合适。如果还要考虑叉车作业，或者采用Miniload等设备，更高的楼层高度是有优势的。

防火分区：过去关于防火分区的讨论已经非常多了，这也是大型物流中心设计最为关键的约束条件。一般应按照有关规范严格执行。对于特殊情形，要事先与设计院和消防主管部门进行沟通。要注意的是，不同地区对于消防的要求是不一样的，上海、江苏、浙江的要求要宽松很多。要保证设计的安全性是一件十分不容易的事情，有时物流中心的建设因为消防报批问题，会耽误大量时间。

基础承载能力：如何设计建筑基础和楼面的承载能力会严重影响建筑成本。对物流中心来说，承载能力要计算准确，以便设计院进行设计。荷载包括平均荷载和集中荷载两个指标，前者是对建筑支柱承载的要求，后者是对楼板和梁结构承载的要求。平均荷载的计算是将楼层的所有载荷相加，再除以面积得出，一般要求有不低于1.5的安全系数。集中荷载可以通过计算一个区域的最大荷载除以该区域的面积得出，当然也要考虑一个不低于1.5安全系数。此外，基础的变形和不均匀沉降等也要作出具体限制和要求。

1.6.4 与设备有关的指标分析

物流系统的设计是一项细致工作。对于设备的选择，首先要考虑的是效率、自动化程度、可靠性等，当然，性价比也是应考虑的重要内容。对于一个具体的物流中心来说，应满足库存和吞吐能力的需求，才能使设计与需求相匹配。

库存是一项重要指标。作为一个物流中心来说，往往描述的是配送能力而非库存，但事实上，库存与配送能力之间有着密切的联系。最简单的关系是：配送额与配送量成正比；库存量与配送量成正比，与库存周期成反比。这两个指标非常重要。

效率：设备的效率从理论上讲要求越高越好，但实际情况不应该是这样，设计应考虑效率与整个系统的匹配与协调一致。所谓匹配，是指整个物流中心在处理货物时，各个环节效率的一致性。理想的状态是系统的流量在各个环节是均衡的。但实际上往往做不到这一点，也没有必要强求。决定物流系统效率的因素很多，设备的性能仅仅是一个方面。有时，管理的好坏也会导致完全不一样的结果。

不能简单将设备的运行速度与效率混为一谈。以自动化立体库为例，虽然说堆垛机的速度是影响效率的关键因素，但决定效率的因素还有很多，如加速度、控制方式、调度方法、存储原则等，不能只看到一个方面或一点。

自动化水平：自动化是未来物流系统发展的重要方向，选择什么样的自动化水平，主要取决于想达到的效果。尤其是在减少运营成本方面，自动化水平是一个关键参数。

可靠性：没有什么比可靠性更重要的了。设备的可靠性可以用可用度来测量。式（1－2）就是用来计算可用度的。

$$A = (1 - \sum T_i/T) \times 100\% \quad (1-2)$$

式中，T_i 表示子系统的当量故障时间，T 为总时间。

准确性指标：在设计中，考虑准确性指标是必要的，也是设计的难点。专业的设计人员会重点通过流程的设计来规避作业的误差，比如说采用的拣选手段、动作的合理性等均影响作业的准确性。不能将准确性寄托在作业人员身上，尽管这在很多情况下是必要的。

一个具体的物流中心设计关于设备的选择往往是很困惑的，这也是为什么很多企业不得要领的原因。选择设备要多听专业人员的意见，切不可听供应商的一面之词，一般来说，价格与品质是成正比的。

1.6.5　与成本有关的指标分析

成本很重要，但业界对于成本的认识不完全正确，有时甚至完全错误。

从物流中心建设来讲，成本就是建设成本，建设成本是建筑成本和物流装备成本之和。很多项目在建设过程中没有处理好建筑和设备的投资比例，这是一项很有挑战的工作。事实上，长期以来，我国的物流装备非常落后，这也就导致了业主们对于建筑成本认同，但对于装备成本不认同，这是非常遗憾的。

很多的案例表明：采用自动化立体库是节约的，但这一点很难形成广泛的共识。

还有一个对于成本的忽视是关于空间利用率的问题。普通的多楼层建筑被认为是理想的仓库，但这恰恰是最浪费的一种情形。以层高 4.5 米的建筑来说，从高度上讲，其利用率最多能达到 40%，而对于一个层高 24 米的立体库来说，其高度利用率可能达到 60% 以上，但长期以来，大家都忽视了这一结果。

运营成本中，有些成本是固定成本，如折旧费、电费等。有些成本是可变成本，如人工成本、包装成本等。

在评估运营成本时，重点应评估人员成本在整个成本中的占比，因为这是与系统设计和自动化水平相关联的部分。

要说服业主接受成本的概念是比较困难的。如果说物流装备还能看到实物的话，软件和服务的成本就更难被业主所理解和接受。但恰恰是软件和服务（包括设计），对物流的运作成本产生了关键影响，这是要特别指出的。

1.6.6 结束语

评价物流系统的指标很多，本文只是择其要点和重点进行评述。其实，在整个评价体系中，重点是设计方案对于需求的符合性。

数据分析是否符合实际要求和未来期望，是设计的基础，对于未来指标的设定非常重要，过于超前和保守都是非常危险的。

检验总体设计参数是否符合总体目标的需求非常重要。其中重点指标包括作业空间、存储能力、拣选能力（包括拆零拣选和整件拣选）、输送能力、包装能力、集货能力、发货能力等。

设备选型是否符合实际要求，各子系统之间是否协调一致也是非常重要的指标。其中需要指出的是系统的可靠性指标，极端条件下的应对措施也非常重要，但常常被忽视。尤其是系统的可靠性设计，这项研究还没有真正开始。

软件系统是一项被认为最难以选择的工作，的确如此。但事实上很多软件系统失败的原因不在于软件本身，而在于团队的经验和能力。

先进性指标是一个比较难以评价的指标。在实际操作中容易与自动化水平混淆。评价一个系统的先进性，主要看它的适应性、时效性和可扩展性等。当然，自动化水平也是关键指标之一。

环保性指标是近年来重点提出的物流设计指标。节能环保被认为是面向未来的积极行为。在物流系统设计中，提高效率、减少作业次数本身就是环保的重要举动，目前热议的单元化物流更是环保的重要体现。

除此之外，有一个重要指标在上文未曾提及，就是物流中心的流畅性和美观，这是很难评价的部分，也是最重要的内容之一。正所谓仁者见仁，智者见智，关于这一点，留给读者去思考与体会吧。

（注：本文发表于2018年8月《物流技术与应用》杂志，略有修改）

2 物流系统集成的理论与方法

本章导读

本章分 14 个专题全面论述物流系统集成中的各种理论与方法，是全书的重点内容之一。前面 9 个专题系统论述了物流系统集成过程中的理论与方法，包括物流系统设计中的数据分析内容与方法，物流系统设计工程师的知识结构与能力要求，立体库设计中的托盘选型，WMS 的选型、物流集成设备的招标文件起草，集成系统项目经理的能力要求，系统的安装与调试，系统的测试与验收，系统的可用度等专业知识，基本涵盖了物流系统集成各个阶段的主要工作和方法。后面 5 篇中，分别选择了几个典型的场景，论述了改扩建项目、冷库建设、电商物流、全渠道配送物流、单元化物流的特点与难点，以及需要解决的问题。不同场景下的物流系统，其特点各有不同，有的差异甚大。了解这些行业背景知识，将有助于读者尽快胜任各种情况下的系统集成工作。

2.1 物流系统设计中的数据分析内容与方法

在进行物流规划设计时，人们往往对设计指标感到茫然，初学者尤其如此。有些设计人员比较急躁，急于做方案、画图，结果画来画去，不知道自己到底要做什么了。耽误了不少时间不说，设计方案要么不知所云，要么离题万里。

一个良好的设计习惯，往往是应该首先明确设计目标，了解清楚设计要求之后，再去动笔。就比如写文章，总应该先确定写什么主题、目的是什么、给谁看，然后才开始写提纲、反复推敲提纲、找好素材和参考资料，再动笔写，然后反复推敲、修改润色。不然，就很难写成一篇高质量的文章。画图虽然很重要，但到底只是一种比较简单的劳动，而画什么、表现什么主题、达到什么目标才是设计的关键。

设计是如此，对一个设计方案的评价也是如此。有很多客户的要求是评价一个总体的方案，其实这是很难的。其中关键的一点就是，方案是设计需求的响应，对方案进行评估，首先要对设计目标进行分析和评估，这才是根本。

数据分析是一件很严肃且需要专业知识的工作，并非仅仅对数据进行简单的加减和排列组合就可以了。特别反对那些不注重数据分析的做法。一项设计，设计指标是基础，基础出现问题，选用的设备再好，系统再先进，也是于事无补的。

其实物流仓储系统的规划设计也没有那么难，关键一点是需求要明确，而需求是可以用数据来描述和定义的。一个项目，其关键数据也就那么几个而已，如收货量、发货量、库存量、拆零量、SKU 等，并不难掌握。本篇就讲一讲这些最基本的需求，为了便于理解，主要从物流仓储的几个环节进行描述。

2.1.1 基础数据

在进行系统性描述之前，一定要清楚物流的作业当量最后是以小时来计算的（当然还可以细化到半小时，甚至更小的单位）。所以，所有的物流量，最终要以小时当量来计算。然而，从用户那里得到的实际的设计指标，很可能是年度的作业纲领，如年配送交易额达 100 亿元。这个数据非常重要，却也是非常不确定的，因为从这个指标推导下来，就会看到，每年的作业天数、每天的作业时间、货物的价值、仓库库存周转次数等，对最终设计都有很大的影响。所以，这些关联数据应该是要首先明确的。

假设设计纲领是 G（年配送目标，亿元），单箱价格是 p，则年度总配送箱数是：

$$Q = G/p$$

假设每年作业天数是 N（天），每天工作时间是 t（小时），则每小时的作业量是：

$$q = Q/N/t$$

如果库存周转天数为 D，则库存量的计算公式如下：

$$W = q \times t \times D$$

以上的数据关系都很容易推导，但在实际中要注意的是：不同的作业，其作业时间可能是变化的，如高峰时期每天作业时间要大于平常，发货时间有时也与收货时间不同等，会增加计算和分析的难度。

在进行具体数据分析时，还要明确箱与托盘的对应关系。托盘一般选择标准托盘（1200mm × 1000mm），假设平均的满盘量为 n，则库存托盘数应为：

$$P = W/n$$

当然，在描述具体数据时，要区分收货、发货还是退货，每一个作业也许是不一样的。很多时候，用户是不清楚这些差异的，或者表述不清楚，那么设计者就应该将自己的经验或理解进行分享，以便双方达成认识的一致。

2.1.2 收货有关的数据

与收货有关的数据，包括到货量（箱）、订单数、车辆的装载量、收货区域大小、收货作业时间、每天收货 SKU 数等。

车辆的装载量和卸载时间主要对于站台设计有影响，包括车辆大小、载重量等。

一般情况下，还要分析卸货的方式、速度，以便详细规划站台的数量。

收货一般是比较简单的，但也有比较复杂的情形，比如新华书店图书的收货即是如此。因为每天到货的品种很多，还有大量混包的情形，因此收货要进行专门的处理。有些电商的收货也比较复杂，有的要进行 QC（质量控制）等动作，对收货区的要求就不一样。

很多人对采用最大值还是平均值来设计的区别不甚了解。简单来说，将一年（或一定时间）的收货量除以一年（或一定时间）的实际工作天数，即得到每天收货量的平均值，一年中最大收货量的一天，其对应的收货量即最大值。在实际设计中，如果按照平均值设计，则加班的天数会很多；如果按照最大值进行设计，则会出现工作很不饱满，设备闲置的现象。因此，一般取平均值和最大值之间的某个值进行设计，具体要根据实际需要确定，发货量设计也一样。

2.1.3 储存有关的数据

库存能力对系统的设计非常重要。但如何确定库存是非常有讲究的。除了库存总量 W 以外，还要考虑 SKU 数，以及各种存储方式下的库存要求等。很多情况下，仓库的设计并非单一的。所以，设计的时候就要清楚库存的方式是什么，有什么要求。

一般的储存形式有两种主要方式：以托盘为单位储存（分为立体库和平面库两种最基本形式）和以箱为单位储存。当然还有其他形式，如包裹、麻袋、散料等，也有条状物（如钢材）、异形物品（如服装的挂装等）等，不再详述。在设计中，这两种方式都要考虑，有时以托盘为主，有时以箱储存为主，有时两者比较均衡。

计算库存能力当然与箱规有关，也与平均库存天数有关，这是基础。SKU 对库存分配的要求有很大的制约作用，往往与作业面设计有关。此外，发货量对于库存设计也有非常大的影响，如拆零量，就要求对拆零区有一定限制。

库存 ABC 分析也是非常重要的，对于仓库设计起到重要作用。一般情况下，库存 ABC 分析结果决定了储存形式，ABC 的定义随着业务不同而有所不同，要因地制宜。实际操作中，往往要对够整托盘、够 1/2 托盘的 SKU 及这些 SKU 所占的库存比例进行分析，以便正确决策。

随着电子商务的兴起，SKU 不断扩大，ABC 分析尤其重要。此外要注意的一个趋势是，箱式存储方式越来越受到重视，其占比越来越高，也影响库存的分析。

在计算储存能力时，人们普遍对库存充满率感到困惑。一般情况下，托盘或货箱并不能完全被充满，而为了使作业顺利进行，货位也不能完全被充满。

2.1.4 拣选有关的数据

拣选的订单数、订单行数、发货量是比较重要的设计数据。

发货 ABC 分析同样重要，要注意的是：发货 ABC 分布与库存 ABC 往往是不相同的，分析时要注意加以区分。

拣选环节设计关注的主要是拣选、包装和输送问题，因此，有关拣选的细节问题就非常重要。整托盘出库量、整件出库量和拆零出库量，这三个参数对于设计也是非常重要的。

一些基础信息也是要清楚的，如拣选效率、播种效率和包装效率等，有些可以通过其他项目经验获得，有些应进行实际测量。需要指出的是，测量结果与作业流程、工位设计以及测量方法有关，有时很难确定一个准确的结果。

不同的拣选方法其效率差异很大，这是设计要特别考虑的地方。事实上，采用什么样的技术手段，对设计结果影响甚大。这些问题，在分析数据时，就应该有所考虑。

2.1.5 发货有关的数据

发货路向、数量、车辆类型、作业时间、暂存时间等数据是发货设计的基础。

众所周知，分拣机的格口不可能无限增加，因此，设计中应考虑波次问题，以便控制格口数量。有些物流中心的发货区设计得很小，站台停车位很少，给发货造成很大困难。

集货区的大小与发货波次有关。很多小的物流中心，每天只安排一次发货，其发货区就要大一些；对大型的物流中心来说，一般要按照多个大波次组织发货，每个大波次还有若干小波次，由此可以大幅度降低对集货区的需求。这在设计中是要注意的。

随着大家对物流认识越来越深刻，发货装车环节越来越受到重视。因此，设计时也要与时俱进，考虑自动化系统对发货区的影响。

2.1.6 退货有关的数据

退货很重要也很困难，但容易被忽视。

在通常的数据分析中，退货分析可能是不充分的。事实上，退货收货与普通收货的过程是不一样的，这主要是因为退货收货需要处理的数据量远远大于普通收货。

退货作业不是均衡的，有很大的波动性。因此，在数据分析中（实际作业也是如此），要将退货收货与退货处理分开来。其作业时间和作业量都不会一样。

对退货来说，其作业流程对于设计会产生影响。一般数据分析仅仅提供退货量即可，包括订单数、订单行、SKU、数量等。

要注意的是，退货有两种形式，其一是终端退回物流中心；其二是物流中心退回供应商或者报废处理。两者差异很大，在数据分析时，要区别对待。

2.1.7 其他

数据分析很重要，也有一定难度。经验和专业知识对于数据分析很重要。此外，数据分析结果必须得到用户确认才能用于设计。

对一个数据样本的预处理，是分析数据的第一步。什么数据是有效的，什么是无效的，要有明确的规则。剔除无效数据对于数据分析是很关键的一步。当然，要做到这一点，除了认真调研和分析外，经验和常识也很重要。

数据要有典型性，因此，数据量不能太少。比如，一年四季的数据是变化的，一个季度之中的数据也是变化的。每月、每周、每天，甚至每个小时的变化如何，要有系统的分析。静止和孤立的数据是没有意义的，必须与系统环境相关联，这一点也很重要。

有时，数据分析与方案设计不是同一个人负责，这就需要及时沟通。数据分析不可能完全独立进行，它需要与设计方案相匹配，正因为如此，每个项目的数据分析重点也是不一样的。

数据分析人员至少要对设计需求有所了解，才能知道如何分析数据，如何从成千上万的数据中找到规律并抽象出有用的东西。

最后要说明的一点是，数据分析的结果并不是直接应用于设计，而是要据此提出设计指标。其中有些数据的变化是比较缓慢的，如产品特点、订单结构、品项数、作业方式等，有些却会变化剧烈，如设计指标等。这些除了经验、行业情况能够提供帮助外，关键的是要认真分析，找出规律。在这个过程中，充分的调研和与用户充分的沟通尤其重要。

关于 EIQ 分析

EIQ 分析对于物流规划设计与物流管理都是非常重要的分析方法。其中 E（Entry）表示订单，I（Item）表示品项数，即 SKU 数，Q（Quantity）表示数量。

EIQ 分析的分析项目主要有：

（1）EN 分析：每张订单的订货品项数量分析。即通常所说的订单结构或订单行数分析。通过 EN 分析可以对订单行的分布情况作出准确判断，从而对拣选策略尤其是拆零方式提供指南。比如说 B2C 电商业务，其订单行很少，而医药的 B2B 配送，每个订单的行数会较多，两者在设计上的处理方法是不一样的。

（2）EQ 分析：每个订单的订货数量分析。对一个订单的每行数量进行分析，就可以获得订单结构的基本情况。对一个订单行来说，会存在整件和拆零两种情况，因此，订单的分布情况还可以指导对库存分布、拆零拣选的具体设计。

（3）IQ 分析：每个单品的订货数量分析。这种分析主要用于库存 ABC 分析，库存 ABC 分析对于仓库库存结构设计和拣选系统的设计都有非常重要的作用。IQ 分析 ABC 示意如图 2－1 所示。

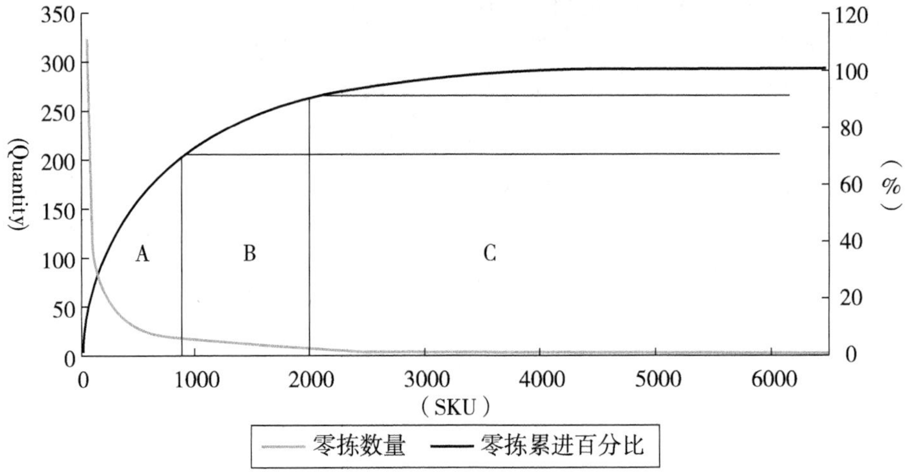

图2－1　IQ分析ABC示意

(4) IK分析：K为日文Kasanatsut（“重复”之意）的首字母，即每个单品的订货次数分析，也即产品订货的频率，是与发货ABC相关的指标。发货ABC分析对于货物存放的策略、补货策略，以及拣货策略的设计都是至关重要的。

(5) 其他分析：如IQ和IK交叉分析、拆零IK分析等，其中IQ和IK交叉分析主要是对发货量大且发货频率高的货物特征进行分析，在进行超A类拣选设计时是非常有意义的；拆零IK分析则是从拆零角度分析货物拣选的频率，这对于拆零拣选是非常有意义的。

除此之外，还有很多关于EIQ的分析手段，这里不一一列举。

EIQ分析一般是对历史数据进行，用于设计的分析，旨在确定订单结构和库存结构。对运营管理而言，EIQ分析则常常用于对实际运营的优化，如ABC分析即是如此，可以根据一段时间的ABC分析结果，及时调整库存的结构，以达到提高拣选效率的目的。

对一项设计而言，一般应选取一年以上的数据进行分析比较适宜。数据越多，越能看到变化规律，从而得出正确的结论。太少的数据可能缺乏代表性，当然也有例外，如数据量本身就不够，那就只有从行业中其他企业的数据中寻找规律了。

2.2　物流系统设计工程师的知识结构与能力要求

关于物流系统的规划设计，常常听到这样的评价：“规划设计真难啊！”相反地，也常常听到这样的评价：“物流规划设计也没什么！”一般情况下，前一种情形发生在专业的团队里，后一种情形更多则发生在专业外的人群之中。

为什么会有这种截然相反的结论呢？可能的原因是：前一种情况下的人，因为每次设计面对的情况千变万化，导致设计或不得要领，或难以达到预期的效果，很长时间以后，失败或不如意的时候多了，才知道其难。后一种情况则不同，因为没有实践或很少实践，只看到结果，反而认为不难，甚至误认为自己能更好地完成。正所谓事非经过不知难。

世界上没有很容易的工作，越是专业的工作越是如此。齐白石画虾，活灵活现，看似寥寥几笔，却有谁知道他花费了多少工夫？成为一个优秀的物流系统设计师，除了需要严格的训练、长期的实践、勤奋的工作外，还需要有一个长期的经验积累过程。“郭公余事书千纸，虎卧龙腾自有神”，常人看来，郭沫若先生应该是很有造诣的书法家了，可是在沈尹默等书法大家看来，郭沫若先生并非一位专业的书法家。专业的书法家要全神贯注，不能只在“公事”之余练习。这是否可以作为一种专业的看法呢？

总体来说，要想成为一个专业的物流系统设计工程师，需要具备多方面的能力和知识。而这些能力和知识的获得，自非朝夕之功可以完成，并且还会因人而异，不仅与个人的天赋和勤奋有关，也与其机遇和实践机会有很大关系。

2.2.1 数据分析的能力

物流系统设计的基本功之一是数据分析的能力。简单地说，就是通过对历史数据进行归纳、分类、总结，最后得出有用的结论，以用于设计和预测。

数据分析是一门古老的学科，前人为此作出过巨大努力，形成了一套完整的理论体系。包括在统计学、数值分析、概率论等课程之中。数据的描述性分析、线性回归分析、方差分析、主成分分析和典型相关分析、判别分析、聚类分析等，是其主要内容。

近年来，随着网络技术和数据库技术的飞速发展，数据分析更显重要，目前所热炒的大数据和云计算，将数据分析的重要性提高到了前所未有的高度。

分析数据前要进行细致的调研，了解业务流程、数据产生的真实过程、用户的看法等。这一过程通常比较乏味，但对于理解数据和把握数据有很大帮助。

科学的数据分析是指导设计的依据。在物流设计过程中，产品结构、订单特征、库存水平、业务特征（如拆零率、包装过程等）是描述一个系统最基本的数据，只有对此进行认真分析，才能得出基本符合预期的设计指标。一个合格的设计师，不仅要具备分析数据的能力，更要具备识别数据的能力，后一点尤其重要。否则，如果由于缺乏对数据的基本认知，即使经过非常繁复的运算，所得出的结论也是没有实际意义的。

数据分析还需要具备一定的经验，有经验的设计师，对数据非常敏感，他能感知哪些数据是有效的，哪些数据是无效的。这一点，有时会令旁观者大为惊叹。作者上大学时，有幸认识著名力学家叶开源教授，他对数值的敏感程度到了非常高的境界：很多研究生要花费大半年的时间去推导他直观感知的结论！

2.2.2 总览全局的能力

物流系统的布局非常重要，这是对一个合格设计师的最大考验。很多初学者面对一张图纸一筹莫展，不知从何下手，原因也是如此。

布局是物流系统的“势”，如果失势，再大的努力也只是修修补补而已。因此，一个物流系统设计师一开始会将主要精力放在对全局的把握上，而不会拘泥于局部的设计。

“天下没有两片相同的树叶”，这个道理放在物流系统设计中也是真理。尽管很多物流中心的工作流程是相似的，但设计布局千差万别。这既是设计的难点所在，也是精彩所在。

关于全局能力的培养，确非一日之功。但知道要点和禁忌，对于初学者会有帮助。全局设计的内容有以下几点。

大门：大门很重要，但往往会被忽视。因为简单，简单到可以忽视，其实不然。我见过很多大门设计欠妥的物流中心，还见过大门设计错误的物流中心。

道路：这里主要是指园区内的道路。物流中心的关键是“流动”，可见道路的重要性。但这一点也往往被忽视，至少没有得到足够重视。

站台：站台的方位、高度、长度、宽度、设备、形式等。站台是物流中心物料进出的“要塞”。与此相关的还包括仓库门的设计等。

柱网：柱网也属于全局设计的内容。不同的柱网对物流中心的影响非常大。与此相关联的还有楼层、层高，以及防火分区等。这些参数的确定，不仅有详细的法规约束，而且各地的情况还有差异。有些参数还要与建筑设计部门沟通才能确定。

流量：物流流量要经过细致的分析。但在设计师眼里，只有匹配的数据才是重要的。流量包括收货、入库、拣货、出库等多个方面，每个方面还有多个区域或环节，一个物流中心的流量表往往是非常复杂的。有些情形下，要把握好流量是很困难的，因为这与数据分析有很大关系，与设计前提和假设有关，与产品和流程也有很大关系。

流程：流程是什么？简单来说就是设计的基本思路。如何收货、如何储存、如何拣选、如何包装、如何分拣、如何集货、如何发货。相对来说，流程设计是比较困难的，而流程在很大程度上决定了物流中心的设计。

技术：采用什么技术和设备，也是决定设计的关键约束条件。如采用 AS/RS 系统和采用 VNA 就有很大的不同，这需要专业的知识来决定。

当然，设计就如同下棋，仅仅知道下棋的路数是远远不够的，还应该知道为什么这样，尤其应该知道随机应变，这是考验一个棋手水平高低的关键。

2.2.3 对设备的充分了解

曾经有一位著名的物流专家，在谈到设计师对物流设备理解的重要性的话题时说：“看一个人是否真正懂物流设计，主要看其对物流设备的适应性的了解有多少。”

物流设备各有其用途，如何正确理解设备的使用场合是非常重要的。“坚车能载重，渡河不如舟”，讲的就是这个道理。

在实际工作中经常会遇到一些情况，比如，在某个项目讨论的过程中，有的人会坚持使用双伸堆垛机，理由是觉得这个产品先进，认为没有双伸堆垛机整个项目的水平都要打折扣，而不是从企业实际需求出发。有人说立体库重要，无立体库不物流，其实是一种误解。很多人并不是很了解立体库的适应性。对设计师而言，要有一双慧眼，去甄别哪种设备和技术是最适合当前的用户。

对物流设计师而言，仅仅了解物流设备的用途是远远不够的。更要了解设备的基本性能、使用条件、性价比、适应场合等许多方面，才能恰如其分地将设备运用到极致。在欧洲，VNA 的使用是非常广的，比 AS/RS 要多很多，在中国却相反。很多人不明白其中的道理，深入了解才发现是性价比起了关键作用。在欧洲，一台窄巷道堆垛车价格仅为 10 万～12 万美元，那时候在中国要近 20 万美元，因为中国以前不能生产，需要进口；欧洲的 AS/RS 巷道堆垛机设备，一般的价格在 30 万美元以上，高的会达到 40 万美元，而中国国产堆垛机价格在 10 万美元以内，因此在中国选择 AS/RS 往往是比 VNA 具有更高性价比的决策。

物流设备门类有几十种，每个门类规格有数十种甚至上百种，要每一个规格品种都了然于心，实在是一件不可能完成的任务，所以除了了解其主要性能外，熟练地查阅手册是工程师必备的基本功。

关于设备的选择，还考验着一个设计师的责任心和良心：全心全意为客户考虑，才能使设计变得合理。

2.2.4　对业务流程的充分理解

设计是为流程服务的，不同流程需要不同的解决方案。

不同行业的物流系统，流程会有很大不同，即使是同一行业的物流中心，由于环境、地理、习惯等条件的差异，流程也存在很大不同，这就是为什么对流程的了解和设计非常考验一个设计师的原因。

在电商崛起的时代，电商物流有着与传统 B2B 业务完全不同的产品和订单，业务流程更是有翻天覆地的变化，如何适应新的需求是物流设计的新挑战。

很多情况下，业务流程是不确定的，因此需要设计师为客户量身定做设计流程，而有时，现有的流程往往设计不合理，需要重新梳理和规划。流程设计本身考验着设计师的能力和水平。

大体来说，流程设计应遵从“宜简不宜繁”的原则，物流系统最忌讳的是无效的流程和动作，因此，流程简练和流畅是非常关键的。

设计师的水平应在实践中逐步提高，尤其要多看多学，成功的作品无不倾注着设计师的心血。

2.2.5 对货物的充分了解

不同的货物，其处理方法和要求不同。不同的业务，其处理方法也是不同的。比如让一个做图书电商的物流经理，去做食品电商的企业从事物流管理，在没有进行详细调研的基础上，简单将前者的订单处理方法搬到后者，其后果可想而知。对于设计师而言，了解货物的特性非常重要，这关系到设计的各个方面，包括流程设计、储存条件、储存方法、拣选方法、包装方式、配送方式等一系列问题。

不同的产品，如图书和食品，不仅产品差异很大，订单结构也是完全不同的，当然不能混为一谈。有些特殊的产品，如单件特别重或特别大的产品，需要特殊的处理，有些产品可能包装不是很规范，而有些可能形状特殊，都需要仔细研究其处理方法。

同样的产品，在不同的物流环节其处理方法就有很大差异，如产品生产过程的物流和流通过程的物流处理方法是不一样的，B2B 业务和 B2C 业务又有很大差异。

有些东西是想象不出来的，一定要到现场去感受，不仅要感受产品的形态，更要感受现场作业的状况和气氛。

2.2.6 其他

(1) 计算机制图的能力：在当今时代，一个设计师必须具备一定的计算机制图能力，这是毋庸置疑的。

要具备机械制图的基础知识和看图的能力。

此外，还要具备手工绘制机械图纸的能力，很多人缺乏这一能力。

当然必须具备 CAD 绘图能力。

应具备审核图纸的能力。

绘图能力就像外语一样重要，不会外语可以通过翻译进行交流，但与自己直接沟通的效果是不一样的，因为有些东西只有自己清楚。

对于作图能力的要求，还有一个非常重要的点是：避免乱作为。很多不懂得制图要求和原理的人，往往会提出很多不切实际的想法和要求，这样会严重影响设计者的判断力和沟通能力。

(2) 对常识的了解：常识是不能违背的，小的方面如道路、大门、基础；大的方面如防火分区、法律法规等。有些设计师设计经常丢三落四，或者设计不得要领，主要是缺乏常识的缘故。

(3) 对天文和地理的了解：不知天文，不识地理，是设计师的大忌。

这里所说的天文地理是要了解天气、水文、地震、台风等背景知识。一个优秀的设计师，应知道北方的风沙和南方的雨水，知道潮汐的规律和地震的知识。这些对于设计是非常重要的。

(4) 因地制宜的应变能力：优秀的设计师会顺应客观的条件，设计出天人合一的设计方案，就如同香山饭店的建筑之不同于巴黎博物馆的造型。因地制宜说起来容易，但实践起来确实非常困难。

客观的现实是：物流中心之间的差异的确是太大了，足以令每一位设计大师为之“癫狂”。

(5) 创新的能力：设计师必须要有创新的能力，因循守旧将没有生命力。

创新不仅包括技术创新、设备创新、方案创新、流程创新，也包括对设备和技术应用的创新。在有些成熟的设备和技术应用中，设计者往往会提出全新的方案。

(6) 理解和欣赏美的能力：每个人都有对于美的判断能力，只是标准不一而已。

对一个设计师要求其有美的欣赏能力，是最简单的，却也是最难把握的。

什么是物流之美？其实很难用准确的语言描述。一般来说，简单，再简单，就是一种大美。

2.3 立体库托盘选用的基本原则

托盘选择作为物流设计的基础性工作，一直受到设计的关注。然而，作为一个初学者，可能会对托盘的选择感到非常困惑，一方面是托盘的种类实在是太多了，另一方面是到底什么样的托盘适合于某一个项目，的确难以决断。用户端也是如此，供应商往往不是从客观的角度给用户出主意，这就要求用户自己具有一定的决断与分辨能力。

2.3.1 托盘的基本分类

托盘的分类方法多种多样。比较一致的分类有两种：按托盘型式分类和按托盘材质分类。

(1) 按托盘型式分类，托盘有数十种型式，其中主要的有以下 6 类。

①平托盘。这是使用范围最广、数量最多的一种托盘型式。分为单面型、单面使用型、双面使用型和翼型等多种型式，适合于叉车作业。

②柱式托盘。其基本结构是在平托盘基础上，4 个角设计有钢制立柱，柱子上端可用横梁连接，形成框架。这种托盘在一些不规则包装时有用。

③箱式托盘。箱式托盘是 4 面有侧板的托盘，有的箱体上有顶板，有的没有顶板。四周栏板为栅栏式的箱式托盘也称为仓库笼。这种托盘的用途也很广泛。

④轮式托盘。轮式托盘即在托盘底部安装了 4 个轮子，能短距离移动、自行搬运或滚上滚下式装卸。轮式托盘价格较高，应用较少。如仓库笼很多时候就带有轮子，以便在没有搬运工具时可以很方便地装卸和移动。

⑤特种专用托盘。如轮胎专用托盘、长大件专业托盘等。

⑥滑板托盘（slip sheet）：在一个或多个边上设有翼板的平板。用于搬运、存储或运输单元荷载形式的货物或产品的底板。滑板托盘在生产领域时有应用，但并不普及。

（2）按托盘材质分类，可分为木托盘、塑料托盘、钢托盘、其他托盘等。

木托盘是目前使用最广泛的托盘，约占全部托盘量的80%以上，其中尤其以一次性的托盘和包装箱为主。

塑料托盘近年来得到较快速的发展，占比已经超过16%，在木材紧张的情况下，还有进一步扩大的空间。

钢托盘仅在特殊的情况下采用，占比不超过2%，大量的钢托盘都在机械加工车间使用，如汽车制造厂。

其他材质的托盘在实际使用中占比很少，其数量占比仅为1%左右，但种类非常多，如竹托盘、纸托盘、钢木组合托盘、铝合金托盘、复合材料和新材料托盘等，总计有数十种之多。之所以占比较少，有3个主要原因：其一是不被广大用户所认识和认可，也不被设计人员所认识和认可；其二是性价比不是很明确，有的具有天然的短板，或具有天然的地域性；其三是缺乏深度的研究和广泛的试验，生产厂家有限、供货也不及时等。尽管如此，这些托盘种类对丰富托盘产品起到了巨大作用，不排除其中的一些产品在未来有大放异彩的可能，但肯定需要有大量的时间和人力的投入。

应该指出的是：每种托盘型式所对应的材质是不一样的，有些形式只能对应某一种或几种材料。

本篇的目的，是要与读者分享选用托盘的心得。为了聚焦问题，重点讨论三种材料（木材、塑料、钢材）的平托盘的选用原则。

2.3.2 托盘的标准及其适应范围

托盘是现代物流重要基石之一，因此引起世界各国的普遍重视。与物流的世界格局相似，有4个主要的托盘使用区域，并且有着各自的标准：

（1）欧洲：欧洲主要采用1210规格托盘（1200mm×1000mm）和1208规格托盘（1200mm×800mm）。欧标托盘也是使用最广泛的托盘。其他国家和地区如澳大利亚、南美洲，采用欧标托盘的居多。

（2）日本、韩国：托盘主要规格为1111托盘（1100mm×1100mm），东南亚国家主要采用日韩标准。

（3）美国：主要采用48英寸×40英寸的托盘，1210托盘也常常采用。

（4）中国：主要采用1200mm×1000mm托盘，标准还推荐使用1111托盘，主要是由于考虑到日韩的标准。

总体来说，1210托盘是全球广泛采用的托盘规格。中国与欧盟正式就托盘规格进行协商，最终确定1210托盘为双方共同遵守的标准。

事实上，所谓的标准托盘只是占比较多的托盘而已，并非一统江湖，还有一定比例的托盘是非标托盘。尤其是一次性托盘、包装箱以及企业内使用的托盘，采用非标托盘的情况非常普遍。由于历史原因，这一部分托盘规格较多，数量占比应在55%以上。如烟草行业，虽然实施了行业标准，但有的托盘规格采用1250mm×1050mm。

托盘标准化对于流通领域至关重要，尤其是随着生产力水平的不断提升，供应链的作用和重要性日益突出，随着单元化物流理念的推广，托盘标准化在过去十多年间备受重视。各部委均发布了专门文件力推托盘共用体系和提倡托盘租赁，并已取得一定成效。托盘共用对于提高供应链管理效率、优化物流体系、降低物流成本、提倡绿色物流均起到重要作用。

在生产领域，人们普遍的心态还没有扭转过来，认为托盘只是内部循环，标准化没有太大用处，这是一种短视行为。因为托盘标准化的重要性存在于各个方面和各个环节，并且向横向发展，如运输车辆的标准化、储存系统的标准化等。从供应链角度讲，现代企业分工越来越细，一个企业不可能是封闭作业，不与外界产生交互是绝对不可能的。

2.3.3　托盘选用的基本原则

除非是产品特别不适应，标准的1200mm×1000mm规格托盘应成为首选。尤其在流通领域，或需要租赁托盘的情形下，采用标准托盘应是最好的选择。

如前所述，对于内部系统，这一规则却并非不可突破。很多制造业企业的托盘，一般会采用与其产品相适应的托盘规格，或者由于历史原因，已经有一大批非标托盘在使用，完全弃用现有托盘会造成很大的浪费。

承载方面：一般托盘的静载能力要求达到3000kg以上，动载为1000kg。但也并非绝对如此，流通领域的托盘承载能力大多在500kg以内。应该注意的是：对于自动化立体库使用的托盘，一定要按照其要求采购托盘，因为托盘除了尺寸的标准化以外，还有很多变量需要确定，承载能力就是一个重要变量。

材质方面：木托盘还是会成为首选，尤其是在立体库使用环境下更是如此。木托盘成本较低，柔性较好，使用寿命较长，防滑性能好，反光性能好，是其他材料所无法比拟的。塑料托盘一般在潮湿或洁净的环境下使用比较合适。钢托盘则在需要承载力大的情形下具有优势。

有些情形，托盘材质的选择范围较小。如仓库笼，必须采用钢材作为围网，其他材料则不合适；又如周转箱，采用塑料是不二选择；箱式托盘、包装箱采用木材的居多。

托盘选择要特别注意使用环境。木托盘不适应在有水和潮湿的环境下使用，这样会大大缩短其使用寿命；钢托盘的耐腐蚀性能比较差，就要尽量避免在沿海地区使用；塑料托盘适应性相对较强，但在选用时要特别注意在极端温度下使用的材料特性，聚乙烯（Poly Ethylene，PE）抗冲击性以及耐寒性好，耐油性好、透水性低、电绝缘性好，适应性较广，是塑料托盘的最理想的材料。聚丙烯（Plastics-Polypropylene，PP）具有优良的力学性能，其强度、弹性都较高，抗弯曲疲劳性好，具有良好的耐热性，化学稳定性很好，除能被浓硫酸侵蚀外，不易与其他化学物质发生反应。聚丙烯的高频绝缘性能优良，几乎不吸水。因此在较高温度下采用聚丙烯托盘要更好一些。这些都是要注意的。此外，塑料托盘容易老化，并且在货架上容易打滑，深色材料反光性能较差，应避免在立体库中使用。塑料托盘的使用寿命受材料的新旧影响很大，回收料会大大降低托盘的性能，这是要特别注意的。

决定托盘成本的主要因素是材质和用料量，这是选购托盘时需要加以注意的。

木托盘：不同品种的木材其价格是不一样的，即使是松木也有很多种类，进口木材和国产木材也有差异。不同品种的木材价格差异有时还是不小的，采购时应调研相关的市场行情。而托盘的用料（一般以体积测量）是一个影响成本和质量的重要因素，采用的木板宽度和厚度不同，成本差异非常大。一般要求按照图纸生产即可。木材干燥是木托盘制作的一道独特工艺，托盘的含水量一般要求在15%～18%，由于全国各地的温湿度差异很大，采用自然风干是很难达到要求的。即使能够达到要求，也很难满足生产的进度要求。因此，木材的烘干成为生产必不可少的环节。此外，对于有些使用场合，如医药行业、出口托盘，一般要求对材料进行熏蒸杀虫处理。这些都是木托盘生产的特殊之处。托盘的质量主要取决于材料和加工的精度，松木是最常用的材料。有些企业，如烟草企业，对立体库托盘的要求很高，有的甚至要求托盘喷漆和浸蜡，致使成本大幅上涨，其实是没有必要的。托盘涂蜡还会导致托盘打滑，反而起到了负面作用。

塑料托盘：塑料托盘的材质主要在其新旧差异，回收料占比是影响托盘质量和使用寿命的关键因素，当然也影响成本。影响成本的另一个因素是托盘的用料多少（一般以重量测量）。由于塑料粒子价格波动比较大，所以，在进行采购预算时，应充分考虑当时的市场行情。与塑料托盘相关的是塑料周转箱，其质量受材质的影响很大，成本则主要取决于材质和重量，与托盘情况是相似的。由于托盘和周转箱的材料占总成本高达60%～70%，因此，材料的新旧占比就成为影响托盘价格的关键因素。此外，有些承载较高的托盘，需要增加刚性，通常采用内置钢管的方式，这是一种节约成本的有效方式，对于回收却增加了难度。

钢托盘：相对来说，钢托盘的材质相对比较简单，尽管也有材质上的差异，但差异总体并不大，决定其成本的主要是重量。另外，钢托盘一般需要进行表面处理，表面处理工艺和质量直接影响托盘的质量，加工难度也是应考虑的因素之一，这是与木托盘和塑料托盘不一样的地方。

2.3.4 托盘使用注意事项

托盘的小心使用与保养对于延长托盘寿命有很大的作用。有人认为，只要把握好材质和加工质量，就高枕无忧，其实是错误的。

不同材质的托盘其使用保养的重点不同，当然也有一些共性的内容，如不能超载，尤其在动态存储时不应长时间超载，这一点对托盘使用很重要。个性内容分别说明如下。

木托盘：

（1）木托盘应避免遭受阳光暴晒，尤其不能经常遭受雨淋，这样非常容易使木材腐朽，从而缩短使用寿命。

（2）木托盘忌讳摔、碰，尤其是叉车作业时，应防止野蛮作业。据统计，叉车野蛮作业是导致托盘损坏的首要因素。此外，人工搬运托盘时，应轻拿轻放，避免自由落体式的重摔。

（3）托盘储存时应码垛整齐，每垛托盘不宜超过20个，以防止搬运时倾覆。托盘多应置于库内阴凉处储存，防止温湿度变化对托盘质量造成影响。

（4）库内正常使用的木托盘，其寿命应在10年以上，每年允许有2%～3%的自然损坏。对于损坏的托盘，应及时检查并修复，避免有瑕疵的托盘进入立体库储存，造成隐患。

塑料托盘：

（1）塑料托盘与木托盘一样，应避免暴晒，因为暴晒容易加快塑料老化。但塑料托盘并不害怕雨淋，这是与木托盘不一样的地方。

（2）塑料托盘在摔打时，容易出现裂缝，且无法修复。因此，托盘在作业时一定要轻拿轻放，避免野蛮作业。

（3）塑料托盘容易产生流变，因此储存环境很重要，应码垛整齐，每垛托盘不宜码放太高，以防止搬运时倾覆。托盘垛应置于避光处储存，高温和低温都对其不利。

（4）全新材料的托盘，在仓库内使用，其正常使用寿命应在8年以上。正常的保养非常重要。一旦托盘出现裂纹，应尽快更换。有些托盘回收料比例过高，使用寿命将大大降低，这时要特别注意其性质的变化，避免产生批量失效情况。

钢托盘：

（1）钢托盘一般较重，一般要借助设备搬运，因此，轻拿轻放是关键。钢托盘的钢板都比较薄，在叉车的撞击下很容易变形，并且一旦变形，不易修复。

（2）钢托盘不怕日晒雨淋，但也要放置在干燥处为宜，避免生锈。

（3）钢托盘要求每垛不超过12个为宜。

（4）钢托盘使用寿命一般较长，因此无须担心托盘的自然变形，除非是在超载严重的情形之下产生的塑性变形。

2.4 不同领域中 WMS 的特点

WMS（库存管理系统）作为一个专用的词汇和物流管理的关键系统，存在时间已经超过30年。而作为一个独立的商业软件系统，也有超过20年的历史。这是与计算机系统的发展，尤其是数据库、网络的发展分不开的。现在的 WMS，已经成为企业供应链管理系统的重要组成部分，并在企业信息管理系统中扮演了举足轻重的角色。

WMS 一般具有以下基本功能：订单管理、库存基本信息管理、收货管理、入库管理、拣选管理、发货管理、移库管理、货位管理、库存控制、盘点管理、查询与报表管理、打印管理、用户管理、接口管理、提供后台服务等。并非每个 WMS 的功能都完全相同，有的 WMS 仅仅具备进销存的基本功能，有的则与现代物流管理没有什么关系。所以，用户在选择 WMS 产品时，应了解其主要功能和适用场合。

早期的 WMS，受限于计算机技术的发展，其功能也相对简单，应用更是非常有限。从系统构成来说，最开始是以独立的单机系统出现的，上游没有 ERP 系统或供应链管理系统，下游也没有与自动化系统连接，互相之间更没有网络连接；从作业手段来说，以纸质作业为主；管理的仓库也是以传统仓库为主，结构单一，很少有自动化系统，即使有，也是以脱机管理为主。随着计算机技术的发展，尤其是网络 Web 技术、微机技术、数据库技术的发展，大大推动了信息系统的革命性发展。WMS 从单一独立的系统走向了网络化，结构变得越来越复杂，功能变得越来越强大。而随着 RF、电子标签等拣选技术的应用，WMS 的实时作业、自动作业成为现实。而随着自动化设备的快速发展，自动化立体库、输送系统、分拣系统、AGV 系统、机器人系统等广泛应用于物流系统，WMS 与自动化系统形成了紧密的结合。现在，以云计算为概念的分布式技术成为 WMS 发展的新趋势。WMS 进入了一个全新的时代，其重要性已不可同日而语。

随着 WMS 的广泛应用，需求越来越丰富，不同行业的特点非常突出。反过来对 WMS 提出了不同的需求。从大的分类看，WMS 的应用可以分为四类：即生产企业、流通及零售企业、电子商务企业以及第三方物流企业。此外，物流教学衍生的物流实训中心，也有着鲜明的特点，其 WMS 更是与众不同。

2.4.1 生产型企业

生产企业或生产型企业是 WMS 面对的最广泛的业务类型，也是 WMS 最早应用的企业类型。生产企业行业广泛，门类繁多，而且也有各自的特点。但总体说来，可以归类为原材料库存管理和产成品库存管理两大部分。

典型的生产企业包括汽车制造企业（以及与此类似的机械设备制造业，如航空航天、高铁、军工制造等）、白色家电制造企业、计算机制造企业、烟草生产企业、医药生产企业、化工制造企业，食品、饮料、酒水生产企业，服装生产企业，图书印刷企业等。

制造业的原料采购周期相对比较长，为了维持正常生产，一般会有几个月左右的库存，但随着供应链的发展，库存周期正逐步缩短，这是一个大的趋势。原料品规并不会很多，这是其特点之一。从维持生产的角度来看，要求原材料能够及时供应到生产车间和工位。通常，一条流水线会在一段时间内维持生产同一种产品，如一天或半天时间，原材料的配送则要求按照生产节拍及时供给。生产线有多种形式，比较流行的有流水线和 CELL 线，流水线比较固定（现在也有很多柔性的生产线），而 CELL 线则适用于定制化生产。

原料供货到生产线时，一般要求配盘，即按照工位要求将原料按照消耗比例配好，一次或几次送出所有物料，以便减少配送次数和减少工位库存（也称为线边库）压力。这种配盘（有时也称为“配方”）作业是生产物流的一个显著特点。

由于存在原料的品质问题、缺货问题，故有些原料要求紧急补货，以维持正常生产。紧急补货在生产物流中是常见的。剩余原料还要求回库，这与退货流程是不一样的。回库的物料还要进行储存。由于已经完成配方，SKU 较多也较杂，回库过程就变得比较麻烦，这是 WMS 的一个难点。

随着技术的发展，尤其是工业 4.0 的要求，原料库的管理出现了新的情况和要求，即管理的延伸、透明化，以及多样化。管理的延伸主要是从仓库延伸到线边库；管理的透明化要求从各个角度和环节即时反馈作业情况，如质量问题发生时，不仅仅是车间工位，其他所有关联的部门和岗位，如车间主任、生产厂长、质量部门、物流部门等都要在同一时间看到问题所在，并在第一时间做出反应；管理的多样化将根据生产的不同特征，以及不同生产岗位进行定制化的管理，如柔性生产线管理等。

一般工厂都有成品库（个别商品不需要储存则没有成品库或只有很小的成品库，但这样的情况很少）。工厂的成品库品种不会很多。如医药生产，一般只有几十个到几百个品种，有的甚至只有很少的几个品种，这样就为自动化作业打下了基础（比如自动码垛、自动输送、自动存储等）。立体库在很多情况下是首选，因为存储效率高，易于实现自动化。但也有采用叉车库和平库存放的例子，如汽车整车线成品库。此外，密集存储系统广泛适用于少品种的生产企业，如酒水、牛奶等。

成品的配送一般数量比较大，很少有拆零，因此配置自动分拣系统是必要的，但也要考虑其数量。一般情况下，每天发货量达到几千件且用户数较多的系统，一般要求配置自动分拣系统。

除此之外，生产企业有的还有半成品库，这是因为有的部件是自己生产，故必须为此设计库存。半成品库既不同于原材料库，也不同于成品库。

对一个机械产品和电子产品生产企业来说，主要业务有元器件生产和部件生产，也有组装车间，WMS 要管理的有原料库、外购件库、部件库和成品库等。而对于食品、卷烟、医药生产企业来说，可能主要是原料、包材、成品仓库，其作业流程会有一些差异，有时差异还会很大，WMS 的功能也就不一样。

很多情况下，工厂原料仓库远不止一个。以德国 SEW 位于德国的工厂为例，原料和半成品、外购件库、成品库有 5 ~ 6 个之多，工艺各异，WMS 的难度也相应增加。

在工厂的物流系统中，AGV 和机械手被广泛应用，尤其是 AGV，由于其良好的机动性，在车间穿梭比输送机系统要灵活方便很多。而机械手对于完成自动化生产（包括装配和成品码/拆垛等），应用也越来越普遍。这些都要求 WMS 能够适应。总体来说，生产型 WMS 的个性化比较突出，定制化程度也就相对比较高。

某医疗器械生产企业成品库效果图如图 2 – 2 所示。

图 2 – 2　某医疗器械生产企业成品库效果图

2.4.2　流通及零售企业

物流的另一个大类是流通及零售企业。其特点是规模大，品种规格相对较多。如医药流通企业，一般规模以上的企业基本的品种数超过 10000 个，这是生产企业所达不到的。而在图书、服装等行业，尤其是电子商务企业，SKU 可能高达 10 万 ~ 50 万个。

典型的流通及零售企业包括大家所熟知的大卖场和便利店，医药行业有医院和药店，图书行业有新华书店，传统的百货商场也是重要的形式。这样的业务情形，决定了订单量较多，每个订单的产品数量也比较大。流通及零售企业的 WMS 在处理这一类业务时，会与生产企业有很大差异。

流通企业的物流管理系统相对比较复杂一些，这是由其业务特征和自身复杂程度决定的。从业务类型来说，既有大宗批发，又有零售及门店业务，每一类型的物流仓储系统侧重点不同，因此 WMS 的策略就比较多。

一个物流中心往往有多种储存方式和拣选方式，这是流通性物流中心的特点。所以其作业流程就会相对复杂。对 WMS 来说，如何提高作业效率和准确性是关键。

流通领域的物流中心规模都不小，有的几万平方米甚至更大（当然也有小的，不在此讨论之列）。因此，存储策略、路线优化、拣选策略都是 WMS 所必须关注的，这也是其特点之一。

还有一点就是流通领域的订单与生产型订单也是不一样的，订单的可预见性也差，客户每天订的货不一样，订单管理变得更加重要一些，产品的追溯也不容易实现。订单的千变万化为订单分解带来困难。

对于有的系统来说，拆零是其主要工作。以图书和医药为例，拆零拣选成为一个巨大的挑战。一个订单有几百行，拆零的并箱策略和计算就显得尤其重要，并且也是 WMS 的一个重点，这在生产系统中是没有的。

正是由于以上情况，WMS 如何有效进行整件和拆零业务的处理，体现 WMS 的能力成为关键。整件和拆零的作业流程、设计方案也是完全不同的。

为了有效进行作业，“波次”的概念被提出。这是非常重要的一个概念。简单来说，波次就是把订单进行分类处理的一种策略。一个波次会包含一个配送路径或多个配送路径下的订单，这样有利于进行提总作业和减少分拣机的压力，尤其在自动化立体库场景下，波次策略对于减少堆垛机的作业压力是有非常大的作用的。

在流通领域，自动化立体库用得较多，高速分拣系统也经常采用。但 AGV 很少采用，究其原因就是输送系统更加合适一些，效率也更高一些。

流通领域的物流中心建设往往是以物流为主设计的，而生产型的物流系统则往往处于被动地位，这就使得流通领域的物流中心在设计规划上更加主动一些，WMS 虽然也有定制化的需求，但定制化的成分相对就要少一些。

近年来，行业中盛行的全渠道物流模式，对 WMS 提出了新的要求。所谓的全渠道，主要是指线上和线下的渠道。有关线上的模式，即所谓的 B2C 电子商务模式，将在下一节专门讨论。

2.4.3 电子商务企业

自 2008 年以来的十多年间，电子商务发生了翻天覆地的变化，从根本上改变了物流技术发展的格局。WMS 在电子商务中的应用成为一大特点。

电子商务的物流分为 B2B 和 B2C 两大部分，其中 B2B 部分即上一节所讲的流通及零售企业的配送，B2C 业务是本节所主要论述的内容。

B2B 和 B2C 仅仅从业务形式和订单形式看，就差异很大：B2B 的订单数较少但每个订单的行数较多，而 B2C 则相反。因此，两者的 WMS 管理也呈现出不同的特征。

电商 B2C 物流业务管理分为两个部分：仓储管理和配送管理。B2C 的最大特征是订单量大，每个订单的行数较少。以京东商城为例，全国每天的订单量达到千万级别，而且每年还在不断高速增长。这在传统业务上是不可想象的。另外，B2C 电子商务物流所涉及的品种非常多，一个物流中心有时多达几万个、几十万个甚至几百万个品种，这对存储和拣选策略提出了挑战。

B2C 业务的订单量很大，有时一个配送中心高峰时期每天会有高达 50 万个以上的订单。面对海量的订单，传统 B2B 拣选模式已经不能适应，必须采用新的做法。一般的做法是采用并单拣选再播种的模式，这应该是 B2C 电子商务所独有的工作模式。因为订单量实在太大，如不采取并单拣选的模式，几乎无法完成。

所谓并单就是将某些属性相同的订单进行组合（称为组单过程），组成集合单，然后进行拣选，拣选完成后再按照订单进行重新分配（称为播种过程）。

需要注意的是，集合单有时是以时间顺序为依据进行组合的，也可以按照其他原则，如配送区域、物品品类（称为提总）等进行。集合单与波次是不同的概念。波次是将某一类订单组成波次，在某个时间段进行集中拣选，但波次中的订单本身并不合并，所以在后期也不存在播种。

拆解集合单的做法有多种，主要采用分拣机分拣和播种墙播种两种形式。采用分拣机模式进行处理时，一般集合单的订单数可以大一些，比如达到 100 个以上订单，提总后采用高速分拣系统进行分类，然后再包装；采用播种墙模式时，集合单的规模要根据产品特征，取 10 ~ 20 个比较合适，最多也不超过 50 个，这样播种系统的效率比较高。

需要指出的是，按照集合单作业的模式进行拣选和播种还有很多其他的方法，如采用播种车即拣即播就是一个非常好的方法，由于省去了统一播种的过程，作业效率反而会更高一些。但这一方法的使用取决于场地的大小，过大的场地和带多个楼层的场地一般不适合这一作业方式。

B2C 电子商务的订单还有一个单行订单现象，即一个订单只有一个品种。这时，采用提总的方式会取得好的效果，因为一个品种对应一个订单，这给拣选作业带来极大的便利。如促销期间，就很容易产生单行订单的情形。

相比 B2B 业务的拆零，B2C 电子商务订单则几乎全需要拆零（大的家电除外）。这样对于库存设计和拣选策略也提出了新的要求。

B2C 电子商务业务的面单打印也是一个特殊的问题，有时由 WMS 完成，有时由独立的系统完成。早期的面单，对不同的配送企业是不同的，非常麻烦。经过企业的努力，改成了统一标签，就容易多了。

B2C 电子商务还有一个问题需要解决，就是库存管理问题，用户终端一般不会显示库存量。有时会容易出现库存不够的问题，这个问题一直没有得到很好解决。

B2C 电子商务订单几乎没有规律可言，这也为订单管理带来困难。电子商务业务覆盖地域广阔，处理时间短，并要求全程信息反馈，均为信息系统带来挑战。对于 WMS 来说，与 TMS 做好接口是非常重要的。

总之，B2C 电子商务物流系统的特点是非常鲜明的，WMS 功能也非常独特，定制化程度也非常高，企业在选择 WMS 时应予以注意。

2.4.4 三方物流企业

第三方物流以运输系统居多，仓配的比较少。随着社会分工的日益细化，根据国外的经验，三方物流将逐步成为未来发展的主要业务形态。

三方物流系统规划比较困难，主要是设计指标不是很好确定。而从产品适应性来说，三方物流的仓库设计也不能过于随意，应该以某一行业或产品为目标。万能的仓库是没有的，也是没有必要的。

三方物流的业务五花八门，有存储型仓库，也有配送型仓库。存储型仓库当然注重于整件作业，配送型仓库则要考虑到拆零作业。如何确定拆零比例是三方物流中心设计的难点之一。所以，在实际的三方物流中心建设中，物流设备的配置往往也是根据客户的需求量体裁衣，而不仅仅是筑巢引凤。

当然，从仓库建设的角度来看，无论是三方物流还是自有物流，其基本要素是一样的。因此，建设标准仓库成为一种选择。就像普洛斯公司那样，只提供仓库的基础设施，并不提供仓库的内部规划，租户则可以根据自身的需要进行改造。

从信息系统来讲，三方物流的数据一致性比较差。一方面，不同行业或企业，其数据类型是不一样的，所以系统接口设计比较困难。一般的流程是业务部门开具订单，通过接口发送到三方的物流中心，物流中心按照订单发货。听起来与流通型企业的业务没有两样，但要注意的是，一个第三方的物流中心往往并不会仅为一个企业服务。另一方面，三方物流所服务的企业还会不断变化，因此，数据接口就会复杂多变。随着业务的变化，库存管理的规则也会进行相应调整，这样系统规则就会变得更加复杂。如在有些情况下，不同的货主要求存储区域分开，这就会对空间利用率产生负面影响，并且也对设计提出挑战。

有时，多货主的业务形态，使得 WMS 必须对不同用户订单采用不同的策略。

从 WMS 的功能上讲，必须设定多货主，同时要求对货主和库区进行绑定。但有时存储区是不能完全指定的，这就为管理带来了困难。

除服务流通型企业的三方物流外，也有为生产型企业服务的三方物流。但这与生产型物流中心又有很大差异，尤其是订单的执行、分类以及配送都是不一样的。距离较远时，有时还要进行二次配送，有点类似提总后的分拨，WMS变得更为复杂。

正是由于三方物流有其复杂性，所以WMS在开发时要求业务流程需求尽量简单，以便适应大多数的企业的需求。尤其是数据类型常常要求与物流中心一致，以降低难度。

三方物流采用自动化立体库是必然的趋势。但有时业主从投资回报率考虑，并不愿意投资很多，除非库房是自己的，否则风险比较大。

总之，三方物流情况多变，其业务有的比较明确、稳定，有的则比较模糊、多变，有的比较简单，有的则特别复杂，这都为WMS的设计及部署带来困难。一方面，如何在固定的流程上根据客户要求快速定制开发并部署，是对WMS的挑战；另一方面，三方物流的业务都不会太复杂，这又是其有利的一面。

除此之外，三方物流需要对计费进行管理，如何设计计费系统，是一个专业的问题。对WMS来说，有时也许只是举手之劳，有时也许是难以完成的工作。

2.4.5 物流实训中心

自2000年以来，全国总计有约1800个大专院校及职业院校开设有物流专业，物流实训成为物流教学的重要组成部分。物流实训室从业务形态来说是要模拟真实的业务场景，其中就包含以上所讲的多种典型场景。当然，一个物流实训室只可能模拟某一部分主要类型业务，因为在一个实训中心要完成所有类型的业务是非常困难的，也是没有必要的。

物流实训室的业务特点可以从以下几个方面得到体现。

首先，尽管物流实训要求真实场景，但从教学的要求来看，对存储规模、作业量以及效率并无特别的要求。即教学主要是原理的教学，而非对规模、效率有特别的追求，这是显而易见的。有些物流实训中心建设把精力放在追求规模和效率，是不得要领的。

其次，物流中心设计的规模虽然小，如货位很少，但要求设计出尽量多的业务流程，包括对货位和路径的优化、ABC分类、波次、集合单等业务流程的模拟，要求在简单的场景下完成尽量多的流程。简单来说，一个真实的物流中心要求将具体业务简单化，作业流程尽量简化，以提高效率。而对于实训中心则完全不同，要求将简单的系统尽量复杂化，在一个简单的环境里模拟出复杂的业务流程来。

最后，实训中心要以教学为目标，这一目标表现在：其一，全班约有30～35个同学都应获得实际操作的机会；其二，每个实训课程要反复多遍，要与教学大纲相匹配。要达到第一个目标，要求WMS具备并行处理的能力，即允许所有同学同时作业的能力。尽管这种并行不是实际作业所需要的，但确实是教学所必需的。而课程的可重复性则包括数据的恢复和实物场景恢复两个部分，这在实际的物流中心作业中是没有的。

从 WMS 的角度来看，信息系统与教学大纲的匹配，主要还体现在进行对物流原理教学实训时，物流过程是可中断的、可视的和可互动的。所谓可视，就是要求学生能够看到作业过程中的数据变化，看到数据流的演变。如许多可以一步完成的作业，为了教学需要，应分解成多步进行。

物流实训的 WMS 设计，要以实际工程的逻辑为依据，不能闭门造车。教育部提出的建设企业级物流实训中心，就是这一思想的具体反映。何为“企业”级物流实训系统？简单来说就是设备是符合企业应用规范的，作业流程是反映客观实际的，物流信息系统是主流使用的物流信息系统，作业岗位是根据实际岗位设计的。而反映最新的市场需求和最新物流技术，是物流教学的关键。现在许多物流实训中心建设，凭空想象，粗制滥造，与实际完全脱节。这不仅与教学目的相违背，而且是非常有害的。

2.4.6　如何选择 WMS

了解了不同环境下的 WMS，下一个问题是如何选择 WMS。很多企业对此困惑不已。事实上，市场上的 WMS 品牌很多，有国内的，也有国外的，即使是专业人员，也会眼花缭乱。

第一，选择 WMS 既要符合行业的特性，更要符合自身业务的需求。

我们知道，尽管每个领域的 WMS 有其通用性，但由于领域不同，流程不同，内在的差异还是非常大的，因此，选择符合自身业务需求的 WMS，是非常关键的。很多软件厂商宣称其软件具有普遍适应性，其实是不可能的。每一款 WMS 软件，有其特别擅长的领域，如果使用不当，就会有削足适履的后果。

第二，不同规模的系统，对 WMS 的要求是不一样的。

规模不同的系统，对 WMS 的订单处理能力的要求是不一样的，对系统的稳定性要求也是不一样的。比如说，同样是电商物流，有的一天要处理上百万个订单，而有的只有几百个几千个订单，两者对 WMS 的能力要求不可同日而语。如果系统的架构没有进行特别针对性的设计，想要处理海量订单是不可能的。

第三，系统构成不同，对 WMS 的要求不同。

有的系统复杂，有的简单，对 WMS 的要求差异很大。如有的系统既有 AS/RS，也有“货到人”系统，还有叉车库、密集库、隔板货架、KIVA 系统等，而有的可能非常简单，或只有其中的一项或两项内容。这对 WMS 的要求是不一样的。越复杂的系统，因为各种储存条件下需要的策略不同，规则不同，流程不同，对 WMS 提出了很大挑战。即使是世界著名的 WMS，也存在不适用的情形。

此外，实施团队的经验和能力与实施效果有很大关系。一个项目要成功，不仅 WMS 选择要对，对团队的要求也一点都不能马虎。团队的经验、应变能力、对系统和业务的理解能力等都会对项目的实施结果产生重大影响。如果选择一个没有经验的团队去实施一项大的工程，风险是非常大的。

最后要谈一下软件系统的价格。价格由三部分构成：软件的许可、软件的实施、软件售后。软件许可是指软件的本体部分，要注意的是有时是与用户数有关的。一个大型的软件系统，其许可是非常昂贵的，但有时必须采用。软件的稳定性与处理能力基本与软件本身关系紧密，当然还与硬件配置有关。软件的实施费包括定制开发、部署、测试、上线指导等工作的费用，这是一项与工作量和人员构成有关的费用，也是WMS软件最大的成本，如何测算工作量是评估实施费用的关键。实施费与项目大小和复杂性有关，但与项目的实施周期关系更大。最后的是软件升级、维护与售后服务费，这一部分既与软件的许可价格有关，又与服务内容相关，因为售后服务是每年都会发生的，因此在核算成本时要特别注意。总体来说，在软件选择时，既要考虑价格，更要考虑软件的适应性，还要考虑项目自身的规模，既不要好高骛远，也不要只图便宜。这样才能达到期望的结果。

2.5 物流集成设备的招标文件起草

2.5.1 概述

招标文件的起草和招标评审是非常重要的工作，也是考验各方技术水平的关键内容之一。招标在很大程度上决定了项目的成败，因为如果没有选择合格的供应商，要高质量完成项目是不可能的。

事实上，招标文件的起草和招标评审并不是非常困难的事，有些甚至是程序化的工作，但即使这样，很多人对此并不熟悉。

作为一个物流系统集成商，当然需要了解招标标的物的详细内容和技术要求，要确认投标人是否具备提供合格产品和服务的能力，这是基本要求。

如果不了解产品的基本参数和技术指标，要完成标书的起草是困难的。物流产品种类繁多，加上使用场合不同，要求很难简单确定。这为招标书的起草和评审增加了难度。在这方面，很多行业内的专家也常常犯错误。

一项非标系统的招标，很难对系统的每个细节准确描述，因此，强调系统的完整性很重要。完整性的要求是有专业定义和约束的，有时无须对每一个细节进行过多的阐述，有的用户不明白其中道理，要求标书特别详细，其实结果会适得其反。

招标文件简单分为技术部分和商务部分，其中商务部分有成熟的范本可供参考，本篇仅就技术部分进行讨论。

2.5.2 基本要素

招标文件技术部分的基本要素包括以下几个方面。

项目介绍：要对项目进行简单介绍，让投标人有一个基本了解。在项目介绍中，如果有必要的话，应说明地理条件、地震设防等级以及天气、水文等环境条件，作为物流中心的招标，有时环境因素非常重要。

招标范围：招标货物的具体范围。一般应以列表方式，详细列出设备清单。招标范围特别忌讳模棱两可或出现歧义。对于详细程度，不同标的物的招标文件是不同的，如果属于标准产品，则以细为宜，如货架、托盘、叉车的招标，应要求明确细致；如果是非标产品，尤其是有改进和细化要求的招标，则不宜过细，如输送系统等。当然，招标重点在于可比性，因此不鼓励对标的进行大的改动。对于软件招标，更多的应强调业务范围和应达到的技术指标。而作为一项设计方案的招标，可能限制就要少很多，只对宏观的数据指标比较重视。

技术要求：技术要求是技术文件的重要组成部分。技术要求要有一定的代表性和适应性。要避免对细节过于详细的描述而出现明显的倾向性，因为这是招标相关法律法规所不允许的。除非采用定向采购或单一来源采购，否则，在招标文件中规定整机型号是不允许的，行业中广泛采用的关键零部件则不受此限制，如电机和减速器，对于行业中广泛采用的设备，则不受此限制。在技术要求中，尤其要明确设备或系统的性能指标。为了说明系统的性能，有时需要对系统流程进行清晰的描述。有些客户由于不明就里，对于技术指标提出过高的要求，这是非常不利的，作为集成商，应及时劝说客户，耐心解释。

验收标准：项目的验收标准。主要有两个，其一是国家和行业标准，其二是合同要求。

工期要求：每个项目都有工期要求，很多实际案例中，工期往往比较紧张，甚至出现不合情理的情况，这对投标人是不利的，对于整个工程的顺利完成也不利。提出合适的工期要求是比较可取的。

售后服务承诺：这是容易忽视的地方。其实招标文件的目的是控制成本、质量和工期，而售后服务（包括备品备件）是构成成本的关键内容之一，却往往被忽视。因此对售后服务做出详细承诺是必要的，并且应作为重要的评分依据。

培训要求：主要是对培训时间、人员、课程以及所需达到的目标做出承诺。这也是整个项目实施的重要组成部分。

2.5.3 系统一致性问题

一致性是指整个项目在设计指标的要求方面要一致，才能使投标价格变得合理。否则，会推高投标价格，并且会降低系统的性能。很多情况下，设计者和用户关注的往往是单一的技术指标，如单一速度，但对整体性能缺乏必要的了解，就会提出许多非理性的要求，不仅给投标人造成困惑，还会造成浪费。如自动化立体库系统（AS/

RS)，最关键的指标应是系统处理能力和稳定性指标，但有时客户只对堆垛机的行走速度这一项指标提出很高的要求，甚至忽视整个系统的综合能力，不能不说是舍本逐末；又比如高速分拣设备，不仅要强调分拣机的分拣能力，也要考虑供包线的能力与之匹配。有些招标文件仅仅强调一个方面而忽视其他相关方面，有的甚至仅要求分拣机运行速度，殊不知分拣速度越快可能会对系统产生负面影响，如系统的稳定性、噪声、使用寿命等。

对于一个物流系统来说，以下几方面应保持一致。

收货指标、库存指标、发货指标、平均库存周转天数：这 4 个参数具有一定的关联性，在设计中要特别注意。收货指标描述了每天货物流入的量，发货指标描述的是每天货物流出的量，在一定时间点的库存则描述了当前的库存量，据此可以计算出货物的平均周转天数。一般情况下，收货与发货在一定时间内应该是平衡的，库存周转天数则要求与行业的平均水平相一致，当然也有例外的情况。

物流系统各环节间的物流量：如收货环节的托盘数和周转箱数、发货环节的托盘数和件数、包装系统中的物流量、包装台数量等都应保持一致性。

设备能力的匹配：设备能力与物流量要有匹配性，维持在一定范围。设备利用率过低，会造成浪费，反之，将达不到设计要求。设备能力匹配的重要性尤其体现在立体库的堆垛机与输送系统的匹配、输送机主线和支线的匹配、分拣机与合流输送机系统的匹配、包装台与设计能力的匹配等。对于系统来说，有很多主要指标，但总体设计指标满足要求是最主要的，仅仅追求单个设备指标是没有意义的。

对于一个子系统，如一个自动化立体库，对外来说，其技术指标要保证总体关于入库和出库的能力匹配，对内来说，货位数、输送机、堆垛机等也要有一致性。如果不能保持一致就会造成浪费，即使是特殊情况也是如此。

一致性的问题还有很多，如物流门的尺寸、电梯的尺寸和额定荷载等，这里不一一列举。重要的是，让投标人明白所需要的东西是什么、供货范围是什么、基本参数是什么，以及为什么如此等，非常重要。

2.5.4 完整性要求

完整性要求是招标文件非常重要的内容。一般情况下，招标文件无法穷举所有设备和要求，也无法对一个系统进行完整细致的描述，尤其是辅助物和关联设备，很容易形成遗漏，如安全防护装置、跨梯、楼梯、栏杆等。这些设备的数量本来就有一定的随意性，因此，在投标时，最好的办法是提出完整性的要求。

作为系统组成部分的一台设备或一个子系统，它应是完整的。如在描述一台叉车时，有时并不会对轮胎数量进行具体描述，但轮胎是作为叉车不可或缺的一部分存在的，购买叉车时，并不要为轮胎单独付费，除非需要额外增加轮胎的数量。对于非标设备，应该明确其完整性，如堆垛机的安全装置、轨道、供电系统、控制系统等，这是在行业中约定俗成的。

作为一个系统，其完整性更应该保证，如 AS/RS。有些投标人会利用招标文件的漏洞将没有明示但作为完整性要求又必须包括的内容故意遗漏，从而获得较好的价格，一旦中标，又提出追加遗漏的东西，使招标人蒙受损失。这样的例子是很多的。

当然，对一个系统进行设计和招标采购，集成商自身要明白完整性的含义，本身不能有大的遗漏。最好的办法是理出清单，并一一核对。一方面不要出现项目的遗漏，另一方面是一个项目下设备的基本数量不能错误。以前曾有过遗漏托盘而使预算出现大问题的情形，导致项目最终无法投入使用，造成重大损失。

有时采用其他办法（如图纸）进行完整性约定也是一个好的办法。如货架招标中，其数量是按照图纸要求进行就比清点数量更准确一些，也容易说清楚。

2.5.5 评分方法

关于评分方法有很多版本可以借鉴，但好坏因人而异。本篇认为招标文件的宗旨是找到合适的产品供应商，所以评分方法也要为这个目标服务。

评分分为两个部分：商务部分和技术部分。一般情况下，技术部分占 50% ~60% 比较适宜，但也有些标准产品的招标特别注重商务部分，技术部分只占 40% 甚至更低。

商务部分的评分主要是价格部分的评分，当然也会关注企业规模、信用等级等。从过去的经验看，采用最低价最高分的方法是不可取的，采用加权平均价最高分的方式比较好。加权平均价一般的计算方式是以有效报价平均值的 95% ~98% 为基础价格，对偏离基础价的有效报价都应该扣分。这一方法的优点是在一定程度上避免了恶性竞争、避免恶意报价等问题。除非特别大的招标项目，否则对企业规模进行打分都是没有意义的，因为企业规模作为评价指标往往会出现判断上的偏差，即专业性往往比企业规模更为重要。

技术部分的评标有很多项指标，如对项目的理解、完整性、创新性、方案的优劣、技术指标、关键设备和技术的先进性、设备成熟度、培训内容、售后服务措施、团队构成以及生产能力等。猛一看，这些指标都很重要，关键是如何从这些指标中理出头绪，找到符合本次招标的关键因素。不要让次要指标改变了评标结果，这是非常关键的一点。

不同的产品，其技术评价关键指标是不同的。以下的内容在大部分情况下可以作为参考。

- 设计类评标：主要是理解力、技术方案和团队经验，其他都是次要的。
- 集成类评标：主要是理解力、方案、前瞻性、成功经验、团队等。
- 货架及托盘产品：主要是产品的成熟度、生产能力、安装能力（货架）等。

- 堆垛机：技术指标、成熟度、产品构成、售后服务是关键。
- 输送机：技术指标、成熟度、产品构成、售后服务是关键。
- 软件产品：理解能力、成熟度（针对性）、团队经验、服务等是关键。
- 叉车：产品的技术指标、成熟度、服务网点是关键。
- 仓库门：产品的技术指标、成熟度、服务网点是关键。

需要指出的是，对于有些关键指标的缺失应一票否决，而对于次要指标，尽可能不要让其干扰评分结果。

2.5.6 其他

质量、工期、价格，这三者是招标文件的重点。关于价格，要关注的不仅是设备本身的价格，还要看其运营成本、付款方式对资金成本变化、使用寿命、维护费用等的影响，而这几方面往往容易忽视。

有时专家们过于相信投标人的承诺，但如果仅仅凭借投标文件是很难取得预期结果的。

工期就是一个很有意思的例子，有谁能不接受招标人要求的工期呢？但真的能够按时完成吗？这时，考察一下投标人的生产能力、过往业绩、团队能力以及财务能力是非常必要的，而不仅仅停留在确认其承诺。尤其对于大型工程，工期比较紧的时候更是如此。

产品质量的判断通常是比较困难的。除非有成熟的样品（通过实践参观证明）和广泛的用户，否则无法得到验证。标准产品往往比较好评价，如叉车就是一个很好的例子。而对于像 WMS、分拣机这一类产品，有时很难分辨其优劣，自然就做不出恰当的评价，这时唯一可以说服评委的应该是应用案例。

重要的产品应设置准入门槛，这是未来长期的售后服务所要求的。在这方面企业最好不要做第一个吃螃蟹的。在多年的评标过程中，一般更倾向于采用成熟且专业的产品，因为这样的产品符合用户的长期利益。但有时也不得不承认，很多新产品的确具有很强大的生命力，对这类产品，应该鼓励，而不应该扼杀。

（注：本文发表于 2016 年第 22 期《物流技术》杂志，有部分修改）

2.6 集成系统项目经理的能力要求

物流集成系统是一个相对比较复杂的集成系统，有些大型的物流系统尤其如此。专业性强，并且横跨多个专业，定制化和非标设计是其主要特点。项目延续时间长，现场条件千变万化。因此，对项目经理的要求也就特别不一样。如何成为一名合格的项目经理，既是每个项目经理所关心的问题，也是每个企业面对的难题。下面就这个问题进行一些探讨。

2.6.1 计划能力

做好一名合格的集成项目经理，首先要有制订计划的能力，要对整个项目的进程有计划，做到有条理，避免临阵磨枪。其实，凡事都要有计划性，不能盲目，古时行军打仗，运筹帷幄之间，决胜千里之外，就是依靠周密的计划和过人的韬略。

计划是做好一个项目的基础。计划包括工期、关键节点、关键问题、主要困难、资源准备、采购准备、生产周期、安装调试周期、测试要点等许多方面。

计划要切合实际，不能闭门造车。计划要建立在科学的基础之上，尤其要建立在经验和客观规律之上。比如采购计划，对于国有企业来说，公开招标必不可少，而招标过程有其严格的程序，如通知购买标书、准备标书、开标评标、结果公示等，一步都不能省略；又比如设备安装，既有安装本身工作量的限制，又有安装工序前后的限制，还有其他方面的限制，这就要求必须按照合理的程序进行，不能图快。只有合乎客观实际要求的计划才有可能被执行，否则就是一纸空文。

制订好计划首先要对项目有详细的了解，尤其对特殊问题要有专门的研究。项目经理不了解整个项目的内容、难点，是很难高质量完成一个项目的。

此外，制订好的计划要严格执行，不能执行的计划是没有用处的。除了经常性地检查进度外，还要对存在的延误，尤其是节点延误制定相应的补救措施，以便使计划继续推进。

2.6.2 专业能力

专业性（行业标准）是指执行任务的规范性，问题处理的规范性等。具备专业知识是处理技术问题的基础。物流系统综合了机械设备、自动控制、计算机系统等多个专业，而机械设备至少有数十种之多，无形中增加了项目经理学习专业知识和具备专业技能的难度。因此，具备成为项目经理的条件，需要有相当长的学习时间。一般来说，机械专业的人员更容易成为项目经理。国外也有很多专门的项目经理，其专业知识往往来源于集中培训和自身相关专业的基础知识。

专业知识还存在于与项目本身关联的土建及其设备，如消防、空调、配电等，对这些专业知识的了解，有助于双方的沟通和更高效地配合。

项目经理不是设计师和软件工程师，其对专业设备与技术的理解力与专业人员的要求是不一样的。更多的是对设备和技术的原理、适应场合、难点等有清晰的了解，这样有助于做出正确的判断。

项目经理的专业能力还表现在其管理水平和经验。如阶段的控制能力，人员的组织能力，流程的执行能力，以及对突发事件的处理能力等。

2.6.3 预见能力

预见能力是衡量一个项目经理是否优秀的关键指标之一。项目的关键点在哪里，哪些地方容易出现问题，采购的时间点、设备安装顺序、接口等问题，均要求有预见性才能提前制定正确的解决方案，避免问题的产生。

预见能力是避免严重问题产生和失控的关键。在设备生产与采购方面，预见性对于及时到货有非常关键的意义；在土建配合方面，预见性能对项目的有效推进起到非常关键的作用；在安全性方面，预见性对于消除安全隐患、避免事故发生等有至关重要的作用。

比如在项目的初期，项目经理要预见到土建报批可能的延期，施工过程中，要对施工顺序对于工期的影响进行正确的预测，要特别注意临时供电、正式供电对设备安装调试的影响，要对临时道路要求、安装预留要求、材料堆放要求等与土建密切关联的问题做出提前预判，避免临时抱佛脚。

缺乏预见能力的人，是不可能按时完成任务的，即使勉强完成，付出的代价也是很大的，这样的人不符合项目经理的要求。

2.6.4 大局观与全局观

大局观与全局观最主要是指项目经理抓主要矛盾的能力。项目在实施过程中，有的问题是属于战略层面的，有些问题是属于战术层面的。战略层面的问题往往是大问题，是主要矛盾，要优先解决，如设计纲领、基本布局、建筑面积、楼层、站台、广场、分区、库存等。战术层面的问题要在细化的时候解决，如流程、设备详细规格、参数、基本性能等。

人的精力是有限的，各种资源也是有限的。缺乏大局观的人，往往会陷入日常琐事不能自拔，从而影响整个项目的正常推进。

项目经理要理解和正确认识什么是当前的大事，哪些事情是不可逆转的，哪些事情是可以通融的，哪些是迫切的，哪些是可以延后的。

从一项工程来说，安全、质量、工期是至关重要的，也是最大的事情，而这三者顺序也是不能随意颠倒的：安全第一、质量第二、工期第三。所以，项目经理的工作推进应该以这几点作为重点，并围绕它展开工作。成本虽然重要，但比起以上几点来并非不可商量。记得南京长江大桥在修建的时候，其中有两个桥墩在检测时出现质量问题，当时的指挥长是宋次中，他很清楚桥墩对于大桥安全来说是千年大计，所以毫不犹豫地要求将有质量问题的桥墩炸毁，这一举动在很多人眼里是不可思议的，但这是唯一正确的决策。

2.6.5 沟通能力

在纷繁的事务中，没有什么比沟通更重要的了，很多问题是沟通不够造成的。项目经理要经常与客户进行有效沟通，不要给客户传递错误的信息，尤其是遇到困难和问题时，更要及时沟通，要让客户知道项目的真实情况，包括项目的进度、技术要点与难点、计划及计划变更原因、人员的安排和去向等。沟通还存在项目组内部，项目各专业之间的沟通尤为重要，要让团队的每个人充分了解项目的目标和进展情况。

每个人的能力是有限的，看问题的角度也是不同的。有时，人们会觉得对方的观点不可思议，但很少站在对方的立场去思考问题，因而易得出错误的结论。尊重对方、聆听对方的观点和诉求不仅是做好项目的关键，也是做好其他任何事情的关键。

总之，对于一个优秀的项目经理来说，具有以上几方面的能力是必需的。除此之外，谦虚、好学、敬业、吃苦耐劳等也是基本素质。显然，要达到这一点，除了自身努力外，处在一个好的环境是必要的。此外，时间和经验的积累也是不可或缺的。

2.7 物流集成系统的安装与调试

对一个物流集成系统来说，由于定制化程度很高，现场安装与调试工作量很大，因此，设计和采购固然非常关键，但安装与调试更加考验专业性与耐心，是系统集成最重要的环节之一。安装与调试不仅花费了整个集成过程中最长的时间，而且直接对工期和质量产生影响。

2.7.1 安装前的准备工作

一项物流工程，动辄数万平方米，有的甚至有数十万平方米，因此，土建的工程花费了很长时间，物流集成系统的安装往往要等土建工程具备了一定条件后才能进行。由于每个物流系统的差异很大，进场安装前对土建的要求也大为不同。一般的做法是根据安装的具体要求，提出一份进场前的条件清单。

一种情况是，为了缩短工期，很多物流工程都会在土建结束前就进行物流设备的安装，这时，一定要对土建提出明确的进场要求，这些要求与工期、安装质量、安全责任等都有很大关系。

而另一种情况是，由于物流集成系统有很多大型设备，需要土建留出安装孔洞，直到安装结束，土建才能将这些孔洞封上，这种情况下，就要事先与土建设计及施工单位进行沟通，避免出现差错或返工。

还有一种情况是，有些属于土建总包范围的设备必须等物流设备安装完成后才能施工，如安装在立体库货架内或阁楼式货架内的消防管道、立体库基础的二次浇灌、阁楼货架内的照明等，都属于这种情况。也需要事先与土建相关部门进行沟通，仔细配合工期。

具体安装前，一定要到现场进行条件落实，比如道路、堆场、建筑、施工用电、临时库房、办公场所等，除此之外，还要与土建总包签署有关协议，如进场安全协议、用电协议、办公及用餐协议、货物装卸协助协议等，避免后续的纠纷。

2.7.2 安装次序的问题

一项综合性的物流工程往往有很长的安装工期，设备的安装次序就显得非常重要。安装次序不仅对于总工期有重大影响，尤其在与土建交叉施工的情形下更是如此，而且对于生产供货次序有明确的要求，而有的安装工艺，本身就有先后次序问题。安装次序的设计是一项专门的工作，需要有丰富经验的项目经理才能完成。

一般情况下，将工期最长的子系统放在优先的位置，这样就可以有效缩短整个工期。比如说，立体库的安装往往是工期较长的子系统，相比叉车货架、隔板货架，立体库货架安装时间就会长很多，而且还有基础二次浇灌问题、消防系统安装问题、堆垛机的安装问题，这些安装涉及多个部门或单位，会互相制约，所以要优先安排。同时，土建施工计划也要将立体库部分的施工放在优先位置。

安装次序确认以后，要提前与每个相关单位进行沟通，包括土建施工单位、设备供应商等，以便做出同样的生产安排。比如土建施工单位，原则上在土建开工前就应该落实施工次序，至少要提前数月通知，以便土建施工单位提前做出安排，按照优先级依次完成相应区域的施工。又比如货架供应商，如何按时完成生产任务，及时送货到现场，就显得非常重要，不然的话，要么现场堆积如山，要么是出现缺货等货现象，两者都会严重影响现场的安装进度，进而影响整个工期。

值得一提的是，供应商安排送货的配套完整性也非常重要，避免出现因缺少零部件而影响安装进程的现象。如果经常出现货物不配套的情形，这会严重影响安装的顺利进行。

2.7.3 安装的质量问题

物流设备大多是定制化的非标产品，并且需要大量的现场安装工作。如货架、堆垛机、输送机、分拣机等都是如此。因此，安装质量对整个集成系统的影响就相当关键，有时甚至是决定性的。

如何保证安装质量，一直是困惑系统集成商的一大问题，对此有以下几点关键内容需要注意。

①聘请专业的安装队。安装质量取决于安装队伍的专业性。比如接线，看起来是一项简单工作，但如果接不好，不仅显得凌乱，更严重的是会影响系统的稳定性和安全性，一旦出现问题，还不好检查。一支技术熟练经验丰富的安装队，不仅会保障质

量和效率，还会缩短调试的工期。

②编制科学的安装工艺流程。安装工艺流程对指导安装非常重要。其内容包括安装次序、安装工具要求、安装工艺要求、安装方法要求，以及安装人员要求等。项目经理要对安装工艺流程的合理性、安全性、规范性、科学性进行检查并做出评估，以便决定是否可行。

③过程中的严格监督检查。项目经理要具有对安装质量的敏感性，尤其在安装过程中要对照安装质量要求进行不断检查，一旦出现问题要及时整改，不能仅仅等待安装结束出现问题再去返工。返工不仅浪费时间，增加成本，而且会影响质量。当然，设计人员出具一份安装质量要求也是非常必要的。

④对安装结果的严格验收。即使有安装过程的监督检查，对安装结果的验收仍然是必要的。如果出现安装质量问题，即使耽误了工期，也必须整改。

应该看到的是，作为一个发展迅速的新兴行业，专业的安装队伍非常短缺，而培训又往往跟不上，许多质量问题均是由安装引起。

2.7.4 安装的安全问题

安全问题是所有生产活动中优先考虑的问题，物流系统集成也不例外。有两方面因素使得物流集成系统在安装过程中的安全问题较为突出：其一是高空作业，物流设备如货架等的安装，往往需要进行高空作业，从而带来极大的安全隐患；其二是重型机械的吊装，如堆垛机每台重达10吨以上，这些设备的安装都要采用起重设备，必须有严格的安全作业操作流程，避免产生严重的安全事故。

其他方面的安全问题还有很多，如用电安全、装卸安全、交叉施工安全、各种孔洞的安全防护、各种防坠落安全等。

需要明确的是，很多安全事故完全是可以避免的，因此，强调安全问题和安全隐患的预防就显得非常重要。应保证安装人员在身体健康的前提下从事安装工作，现场人员需要佩戴安全帽，穿防滑胶鞋，戴手套，系安全绳，安装防坠落安全网等。这都是一般的安全措施。

设立专职的安全员是必要的。安全员除了要对现场人员进行安全培训和安全教育外，还要对日常工作进行安全检查，及时发现安全隐患，排除安全隐患，确保不发生重大事故。

在我国，由于历史原因，有大量的农民工安装队伍，他们缺乏专业知识的培训，尤其对安全问题缺乏正确的认识，加上工资低，现场条件差，往往因陋就简，因此安全问题时有发生。如何提升他们的专业能力和安全意识，进而减少安装中的安全事故，是一项非常紧迫的工作。提高安装的费率，则可以约束安装人员采用合乎规范的安全措施，可以间接达到降低安全事故率的目的。

除此之外，人们将现场人员健康安全，以及货物安全也纳入安全防护的范围。制定专门的制度，确保施工的正常进行。

2.7.5 单机调试

所谓单机调试，指设备还没有与系统连接前的调试过程。有些单机调试是在车间完成的，如一台穿梭车，或一台 AGV，或一台堆垛机的货叉，绝大多数单机调试工作是在车间完成的；有些则是在现场完成的，如一台堆垛机、一台输送机等，其主要调试工作会在现场完成。具体在哪里调试，一方面取决于设备本身的特性，有些产品本身不具备在车间调试的条件，另一方面则取决于生产的工艺要求和成本考虑。

物流集成系统的单机设备种类很多，如堆垛机、输送机、提升机、AGV、机械手、穿梭车等，都可以视为单机设备。从广义上来说，物流系统本质上是由各种单机设备所组成的一个整体。

单机调试是整个集成系统调试的基础。不同的设备，其单机调试的流程是不一样的。设备供应商应制定详细的单机调试计划和程序，确保调试的质量和工期。在工厂调试时，可以搭建调试平台，如穿梭车实验平台、货叉实验平台等，在现场调试，则直接在安装工位上调试。

一个物流集成系统的调试策略总体来说是先简单，后复杂，先单机，后系统。这也是符合调试的基本原理的。单机调试是调试的第一步，也是非常重要的一步。

单机调试也分为几个过程。以堆垛机为例，包括电路检查、通电检查、限位检查（前、后、上、下限位开关及机械挡）、大车行走（先手动点车，再低速行走）、各种开关动作，荷载台位置、动作调试（手动升降，限位检查），货叉动作、位置调试，各光电开关检查与调试、轻荷载功能调试、控制面板功能、低速/高速调试、重载调试等，有几十项内容。作为一项成熟产品，单机调试的科目和次序应仔细列出，并逐一实施。

单机调试要达到的目的，主要包括安装的外观、基准、尺寸与公差、平整度、基础动作与功能、安全性、重载能力、噪声、单机性能指标等几个方面。

2.7.6 子系统调试

物流集成系统中的子系统的定义没有特别明确的规定，一般包括可以处理一定业务或具有一定功能的相对独立的系统，如立体库系统、穿梭车系统、输送系统、分拣系统、AGV 系统、机械手、电子标签系统，以及 WMS 和 WCS 等。

子系统和单机没有明显的界线，比如说，一台堆垛机可以视为单机，也可以视为一个子系统，一台穿梭车也可以成为子系统，但一套立体库子系统就不能视为单机了，哪怕是只有一台堆垛机的立体库系统。虽然如此，这并不影响人们对于子系统的理解。

子系统的调试也是遵从先简单后复杂，先轻后重的基本原则进行。虽然每一类型的子系统的调试内容不同，但过程基本类似。以 AS/RS 为例，主要包括如下阶段。

①逻辑功能调试阶段：本阶段主要以调试系统的逻辑功能为主，如堆垛机的取货、放货等功能调试。本阶段以轻荷载或无荷载调试为主。

②简单故障调试阶段：堆垛机的故障分为很多种，有些可以简单进行调试，有的则比较困难，如货位满/空错误、运行过程中的超差错误、条码阅读错误、托盘缺陷错误、取/放货超时错误，以及其他安全性保护功能调试等。

③连续工作与压力调试阶段：连续工作是指一次测试要连续完成多个工作，如入/出库多个托盘，以测试系统的连续工作能力、集放能力、故障恢复能力等。压力测试包括有作业任务密度的连续工作能力测试、集放能力测试等。

④接口调试阶段：AS/RS 与 WCS/WMS 皆有接口，在前述调试完成后，应进行接口调试，与此对应的软件系统也要进行接口调试。

子系统调试分为两个过程，其一是轻载过程，其二是重载过程。为了提高调试的效率，应在轻载调试结束后，系统具备了一定的稳定性和可靠性之后再进行重载调试，这样会比较节约时间，不要试图一上来就进行重荷载调试。

2.7.7 软件调试

软件主要包括 WMS、WCS 等上层软件。软件系统调试与机械子系统的调试有很大差异，其调试过程有专门的要求，本文不做深入论述，读者可以参考专业的教科书。

软件的安装过程相对比较简单，因为大部分开发和调试都在开发环境中完成，最后在机房硬件环境搭建好以后，才将系统安装到正式的环境之中，以便进行最后的联机调试。

软件系统调试首先是代码级的调试，除此之外，作为一个集成系统，软件要结合每一项业务流程进行测试，采用先模拟数据后真实数据的方法进行。

作为物流系统的核心，物流软件系统经过几十年的发展，内容已经变得非常复杂，有些功能模块是标准模块，已经非常成熟，有些模块则是定制开发模块，模块的稳定性还有待时间的检验，因此，在调试时，主要的工作应放在定制化功能模块上。

无论是 WMS 还是 WCS，都会有接口，接口的测试是特别重要的工作。一般情况下，软件的接口测试应先在开发环境下进行，最后再与实际的子系统进行联机测试。

对 WMS 来说，由于与现场操作并无多大关系，因此，其功能测试和接口测试均可以首先在实验室（开发环境）进行，最后才在现场进行整个系统的联合调试。但对于 WCS 来说，则必须提前与各个自动化子系统进行接口测试。

2.7.8 联机集成调试

集成调试的最后一步是联机调试过程。在联机调试前，各个单机和子系统的调试均已经完成。因此，联机调试的重点不是对单机设备或子系统的性能进行调试，而是对系统的连接和环境进行调试。

尽管前期的子系统调试和接口调试已经完成了模拟数据下的调试，但联机调试还是会有一些问题出现，如真实数据与模拟数据的不一致性问题、真实环境的配置与实验室的配置不一致性问题、真实环境下接口数据与模拟数据不一致性问题、网络问题、标签识别问题、打印问题、地址分配问题、故障处理问题等。实际情况与人们想象的场景往往会有一些差异，通过联机调试，可以消除这些差异，这是联机调试的意义。

联机调试会牵涉到各个环节，参与的人员会很多，因此，详细而周密的调试计划显得非常必要，包括调试场景的设计、调试人员的培训，以及调试材料的准备等。在联机调试过程中，因为子系统调试不符合要求而导致调试效率低下，是经常遇到的问题。因此，完善的子系统调试，是顺利完成联机调试的基础。然而，实际情况并非如此理想，正是由于在单机调试和子系统调试还不成熟的情况下强行进行联机调试，所以导致了很多问题发生，有些问题还反反复复出现，严重影响了调试的效果，也影响了调试的工期。

关于联机调试的场景设计，一方面，要遵从由浅入深、循序渐进的原则进行，先进行简单的业务流程调试，进行接口数据的调试时，在系统基本联通的基础上，再进行多任务调试和复杂工况的调试。另一方面，调试场景设计要完整，要覆盖所有业务流程和系统模块，这是联机调试比较困难的地方。

2.8 物流集成系统的测试与验收

物流集成系统经过设计、采购和安装调试阶段后，最后进入验收及上线运行阶段。测试与验收既是对设计的验证，也是对合同执行情况的回顾，因此是系统集成的一个重要环节。

测试与调试不同，调试的主体是供应商，测试的主体除供应商外（开发过程中的测试），还包括用户或用户委托的第三方机构（验收过程中的测试）。测试是对调试结果的检查与验证。

作为验收过程的测试，是在供应商调试（包括开发过程中的测试）完成后，具备验收条件时才能进行。

2.8.1 测试前的准备工作

物流集成系统的测试分为单机测试、子系统测试和集成系统测试三部分，基本上是由简单到复杂，由局部到整体的一个过程。

测试前，要做好测试准备工作，既包括测试计划与方案、测试科目与流程、测试用例的准备，也包括测试需要的材料、工具、人员的准备。每个阶段所需要的准备工作是不一样的，要有针对性，并列出具体计划。

一般情况下，测试需在全部系统安装调试完成后才能进行，但有些与系统关联不是很大的单项，可以独立测试，并不需要等待所有系统安装调试结束后才能进行，如货架、托盘等设施设备。

测试需要用户、集成商和设备供应商三方参与。测试过程需要记录，测试结果需要三方签字确认。

2.8.2　单机和子系统测试

单机和子系统的测试，主要是设备构成、基本功能和性能参数的测试。以下试举几例。

1. 货架设备

主要包括表面质量检查、喷涂质量检查、货架规格（厚度、宽度）检查、安装精度检查、变形测试等。变形测试是通过加载额定荷载，测量横梁和立柱的变形状况，是相对比较复杂的工作。对安装精度的检查，很多情况下，要求安装人员先对每一货位进行自查，然后在此基础上进行抽查。

虽然立体库货架设计要考虑地震荷载工况，但实际应用中由于模拟地震荷载很困难，所以往往难以对此进行测试。

2. 巷道堆垛机

巷道堆垛机是关键的物流设备之一，其测试过程也比较复杂，因此也具有一定的代表性。

外观检查和基本构成检查是必要的，如加工状况、安装状况、电机减速器的品牌及型号、光电开关的数量及位置、货叉的品牌、载货台的构成、控制柜、激光器、红外通信器（或其他类似设备）、维修平台及梯子、电缆、钢丝绳、各种防护装置等，应符合设计规范及合同的要求。

堆垛机的基本功能演示，包括运行机构、起升机构、货叉机构的基本动作演示、入/出库作业演示、地面控制站或操作平台功能演示、货位占位故障演示、货位空故障演示、各种停准定位演示等，演示时，既有轻荷载，也有额定荷载。

安全性测试是堆垛机测试的重要内容，主要包括超差/超重保护、松绳和断绳保护、限位保护（水平和垂直方向）、货叉保护、停电保护、巷道异物探测等。有些测试会对设备产生很大损坏，如断绳保护，所以一般采用实验室替代的方式解决，即有效性在实验室做出验证即可。

除此之外，还有对三套机构的速度和加速度的测量、货叉重合度测量、噪声测量、作业周期测量，以及其他必须测量的项目。

如果系统有多套堆垛机设备，每一套都应该进行测试，但对有些科目的测试，如控制软件等，则总体进行一套测试即可。

3. 输送机子系统

输送机子系统的测试分为设备级、系统级两个层面。设备级的测试包括输送机的外观尺寸和安装质量、电机减速器品牌型号、光电开关安装情况、防护装置等，还包括各种简单动作的演示。对于分/合流输送机，其构成和功能的测试还要复杂一些。子系统级的测试包括动作能力、通信能力、输送能力、集放能力、重载能力、安全防护能力、噪声等多个方面。

有些测试是针对每一台输送机进行的，有些则要求对整个系统即可。

输送机系统的输送能力测试是需要重点测试的项目，一套由几十台甚至几百台设备组成的输送系统的输送能力，往往是由其中几个节点决定的。因此，测试一般也只针对几个节点进行即可，因此，如何选择测试节点非常关键。一般情况下，节点输送段往往是通过能力最低的输送段。此外，输送系统的故障测试也很重要，如超时、超载、超差等故障测试。

其他设备，如 AGV、提升机、码垛机、分拣机等子系统的测试，虽然各有差异，但基本原理和过程是一致的。这里不一一列举。

2.8.3 软件测试

物流集成系统的软件测试，主要指 WMS 和 WCS 等软件的测试。物流系统中的软件会很多，如电子标签软件、RF 软件、包装复核软件等，它们也一样要进行测试。软件的测试是一项专业度非常高的工作，已经有成熟的理论作为指导，这里不做介绍。下面仅以 WMS 为例，介绍作为应用软件验收测试的方法和过程。

一般情况下，物流系统软件在进行用户测试之前，已经经过开发商的严格测试，并安装在正式环境之中。

为了使测试高效进行，测试前，对关键用户的培训必不可少，测试的操作主要由关键用户进行。

软件测试是一个非常复杂的过程，在测试开始前，软件供应者或系统集成商应提交一份根据设计蓝图制作的软件测试指南，详细列出需要测试的科目和细节，由集成商和用户审定，并由此制订测试计划和准备测试用例。

具体测试前，软件要搭建一个测试环境，这个环境的配置与未来实际应用环境是一致的，所有测试用例也要由实际的作业流程和数据组成。物流系统测试环境应在项目验收后仍然保留，以便未来软件进一步升级时，可以先在测试环境下完成测试后才正式切换。

应用环境中，除了安装软件系统的硬件环境，如服务器、交换机、工作站、打印机、网络等，还要配置必要的数据，如货位配置、岗位设置、人员角色配置、网络配置，以及其他在系统测试前需要配置的数据，如订单数据、物料主数据等，此外，测试用的材料、工具、人员也要提前准备。

测试应按照事先准备的测试指南进行，包括用户登录与用户权限测试、订单管理测试、数据接口测试、收货环节测试、入库环节流程测试，出库拣选、包装复核、分拣、集货等环节测试，发货环节测试、盘点功能测试、退货流程测试、统计与报表功能测试、打印测试等，各个环节都有典型的用例。故障处理是测试中最复杂和工作量最大的部分，故障处理测试工作量大致是正常流程测试工作量的5~10倍。

软件测试过程中。难免会出现这样或那样的问题和故障，为了不影响整个测试计划的进行，除了将这些问题和故障记录下来，及时交由软件开发商进行处理外，其他的测试应继续进行。对于有问题的模块或程序，应在修改后重新测试。

当软件在测试过程中有较为关键的修改时，所有相关的测试需要重新进行，这在软件测试过程中叫作回归测试。因为与机械设备不同，软件的修改很有可能会影响到其他模块的正常运行。

2.8.4 集成系统测试

集成系统测试也称为系统联合测试或系统联机测试，相对于单机测试和子系统测试，集成系统测试项目相对要简单一些，其重点在于验证系统功能、子系统间连接以及系统综合能力等。

在集成系统测试进行前，各子系统的测试应已经完成，并确认没有影响集成系统测试的重大问题存在。

集成系统测试会涉及各方面的人员，所以，为提高测试效率，应提前制订周密的计划且做好充分准备，要专门组织一个跨部门和跨专业的验收测试小组来完成这项工作。

集成系统测试的重点是验证各环节之间、各子系统之间连接的通畅性、一致性与协调性，其中压力测试验证系统的可靠性等，是验证系统的综合能力，而不是具体的业务细节和动作的测试，这是与单机测试和子系统测试不同的地方。当然，子系统测试也需要对子系统的综合能力进行验证。

集成系统测试的主要内容如下。

测试接口的连贯性：集成系统测试中，接口测试是一个非常重要的环节，由于此前的测试，接口部分可能采用的是模拟数据，因此，不可避免地会产生模拟不完整甚至错误的地方。

测试订单：订单要求从实际订单中获取，并具有一定的数量和代表性，不能仅仅测试一个或几个订单，一般情况下，需要有大量的订单。

系统综合能力：通常情况下，子系统的能力并不会在集成系统中完全发挥出来。

由于存在各子系统之间能力的匹配问题，所以，集成系统表现出来的综合能力往往会低于每个子系统的能力。

系统压力测试：压力测试虽然在每个子系统中也要进行，但集成系统的压力测试更为关键，比如处理订单的能力、最大发货能力、多用户并行压力测试等，压力测试作为一项专门的测试，需要制定专门的策略和模拟专门场景。

由于物流系统的复杂性，一项大型物流系统的集成系统测试可能要花费数日甚至更长时间。而且，各测试环节之间还会具备一定的因果关系，比如入库测试形成的库存，将会作为出库作业的前提和基础，因此，测试用例的设计，既要有一定的代表性，如订单的多样性、各种问题的模拟、库存短缺问题等，还要有一定的继承性，使得后续的测试能够在前面的基础上顺利地进行。测试用例采用真实数据比较好，采用模拟数据将不可避免产生人为的盲区。

2.8.5 到货完整性检查

验收的一项具体工作是检查到货的完整性。到货完整性是履行合同的基础，也是验收的基础。

到货完整性包括设备数量、规格、品牌与合同是否一致。如果合同有修改，则要求按照修改后的协议进行验收。

验收前，需要列出一份详细供货清单，清单的内容要求与合同内容一致，并经过用户、集成商、供货商三方签字确认。

除了设备本身外，技术资料也是到货完整性的组成部分，包括设计说明、设计图纸、软件蓝图、设备与软件的使用和维护说明、第三方的随机文件。技术资料除了纸质版外，还应提交电子版以方便保存和阅读。

培训是一项需要特别列出的验收项目，物流集成系统的专业性非常强，因此对用户的培训显得非常重要，集成商和设备供应商有责任和义务对用户进行培训，使其掌握系统的使用与维护的知识和技巧。

培训分为理论培训和实操培训两部分，要设置专门的课程，编制培训教材，并对培训结果进行评估。

2.8.6 系统可靠性验证

集成系统最后一项测试，是最重要的一项测试，那就是系统的可靠性测试。可靠性的测量是通过计算系统可用度来完成的。实际测试中，因测试阶段不同，有两个可用度指标，即试运行可用度（也称为初期可用度）和正式运行可用度（也称为最终可用度）。

有关可靠性和可用度的内容，将在下一章节予以详细论述。

一般情况下，试运行可用度测量将在集成系统测试完成并符合要求、集成系统启动试运行后才能进行。这里看似有一个矛盾，即初期可用度既然作为判断系统是否具备试运行的标准之一，又如何会在系统启动试运行后才能进行呢？在实际操作中，判断系统是否具备试运行的标准，实际上是根据集成系统测试结果而确定的。而初期可用度主要是验证系统在试运行阶段的可靠性，并为测试最终的可用度做准备。

正式运行的可用度测试一般在试运行超过一个月或更长时间后才能进行。具体时机取决于双方预先确定的时间，更取决于系统本身的运行情况。

完成最终可用度测试后，如达到合同规定的标准，则可签署验收报告，作为系统集成工作的完结。

2.9 如何计算物流集成系统的可用度

2.9.1 集成系统的可靠性

什么是系统可靠性？

按照一般的定义，可靠性是指在规定的时间和工况条件下，产品或系统完成既定功能的能力或概率。RAMS 是评价集成系统的关键性指标，而系统可靠性指标是其他几个指标的基础，因此也是评价一个系统最重要的指标之一。越是复杂的系统，越是重要的系统，一旦失效所造成的损失就越大，有的甚至是无法承受的灾难性损失。因此，如何有效地对系统的可靠性进行评估与分析，进而提升系统的可靠性，减轻或排除系统潜在风险，具有极其重要的经济和社会意义。

一个产品或系统的可靠性可分为固有可靠性和使用可靠性。所谓固有可靠性是产品所应有的或者是设计时应达到的可靠性，取决于产品的设计、制造、实验等过程的控制，也取决于原材料、零部件的选型和质量。所谓使用可靠性则是指已生产出来的产品，在经过包装、运输、储存、安装、使用、维修等环节的影响所表现出来的实际达到的可靠性。简单来说，固有可靠性通过设计、制造的过程来保证，很大程度上受设计者和制造者先天的影响。而使用可靠性则依赖于产品或系统的运输、安装、调试等过程的质量保障，也取决于使用环境、操作的正确性、保养与维修的及时性和正确性，所以它很大程度上受后天的影响。就像一个人，他有先天的素质（遗传基因），也有后天的教育、努力。

产品或系统的构成决定了其固有可靠性，但一个产品或集成系统，如物流系统，往往由很多子系统和设备构成，一般是如何计算其固有可靠性的呢？

一个简单的零件或产品，其可靠性的测量可以通过理论计算、模拟和实验测试获得。这是一个概率学问题，这里不做详述，仅仅介绍一个平均寿命的概念。

简单理解，一个产品或零件的平均寿命，就是指在正常使用和维护环境下，产品表现出来寿命的平均值。每一个产品的实际使用寿命都会与平均寿命有一定偏差。对于不可修复的产品，其寿命是指产品发生失效前的工作时间或工作次数。即产品在失效前的工作时间，通常记作 MTTF（Mean Time To Failure）。对可修复的产品，寿命是指两次相邻故障间的工作时间，即平均无故障工作时间，或称平均故障间隔时间，记作 MTBF（Mean Time Between Failure）。

产品实际寿命与平均寿命偏差的概率分布，或密度函数，决定了产品的可靠性。用一个公式来表示，即 $R(t)=P(T>t)$，其中，$R(t)$ 为可靠度，t 为规定的时间，T 表示产品的平均寿命。$R(t)$ 描述了产品在 $(0, t)$ 时间内完好的概率，且 $R(0)=1$，$R(+\infty)=0$。

一个复杂的产品或系统，是由无数个简单的产品集成而来。典型的简单系统如串联系统、并列系统、混联系统等。而复杂系统中部件数量较多且部件间存在错综复杂的关系，物流系统就是这样一个系统。这给可靠性计算和评估带来了很大困难。在经典的系统可靠性分析方法中，有很多成功的方法，如解析法、基于 FTA（Fault Tree A-nalysis）的系统可靠性分析方法、状态空间法、蒙特卡罗法（又称为模拟法，它以概率统计理论为基础）、基于贝叶斯网络的系统可靠性分析方法等，涉及很多专业的知识，这里不一一介绍，有兴趣的读者可以参考有关可靠性的教材或参考书。

物流系统的可靠性研究目前还很少有专业的成果，这是未来研究的重要方向。

2.9.2 集成系统的可用度

来了解一个概念：可修系统模型（models of repairable system）。

可修系统模型是一种可靠性分析模型，它是允许系统对失效部件进行修理，使其恢复功能的可靠性分析模型。

在实际工程中，一个零件在其失效后可能是不可修复的，如一个光电开关损坏，一个轴承损坏，这个零件就失效了，但构成系统的其他部分仍然是可工作的，因此，只要将失效的零件更换即可，这就是可修系统模型建立的现实基础。

由于引入修理概念，这就使系统可靠性得到了显著提高。对于可修系统，若运行过程中发生任何故障，可以引入维修，从而使系统变得可用。在数学描述上，维修时间并非一个固定值，也是服从概率分布的，这实际上就是增加了一个变量而已。但与不可修系统相比，可修系统会由于引入新的变量而变得复杂很多。

可用度是可修系统重要的可靠性指标之一。若 $A(t)$ 是产品或系统在规定的条件下和规定的时刻 t 处于能执行规定功能状态的概率，则称 $A(t)$ 为可用度函数，或瞬时可用度。理论上，系统的稳态可用度 A 是瞬时可用度的极限：$A=\lim_{t\to\infty}A(t)$

在实际工程中，只要 t 足够长即可，在物流工程等许多工程应用中特别受到关注的是系统的稳态可用度，它表示经长期运行后，产品处于正常状态所占的时间比例。在

某些条件下，稳态可用度可表示为：$A=\frac{MUT}{MUT+MDT}$

其中 MUT 为产品或系统平均可用时间长度，MDT 为产品或系统平均不可用时间长度。A 即为产品或系统的可用度，一般采用百分比来表示。

相比可靠性计算的复杂公式和复杂计算过程，可用度的测量会简单得多。对于物流系统而言，其可靠性指标正是用可用度来得到验证的。

2.9.3 物流系统的可用度测量

物流系统的可用度作为系统可靠性指标的一种表述方式，一直是评价系统性能和进行系统验收的重要指标。

一个大型的物流系统，它会由许多并联、串联和混联的子系统组成。如一个 AS/RS 子系统中，可能会有多台堆垛机在同时工作，一个多层穿梭车系统中，会有几十台甚至几百台穿梭车在同时工作，一个 KIVA 组成的拣选系统，会有上千台 KIVA 小车在同时工作，这是典型的并联系统；又如一个物流系统中，AS/RS 系统、输送系统、分拣系统等，它们互相之间或直接连接，或间接连接，各居于系统的一个阶段或区域，互不包含，则是一种串联关系；WMS 是一个贯穿始终的系统，它有许多的子模块，模块之间互相关联，构成为一个整体，它所管理的系统，有些是并联的关系，有些是串联的关系，呈现出一个网络和网格状态，这则是一种混联的状态。

在计算系统的可用度时，并联系统与串联系统的权重是不一样的，欧洲起重机标准 FEM 对此做出了比较合理的规定。即属于并联的系统，其故障时间的权重是 $1/N$，N 表示并联的数量，而属于串联的系统，其故障时间的权重为 1。

计算公式如下：

$$A=\left(1-\frac{\sum_{i=1}^{n} t_i/N_i}{T}\right)\times 100\% \qquad (2-1)$$

式中，t_i 表示子系统或设备的故障修复时间，N_i 表示并联子系统或设备的数量，T 表示测量的总时间。

FEM 标准规定，T 的测量时间一般设定为 3～5 个连续系统工作日，每个工作日工作时间为 8 小时，系统试运行应达到的可用度应不小于 93%，正式运行的系统可用度应不小于 97%，此外，小于 3 分钟的故障不计，如果一个故障重复出现，应在该故障真正解决后重新测量。

举一个例子说明更为简单。假设一个物流中心由 1 套 AS/RS（5 台堆垛机）、1 套输送系统、1 套 RF 拣选系统（10 套 RF）、1 套包装系统（共 20 台打包复核台，每台均配置条码扫描器，计算机和打印机等）、1 套高速分拣系统、1 套 WMS 系统、1 套

WCS 系统构成。

表 2 -1 为 5 天实际测试运行的记录（非实际案例）。

表 2 -1　　测试运行记录

日期	发生时间	故障描述	故障处理时间（分钟）	权重	当量时间（分钟）
第 1 天	11：20	1#堆垛机故障	12	1/5	2.4
	13：25	RF 终端故障	8	1/10	0.8
第 2 天	9：50	输送机故障	20	1/1	20
	10：10	3#堆垛机故障	9	1/5	1.8
	14：22	WCS 故障	21	1/1	21
第 3 天	9：10	WMS 故障	29	1/1	29
	15：10	4#堆垛机故障	35	1/5	7
第 4 天	11：46	8#包装台电脑故障	16	1/20	0.8
	15：15	2#堆垛机故障	18	1/5	3.6
	16：20	4#堆垛机故障	9	1/5	1.8
第 5 天	8：50	WMS 故障	6	1/1	6
	14：05	分拣系统故障	40	1/1	40
	14：52	5#堆垛机故障	10	1/5	2
合计					136.2

$$A = (1 - 136.2/2400) \times 100\% = 94.325\%$$

即本次测试的系统可用度为 94.325%，基本达到了试运行的要求。

2.10　物流中心改扩建的要点分析

近年来，随着企业业务的不断发展和业务模式的不断变化，物流中心的改建与扩建成为一种必然的需求。此外，大量第三方仓库的出现，如普洛斯、嘉民等企业的崛起，面对用户的多样性需求，库房将进行功能重新定位，由用户根据自身需求进行重新设计，于是改扩建需求自然产生。

2.10.1　改扩建的原因与市场需求

如果从简单到复杂进行分类，物流中心的改扩建工作应包括如下几种情况。

第一种情况，简单的设备增减和流程变化。

第二种情况，库房的局部改造，设备的重新购置，包括旧设备的拆除、流程的重大变化等。

第三种情况，增加库房面积及设备配置，或重新选址、租赁新的库房等。

前面两种情况是在原有库房基础上进行的，第三种情况涉及库房面积增加的问题。

在第一种情况下，可能的情形包括：业务发生变化、原有库房设计不合理、局部的新技术应用等。

在第二种情况下，可能的情形包括：业务模式发生重大变化、业务流程发生重大变化、储存和拣选模式发生重大变化、设备老旧需要更新、新技术全面应用等。

在第三种情况下，可能的情形包括：原有库存空间不够、业务量大幅度增加等。如果是新租库房，虽然也属于改造的范围之内，但与原有库房联系不紧密，情况要简单一些。

物流中心改扩建的具体原因主要有以下几点。

首先，企业的业务随时发生变化，这是客观事实，最初的库房设计不合理或出现偏差是必然的，所以改造也就变得非常必要。物流中心自建成之日起就应考虑其不断完善与改进，而不是一蹴而就，但遗憾的是，很多企业不这么认为。

其次，有些项目在建设之初就已经为后期规划做了打算，这是一种明智的选择。不仅仅是节约资金这么简单，更主要的意义在于对企业未来变化留有余地。对于具体企业而言，很难准确判断未来的发展，因此物流中心的规模也无法准确预测，为了使设计与未来需求相吻合，采用分步实施是一个可行的策略。

最后，企业的业务规模不断扩大，势必需要扩大库存容量及处理能力，此时，要么在原有基础上扩建，要么搬迁去寻找新的仓库。当然，改扩建也包括全部拆了重建，但这与新建已经没有差异，在此不做讨论。

有些企业变化慢一些，如传统的制造企业，自建仓库是很多企业采用的方式；有些企业则快一些，如商业配送、电商、第三方物流企业等。电商是一个很特殊的行业，持续的高增长业务，导致库房面积需求的剧增，很多电商物流中心经常改造或搬迁。这也从侧面反映了准确预测是很困难的。

从实践情况来看，库房改扩建的难度一般会比新建项目的难度要大一些。原因在于以下几个方面。

（1）除特殊的情况外，改扩建项目的建筑基本已经确定，对设计已有很大约束，所以不太容易做到量身定做，只能因地制宜，按现有基础条件进行。

（2）消防、地面承载能力、层高限制等因素，会使库房改造的难度大幅度上升。

（3）影响现有业务（最低限度影响），所以要求有防护措施，工期要求尽量地短，尤其是测试时间应短，这无形中增加了改扩建工程的难度和风险。

市场需求方面，对于已经建成的库房来说，改扩建应成为其常态。随着更多的物流中心投入使用，以及越来越多的第三方库房建成，库房的改扩建市场将越来越大。从已经掌握的资料看，目前改扩建业务与新建业务的比例基本在 1∶1 的水平。显然，未来改扩建的业务会逐渐超过新建项目，并在一定年限后成为主要趋势。

除了上述所说处于常态的局部改造业务外（几乎每个项目都在发生），目前需求最旺盛的当属第三方物流中心。这是因为第三方物流的仓库虽然已经建成，但由于要照顾到所有的行业或企业需求，因此在进行仓库建设时会尽可能地做到标准化，针对特定企业需求的改造也必不可少。

2.10.2 改扩建应关注的重点内容

对于老库的改造与扩建，在设计阶段要考虑的问题与新建项目有较大的不同。归纳起来，主要有以下几点。

1. 与土建相关的问题

站台：为应对收发货模式变化所进行的站台改造。

承载能力：地面与楼面承载能力是否满足要求。一般情况下，新的设计应符合楼面荷载的承载能力，避免对承载能力提出过高的要求。

供电：原有用电负荷是否满足要求，供电点是否符合改造要求。

网络：网络覆盖是否满足新的要求。

门及辅助设施：门的改造是最常见的，因为物流通道和装备等发生改变，会导致仓库门的改变。此外如照明、机房、连廊等的改变，也是重点考虑的问题。

其他：对于第三方库房来说，还要考虑未来的恢复可行性。

2. 与消防相关的问题

消防：原则上应符合国家的消防规范，大的改变需要重新报批，这是比较麻烦的。如阁楼货架增加喷淋系统，需要增加防火卷帘门以便于设备通过，以及消防栓位置和数量的改变等，这些都属于大的改变，需要慎重对待。一旦出现不可避免的改动，应与设计院取得联系，并报有关部门批准。

3. 设备的利旧问题

设备利旧在改造项目上经常遇到，利旧有几个原则：第一是设备是否可以利旧，如果利旧，系统的使用寿命是否可控；第二是利旧的成本估算，一般来说，利旧的目的主要是避免浪费，节约成本，如果不能达到这个目标，利旧是没有意义的；第三是利旧设备是否符合总体需求，如果不能满足要求，则不宜利旧。

4. 系统衔接问题

系统衔接分为硬件衔接和软件衔接。硬件衔接包括建筑物的衔接、物流设备的衔接等；软件的衔接则包括 ERP/WMS/WCS 的衔接、通信协议的衔接、数据库的衔接等；流程、设计风格等更深层次的衔接。

5. 工期问题

制定一个合适的工期恐怕是改扩建工程比较困难的工作之一。要考虑的因素很多，如交叉施工、搬迁、调试时间、测试时间等，甚至要比建设一个新的仓库需要考虑的问题多很多。

6. 系统切换问题

如果是一个全新的物流中心项目，不存在系统切换问题。但对于一个改造项目来说，系统切换就显得尤其重要。这是因为有老系统的影响。一般的做法是先备份老系统和新系统，然后测试新系统，确认无误后才启动切换新系统。一旦测试不通过，可以随时切换回来。在实际切换作业过程中，要注意及时备份系统，确保将对业务的影响降到最低。

2.10.3　风险与规避

在物流中心改扩建项目中，有效的风险预见及规避措施是项目成功与否的关键。

第一个风险是系统衔接问题。

新老系统的衔接是项目改扩建的关键技术之一，如果是采用统一的系统，则问题会少一些，但这要迁就很多选择，所以在操作上存在困难。

系统衔接的范围很广，典型的包括信息系统的对接（系统升级和改造带来的问题）问题、软件接口问题、系统一致性问题（如托盘的一致性、码垛的一致性、流程的一致性等）和系统相容性问题（数据、协议、荷载等）。

解决系统衔接问题，离不开对老系统的理解和学习。从这一点看，每建设一个项目，保留关键数据非常关键，尤其是土建相关的地面承载能力、消防设计、各种孔洞梁柱尺寸的图纸等，物流系统的技术规格说明书、接口协议、数据库字典等。只有在这样的基础上进行的工作才能保障系统的衔接顺利。

尽量减少对建筑和土建的修改是关键，条件是不可改变的，如站台、层高、地面承载能力、各种管道等，有些不得不修改的也要尽量降低修改难度，尤其对于消防等需要严格报批审查的项目，则更应事先有所准备，尽量不要违背原有设计准则和规范，并在专业技术人员的参与下完成修改。对于自动化设备或系统的修改在技术上要难一些，所以有时为了降低难度，可以重新定义自动化系统。

第二个风险是对现有业务的影响（空间、时间）。

改扩建项目的一个问题是对现有业务的影响问题。有时一个项目的改扩建，因为无法安排替代的库房（即使能够安排，其代价也是很高的），因此需要进行交叉工作。设备安装对于环境、安全性的影响，会大大降低原有系统的作业能力，这是显而易见的。另一个问题是，对于一个改进后的系统，往往与原系统存在很大差异，本身需要很长时间的安装调试，但实际上又存在老系统不能停的客观要求，因此，系统的安装、调试时间一般都特别短，有的甚至只能在周末进行，这无疑增加了项目实施的难度和风险。

解决这一问题其实没有很好的办法。比较可取的做法是利用周末和业务淡季进行安装调试，这样可以最大限度减少对业务的影响。

第三个风险是测试不完整问题。

无论如何模拟，真实环境的测试都是必要的，这是物流系统的一个特点。由于时间限制的原因，必然有测试不完整的问题需要面对。

如何处理这一问题呢？比较可行的方案是要制订一个完善的计划。首先，要在设计阶段，确保改进后的系统与原来的系统纠缠尽量少，即原系统尽量不动或少动，以便维持基本应用。其次，尽量在现场外完成设备组装，并完成单机的测试。对于信息系统，则要求在线下完成测试，联机测试在很短时间内完成。搭建一个测试系统显得尤为重要，但这样无疑会增加实施的成本。

有些改扩建系统的情形会好一些，如二期工程。如果在一期建设时就考虑了未来的接口，则会使问题变得相对简单。这需要引起重视。

当然，不同的情况下，难度和风险也不尽一样。这就需要根据具体项目进行分析。比如，有些项目并没有消防问题需要处理，这就使难度大大降低。在规划阶段，首先要考虑的问题是使系统尽量简化，这样既降低了改造的难度和风险，也减少了改造的费用和时间。

应该指出的是，随着新技术的不断出现，企业出于提高服务水平和生产力水平、提高核心竞争能力的考虑，采用新技术替换老技术将是物流中心改扩建的另一个动力。这方面的需求主要来自制造业（以工业 4.0 为驱动）、冷链（以密集存储为特征的改造需求）、医药（“货到人”拣选系统）、电子商务（大规模快速拣选系统）、服装（拆零、储存、退货业务需求）等。

旨在提高物流中心技术水平的物流技术设备主要包括以下几个。

（1）自动化立体库技术：用于完成大规模的储存和拣选，尤其是 Miniload 技术在近年来得到了广泛应用。

（2）密集存储技术：密集存储在制造业、冷链、食品饮料行业等有着广泛的应用。从自动化水平看，有半自动和全自动两种形式。特别在冷链行业，全自动的密集存储技术由于解决了存储和作业环境等诸多问题，越来越受到重视。

（3）“货到人”拣选技术：随着定制化、个性化需求的快速增加，“货到人”拣选对于拆零业务的支持将是革命性的，必将改变未来人们对于拆零拣选方式的基本态度。

（4）以 AGV 为代表的智能仓储技术的应用，在以汽车制造为代表的制造业将有广泛的应用。

2.10.4 新项目要给改扩建留有余地

物流中心的改扩建本是一个老话题，但鲜有人对其进行系统的总结。从今后的发展趋势看，改扩建的项目会越来越多，这是可以预测到的。总体来说，物流中心的改扩建将成为一种常态。

因此，针对改扩建项目制定相应的策略是非常必要的。更高的效率、更高的速度、合适的成本，是物流活动的出发点。企业每天都在发展，市场需求每天都在发生变化，所以，对物流系统的要求也随之改变。这不仅是现状，也是未来的趋势。在这一基本趋势下，比较理想的方法是物流中心总体设计留有余地。尤其在空间许可的情况下，设计应尽可能地柔性化，以适应未来的需求。给未来留出空间，是物流设计的重要理念。

许多企业本身就有物流中心多期建设的设想，应该从总体需求出发，统一设计，分步实施。切忌在没有想清楚的情况下胡乱建设，导致出现巨大浪费，这样的例子还是不少的。实际的情况并不能如人所愿，在众多的改造与扩建的项目中，并没有成功的总体设计可供参考，所以改造起来就显得困难很多。

另外值得一提的是，物流中心改扩建也要进行经济效益分析。有时候，技术的改进会对物流作业产生重大影响，但代价也很高。改扩建过程中，采用何种技术最为有利，与新建项目是有区别的。有时，常听到人们说要建设一个最先进的物流系统。抛开投资回报不说，其实世界上没有所谓的最先进的系统。一方面，是因为技术的不断发展，技术更新的频率越来越快，任何技术一旦投入使用，很快就会被后来更新的技术所取代；另一方面，选择符合具体项目需求的先进技术才是最关键的，再好的技术，如果与业态不匹配，就不是恰当的，当然更谈不上先进。

（注：本文发表于2016年10月《物流技术与应用》杂志，有部分修改）

2.11 现代冷库建设的特点与趋势

2.11.1 冷链物流概述

冷链物流是物流的重要组成部分。冷库主要用作对食品、乳制品、肉类、水产、禽类、果蔬、饮料、花卉、绿植、茶叶、药品、化工原料、电子仪表仪器、烟草、酒精饮料等半成品及成品的恒温恒湿贮藏。一般来说，冷链物流所储存的物品分为食品、药品、疫苗、血液制品等几大类，要求各不相同。

食品冷链是应用最广的领域，其温度需求也非常宽泛，如果蔬类产品、鲜花类产品一般在0℃～15℃，不同水果的储存温度也略有差异；肉类、海产品的储存温度一般在－35℃～－18℃；有极端类产品需要在－65℃的环境下储存。

常规药品类的储存温度在5℃～15℃，GSP标准要求的恒温库储存环境为5℃～19℃，因为有GSP标准的严格要求，这一类冷库应用非常广泛。

疫苗类冷库主要冷藏储存在常温条件下无法保质的各类医药产品，在冷藏条件下，药品不会变质失效，库温一般为 -5℃ ~8℃，有些需要特殊规定。

血液制品的储存有特殊的要求。

所有冷链物流对于运输车辆的要求也非常严格。

近几年来，随着人们生活水平不断提升，果蔬、肉类、海鲜产品、水产品的需求持续增加，对冷链物流的需求出现快速增长的态势，冷链物流逐步成为物流的热点之一。随着市场规模的不断扩大，立体化冷库和自动化冷库建设项目逐年增加，并且有快速扩大的趋势。

与传统的常温库不同，冷库对库房和物流设备的要求有其鲜明的特点。如何把握冷库建设的特点，并积极面对市场需求，成为市场关注的焦点。本文仅对 -18℃以下的低温大型冷库的建设做介绍，这是未来冷库建设的热点。

2.11.2 自动化冷库的特殊性

大型冷库一般储存能力在几千吨到几万吨，以肉类、海产品、土豆等产品为主。仓库建设可由两部分构成：仓库本身和库内物流设备与系统，两者所要遵循的标准各不相同。我国冷库建设已经有数十年历史，有一系列标准和规范，对制冷方式、屋面、墙面、地面、基础、消防、电气等都有详细的规定。但自动化冷库建设的历史却短很多。

本文仅谈物流系统建设。从物流工艺设备选型和设计来说，自动化冷库规划与建设应注意以下几个方面的特点。

第一，单元化物流。

大型冷链的特点之一是单元化储存和输送，物流单元主要以托盘为主。引入单元化物流的设计思想是冷链物流的关键，因为冷库的作业区从节能的角度考虑一般不宜设计过大，单元信息在上下游的一致性，对于货物的交接管理非常重要。带板运输对于减少装卸货时间，保持冷链的连续性也是至关重要的。因此，单元化物流将对冷链物流带来革命性的影响。

第二，选择适应于低温环境的材料非常关键。

低温环境下的物流设备与常温有很多不同，如很多电器设备在 -15℃以下不能正常工作。因此，要创造一个相对独立的工作环境，以保持温度在0℃以上，这样会增加设计的难度。有些材料在低温下其力学性能发生根本改变，如钢材、塑料等，货架、托盘等承重设备的材料选择要注意其在低温下的适应范围，选用不当将带来潜在风险。如塑料托盘，在低温下选用聚乙烯材料就比较好，其抗冲击性以及耐寒性好。在常温下，聚丙烯材料具有优良的力学性能。此外，润滑、照明灯也与常温下有很大差异，在设计时应予以注意。

第三，消防问题。

冷库作为一种特殊类型的仓库，也要严格满足建筑消防规范。对于温度处于0℃以下的仓库，由于低温的原因，通常自动喷淋系统不能正常工作。所以，在温度低于0℃的冷库内不可能设置自动喷淋系统，只有在必要时可考虑其他措施，如采用粉末灭火。此外，在设计冷库时，防火分区的面积与常温库也有差异，应查阅相关设计规范。目前在用的设计规范是《冷库设计规范》GB 50072—2010 版。

2.11.3 自动化冷库的主要优点

在冷库选型中，选择建设自动化冷库有许多优点，以下进行简要说明。

其一，库存能力大幅度提升。

自动化立体库与传统叉车库或平面库相比较，空间利用率会大幅度提升。库存效率将要提高3~5倍，尤其是采用密集存储情况下，库存能力比普通自动化立体库又要提高30%以上。由于冷库的建设成本高于常温库的1倍以上，因此，提高库存空间利用率对于降低成本非常重要。

此外，采用自动化存储系统，还可以大幅度降低能耗，据实际测算，自动化物流系统的能耗仅为传统冷库的40%~60%，这对于有效降低成本、提倡绿色物流无疑十分有利。

其二，作业环境得到极大改善。

在冷链物流中，传统仓储作业有一个很大的问题，就是工人不能在极端低温下长时间作业，尤其内外温差过大的情形下，工人的身体吃不消，导致招工困难。这种现象在自动化物流系统中得到了很好的解决，其基本设计理念是将存储区与作业区分离。

自动化冷库设计中，一般将存储区与作业区分开：存储区的温度可以达到-35℃甚至更低，全部采用自动化作业，无人操作；而在作业区，包括卸货、收货、组盘、入库、出库、拣选、包装、分拣、集货、装车等作业，设计作业温度在5℃~10℃范围，在保证货物储存条件的前提下，大大改善了作业环境。

由于在极低温度条件下，很多电器设备要进行特殊处理，大大增加了冷库设备的成本，而将作业区与存储区分开的设计理念，还可以大大降低作业区的设备成本。

2.11.4 冷库建设的技术导向

通常的冷链物流，除了温度环境的巨大差异外，货物也有明显的特点，即SKU相对较少，拆零相对较少，这一特点决定了自动化冷库设计应尽量采用密集存储技术。

密集存储有很多种型式，最典型的包括双深度立体库、通廊式货架、穿梭板式货架等，最近几年来，全自动的穿梭板系统（其本身又有多种型式）、四向穿梭车系统受到企业特别关注，成为未来发展的主要方向。

为何密集存储技术会成为主要应用趋势？

作为冷库建设的终极目标，“效率”和“成本”仍然是考虑的重点。此外，劳动强度因为环境的特殊性，比常温库考虑得更多。因此，未来冷库建设的发展方向，必然是自动化作业、密集化存储为主。

第一，存储方面。立体存储和密集存储将是很多冷库的优选。其中，以自动化立体库为代表的立体存储仍是未来发展的重点，其中也包括以穿梭板、四向车为代表的密集存储技术。

第二，作业方面。自动化作业将逐步取代人工作业。未来的冷库建设，自动化水平将越来越高，这是由冷库工作环境所决定的。自动储存、分拣、码垛和拆垛、搬运的技术与设备将大行其道，很多大型冷库甚至会出现无人化趋势。

第三，信息化与智能化。宏观上，自动化、信息化、智能化将是物流发展的大趋势，冷链物流也不例外。信息化和智能化要解决的是库存信息在供应链环境中的一致性和共享性问题，以及物流作业的可视性和可追溯性的问题。

至于库房本身建设，首先要考虑“安全”，再要考虑“效率”和“成本”，在这方面，可供参考的资料非常多。库房基建方面，选择墙板、屋顶的隔热材料和工艺，基础如何处理，有很多讲究。而制冷系统的选择，目前可供选择的范围也非常广，专业的厂家也非常多，这里不一一列举。

需要强调的是，冷库建设安全总是第一位的，企业不能因为节约而忽视安全性，这是很多初创和小型企业易犯的错误，并且发生过很多大的事故。另外，要考虑性价比，过于追求低廉价格的设备会带来一系列问题，如售后服务、系统维护费用、运营成本（尤其是能耗）、设备使用寿命等。综合考虑这些问题，最后作出决策，才是明智的。

（注：本文部分内容发表于2017年6月《现代物流报》）

2.12 B2C电商物流系统的基本特点

B2C电子商务近些年来的发展如火如荼，市场规模以每年30%~50%的速度发展。2019年的统计数据表明，全国的快递包裹数已经超过600亿件，这是一个非常庞大的数据。随着人们购物习惯的改变，特别是跨境电商的兴起，B2C电商市场还会有很大的发展空间。

支撑B2C电商服务的一方面是网络，另一方面就是物流，这已经成为共识。记得电商刚刚兴起的时候，物流并没有受到足够重视，以至于常常出现问题，特别是“双11”开始的前几年，经常出现爆仓和网络中断的事故，服务水平乏善可陈，现在这种局面已经大为改观。

京东商城是第一个对物流的重要性有充分认识的电商企业，并通过建设“亚洲一号”物流工程而获得了巨大的竞争优势，此后，各电商企业开始纷纷效仿，物流在电商中的重要性开始为人所知。电商物流成为物流装备行业增长最快的领域。

本文将对电商物流系统的特点进行分析。

2.12.1 B2C 电商物流的主要流程

简单来说，B2C 电商物流的业务流程与普通的配送中心相比并无特别之处，分为收货、存储、拣选、分拣、配送、退货等几个主要流程。

1. 收货

货物从供应商到物流中心后，应完成检验、核对、清点、入库等操作。不同行业的采购特点是不一样的。有的电商 SKU 很多，除爆品外，每个 SKU 采购量并不大。有的则相反，很多规模较小的电商企业其实只有几款产品，这不是本文要讨论的对象。对于一个综合性的大型电商来说，动辄几万甚至几十万 SKU，应特别注意多品种的收货问题。

此外，电商最担心的是退货比例，因为退货不仅将抵消销售额，还会因为处理流程复杂，导致物流成本的大幅度增加。在退货的理由方面，质量是第一大因素，因此，电商在对于品质的管理相对要严格一些。有些行业（如服装）的收货中，QC 是收货的关键环节。

2. 存储

B2C 电商配送中心建设，对很多初创企业来说，由于货物量不大，针对货物 SKU 多，副本量小的特点，采用平置和搁板货架存储的居多。也有采用托盘货架的，但采用 AS/RS 的就比较少。然而，随着企业规模的不断扩大，传统的存储方式已经不能满足要求，大规模的存储系统，如自动化立体库，开始全面应用。而且随着物流自动化技术的全面普及，电商的存储多样化也在不断提升。如 Miniload、穿梭车系统、KIVA 系统等，都在不断尝试之中。总之，自动化程度越来越高，这是电商存储的特点。

3. 拣选

订单从门户网站或平台入口接收后，将发到配送中心。有两种典型的作业方式：按时间顺序拣选和按发运路线拣选。目前许多企业采用第一种方式。其一般流程是：按顺序打印拣选单，管理人员将拣选单按一定数量分发给拣选人员，拣选人员再按单拣选。这种方式的最大问题是不能优化拣选路线，从而拣选效率就比较低。改进的方法是首先按照路线分类，分时段拣选，其次是将一个路线下的订单再按照拣选区域分类进行拣选，效率将有比较大的提高。

随着自动化水平的不断提升，自动拣选技术，“货到人”拣选技术，已经在电商行业得到应用。引入自动化系统后，拣选策略和拣选效率与传统拣选大为不同。以“货到人”拣选为例，其拣选速度是传统 RF 拣选的 6 ~ 8 倍，准确性也大幅度提升。

4. 分拣

采用高速分拣机是通常选择。对于一个动辄要处理数十万单订单的配送中心来说，不采用自动分拣技术几乎难以想象。

交叉带分拣机是目前应用最多的分拣技术。

5. 配送

配送给就是按照订单要求完成货物从物流中心到客户的过程。目前采用的方法主要有自行配送和采用三方配送两种，前者如京东商城，后者如天猫。从长远的发展看，采用三方配送体系将是主流，但需要完善行业管理，提升服务水平，解决企业的后顾之忧。

6. 退货

电商的销售退货一般占比都比较小，在1% ~3%。但也有退货比例很高的行业，如服装行业。对于退货的处理，首先要考虑业务的处理。在物流层面，还存在销毁、修复和重新上架等多种业务流程。由于品种众多，退货的情况很多，退货处理其实一直是电商面临的主要困难之一。采用分拣机完成退货是目前比较一致的做法，但效果一直不佳。

2.12.2 电商物流的难点问题

大多数综合性的B2C电商物流系统，其主要难点在于订单数多、品种数多、响应时间快、随机性强等。

1. 订单数多

一个成熟的大型B2C电商物流系统，其每天的订单量大多在10万单以内（部分突破到10万单以上，但对于一个配送中心来说，太多的订单是不经济的，因此，当订单超过一定数量以后，就应该考虑建立多个配送中心了）。目前，菜鸟、京东商城每天订单量为数百万个，甚至数千万个，配送中心也有几十个甚至几百个之多。

至于订单的形态，每个行业的情况差异是比较大的。以图书为例，订单金额一般在100元左右，行数在2行左右。但3C产品差异就很大，一个iPhone手机就需要几千元。此外，如百货，尤其是食品，其平均订单行可能超过10行，差异很大。

2. 品种数多

B2C电商物流系统的品种数也是难点问题。一般的专业配送中心，如医药配送，品种在10000个左右，电商物流品规数与此差异很大。图书比较特殊，一般要求在50万个以上，但即使是百货，也要求达到10万个以上，有的甚至更高。这对于配送中心的设计和运营带来巨大挑战。

对于一个综合性的B2C物流系统，究竟多少个品种是合适的呢？这个问题应该是一个见仁见智的问题，具体应该从项目的数据分析入手。一般来说，二八原则是一个可以掌握的分寸，即配送中心的品规数（SKU）=占80%销售量的品规数（SKU）×k。

当然，以上分寸应根据实际情况予以调整，参数k一般取5~10，不宜超过20。因为太大就背离了二八原则，将会导致成本的大幅上升。过多的品规并不能带来更大的销售量。

3. 响应时间快

客户的响应时间是市场竞争决定的。目前有些企业将“越快越好”作为企业赢得竞争的手段，这是可以理解的。很多专家认为，客户的响应时间应该根据成本优势决定，适当就可，不是越快越好。

如何理解响应时间应该符合成本优势呢？一次完整的网上购物活动，可以分为以下几个过程。

下单：客户通过网络下单，服务中心接收订单，并且审核通过。然后下发到配送中心的过程。由于订单审核和订单传输都是全自动化，通常这个过程非常快，只需要几分钟就可以完成。

拣选：配送中心接收订单，分析、组合、分发、打印、拣选、分类、包装、归类、暂存、交付运输的过程。这个过程根据系统架构不同，规模不同，可能需要1小时到几小时不等。而对于缺货的情形，则可能需要数天时间。

配送：运输部门或快递公司完成接收、分类、暂存、配送、客户接收、结算的过程。这个过程可能是时间最长的部分，大约需要1天到数天时间。

一个配送中心的成本优势就是在满足客户需求的前提下，使上述三个过程的费用总和尽可能低，而且要求时间总和符合客户期望。

以此概念出发，就可以确定获得成本优势的最佳响应时间。

当然，“快”对于用户的体验是至关重要的，这也被实践反复证明。

4. 随机性强

随机性是指订单的随机性。与普通的物流中心不同，电商物流由于网络覆盖面比较广，各个地区的消费习惯不同，产品销售的随机性增大，这也是导致产品SKU增多的基础原因。

随机性的另一个特点是促销的不确定性。如“双11”购物节，很多电商的业务量是平时的几倍甚至几十倍，这给物流中心建设带来很大困难，促销期间的处理方式往往与平时差异甚大。

随机性问题给物流系统的优化也带来很大挑战。

2.12.3　配送中心的设计问题

一个B2C电商物流中心的设计与其他类型的物流中心既有共性，也存在很大差异，有以下两点非常突出。

1. 对未来增长的预测往往不准确

从总体上讲，过去10年来，我国电商的增长每年以30%～50%的速度发展。未来10年，中国的电商市场仍然会有快速的增长。特别对于一个具体的企业来说，初期的增长可能不是按年计算，而是每月增长30%～50%，这对物流来说，是一个大的考验。现实的情况是：如果物流不能跟进，企业的发展必然受到限制。有些企业正是因为物流的限制而导致业务的发展受阻。

如何解决这一问题，需要企业和专家顾问进行详细的分析研讨，而不是盲目追求高的指标。一般应注意的是：①不要让单个配送中心承担过大的配送量；②要尽量留有余地和柔性。

2. 大量的订单、品规让设计变得困难

B2C电商配送中心设计的关键问题是库存能力和拣选配送能力。当品规非常多的时候，如何选择拣选策略和存储策略，是设计要优先考虑的问题。

以下几个重要指标用于评价配送中心设计是否合适。

（1）收货区域、收货能力是否满足要求。

（2）库存能力是否满足要求，库存周期是否设计合理。

（3）拣选能力、拣选方式、复核与包装能力是否匹配。

（4）发货区域、发货能力是否满足要求。

（5）应急措施是否可靠、是否可行（如应对促销的能力）。

（6）有无特别困难的技术难点，如分拣能力等。

（7）投资费用和运营成本是否在可以接受的范围内。

B2C电商配送中心的设计，由于订单量大和品规数多，使设计变得特别困难，因此，降低这些问题的难度是关键因素。

对于一个初创型的电商企业来说，也许柔性是特别重要的。特别要注意避免过高的投入，以及过于刚性的方案设计。

对于一个成熟型的电商企业来说，可能设计会相对准确一些，这时，采用一些高性价比的自动化技术，也许是理智的选择。有些企业过于保守，结果丧失机会，其教训也非常深刻。

2.12.4 技术发展趋势

电子商务已经成为人们日常生活中不可缺少的购物方式，这一方式将在很大程度上取代传统购物方式。

2020年的快递包裹，将超过700亿件，平均每天2亿件，考虑到高峰带来的影响，波峰时期，每天达到3亿件甚至更多是一种常态。如果我们以每个配送中心平均日处理量为10万件计算，需要3000个以上的大型配送中心，这个数据是10年前所不敢想象的。

一个不容回避的事实是，人工的成本越来越高，因此，自动化、无人化技术将大行其道。行业实施了几十年的“高度信息化、适度自动化”策略将逐步让位于“高度信息化和高度自动化”的策略。

从现在的认知看，物流自动化技术主要包括：

①自动装卸货系统（机器人或其他技术）。

②多种形式的自动存储技术，尤其是立体库存储技术，典型的如 AS/RS 系统、多层穿梭车系统、四向穿梭车系统、KIVA 系统，以及各种机器人系统。

③各种自动拣选技术，尤其是“货到人”拣选技术将备受重视，机器人会在自动拣选方面有较大突破。

④各种高速分拣系统的应用，其中 KIVA 分拣机器人会有一席之地。

⑤无人配送系统或将从实验室走向实用。

⑥各种辅助设备，如自动包装系统、自动装箱系统等，将会越来越普及。

⑦随着订单的不断增加，WMS 系统和订单处理系统的压力会进一步提升，各种优化算法会越来越受到重视。

⑧一个明显的趋势是，线上线下相融合的 O2O 方式在快速发展。

随着电商的普及，以及大量的资本涌入，电商作为物流业务的新兴领域，将后发先至，引领物流自动化的发展方向。

2.13　全渠道下物流配送中心的建设

2.13.1　全渠道的概念

物流总是伴随着社会需求的发展而发展。全渠道的概念提出，已经有一段时间，尤其是随着电子商务的快速发展，行业对全渠道又有新的诠释。

全渠道有纵向和横向两个维度。从纵向来看，全渠道包含了供应链的每个过程，包含了行业之间的不同物流模式，也包含了各环节的不同作业模式和配送模式；从横向来看，则包含了企业在不同业务模式下，物流或配送的不同方式，如 B2B、B2C、O2O 等。同时，两者之间也有互相交叉的现象，而从行业对全渠道的理解和执行情况来看，大部分以后一种为主。

最近几年，行业内创造了很多新名词，如 O2O2C、C2B、C2B2C、C2C、B2G 等。有些是对业务流程的抽象描述，有些则是对业务的过度解析，且大多停留在概念阶段，甚至有哗众取宠的嫌疑。但不管怎么说，“全渠道”的概念还是为行业所接受。客观来说，目前的实践还停留在“多渠道”业务模式阶段，很少达到“全渠道”业务模式，这是由实际需求发展状况决定的。

2.13.2 全渠道的特点

传统的物流模式，基本以单一模式为主，如 B2B、B2C 等，因此，渠道也是相对单一的，但这并不排除运输方式的多样化这种普遍现象。

全渠道下的物流配送中心，必然要求兼容各种业务模式，这无疑对物流中心的建设提出了挑战。

在纵向维度下，关键是要突破不同运输方式对于物流的影响。在设计中，从包装方式、时间要求、信息处理、交接方式等多个方面体现出各自的特点。

以信息处理为例，在供应链的各个环节，要求信息保持一致并进行有效传递，避免信息的丢失、重复和不一致。这是全渠道模式下的根本需求（单元化物流也是强调这一需求），不同的运输方式对于信息的需求是不一样的。有时，信息的传递还取决于包装的不同需求。如某些情况下，需要对拆零件的信息进行有效传递，有时则需要对配送的总件数进行标注等。

在横向维度下，则突出表现在存储、拣选、包装、复核等环节的不同，从而要求有针对性地处理个性需求和共性需求。

以拣选为例。B2B 的整件拣选一般以提总拣选为主，拆零则以订单为基本拣选，不需要进行特别的操作，在多数情况下，一个订单会存在多个拆零行，这时会产生一个优化需求：即哪些货品放在一个包件之中，对效率提升和费用降低有帮助。而对于 B2C 业务，由于订单多且小，大多数以拆零为主，通常需要首先并单进行拣选，或提总进行拣选，然后再播种拆分订单，以提高效率，而这些工作是 B2B 没有的。

如何使这些截然不同的作业模式共存在一个系统中，是全渠道模式下对系统提出的挑战，也是其显著特点。毋庸置疑，全渠道模式不仅对物流系统设计提出了全新的要求，也对物流作业和管理提出了全新要求。

2.13.3 用户的需求变化

在全渠道模式下，用户需求会发生很大的变化。重点在于在不同业务模式下，如何实现效率和费用的平衡，如何实现资源共享和互补。这与单一的业务模式下追求的目标是不完全相同的。

在全渠道模式下会看到一个有趣的现象：不仅是传统产业向电商发展，电商也存在向传统产业模式发展的倾向，在目前提出的“互联网 +”的模式下更是如此。O2O 业务的提出不仅是传统产业需要的，也是新兴的电商需要的。电商经过十多年的快速发展，已经迈过了野蛮生长的年代，逐步趋于理性。O2O 就像是一个共同的目标，将以前 B2B 和 B2C 引向统一，这是博弈的一种自然结果。用户需求的变化有以下 4 个方面。

1. 效率

不同的业务模式，对于配送时间的要求也不同，总体表现为 B2B 缓而 B2C 急。物流效率的提升不仅仅表现在处理一个独立事件的快捷，也体现于处理整个事件的准时。全渠道模式下，各种业务将交织在一起，使事情变得复杂。系统则应该体现“当缓则缓，当快则快”的基本需求。因此，如何利用有限的资源，通过有效的调度，在效率和服务水平相互制约的条件下，实现它们总体能力的提升，是用户提出的新的需求。

2. 费用

物流费用是考核物流系统设计和管理水平的关键。在全渠道模式下，由于业务模式带来的本身的复杂性，使得计算和分析物流费用变得困难，从而无法从物流费用的增加和减少中发现系统存在的焦点问题，这将是全渠道复杂系统遇到的一个挑战。

3. 资源共享

资源包括库存、场地、站台、信息等多个方面，对于全渠道模式，这些资源的分配与单一模式有很大差异，用户的愿望是这些资源应高度共享，但实际上很困难。

4. 资源互补

正是由于不同业务在不同时间对资源的需求不同，所以产生了资源互补的需求。比如 B2C 电子商务企业，当促销季来临时，会短期出现比平时多几倍甚至几十倍的需求，这对于配送中心的设计既是优势也是困难。其优势在于，由于 B2B 业务同样存在高峰与低谷的波动性，如果协调好会产生意想不到的良性效果，但困难是，实际的业务波动并不能总是使系统能够保障两者之间的协调，而往往处于极端情况。

2.13.4 对设计的影响

物流配送中心的起点在设计，难点也在设计，全渠道模式下更是如此。

以库存设计为例，多种业务模式下，库存的方式和需求将大为不同。这将影响库存结构的设计，进而影响对于物流技术的选择。B2B 业务更倾向于整件和整托盘的存储，自动化立体库被广泛采用。B2C 业务则倾向于零散存储，倾向于采用 Miniload 以及货到人的拣选技术，两者存在很大不同。另外，退货也对设计产生重要影响，主要是退货的比例和方式。很多情况下，退货比正常的收发货作业还难。

在 B2B 模式下，不同行业的物流，差异很大，如医药与百货、烟草与食品，共性的东西很少。具体到一个行业，不同客户需求也有大的变化，如医药行业，不同的业务模式的拆零比例就不相同，快批的拆零量小，而零售的拆零量大。

在 B2C 模式下，业务特征表现为：订单多、拆零比例大，存储方式当然应重点照顾拆零的需求和补货的需求，此外，包装作业量大这点也是有别于 B2B 业务的。

而 O2O 模式目前看来更加复杂，既有 B2B 的配送模式（到店铺），也有 B2C 的配送模式（到消费者）。而且不同行业 O2O 业务特点也千差万别，难以统一。

此外其他很多不同模式，基本从以上 3 种引申而来，在此不赘述。

综上所述，全渠道模式关键是要综合考虑多种业务模式的特点，寻求共性，从而提出一体化的解决方案。此外，在设计中也要充分考虑以下几方面问题。

1. 共用库存问题

全业务模式下共享资源是设计的关键问题，其一就是共享库存。

共享库存看似简单，但在实际处理上有很大难度，其中比较突出的有库存保留、拣选面、补货、拣选交叉、批号、波次、盘点等问题。如果是第三方物流（有的是内部的三方物流），还有退货问题、货权问题等，非常复杂。

因为 B2B 和 B2C 均有拆零问题，所以设计拆零系统时，往往会出现顾此失彼的情况，有时会有需求相互冲突、相互矛盾的情况，使设计和生产均非常困难。

2. 拣选方式的不同

对于 B2B 模式来说，有整托盘提总、整件提总、整件拣选、拆零拣选等多种拣选方式并存。对于 B2C 模式来说，则主要是拆零作业，个别行业会出现提总拣选需求，拣选时一般会采用并单拣选、单件拣选等特殊策略，与 B2B 完全不同。

这两种作业模式混合在一起，会令系统变得复杂，有时很难让操作员辨别清楚。

3. 资源配置问题

不同业务模式对于运输和配送的需求是不同的。B2B 比较有计划性，B2C 则有一定的随机性，尤其是订单的数量、送达的区域、紧急程度等。随着电子商务的发展，类似“双 11”的促销活动，对物流的影响尤为严重，重点要解决业务不平衡问题对资源配置的影响，包括对库存、备货、拣选、包装、集货、站台等资源的配置。

4. 单元化与标准化问题

全渠道下，单元化物流显得尤为重要。我国目前的物流中心设计过于强调满足客户的个性化需求，从而忽视单元化和标准化建设，这是一个非常错误的做法。

标准化重点表现在三个方面，即基础单元的标准化、信息的标准化、作业流程的标准化。只有标准化才能实现更高层次的统一，如作业流程的标准化会给拥有多个物流中心的企业带来很多便利，包括人员的培训、高峰应急等，从而实现更好的经济性。

在单元化物流中，标准化也是基础。其他的问题还包括托盘共用问题等，这更属于需要国家层面规划的大课题。

2. 13. 5　应用案例

太平鸟服饰有限公司慈东物流中心是全渠道物流配送的一个典型案例。该物流中心面积约 11 万平方米，2014 年建成投产（详细案例介绍见第 4 章）。

太平鸟有很多品牌，各自的业务特点和对物流的需求是不同的，由此也带来储存和拣选方式的不同。为解决这一难题，物流中心采用了交叉带分拣机系统，可以兼顾多种模式下的快速拣选。

太平鸟物流中心既有 B2B 业务，也有 B2C 业务，因此系统资源共享问题必须得到有效解决。

为此，其物流中心设计的拣选系统和存储系统，B2B 和 B2C 的拣选区域彼此分开，但库存是共用的，即存在统一的库存区域，可以使拣选区的库存互相补充，这是其物流系统设计的一个特点。

管理员会根据具体情况选择不同的拣选作业模式，如提总拣选、按单拣选、部分提总、部分按单，方式很多。

包装区也是共享的，主要考虑到 B2C 业务平时和促销期间业务量不同，在 B2C 高峰期，所有资源可以全部用于电商业务。

在太平鸟物流中心，一项很重要的工作是标准化，将原有上百个包装规格简化到很少的几个。这一设计被实践认为是卓有成效的。

太平鸟物流中心投入运行后，经历了 2014 年“双 11”促销，单日处理的订单量达到约 45 万个。实践表明，系统的全渠道设计理念是符合实际要求的。

（注：本文发表于 2015 年 7 月《物流技术与应用》杂志，有部分修改）

2.14 单元化物流系统的集成

所谓集装单元是指具有一定的体积和重量，规格化、标准化的实体。集装单元有利于物流作业的机械化、自动化的开展，并且还可以有效地提高装卸搬运等物流作业效率，大大减少重复堆码和重复搬运等无效劳动。同时，物品的数量检验和清点交接也更加简便快速、减少差错。此外，托盘等集装器具的普遍应用，还可以使货物在存储过程中采用货架，以提高空间的利用率。

单元化物流则是指在供应链的各个环节中，以集装单元为对象而组织的装卸、搬运、储存和运输等一体化运作物流活动所形成的物流形态。单元化物流概念是由北京科技大学吴清一教授首先提出的。吴教授认为：从 2001 年以来，我国物流总成本占 GDP 的比重一直徘徊在 18% 左右，比发达国家高出约一倍。影响我国物流成本的因素很多，从技术层面来看，采用集装单元化技术，减少中间环节，从供应链角度优化系统才是解决这一问题的关键。

2.14.1 单元化物流发展背景

单元化物流是现代物流发展的重要方向。现代物流发展趋势从技术方面看有以下重要特征。

（1）高速度：现代物流对于速度的需求已经远远超出了以前的预期。这从根本上改变了物流技术的发展轨迹。以快速拣选为例，一台普通箱式堆垛机的作业周期为45 ~ 90秒,也就是说，一小时作业能力为40 ~ 80次。随着电子商务的兴起，拆零作业量已经高出传统B2B业务1 ~ 2个数量级，拆零的要求从每小时几千次到几万次不等。采用传统的堆垛机作业显然无法满足这一要求。最新的技术表明，采用多层穿梭车技术或旋转货架技术，一个巷道每小时的作业能力可达到1000次以上，这就为全面采用“货到人”拣选提供了技术上的可能。

（2）个性化：个性化的需求是未来社会的主要需求形式之一。物流的个性化表现在很多方面，如各种定制化生产需求、尺寸超常规需求等。个性化的需求带来了物流装备的个性化或多样性的需求。以自动化立体库为例，既有各种形式的装载单元，如托盘、周转箱、纸箱、长大物料件等，也有各种型式的存取方式，如托盘式、穿梭板式、箱式（分为货叉式和链式取货多种型式)、重力式等。个性化为物流的发展提供了新的需求。

（3）智能化：人类在科学技术探索过程中的一个重要课题是人工智能，在物流领域也是如此。智能化的体现是多方面的，如货物的自动识别，根据不同品类分配库区和作业区，根据不同箱规自动码垛，根据不同码垛结果自动分配货位，货物按照ABC分类进行自动整理，拣选过程中根据路径、托盘容量、时间等进行优化，根据作业分布情况自动调整订单执行顺序，根据路况自动计算配送路线等，这些从自动化到智能化的发展，是物流技术的重要发展方向。

（4）信息化：现代物流的重要支柱是信息化。尽管物流信息化已经实施了几十年，但到如今以及可以预见的未来，信息化仍然是现代物流发展的重要组成部分。

在进入大数据时代的背景下，信息化的内涵已经发生了根本的变化。人们已经不能满足于过去的信息管理系统的基本需求，转而向智能化、移动管理、可视化的方向发展。这里所讲的智能化更多的是根据历史数据和运行数据等海量数据进行分析，从而自动产生指导物流作业和运行的一系列结果或作业指令，或进行报警，干预作业的进程；移动管理是以当前的无线网络、GPS等系统为基础产生的一系列技术，包括作业的实时性、库存的实时性、移动的可控性，以及与智能系统的联动等。可视化在未来物流系统的应用将会无处不在，主要包括库存、作业、订单、在途等物流环节的可视并与客户的互动，在掌控物流运作的同时，大幅度提升物流的服务水平。

（5）集成化：这里所谓的集成化，更大程度是多种技术、装备的集成，在前述所列的智能化、信息化的内容中，可以看到其边界并不是很清晰，事实上未来的物流系统本身就是各种新技术、新系统的高度集成，独立的和单一的技术应用将越来越少。

此外，物流技术作为一门综合应用技术，未来集成化的体现不再局限于物流系统本身，应该是基于供应链体系下的大集成。简而言之，在供应链体系下，所有的信息是共享且一致的，货物则以单元的形式呈现，并在整个供应链体系下保持不变和相对稳定，这正是单元化物流的基本思想。

2.14.2 单元化物流的作用

物流技术发展的一个根本目的是提高效率和降低成本。在强调供应链一体化的时代，基于单一节点的优化，在经过数十年的努力后，已无太大的潜力。普遍认为基于供应链的优化，或者说基于供应链管理的节点间的协调，是未来物流发展的重点。单元化物流的一个重要内容是就是保持在物流的各环节（供应链节点）的协调性和流畅性。单元的形态在物流各环节间基本保持不变，这与基于供应链优化的观点是一致的，从而也能使单元化物流的作用得以充分体现。

1. 单元化为物流各环节作业提供便利

（1）检验的便利性：传统物流的做法是，在物流上下游交接时，一般采用逐一清点的方式。这一方式的最大弊端就是费时费事，占用库房资源和效率低下。单元化物流强调在货物交接时，是以“单元”形式完成的，这将大大提高交接的效率。

（2）搬运的便利性：基于单元化的搬运可以采用叉车、输送机等专有设备完成，这将大大提升作业效率。

（3）存储的便利性：高层货架存储技术是现代物流仓储的重要手段，采用单元化物流技术，以利于采用高层货架进行存储，大部分情况下还可以实现立体库自动存储。尤其是信息一体化的前提下，自动存储更能提升作业效率。

（4）装卸的便利性：现代物流中心一般要求设置标准站台，采用单元化物流，装卸货速度可以大幅度提升。以5吨厢式货车为例，装载量为600～800箱，人工装车时间为1.5～2小时。采用单元化物流技术，装车时间可以压缩到10分钟以内，效率将提高10倍以上。

此外，考虑到特殊情形下，如应急物流、军事物流等，速度可能比其他因素更重要，单元化物流的意义会体现得更为明显。以应急物流为例，救灾物流的集合、组盘、装车、运输、卸货、分配等过程，往往面临多品种、多地点、多用户等复杂情形，单元化物流要求按照标准的组盘形式，辅以RFID等信息识别系统，将大幅度提升集货、装车、运输等环节的效率。

2. 单元化物流是提高物流效率的重要手段

（1）单元化降低了自动化的难度。物流单元化的一大显著功效是大大降低了物流作业自动化的难度。其中组盘、输送、存储等物流过程，几乎完全可以实现自动化作业。以托盘为例，托盘的输送可以采用AGV、RGV、链式输送机、辊筒输送机、提升机等设备完成自动输送，可以通过多种型式的堆垛机完成存取作业，其组盘、拆垛可以通过机械手自动实现等。

（2）自动化提升了物流效率。自动化加速了物流效率的大幅度提升，这种变化就犹如汽车之于马车。具体可以从以下方面得到体现：出、入库作业效率的提升，是通过连续的输送和并行作业得到体现的，如托盘输送、箱式输送等。人工输送主要是间歇性的，并行作业将需要更多的人力才能完成，所以很难保证总体效率的提高。立体仓库的应用大大提升了存储效率。详细的计算表明：平面堆放能力为普通立体堆放能力的1/5～1/3，自动化立体库的存放效率较普通立体堆放效率将提高3～4倍！一般人力堆放高度仅为2米左右，叉车堆放则可达10米以上，而自动化立体库系统，一般高度达到20米以上。

（3）单元化物流提升了物流管理水平。可以从多方面得到验证：①信息化与自动化的相互促进，加强了物流管理的实时性和科学性，如货位合理分配、系统优化等。②货位管理的透明与便利性是物流管理得到提升的重要指标。单元化物流管理到货物的细节，包括货物的位置、状态、数量等多种数据。③库存的实时性从根本上带来管理水平的提升，如电子商务的下单准确性、决策的及时性和科学性、订单的跟踪等。

2.14.3 单元化物流系统集成的关键

1. 单元化物流系统集成关键在于供应链体系下的优化

单元化物流系统集成已不再将关注的重点放在某一个局部系统或局部指标上，而是更加注重宏观指标的协调，如单元信息的一致性、单元规格的一致性、全供应链环境下物流成本的下降、全供应链环境下物流效率的提升，以及全供应链环境下库存的下降等。

以上内容是单元化物流系统集成的核心内容。与传统物流系统集成不同，一致性和整体性是单元化物流系统集成的要点。由于物流环节众多，所以集成的难度很大，以下从三个方面进行简单描述。

（1）库存：单元化物流强调物流的实时性，因此，要求全供应链系统下，库存应保持在一个合理水平。在一个简单的“工厂＋库存＋终端”的模型中，主要是要合理分配各个节点库存指标，从而根据这一要求设计各节点的库存能力。在生产环节中，更要根据销售情况来合理安排生产。从这一点可以看出，物流关注的已不仅仅是其本身的问题。

（2）成本：物流成本分为很多方面。从大类分析可以归纳为储存成本和配送成本。成本的构成中主要包括人力成本、运输费用、库房费用三方面。从供应链角度考虑，减少无用的劳动从而节约劳动力成本，减少无用的运输从而节约运输成本，减少无用的库存从而节约库房资源，加快周转速度从而提升资源的利用率。需要特别关注的是，退货是所有成本中容易被忽视的但成本巨大。

（3）效率：效率的体现不仅在于交接速度，更在于交接时的一体化操作。假如在实际操作中能够做到全部“准时送达”，实际上就可以将库存降低到极致。当然，效率应服从于服务和成本，单元化物流系统集成应最大限度去寻求这一平衡。

2. 信息系统是单元化物流系统集成的另一关键

毫无疑问，信息化是现代物流的重要特征和重要组成部分。在单元化物流系统集成工作中，信息系统的规划与布局显得尤为重要。在整个供应链环境中，各种信息应保持一致性和实时性。

物流信息的一致性表现在不同的节点中，物流信息应保持一致。这一点看似必然，其实很困难。以图书物流为例，有些数据是出版社就可以决定的，如图书的版权页信息，有些却需要在物流环节才能确定，如图书的重量等。实际情况是，图书从出版到物流再到新华书店的门店，其间经过的渠道非常有限，但物流信息难以保持一致。很多省店物流中心不得不花大力气对图书信息进行再加工，由此导致五花八门的信息产生。这些信息彼此不能照应，有时甚至相冲突。

物流信息的实时性要求信息系统保持经常性的联通。包括货物状态、各环节的库存、门店的销售状态等。这对于生产、配送的决策产生非常大的影响。

在未来的物流系统中，信息系统的范围将会进一步延伸。比如在配送环节，要求物流信息透明：何时接受订单，何时下发订单，订单执行状况，配送何时进行，何时送达。过去这些信息的获得非常困难，未来却是不可或缺。

物流信息系统的集成不仅要考虑系统的选型和布局，还要考虑诸如成本、可靠性、并发性、开放性等多种情况。

2.14.4　单元化物流需要解决的问题

尽管单元化物流的前景美好，但短期内面临的挑战也是巨大的。其中，托盘共用体系的建立是单元化物流的重要支撑体系。在单元化物流的环境下，托盘作为主要的单元载体，必须在一定范围内达到共用才能体现单元化物流的巨大效益。否则，托盘的逆向回收将大大抵消单元化物流的效益。欧洲国家、韩国、日本的托盘共用已经取得非常大的进展，我国却还在起步阶段。

单元标准化体系的建立需要很长的时间，有很多因素制约了这一体系的建立，如投资主体问题、地域经济活跃程度差异问题、南北气候差异问题等，均是很难克服的客观问题。从主观方面讲，政策扶持和引导、市场环境的建立、诚信体制的建立也很难在短期内完成。

单元本身的标准化问题也是横在托盘共用体系面前的难题，如材料的一致性、品质的认证、交换体系的形成等，均是目前的难题。

运输工具的标准化问题也很突出，如目前的汽车、火车等主要运输工具的尺寸标准均与托盘的模数不相匹配，将对单元化物流产生重大制约。

存储系统标准化面临的问题也很严峻。目前大多数库房设计，尤其是柱网、站台、库房高度等几乎没有考虑与标准化托盘的配合，必将制约未来的单元化物流发展。

最后需要指出的是，产品包装的适应性问题给托盘标准化提出了难题。从产品包装的现状看，规格繁多，无法统一，这一乱局还将持续非常长的时间。主要困难在于，要从根本上改变产品包装规格，需要企业付出额外的代价。

3 物流系统集成中的专门技术

本章导读

本章包含11个专题内容，主要是针对物流系统集成过程中的具体技术问题而展开，进行专题论述。有许多涉及具体设计过程的知识与技术问题，如设计中的安全系数、物流信息系统的综合布线、消防设计、物流成本计算、拣选方法、补货时机、重量复核技术等，这些知识与技术，大多是对系统设计和集成中经常遇到的共性问题的解释。对这些技术的深入研究和了解，有助于对系统集成中的一些具体问题找到正确的解决方法，给读者以启发。鉴于柔性化设计的重要性，本书从不同角度特别予以详细论述，也可以理解为不同时期人们对柔性化的认识。穿梭车（包括多层穿梭车和四向穿梭车）是当前最热门的物流技术之一，这是本书唯一一篇介绍单一物流技术的文章，其目的在于告诉读者“货到人”拣选的重要性。

3.1 正确理解设计中的安全系数

“安全系数”的学术定义和日常生活中提及的“安全系数”不同，学术定义比较狭窄。在建筑、机械、工程结构等设计计算时，为了防止因材料的缺点、计算的偏差、加工的误差、外力的偶然增加、意外荷载、冲击荷载等多种因素所引起的不良后果，因此，在计算时，要考虑一定的设计冗余。所谓安全系数，即设计的结构所能承受的最大荷载应大于实际的荷载，二者之比叫作安全系数，其值一般均应大于等于1。在实际工作中，往往采用放大荷载的方法，以计算其相应的应力值，如果在放大后的荷载下，构件的最大应力仍然在屈服应力之内，则认为是安全的。由于每种工况下产品的安全等级不同、设计的方法不同、采用的材料不同、应用场合不同等，安全系数并非一个恒定值，在很大程度上根据设计经验来确定。比如核反应堆的安全系数就要远大于一般民用建筑，机场航站楼、大型剧场的安全系数就要大于车间和厂房，在物流系统中，立体库货架的安全系数要大于隔板货架等。

日常口语环境中，也经常提到安全系数，比如经常听到的什么品牌的汽车安全系数高，其实不是与结构的安全系数高低有关，而是与其他因素，如是否配置了安全气囊、是否配置了安全带、是否有灭火器等有关。有时，我们还会根据其在故障下人员的生还率来定义安全系数。在我们熟知的其他领域也有类似情况，如计算机中的双机备份策略，就是为了提高系统的安全系数，防止灾难性结果等。但这些与学术上定义的安全系数没有太大关系。

3.1.1 荷载，应力，屈服应力，许用应力及其他

有几个概念必须搞清楚，这些概念看起来都非常简单，实际却非常重要。

荷载：作用于构件上的外力总和。每一构件均有多种形式的荷载。常见的荷载有自重，货物、设备、风载、雨载、雪载、地震波引起的荷载等。自重有时是非常关键的荷载。在大跨度起重机的设计中，如岸桥起重机，跨度可能达到120米甚至更长，自重成为影响设计的关键荷载，有时，我们看到太大的跨度下，因为自重的缘故，设计已经变得不可能实现，这就是现实中的桥梁跨度不可能太大，建筑的跨度也不会无限大的根本原因。

荷载的确定是设计与计算的第一步，如何简化荷载成为设计是否符合实际的关键因素。比如，在堆垛机立柱设计中，荷载主要包括立柱自重、载货台自重、货物重量等，还要考虑在加速提升时产生的荷载等。货架计算中，荷载主要是自重与货物（托盘）的重量，有时要考虑堆垛机或叉车作业时的侧向力，特别关键的是要计算地震时货架的受力情况，即荷载情况等。

荷载在计算时常常要进行简化，求出等效荷载等。这对于结构计算人员来说是最基本的工作了。

应力（stress）：应力是力学中一个最常见的参数。其定义是单位面积上的荷载，即 N/mm^2，分为正应力和剪应力。要理解正应力并不难，在一根截面积为 A 的细长杆件两端，施加一定的荷载 Q，其截面上所承受的应力（拉应力或正应力）即为 Q/A，当然，更为复杂的受力情况下，应力的表述也会不同。

屈服应力：屈服应力即材料达到屈服（即失效）时的最小应力。显然，不同材料的屈服应力是不同的，不仅木材与钢材有重大差异，不同性质的钢材之间，其屈服应力也相差甚大。要理解屈服应力，还需要明确不同材料在其失效前的表现，对大多数脆性材料来说，如铸铁、陶瓷等，其失效一般表现为断裂，因此，其屈服应力即取达到断裂时的应力值。对塑性材料而言，其失效前并非立即断裂，而是先发生塑变，因此，屈服应力一般取应力曲线的直线段的最大值。理解屈服应力对于理解结构的安全性非常重要。对一个复杂的系统来说，如货架系统，往往一根杆件的失效，就会导致整个系统失效。这是因为当一个静定系统（有时非静定系统也是如此）中的一个最弱的杆件发生塑性变形后，其荷载会加载到其他杆件，从而导致其他杆件的失效，最后扩大到整个系统的失效。这就是我们常常看到的，当叉车撞击到货架立柱，导致其失

效后，整个货架迅速垮塌的原因。在生活中，这样的例子很多。

许用应力：可以定义为设计构件时允许的最大应力。显然，这个值不得大于屈服应力，事实上，在定义安全系数时，除了采用荷载法以外，更为常用的是采用许用应力法。屈服应力除以许用应力即为安全系数，这个值必须大于1。

3.1.2 安全系数是对缺陷和简化的一种补偿

有一个基本事实是：理论与实际是有偏差的。

我们对结构进行设计时，如货架、输送机、提升机、堆垛机等，理论计算都是经过了一定的简化，并非实际构建的真实反映。如力学模型的建立，首先是对结构的拓扑结构、尺寸、受力情况、边界条件进行简化，简化后的模型与实际结构之间存在差异，对专业的和有经验的计算人员来说，其差异会小一点，对没有经验的人来说，差异往往还会很大，当然也有例外。

以我们熟知的货架作为例子，货架在计算时首先要简化模型，比如一座10个巷道的立体库货架，并非需要对其整体进行计算，而是选取1~2个巷道进行计算即可。在计算机出现的早期，这种简化非常必要，否则，由于计算机内存、磁盘、速度等的限制，计算往往就无法实现。又比如横梁与立柱的连接，既非刚性连接，也非铰接，实际是处于两者之间的一种连接，处理起来非常困难。此外，还有立柱的冲孔对立柱本身的力学性能影响很大，如何处理也有难度。“非不为也，是不能也”。所以只能简化。力学计算很大一部分的工作是在简化模型，尽量寻求一个与原结构基本等价的计算模型。

为了弥补这种差异（模型与实物之间），有时可以采用实验的办法来进行修正，但实验往往由于条件限制，只能搭建一个局部，或单一构建进行有限的模拟试验，其实际作用也是有限的，不能说实验的结果就会更好或更加准确。

另外，材料本身也是有缺陷的。所谓的材料特征，也是典型材料样本的力学特征而已。真实的材料，可能配方存在差异，也可能冶炼的环境不同，导致瑕疵等，更是司空见惯。

此外实验本身具有一定的偶然性，也促使这种测量结果并非一成不变的真理。测试方法的不同，计量工具不同，加载的方式不同等，都会影响测试的结果。为了弥补这种误差，往往需要进行多次测量，然后对测试结果进行评估，以便获得一个比较可靠的参考值或者称为设计值。

当然，随着计算手段的不断提高（如采用有限元分析），经验的不断丰富，计算结果与实际相差并不会太大，误差会在一定范围之中。安全系数的提出，就是弥补这种误差的一种有效手段。

3.1.3 安全系数是对意外荷载的一种防护

真实的世界，往往比设计的环境要复杂很多。这也为安全系数的制定提出了具体的要求。

以桥梁为例，桥梁设计时，首先要进行地质勘探，以便确定基础的特征，并作为计算的前提条件。然后再简化模型，进行力学分析。

但在实际计算时，往往会陷入一些迷茫之中，这就是外部荷载的确定是一个非常复杂的事情。比如风荷载，雨雪荷载，水流荷载的确定，就非一件容易的事情，既要考虑到荷载的合理性，又要考虑一定的抗意外荷载的能力，如抗几级大风，或多少年一遇的洪水等，这都是影响桥梁的设计的。

此外，车辆荷载也很重要，包括单辆车荷载，全桥的最大荷载，以及荷载的分布等，都有很大影响。无锡的大桥垮塌事故，就是因为设计的荷载与实际的荷载出现大的偏差所引起。但在计算和设计时，尽管考虑了安全系数，也难以对实际可能出现的情况进行全面的防范。

有时还要考虑一些意外情况出现，如超载和意外的撞击等，历史上出现大桥被轮船意外撞击而垮塌的事故也不鲜见。当然，这种意外，除了加强安全系数之外，更加积极和节约的办法是增加安全防护装置等。

地震荷载也是一种意料之外的荷载，在结构设计中也是需要考虑的。在物流系统中，人们往往对地震荷载产生很多疑惑，即到底如何考虑风险？

地震荷载不同于普通的静荷载或动荷载。它是一种地震波（纵波和横波）。地震荷载的防范原则上要与当地的地震防护等级关联。但实际情况也并非完全照搬。我国的地震防护等级是按照区域划分的。其原则主要有三：其一，是否位于地震带上；其二，是否曾经发生过大地震；其三，地区的重要性如何（如特大城市的等级就要高）。根据以上原则，以立体库为例，立体库的建筑应按照这一原则处理，而货架就不一定要遵循这一原则，而是应综合考虑储存货物的重要性，货架垮塌的影响，以及当地实际可能发生的地震等级等。

此外，地震荷载的安全系数设计也不能与静荷载混为一谈。因为地震是一种偶发性很高的事件，差异很大，有些地方几百年也未必发生一次，有些地方几年就发生一次。从设计理念讲，在地震发生时，只要做到建筑物不垮塌即可，因此，核算的许用应力应是构件的屈服应力或断裂应力，验证的标准也是不一样的。

总之，对于意外荷载的防范，是考虑安全系数的另一个重要方面。有时会采取额外的措施加以防护。在大型和重要的建筑结构设计时，往往要注意采用超静定结构而非静定结构，因为超静定结构的好处是有更大的冗余和安全性。前面说的大型货架即是如此，不要出现因为局部的失效导致整体垮塌的情况。

由于意外荷载的基本特征，不同的建筑结构或工程机械所要考虑的意外荷载及大大小是不一样的。要根据具体情况灵活应用，不能千篇一律。

3.1.4　安全系数是对风险的一种评估

安全系数的考虑还要分析风险的大小，以及对风险的承受能力等因素。

从理论上讲，世界上很少有绝对安全的设计，只是概率高低的问题和抗风险能力的大小问题。因为有些缺陷是不可避免的，有些外部条件（如地震、雨雪、腐蚀、撞击等）是未知的。

如核电站，其安全系数就要求很高。不仅要考虑日常的荷载，还要重点考虑和防范地陷、洪水以及地震荷载等。日本“3·11”大地震，出现重大核事故，说明了这一防范的重要性。前面说过，建筑物在地震时考虑不垮塌即可，因为只要不伤害到人身安全即可，但核电站不能只考虑到这些，而应该考虑到最恶劣的情况下，保持整体建筑和设备的完好性，所以其代价相应也就会高很多。

有些情况是要考虑破坏后修复的难度，以及对于生产的影响等因素，如跨海大桥，一旦受到破坏，其修复难度就非常大。因此，在考虑设计时，安全系数就会大一些。又比如大型立体库，尤其是存放贵重物资的大型立体库，其安全系数也相应会大一些。

一项设计往往要考虑很多方面。比如说立体库的基础设计就是如此。很多人不大清楚基础设计中荷载的具体意义，比如不均匀沉陷，平均荷载，以及集中荷载等。实际上，不均匀沉陷主要是对基础变形的一种描述，不仅仅是荷载问题，还有基础本身的变形，有时是不均匀变形的问题，因为立体库货架和堆垛机要维持其正常运行，必须要保持一定的精度。平均荷载描述的是整个基础之上极端情况下的总荷载，它与桩基的设计是密切相关的。有些设计者不明白这一关系，往往会犯比较大大的错误。一般来说，立体库的平均荷载包括设备的自重，以及全部放满货物后的货物荷载。我们知道，对于一个立体库来说，货物的总重量往往与存放的货物有关，差异不小，比如说生产牛奶、啤酒和水的工厂，它的货物每托盘基本是一致的，因此，货物总量基本就是托盘数乘以货位数，尽管货位不一定能够放满。但对于一个流通领域的仓库来说，可能品种数很多，每个托盘的重量呈一个正态分布的状况，这时的总荷载将大打折扣，所以，平均荷载会相应降低。集中荷载描述的是局部荷载，对于基础层板的设计和梁的分布有很大关系，集中荷载应充分考虑到荷载的偶然性和极端性，一般来说应对极端情况予以认真评估。

总之，确定安全系数要考虑的方面是比较多的。安全系数构成主要是考虑三方面的因素，即设计的简化和材料的缺陷因素 $k_1 \geqslant 1$，意外荷载的因素 $k_2 \geqslant 1$，以及重要性因素 $k_3 \geqslant 1$，三者是叠加的，总体安全系数为 $k = k_1 + k_2 + k_3 - 2$。当然，也有其他表述方式，如 $k = k_1 \times k_2 \times k_3$，不同的计算公式，其实对 k_i 的要求也有不同的表述。需要说明的是，每一项系数的确定，应根据具体情况，如果系统简单，k 的值就会低一些，如果系统重要，k 值就会高一些，但就总体而言，结构形式有时会比单纯增加钢材重量更有效果一些。有些企业根据用钢量来计算货架、屋架等钢结构的价格，而不考虑系统的优化和受力的合理性，其实只是单纯用重量来做安全性的评估。这种做法有时不仅无益，而且有害。

3.1.5 安全系数不是设计冗余

要注意一些错误的认知问题，如建筑和结构设计中，人们往往对安全系数的定义和内涵没有准确的理解，认为安全系数就是一种设计冗余，从而得出一些简单的但是非常危险的结论。如超载就是如此。我国汽车超载非常严重，事故频发，与人们对于安全系数的错误认知有关。以为设计 10 吨的车，可以承载 20 吨甚至更多（在静载时的确如此）。他们还乐于从自身或朋友的经验出发来考虑问题，认为侥幸没有出事就可以了。其实已经将自身置于非常危险的境地。比如遇到道路颠簸，路滑制动，桥梁等，就非常危险。一旦发生事故，悔之已晚。

结构的破坏方式，不仅仅是断裂一种。对于塑性材料如钢材来说，达到塑性变形就属于破坏了，有些情况下还是疲劳破坏，有些情况是整体失稳。这不仅要在设计中注意，更要在日常使用中了解其中的机理。经常看到有人抱着试一试的方法来验证结构的承载能力，如起重机，吊车，货车等，殊不知一旦能够看到明显的变形时，其实结构已经破坏了。有时，重大事故在刚刚察觉时，已经不可挽回了。

如前所述，安全系数并非完全是一种设计冗余，而是应对缺陷和偶发事故的一种保护手段。这种缺陷和偶发事故是无法预知的，人们不能因为一次侥幸而误将安全系数理解为一种冗余，而可以随意利用；更不能将安全系数简单理解为可以任意超越的许可。需要解释的是，实际应用中，当荷载超过了设计值，并非一定会立即发生事故，只是表示危险性已经非常高了，事故发生的概率变得高了。

另外，要有科学的工作方法和态度。在实际工作中，经常看到有人对于力学计算不重视或重视不够的现象。这是极其危险的，也是不经济的。当结构的尺寸、材料、荷载等发生改变时，计算和实验验证必不可少。有人曾为此付出了惨痛的代价。

3.2 物流信息化系统与综合布线

现代物流中心已经不是由钢筋水泥等材料构成的普通仓库或建筑物，而是在其内部布满各类通信、自控设备，并由网络串联，具有高度信息化、自动化的并具有一定智能的系统。“智能建筑”的概念在 20 世纪 80 年代最早出现在美国，我国在 2006 年修订出版的国家标准《智能建筑设计标准》（GB/T 50314—2006）将智能建筑定义为“以建筑物为平台，兼备信息设施系统、信息化应用系统、建筑设备管理系统、公共安全系统等，集结构、系统、服务、管理及其优化组合为一体，向人们提供平安、高效、便捷、节能、环保、健康的建筑环境”。

综合布线工作是实现“智能建筑”重要的施工环节之一。在物流中心的建设中，综合布线工作具体包括哪些内容？建设中该当注重哪些事项？就这些问题，以下做一些专门的讨论。

3.2.1 物流中心信息化与综合布线具体包括哪些工作？

综合布线系统的一般定义是：将所有语音、数据等系统进行统一的规划设计的结构化布线系统，为办公提供信息化、智能化的物资介质，支持语音、数据、图文、多媒体等综合应用。

物流中心的信息系统分为两个部分：软件和硬件。此中，软件包括数据库系统、操作系统、应用软件系统（如 ERP、WMS、SCM、WCS、TMS 等）以及其他计算机程序；硬件指支撑软件作业的载体与环境，包括服务器、交换机、路由器、计算机、打印机、网络布线、网络设备、现场总线等。

物流中心的综合布线是物流信息化建设的重要组成部分，其内容与办公楼宇的综合布线相似，但也有其特殊之处，主要包括语音、数据、监控等方面。此外，自动控制设备的总线也是综合布线的重要内容，这是物流中心有别于办公楼的特殊之处。

3.2.2 物流中心信息化与综合布线的演变历史

现代物流中心的信息化建设走过了几个阶段，大致可以分为单机作业阶段、联机作业阶段、联网作业阶段、大规模智能网络阶段等。布线工作的演变过程也基本与此相适应。

单机作业阶段为 1973—1985 年，主要表现为立体库堆垛机的单机作业，自动化程度比较低，计算机应用处于初级阶段。此阶段对综合布线工作几乎没有特别要求。

1986—1995 年是联机作业阶段，随着微机的普遍应用，自动化设备与计算机的联机作业有了可能。此时的物流中心仍旧以立体库为主，作业相对简单，可以通过计算机下达指令完成出入库作业。但计算机以单机为主，信息系统也比较简单、孤立。布线工作相对简单，主要是自动控制系统与计算机的直接连接，远程作业和控制非常少见。

1996—2000 年，联网作业成为主要作业方式。这主要得益于计算机技术、数据库技术和通信技术的快速发展。计算机管理，尤其是基于企业信息化的集成化管理系统得到快速发展，以往的信息孤岛现象逐渐减少，物流信息系统成为企业信息系统的一个重要组成部分，不仅企业内部可以共享信息，而且由于互联网的快速发展，企业间的信息也可以实现共享。此时的网络布线已经非常复杂，“网络”成为主导地位。各类信息，包括计算机系统、监控信息、语音信息等衔接成一体，综合布线也成为一项专业和复杂的工作。

2001 年至今是大规模智能网络阶段，随着信息技术的快速发展，物流系统已经脱离了传统的模式，即从以立体库为中心的模式转向以拣选配送为主要特色的物流中心模式。物流中心的规模迅速膨胀，作业流程更趋于复杂，作业更加精确，基于网络的协同作业尤为突出，无线网络成为重要的网络形式，立体库、输送系统、分拣系统等现代物流设备既互相协作又互相制约。物流中心逐步体现出大型化和智能化的特点。此外，物联网技术应用慢慢提上日程。

3.2.3 物流中心信息化对综合布线有哪些特殊要求?

如前所述，“综合布线”曾经成为物流中心的重要组成部分。物流中心的综合布线，与楼宇布线是基本相似的，但着重点不同，数据网络和无线网络是其重点。大型物流中心的网络数据点散布很不平衡，一般按作业区域划分，如收货作业区、储存区、拣选区、包装区、退货区、集货区等。由于有些数据点要求与设备布置相匹配，所以二次布线的情况非常普遍。

与楼宇自动化不同的是，物流中心的综合布线更为复杂和专业。主要表现在：

大型物流中心有时达 10 万平方米，分布在其中的作业点多达数千个，与之相应的数据点表现出很强的个性，如坐标位置、方向等。

物流中心的设计不仅地面要求通畅以利于作业，空间的限制也非常严格，多种电线电缆横贯其中，对综合布线带来很大困难。而且一般情况下，综合布线与设备安装同时进行，综合布线前要非常清楚物流工艺的要求，要清楚建成后的空间效果。

无线网络已成为物流中心的必备基础，但由于受到货架等设备的屏蔽，很容易出现死角，但在布线时往往难以预测到，这是其难点之一。

此外，物流中心的布线由于有设备（货架、输送机、堆垛机、消防、空调、照明等）的限制，往往现实路线比设计的要长许多，安装难度要大许多，所以费用通常也比较高。

3.2.4 物流中心综合布线如何部署，有什么标准?

对大型物流中心而言，其网络布线设计一般应由专业的集成商完成，并重点参考物流系统的规划方案。需要指出的是，网络布线既不能与建筑混为一谈，也不能与物流系统集成合二为一，它是一个专门的专业领域，需要专业的团队去执行。

网络布线的设备主要有电缆、桥架、交换机等，这类设备均有严格的国家标准。物流系统信息量比较大，在选主干网络时，采用千兆以太网是非常必要的。规模小的系统也可以选择 100M 以太网，但要根据系统的要求来决定。此外，由于物流中心对于信息的稳定性要求很高，所以在选择网络布线产品时，一般应选取信誉比较好的品牌。

网络布线的验收标准一般以实际测试为主。设备的质量非常重要，但安装质量更是不能忽视的方面，因此，选择专业的安装队是非常必要的。网络布线的测试要逐一进行，目前均有专业的工具。值得指出的是：有关网络布线的国家标准非常多，但执行起来并不容易。

3.2.5 物流中心信息化与综合布线的发展趋势

物流技术与系统的发展趋势，总体来说应朝着集成化和智能化方向发展，这一趋势已经非常明显。集成化与智能化均依赖信息系统，因此，未来的物流系统，其发展的重点在于信息化的发展，包括人工智能、大数据、云计算、自动识别、网络，尤其是无线网络等已经熟知的技术。物流系统从一定程度来说是自动化系统与计算机系统的集成。

集成化表现在不同信息系统的集成，如基于供应链管理系统 SCM 的集成，即要求将上下游企业的信息系统集成。在企业内部，ERP、OA、WMS、TMS 等信息系统集成已经初具规模，但集成度还远远不够。

智能化则主要反映在信息化下系统的智能化。无论是 AI，还是各种智能产品，其对信息的依赖将越来越紧密。

应该说，共享信息只是集成化的初步目标，智能化才是信息系统发展的主要方向，且可能是终极目标。智能化所要求的大规模数据传输技术就是当前面临的技术难题，而且随着物联网的应用，这一要求还将快速提升。因此，网络带宽将是未来的主要技术难点。

（注：本文发表于 2013 年 5 月《物流技术与应用》杂志，有部分修改）

3.3 物流中心设计的消防问题

3.3.1 设计规范

在我国，物流中心（也称为仓库或厂房）的消防设计，具有强制性的规定。为此，中华人民共和国住房和城乡建设部发布了《建筑设计防火规范》，供全社会参照执行。

《建筑设计防火规范》经过多年的发展，对于厂房和仓库的设计更加重视，规范也在根据实际应用需求与时俱进，不断完善。目前执行的规范版本是 GB 50016—2014，2015 年 1 月 1 日开始实施。

为了适应大型物流中心的建设需求，2006 年上海市出台了《上海市大型物流仓库消防设计若干规定》，对当时的《建筑设计防火规范》进行了修正。

2016 年，中国首次颁布《物流建筑设计规范》GB 51157—2016，2016 年 12 月 1 日开始执行。这是对物流中心建筑专门制定的第一个国家规范文件，该规范与《建筑设计防火规范》GB 50016—2014 并行不悖，并有针对性地进行了补充。以下为了叙述简化，均略去版本号。

我国对物流建筑消防安全设计所持的基本原则是：预防为主，防消结合。《建筑设计防火规范》重点对厂房和仓库（第 3 章），液体、气体储罐和可燃材料堆场（第 4 章）的设计进行了规范，对建筑构造，灭火救援措施，消防设施的设置，供暖、通风和空气调节，电气等设计进行规范。本规范将物流建筑分为两大类，即高层建筑和单、多层建筑，其中高层建筑即高度大于 24 米的多层建筑。

从现有物流建筑应用上看，绝大部分属于单、多层建筑，极少部分属于二类高层建筑。所谓单、多层物流建筑是指：单层建筑（高度不限制）；高度不大于 24 米的多层建筑。

《物流建筑设计规范》首次对物流建筑分类（即作业型、存储型和综合型）给出了明确定义，其中（参见 3.0.1 条）：

1. 作业型物流建筑应同时满足下列条件

（1）建筑内存储区的面积与该建筑的物流生产面积之比不大于 15%。

（2）建筑内存储区的容积与该建筑的物流生产区容积之比不大于 15%。

（3）货物在建筑内的平均滞留时间不大于 72h。

（4）建筑内存储区的占地面积总和不大于现行国家标准《建筑设计防火规范》GB 50016 规定的每座仓库的最大允许占地面积。

2. 存储型物流建筑应满足下列条件之一

（1）建筑内存储区的面积与该建筑的物流生产面积之比大于 65%。

（2）建筑内存储区的容积与该建筑的物流生产区容积之比大于 65%。

3. 除作业型物流建筑、存储型物流建筑之外的物流建筑应为综合型物流建筑

此外，《物流建筑设计规范》明确规定（3.0.3 条）：存储型物流建筑应按库房建筑要求设计；作业型与综合型物流建筑应按厂房建筑要求设计，且其存储区应按库房建筑要求设计。特殊物流建筑与危险品物流建筑还应执行相应的专用设计标准。规范还对物流建筑的存储区、作业区的划分做出明确规定（3.0.4 条）：

1. 存储区应满足下列条件之一

（1）物品平均堆放高度大于 1m、面积利用系数大于 0.4 且物品平均滞留时间大于 24h 的堆存区域。

（2）物品存放高度不大于 2m 且物品平均滞留时间大于 24h 的货架区。

（3）物品存放高度大于 2m 的货架区。

（4）物品平均滞留时间大于 72h 的区域。

2. **作业区应同时满足下列条件**

（1）用于对物品进行物流作业的区域。

（2）不属于本条第1款的区域。

（3）物品在该区域的最长滞留时间不大于72h。

3.3.2 作为选址的安全性

《物流建筑设计规范》对选址的安全做出强制性规定（6.1.5条）：

安全等级为一级、二级的物流建筑用地不应选址在下列地段及地区：

（1）发震断裂带和抗震设防烈度为9度及高于9度的地区。

（2）有泥石流、滑坡、流沙、溶洞等直接危害的地段。

（3）具有开采价值的矿藏区以及采矿沉陷（错动）区界内。

（4）易受洪水淹没或防洪工程量很大的地段。

这一规定具有一定的指导意义。

抗震设防烈度在我国的分布，不低于9度的地区不多，包括：

台湾：台中、苗栗、云林、嘉义、花莲。

新疆：乌恰、塔什库尔干。

甘肃：古浪。

西藏：当雄、墨脱。

云南：寻甸、东川、澜沧。

四川：康定、西昌、冕宁。

除此之外，2008年由于汶川地震，远在宝鸡的仓库都受到了重击，需要引起重视。

3.3.3 作为贴邻建筑的安全性

《物流建筑设计规范》对与物流中心贴邻的办公建筑的安全做出强制性规定（15.3.11条）：

为物流建筑服务的办公建筑与丙类物流建筑贴邻建造时，其耐火等级不应低于二级，并应采用耐火极限不低于2.0h的不燃烧体墙与物流建筑分隔，并应设置独立的安全出口。当隔墙上需开设相互连通的门时，应采用乙级防火门。

这一规定在实际中非常重要。物流中心的办公建筑一般都会有贴临建筑，以便于物流管理。

3.3.4 关于建筑面积的规定

《物流建筑设计规范》对厂房和仓库的面积、层数均做出强制性规定。以丙二类仓库为例，当耐火等级为一、二级时，仓库层数不限。单层仓库每座仓库最大允许6000m^2，防火分区最大为1500m^2，多层仓库每座限制4800m^2，防火分区最大为1200m^2，当采用自动灭火系统时，其面积可以增加1.0倍。

作为丙类二级耐火等级的单层厂房，每个防火分区的面积为8000m^2，多层厂房为4000m^2，当采用自动灭火系统时，其面积可以增加1.0倍。

该规范对于分拣区的规定（15.3.1条）如表3－1所示。

表3－1　布置密集自动分拣系统设备的区域的最大允许防火分区建筑面积

建筑类型	耐火等级	每个防火分区最大建筑面积（m^2）
单层	一级	不限
	二级	16000
多层	一级	12000
	二级	8000

注：当建筑设自动灭火系统时，最大允许防火分区面积可以按本表增加1.0倍。

这一改进大大方便了大型配送中心分拣区域的设计，也大大节约了成本。

规范对于作为作业型和综合型的物流中心，其总体面积并无限制，但在实施过程中，逃生距离有严格的限制（参见3.3.8安全疏散）。

3.3.5　关于作业平台

阁楼货架广泛应用于电子商务物流中心和其他物流中心，在规范中并没有对此做出特别限制；但对作业平台做出了规定，这是值得注意的（参见《物流建筑设计规范》15.2.2条）。

用于物流作业或货物存储的平台，其耐火等级不应低于二级。

关于构件的耐火极限，应符合如表3－2的要求（详表参见《建筑设计防火规范》表3.2.1）。

表3－2　不同耐火等级厂房和仓库建筑构件的耐火极限　单位：h

构件名称	耐火等级		备注
	一级	二级	
柱	3.0	2.5	指承重柱
梁	2.0	1.5	指承重梁
楼板	1.5	1.0	指承重楼板

《物流建筑设计规范》15.3.6条规定：用于物流作业及货物存储的平台、建筑夹层应计入防火分区面积。当建筑夹层面积小于多、高层厂房或仓库防火分区面积的30%时，可不计入建筑层数；当超过多、高层厂房或仓库防火分区面积的30%时，应

在单层与多、高层之间划分不同的防火分区，且仓库的占地面积不应超过一座仓库的最大允许占地面积。

检修平台，无人作业的设备平台不计入防火分区面积及建筑层数。

3.3.6 库架合一式仓库

库架合一式仓库是一种非常独特的仓库形式，它采用仓库的货架作为建筑的支撑，大大节约了空间和成本，缩短了工期。因此，广受市场欢迎，尤其在欧洲和东南亚地区。

库架合一仓库都是针对 AS/RS 而言的，其他仓库并不能采用库架合一的形式。因此，先前的消防规范并没有涉及这一仓库形式。因为无法定义货架到底是属于建筑还是属于设备，因此存在很大争议。库架合一式仓库的消防问题，到目前为止还没有一个合理的解决方案，这为库架合一式仓库的设计和应用造成了限制。

在实际设计应用中，库架合一式仓库很难设计防火分区，这也在一定程度上限制了仓库的规模。一般情况下，作为建筑支撑的立柱仍然要考虑表面防护问题，如刷防护涂料等。

3.3.7 不规范的情形

有一些特殊的情况是不规范的，这在实际应用中并不少见。尤其是在大型配送中心越来越多的情况下，尽管设计规范一再放宽，但仍然有超出规范限制的情况发生。

为了使规范具有严肃性，一般要求采用防火隔离带，并进行性能化分析和消防论证。如高等教育出版社的物流中心，就采用了在库内设计逃生通道方式，并进行了防火性能化分析。

3.3.8 安全疏散

关于疏散距离的要求，《建筑设计防火规范》3.7.4 条规定丙 2 类厂房最大疏散距离：单层厂房为 80 米，多层厂房为 60 米，地下或半地下室为 30 米。

《物流建筑设计规范》对此进行了补充与修正，考虑到自动化物流中心人员数量较少（每百平方米少于 1 人），作业模式有别于工厂车间，且均为内部员工，容易培训，疏散速度快等因素，因此，丙 2 类作业型物流建筑层高超过 6m，在设有自动喷淋系统的前提下，疏散距离可以在原设计规范上提高 25%，分别为 100 米、75 米和 37.5 米（参见 15.4.1 条）。

《物流建筑设计规范》对于疏散距离的修正，充分体现了规范制定者实事求是，科学务实的精神，大大扩充了物流系统设计的边界。

3.3.9 关于冷库的设计

冷库设计有专门的消防规范，目前执行的是国家标准《冷库设计规范》GB 50072—2010，于2010年7月1日施行。这一规范与《建筑设计防火规范》还是有很大差异的。如对于一、二级耐火等级的单、多层建筑，规定冷藏间占地不超过7000m^2，防火分区不超过3500m^2。在冷库实际设计应用中，可以按照实际情况采用更合适的规范，但还是以冷库的规范为主。估计未来标准修订时两者会统一。

有些冷库温度很低，不适合采用自动喷淋系统，其消防系统设计应与常温库有很大差异，这是需要注意的地方。但温度高于0℃的冷库应设置自动灭火系统。

目前，自动化冷库市场需求渐多，规模越来越大，自动化冷库的消防设计将成为重点内容。

3.3.10 关于老库改造

越来越多的仓库需要改造，这就带来一个问题，其消防系统是否需要重新报批？

关于这个问题的回答，主要是看仓库的改造是否涉及防火分区的改变，原则上如果改动了原来的防火分区，或改变了原来意义下的消防设计，则应重新报批。

因为不同时期的消防法规对于设计的限制是不一样的，所以，改造后的老仓库面临按照什么规范申报的问题，这也是许多用户实际中遇到的问题。对此，一般的做法是在没有根本改动的情况下，可以按照老规范申报，否则，将要求按照新的规范申报。

不要以为新规范条件一定宽松，其实不然。新规范与老规范相比较，的确在建筑面积、防火分区等方面有很大的放开，但同时也对一些其他指标执行了更严格的标准。比如消防栓的水量就是一个非常关键的指标，新规范比老规范规定的水量要多很多，并由此带来一系列问题，如消防水池的容量等。对于一个老仓库而言，增加水池容量是很难做到的一件事。

3.3.11 结束语

物流中心的消防安全设计是物流中心设计的重要内容。越来越多的大型物流中心均在消防安全设计方面出现问题，或耽误时间，或增加费用，或违反规范。事实上，如何合理应用有关规范，使设计符合规范要求是非常重要的。

由于消防规范本身在不断修订，导致各地消防主管部门和建筑设计院对规范的理解并不一致，因此，在设计中往往要做好深入细致的说服工作，这也是消防设计的一个特点。

消防设计中，要明确适用的法规条文，切勿张冠李戴。因此，仔细领会规范条文的含义和适用范围对每一个设计者都非常重要。

（注：本篇多处引用《建筑设计防火规范》GB 50016—2014，以及《物流建筑设计规范》GB 51157—2016 内容，特此说明。）

3.4 并行拣选与串行拣选

3.4.1 并行拣选和串行拣选

所谓并行拣选，就是在物流系统中，对于同一个订单来说，拣选操作在多个拣选区同时进行。图 3 - 1 形象地表现了并行拣选的情况。

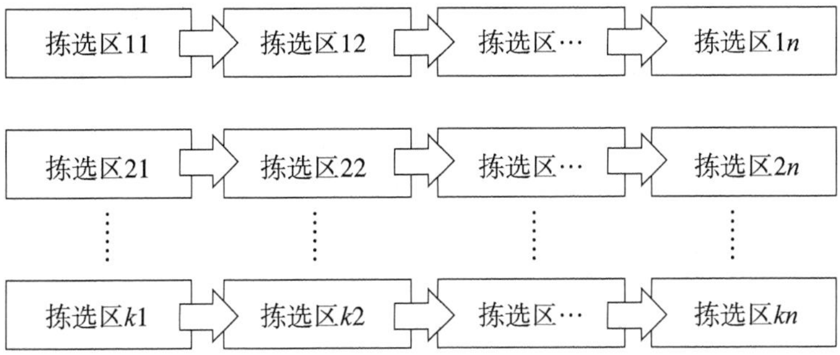

图 3 - 1 并行拣选示意

而对串行拣选来说，拣选是从一个统一的点发起的，依次完成所有拣选任务，如图 3 - 2 所示。

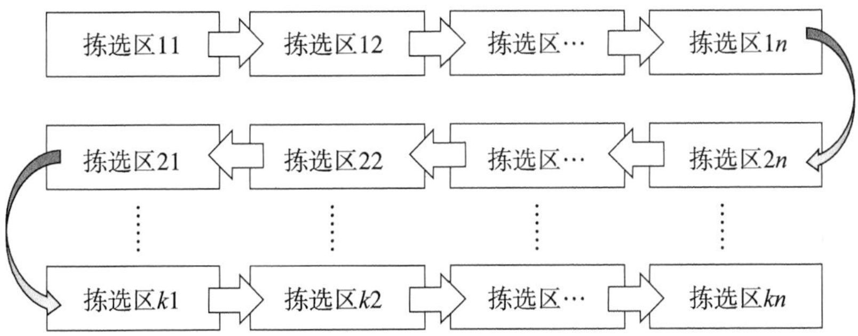

图 3 - 2 串行拣选示意

并行拣选和串行拣选各有优缺点，也各有其应用场合。在过去看到的一些失败案例中，设计者往往因为选择不得要领，出现对两者的误用。本文就这两种拣选方式进行深入分析，期望对同行有所帮助。本文论述的情形，主要是指拆零拣选，整件拣选不在讨论范围。

3.4.2 并行拣选的优势和劣势

客观来说，并行拣选具有很多的优势。

①各区域同时拣选，可以减少一个订单总拣选时间（含人行走时间）和周转箱输送时间，这是比较容易理解的。

假设订单拣选行数为 n，每个订单行拣选时间为 t_i（$i=1$，2，…，n），则整个订单的拣选时间为 T：

$$T = \sum_{i=1}^{n} t_i$$

并行拣选时，由于多个区域同时拣选，则拣选时间取决于最大的拣选区域的拣选时间。理论上的极限是最大的一个订单行的拣选时间。

周转箱的输送时间则可以是周转箱从发起点到结束点输送时间之和。对于一个并行拣选系统而言，除拣选可以并行从而缩短拣选时间长度外，输送路径长短也是关键因素之一。假设输送路线最长的为 L，输送机速度为 v，抛开等待因素不考虑，总的输送时间为 Ts：

$$Ts = L/v$$

对于一个设计为串行的输送路线，尽管拣选是并行的，但总的输送时间也会显得很长。因此，采用并行输送系统也是非常重要的。

②可以减少人员等待时间。可以设想一下，当一个波次启动时，拣选总是从发起点开始的。那么处于发起点的区域将最先获得拣选任务，而后续的区域则处于等待状态。如果采用并行拣选，则可以改变这一现象，使每个区域同时获得拣选任务。这样从总体上减少了人员初始等待的时间，当然可以节约不少时间。

③并行输送系统还有一大好处是可以简化设计路线。尤其对于多楼层的系统，采用串行输送，其路线设计会比较复杂，若采用并行输送，则路线相对简单。

并行与串行输送路线的示意如图 3－3、图 3－4 所示。

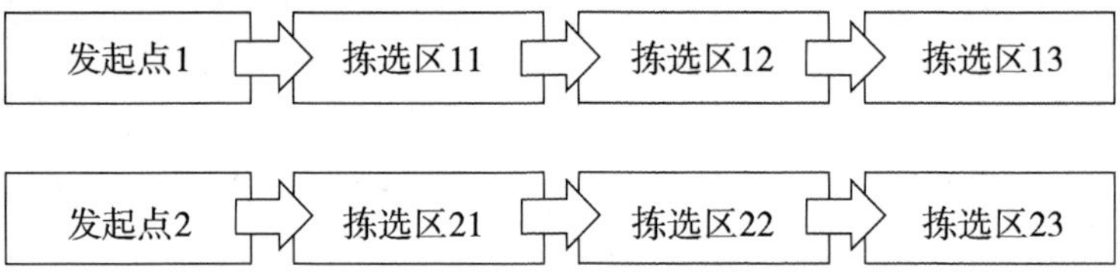

图 3－3　并行输送路线

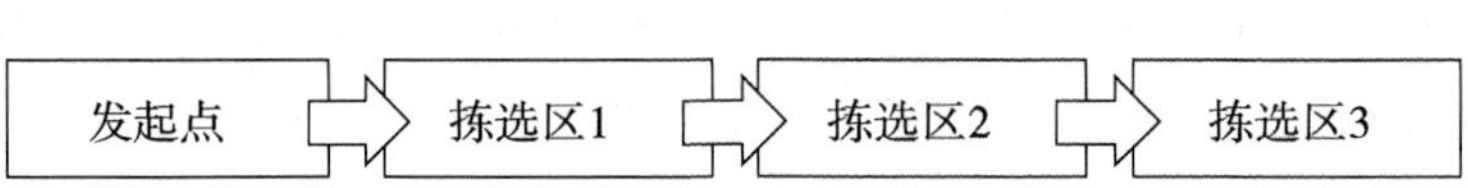

图 3－4　串行输送路线

在串行输送系统中，发起点一般为 1 个，多个拣选点同时拣选；在并行输送系统中，拣选发起点有多个，每一条输送线上的拣选区一般采用串行拣选。

当然，并行拣选也有其缺点，有些缺点还是致命的。

①增加拣选环节，降低整体拣选效率。

一次拣选可以分解为注册、拣选、行走等几个环节。如果并行拣选，则还要增加一次注册和掏箱的操作，并行拣选的环节越多，花费的时间就越多，将会增加操作人员的负担。

②次序难以控制，有时造成效率的大幅度下降。

并行拣选方案多种多样，有些并行拣选方案在每个拣选区域设计一个临时存储区，用于存储拣选的订单行。由于空间限制不可能设计太多的临时存储货位，且每个货位的尺寸又不能过大，这就导致每个波次的订单数量受到限制。过多的订单，由于没有足够的临时储存货位，会导致线路拥堵，且无法缓解，更有甚者，有些设计者采用环形输送线方案，期望疏通拥堵，结果适得其反。究其原因，主要是对于一个订单来说，每个区域的拣选时间是不可控的。前面几个订单通常都还顺利，越到后来就越乱。这是并行拣选最受诟病的原因之一。因此，选择合适的并行拣选方案，是非常重要的。

③增加并箱环节，系统费用增加。

一方面，为了减少错误，一些设计者在临时存储区域设计电子标签，期望提高并箱的准确性和效率。但另一方面，就是增加了成本。临时存储区的设立，也占用了空间，造成浪费。

有些方案采用集中并箱操作，避免了并行拣选作业的很多问题，但同样会增加岗位和成本。同时，线体压力会大大增加，也是值得考虑的问题之一。

并行拣选的应用场合：大型物流中心，尤其是拣选路线很长的情形，适用于并行拣选。有些物流中心，拣选区域有多个楼层，有的虽然只有一个楼层，但拣选区域太大，线体过长，通常采用并行拣选会有比较好的效果。如京东亚洲一号广州小件库，拣选区 4 个楼层，每个楼层达 25000 平方米，采用并行拣选，大大缩短了订单拣选时间，取得了很好的效果。其次，对于拣选路线很长的情形，采用并行拣选，会有利于减少运输时间，并简化设计路线。

3.4.3 串行拣选的优势和劣势

相比于并行拣选，串行拣选采用的机会更多，在实际中也发挥了更大的作用。以下是串行拣选的优点。

①系统简单，总体的拣选效率高。串行拣选一般采用的是接力拣选方式。这种的方式符合人的思维，拣选过程简单，通常是事先计算装箱量，虽然可以分区发起以缩短输送路线，但大部分均采用统一发起的方式。

串行拣选没有多余的动作，拣选效率自然高，但对于一个具体订单来说，拣选时间会比较长。

②串行拣选的另一优点是系统可靠性高。理论上讲，操作越简单的系统，则可靠

性越高。

串行拣选的劣势如下。

①串行拣选的最大问题是订单拣选时间长。一个波次的完成往往取决于最长拣选路线的订单，这样往往会延迟波次按时完成，从而降低整个系统的效率。订单的复杂程度是不一样的，越复杂的订单，拣选时间就越长。如果不采取措施的话，会使得一个波次由于个别订单的原因，拣选时间变得很长，大大降低了系统的处理能力。尤其对于对电子商务业务影响会很大。

②串行拣选会使得大型的物流中心设计变得相对复杂，这种复杂势必影响道路的通畅，还会对补货造成影响。

串行拣选的应用场合：串行拣选适合比较小的物流中心，比如拣选面积小于3000平方米的单层物流中心，或输送线长度小于300米的情形（输送行程约10~12分钟）。

有些场合，楼层很多，但面积很小，也是可以采用串行拣选的。主要看输送线的长度，如果输送线长度超过500米，就不适宜采用串行拣选。

3.4.4 实际应用的注意事项

关于串行拣选和并行拣选的使用范围，有很多情况需要考虑，设计者要根据实际情况灵活掌握，并非靠一两个指标来确定。有时，必要的数据分析也是很重要的判断依据。

值得推荐的解决方案是：对于很多大型物流中心，尤其是拆零拣选区比较大的物流中心，往往是并行拣选和串行拣选混合应用，这样既可以解决复杂订单拣选时间过长的问题，也照顾了拣选效率。一个方案的好坏，要综合考虑，切勿走极端。

在实际应用案例中，有一些成功的案例可供参考，其中尤其以物美华北物流中心和京东亚洲一号广州小件库最为典型。

物美华北物流中心建成于2010年1月。在设计拆零拣选系统时，根据当时每个订单均非常大的情况下，项目组提出每个楼层并行拣选的策略，并采用周转箱配送。在评估了配送效率和费用结果后，决定每个楼层的尾箱不再并箱，这样虽然增加了一些周转箱，但实际上系统的大大简化带来的效益已经完全弥补了这一不足。

京东亚洲一号广州小件库项目2015年6月上线，在很长时间里一直是业内学习的典范。在设计拆零拣选方案时，创造性地提出了末端（播种和包装前）并箱的设计方案。通过精确测算，在一个楼层内采用串行拣选，楼层间采用并行拣选，最大的订单数被定义为50个，大大加快了拣选的速度。该中心单日处理能力曾达到62万单，并行拆零系统成功经受了考验。

一个拣选区既非越大越好，也非越小越好，适当的规模对于提升拣选效率会有帮助。这一点，很多设计人员不是很清楚，从而也出了很多问题。至于具体多大是比较好的尺度，对于不同项目是不一样的，需要量身定做。评价的标准不外乎总体效率、总体响应时间，以及人员行走的总路径等。

3.5 补货作业的时机与策略

相对于传统物流仓储作业，现代物流仓储作业除了实施计算机管理和货位管理，实施自动化作业外，还有两个显著的特点：其一是将拣选作业区与库存区分开，其二是将整件拣选作业区与拆零拣选作业区分开。

这样做的优势很明显。存储作业方面，可以通过自动化立体库、密集存储等多种技术，大幅度提升仓储效率和作业效率，减少人工作业量，并减轻人工作业的强度；拣选作业方面，可以大幅度减少作业场地面积，从而缩短作业路径，进而提升作业效率。更重要的一点是，相应的物流设备也会大大减少，系统总体投资会得到有效控制。有时还会有一些意外的收获，如在冷链系统中，储存区的温度往往很低，有的会达到零下35℃甚至更低，这是不适合人工作业的环境。因此，将拣选作业区与储存区分离，储存区采用全自动化作业，没有人工参与，避开了恶劣作业环境的限制，拣选作业区域温度可以适当提升，达到5℃左右，由此可以大大改善人工作业区的环境。

当然，现代物流的作业理念对习惯于传统作业的人员来说有很多困惑，比如补货就是一个很令人困惑的问题。此外还有诸如拆零与整件的并包问题、拆零货物的组箱策略问题等。在设计中，往往要花费很大的精力去解决这些问题，尤其要说服用户接受新的作业方式，有时会非常困难。因为与存拣合一的作业方式相比，补货成为额外的工作，似乎会增加人力和成本，所以接受程度就会降低。有时，由于设计和管理问题，补货成为影响正常作业的重要因素，更加剧了这种对立。

下面就来谈一谈补货问题。这些问题包括：何时补货，一次补多少，怎么补？

3.5.1 补货的时机

补货，简单来说，就是为满足拣选要求，将货物从存储区补充到拣选作业区。具体可分为到整件拣选区的补货和到拆零拣选区的补货两大类。补货作业是物流中心最重要的作业之一。

到整件拣选区的补货，一般是以托盘为单位进行的，这样拣选区就只要保存有限的库存就可以了（每个 SKU 一般不大于 1 托盘）。这里有一些例外情形，如有些情况下，补货超过 1 托盘时，很少采用补货方式完成拣选，而是直接从储存区出库，效率会更高。

到拆零拣选区的补货。一般情况下，是以箱为单位进行的。一次从储存区补货若干箱到拆零拣选区，以满足拣选的需要。由于每个 SKU 补货量是有限的，所以拆零区的面积就得到有效控制。不是每次补货都从储存区到拣选区，有时也从整件拣选区补货，这样会更加简单快捷。

关于补货时机问题，要根据每一个项目具体情况进行决策，并非千篇一律。但有一点是非常明确的，即补货要在拣选之前完成。

在设计阶段，关于补货时机的要求一般比较概念化。但在实际运作阶段，这一问题则变得比较突出。因为补货可能会占用比较长的时间，进而会对整体的作业效率产生影响。为了消除这种影响，很多大型物流中心都是按照波次作业。在实际操作时，一般会提前规划波次，并进行库存检查，提前完成补货作业，待真正生成波次时，已经不存在补货需求，这是一个理想的结果。

有时会采用“闲时补货”的策略，这种策略听起来有一定道理，但操作起来还是要十分注意的。由于补货的目的并不明确，会大大增加无效补货作业量。为了弥补这一缺陷，往往需要对部分品规设定库存下限，只有低于下限的品规才能获得补货的机会。

3.5.2 补货策略

补货策略主要是关于补货数量的策略，这在设计中经常是考虑的重点。其遵循的基本原则包括以下几点。

（1）按照上限补货。

所谓补货上限，包括两种情况：其一是补货位的储存上限，即一次补货的最低数量应使拣选位达到上限。对整件拣选区来说，其上限可能是 1 托盘或 2 托盘，而对拆零区来说，可能是 1 箱或几箱；其二是补货要满足本波次的需求。在计算补货量时，往往会出现一些意外情况，如补货量使拣选位超出上限（物理的和逻辑的），这时，补货肯定至少要满足本波次的要求。但带来的是如何解决存储的问题，这是设计人员要考虑的重要问题之一。

（2）按照整件补货。

补货不建议拆箱，许多情况下也不能拆箱，而是应以整件为基本补货单位。这一原则也是为了减少不必要的操作而设置的。

一般情况下，存储区不储存零箱货物，这一策略是与补货策略一致的。

有一个例外是，在收货或退货再入库时，会存在不足一整箱的情形。这在软件设计中是应该注意的。

（3）补货中的批次问题。

很多情况下，拣选会有批次的问题。如医药物流中心，批次控制非常严格，这对于拆零拣选区的设计带来挑战。事实上，一般不会给每一个批次准备拣选位，尤其不能为其准备拆零拣选位，否则就会使拣选位变得不可控，进而使设计变得非常困难，因为无法预测未来的批次将会发展到多少。因此，在设计中，应约定拆零部分的货物与整件部分的货物不是同一批号，这一点非常重要。

物流中心对于批号的处理应遵从先入先出、整零分开的基本原则。但在很多情况下，企业的销售部门会比较关注批号问题，甚至会出现指定批号出库的现象，其实这是非常麻烦的一件事，应尽量避免。当然，在一个订单中尽量减少批号的种类是必要的。

3.5.3 ABC 分类与补货位设计

在设计阶段，如何补货往往是争议比较大的问题之一。很多用户在使用之后才发现补货设计的重要性，但为时已晚。

其实，补货设计的目标只有一个，就是尽可能减少补货次数。按照这一目标，其实只要将拣货区做得足够大就可。但这样的结果就会回到“存拣合一、整零不分”的传统设计理念上去，与现代物流的设计理念是矛盾的。因此，设计的要求就会变成：在一定空间内，尽量减少补货次数。

对货物进行 ABC 分类是必要的。无论是整件拣选还是拆零拣选，在一个系统中，总会 ABC 的问题。有些货物拣选量会大一些，拣选会频繁一些，有些则相反。这就要求在设计拣选位时，一定不能一视同仁，而是要根据 ABC 分类设计不同大小的货位，采用不同的技术。

在仓库内的输送单元分为“件”和“托盘”两种，从存储区到拣选区的补货，也是按照这两种单元进行输送的。对于“件”的补货，一次可以补充 1 到多件，但对于托盘的补货，补货量 1 托盘是足够的，因为再大的补货量就应采取其他的出库方式。

寻求拣选区的储存量与补货次数的平衡是设计的基本点。一般来说，对拣选区设计有以下基本策略：

（1）整件拣选区每个 SKU 最多设计 1 ~ 2 个托盘位，每次补货 1 托盘。

（2）拆零拣选区货位大小按照 ABC 分类设计，如 A 类货物储存 3 ~ 5 天，B 类货物 5 ~ 8 天，C 类货物 10 ~ 15 天等，这样能使补货次数得到有效控制。

由于现场条件的限制，以上策略并不是每个项目都会完全适用，但在设计时应尽量满足为宜。当然，例外的情况也会很多，如对超 A 类产品，无论是整件拣选还是拆零拣选，往往会出现一天补货多次的情形，这并不影响作业效率。

对整件拣选而言，因补货以托盘为单位，所以当 SKU 非常大时，会要求拣选区变得特别大，但这是不现实的。这时，应考虑部分品种（主要是 B、C 类品种）在 AS/RS 进行在线拣选，可以大幅度减小拣选区的规模。有时，也可以考虑采用搁板货架储存 C 类品种的做法，具体如何做，应根据实际情况进行设计。

对于有 AS/RS 的系统来说，一定要考虑整托盘的出库问题。在一个波次中，如果某品种的整件拣选量超过 1 托盘，则不要补货，而是直接从 AS/RS 中出库，这种作业模式是非常有效的。

3.5.4 关于前置仓的概念

其实除了仓库内补货作业，人们往往更关注另一个话题，即采购补货。

采购补货要考虑的问题很多，如生产时间、运输时间等。有时，基于竞争的需要还会囤货，又是另一种情况。

总体来说，无论是生产技术、生产能力还是运输能力，如今都已经发生根本改变。电商的进步，一方面使我们意识到生产的难度降低，产品的极大丰富，应有尽有；另一方面配送速度已经达到了前所未有的快捷，朝发夕至已经成为常态。因此，关于采购补货的策略，应该有所调整。更加合理的预测，对于保障生产、减少库存都有很大好处。

举例来说，在医药配送领域，平均30天左右的库存是目前业内的常态，进一步的提升是否可行，考验着每一个企业的智慧和决心，如果仅从物流的技术层面看，应该有较大的提升空间。又比如在图书出版行业，在过去的铅字印刷技术背景下，排版是一件相当耗时的工作，因此，每次印刷量就不能太少，否则成本很高，由此带来的浪费也就很大。但自从采用激光照排技术以后，版面的修改不仅时间很短，成本也大大降低，因此，降低每次的印刷量就成为可能。未来，我们会看到完全的定制化印刷、远程印刷、基于AI的自动印刷，甚至是无纸印刷的可能，即使只是印一本书，也能做到成本很低，速度很快。

最近几年，“前置仓”概念被炒作得很热。其实，前置仓对于物流而言，并非一个新的概念，而是已经在反复实施的一种策略，可以说毫无新意可言。近些年，物流行业涌入了很多的新人，由于对物流发展的历史缺乏全面了解，所以对某些物流技术感到很新奇，并以“黑科技”之名炒作。如AS/RS、Miniload、KIVA（AGV）、RF & RFID，等。“前置仓”的概念在20~30年前就已经被提出，很多企业也一直是这么做的。比如，在零售领域，可以根据对销售的预测提前铺货就是一种典型的前置仓概念的应用，前店后仓更是一种传统做法，这一策略对于很多面向全国市场的企业是非常有效的。有些产品，其受欢迎程度是分地域的，准确预测并提前布局就非常重要。

虽然如此，我们也没有必要故步自封。技术在不断发展，即使是古老的技术和概念，其内涵和作用也已经发生了根本改变。针对新时期提出的问题，用合适的方法去解决，以提升效率和降低成本为基本目标，本身就是一种积极的态度。如今的“前置仓”基于大数据的分析和科学的预测，对未来的判断已非常准确，与过去的预测不可同日而语，概念虽然相同，内容已然发生根本改变。只有从全局观察问题，才能获得正确的答案。

3.5.5 结束语

对设计人员来说，有时实际情况并非像理论那样清晰简单。面对千变万化的客观世界，有时会困惑，有时会自相矛盾，有时会难以自圆其说。

对物流仓储系统而言，设计遵从的原则应该是因地制宜，切忌追求整齐划一。虽然推荐存拣分离、整零分离的基本策略，但对于某些场合来说，存拣分离并非好的选择，如异形件、大件的存储和拣选，有时就并不适合。如何灵活调整，也考验着设计人员的能力和水平。

这几年，“货到人”拣选发展迅速，未来，自动拣选应该是一个大趋势。尤其是基于“货到人”的自动拣选。这时，传统的补货策略也将发生很大改变。一方面，或者又会回到存拣合一的设计理念之中，因为在自动化拣选系统中，存储效率已经发生根本改变，空间利用率已经大幅度提升，与现在的情形又有不同。目前很多电商系统就已经采用存拣合一的策略，这并非倒退。另一方面，即使仍然采用存拣分离的设计模式，补货的方式和策略也将发生改变，如补货上限问题、补货时机问题等，都将改变。特别是在电子商务这样比较特殊的行业中，整件拣选和整托盘出库或许已经非常少见，库存区和拣选区的互动形式将发生比较大的改变，这是可以预知的。

世界在不断向前发展，物流技术也是如此。人们也许无法准确预测 10 年以后的技术发展情况，但关于补货的原理以及由此引申的基本要求应该是一致的。只有那些凡事从实际出发、与时俱进的人，才能把握历史进程的脉搏，从而作出正确的决策。

3.6 “货到人”拣选技术及其应用

3.6.1 “货到人”拣选的技术特点与适应性

顾名思义，“货到人”（Goods to person or Goods to man，G2P or G2M）拣选，即在物流拣选过程中，人不动，货物被自动输送到人面前，供人拣选。“货到人”拣选是物流配送中心中的一种重要拣选方式，与其对应的拣选方式是“人到货”（P2G or M2G）拣选。

“货到人”拣选有超过 40 年的发展历史。最早的“货到人”拣选是由自动化立体库完成的，托盘或料箱被自动输送到拣选工作站，完成拣选后，剩余的部分仍然自动返回立体库中储存。这种拣选方法一直沿用到现在，并逐渐显示其重要性。

“货到人”拣选系统由三部分组成，即存储系统、输送系统、拣选系统。经过多年的发展，“货到人”拣选技术已经到了一个新的阶段。

（1）存储系统。

过去比较单一的立体库存储，目前已发展为多种存储方式，包括平面存储、立体存储、密集存储等。存储形式也由过去的主要以托盘存储转变为主要以料箱（或纸箱）

存储。然而，不管是哪一种存储方式，存储作业的自动化是实现“货到人”的基础。存取技术的发展，焦点在于如何实现快速存和取，由此诞生了许多令人眼花缭乱的存取方式和技术。

①AS/RS：自动化立体库是最传统的存储方式，主要以托盘存储为主，其本身有很多种型式，如单深度和多深度立体库、长大件立体库、桥式堆垛立体库等。因为堆垛机本身存取能力的限制，这种存储方式主要用于整件拣选，很少用于拆零拣选。

②Miniload：以料箱存储为对象的 AS/RS 系统被单独命名为 Miniload，这是因为它的特殊性和几乎完全不同的作业能力。Miniload 在 20 世纪 80 年代至 90 年代已经在日本被广泛应用于拆零拣选，其中尤其以“货到人”拣选为主。Miniload 有很多种型式，尤其是其货叉和载货台型式多达数十种，使其具有广泛的适应性，其存取能力最高可达每小时 250 次。Miniload 在今天仍然是“货到人”拆零拣选的重要存取方式。

③垂直货柜：这是一种历史比较悠久的“货到人”拣选系统，其型式千变万化，有数十种之多，主要有垂直旋转式和垂直升降式两种结构型式，由于其具有封闭性强的特点，其在工厂的应用最为广泛。

④AGVs：AGV 开始是作为一种输送系统存在的，广泛应用于汽车装配、烟草等制造工厂以及港口等场合。随着 AGV 的不断发展，不仅其型式发生了巨变，其应用场合亦发生了根本性的变化。亚马逊于 2009 年推出的 KIVA 系列机器人，实际上已将 AGV 的应用从单纯的输送变为一个集存取与输送于一体的“货到人”系统，其应用前景广阔。

⑤多层穿梭车：取代 Miniload 完成存取作业，以满足每小时多达 1000 次的存取作业的需求。这是一个革命性的成果，将存取效率大大提升。随着这一理念的提出，相似的技术层出不穷，比较有名的如旋转货架系统、Autostore 系统、纵向穿梭车系统等，这些系统的共同特点是高效、柔性，是“货到人”拣选系统的主要发展方向。

⑥四向穿梭车系统（3D 穿梭车系统）：这是一个集 Miniload、穿梭车、提升机等多种系统于一体的全新一代存储系统，分为托盘和料箱两种单元。其主要特征是存储小车可以在平面内的 X 和 Y 两个方向移动，还可以通过提升机完成垂直方向的移动。这种小车还支持密集存储，其存储效率是传统立体库存储的 1.5 倍以上，被称为存储系统的里程碑技术。目前的形式有多种，并已得到初步应用，其前途无量。

（2）输送系统。

“货到人”拣选技术的关键技术之一是如何解决快速存取与快速输送之间的匹配问题。对于以电子商务为特点的物流系统来说，要求匹配每小时 1000 次的输送任务并不是一件很困难的事情，事实上，采用多层输送系统和并行子输送系统的方式，可完成多达每小时 3000 次以上的输送任务，更大的输送量客观上是有需求的，但需要采用一些特殊的手段，如配合 3D 密集存储系统等。

一个比较令人困惑的问题是，“货到人”输送系统由于输送流量大，会导致设备成本大幅度增加，导致物流系统整体成本大幅度增加。因此，降低输送成本、简化输送系统是研究的重点。

(3) 拣选系统（工作站）。

拣选工作站的设计非常重要。一个工作站要完成每小时多达1000次的拣选任务，依靠传统的方法是无法想象的。目前设计的拣选工作站采用电子标签、照相、RFID、称重、快速输送等一系列技术，已经完全可以满足实际需求。

很多著名的物流装备和系统集成企业都把拣选工作站作为研究“货到人”系统的重要内容，并为此绞尽脑汁，从而诞生了很多具有革命性创新的拣选工作站。“货到人”拣选工作站如图3－5所示。

图3－5 “货到人”拣选工作站

3.6.2 “货到人”拣选技术的优势

“货到人”拣选有十分明显的优势，以前限于自动化实现的难度和高昂的成本而难以推广。随着人工成本的不断攀升，以及实现自动化作业的难度和成本的降低，“货到人”拣选技术有了全面应用的现实基础。

(1) 拣选高效。

以拆零拣选为例，“货到人”拣选系统的单个拣选站每小时可以完成400～600订单行（有的会更高）的拣选，是传统拆零拣选（包括纸单拣选、RF拣选）的5倍以上。这对于大型电子商务物流配送中心动辄数百人的拣选队伍来说，无疑具有巨大的优势。

高效的另一个指标是准确性。配合电子标签、RF终端、称重系统等辅助拣选系统，“货到人”拣选系统具有非常高的准确性。传统拣选系统的准确率一般在99.5%～99.9%，而“货到人”拣选系统一般可以提高一个量级，其误差可控制在万分之五以内。由此，可以从根本上省掉复核环节，从而进一步减少作业人员。

（2）存储高效。

“货到人”拣选系统由于采用立体存储方式和密集存储方式，其存储能力可以大大提高。以拆零拣选为例，传统的拣选方式作业空间高度在2.2米以内，即使采用阁楼货架系统，其空间利用率也非常有限，大致仅维持在25%以下，有的系统的空间利用率甚至在15%以下。而采用立体存储，空间利用率可以达到45%以上，如果采用密集存储技术，更是可以达到60%以上，是传统方式的4～5倍。考虑到大型物流配送中心的作业面积可达5万平方米以上，空间利用率的大幅度提升，将使其经济效益提升非常明显。

（3）降低劳动强度。

“货到人”拣选的另一个重要优势是大幅度降低了作业人员的劳动强度，是物流系统“以人为本”的设计理念的具体体现。

基于自动化立体库作业的整件“货到人”拣选，可以大幅度减少人工搬运，尤其是托盘的搬运。以北京高等教育出版社项目为例，由于货物（图书）单件的重量一般在20～25kg，作业劳动强度非常大。采用“货到人”拣选技术后，搬运距离得到严格限制，作业高度保持在一个非常舒适的范围内，大大降低了操作者的劳动强度，其效果非常明显。

传统的“人到货”拆零拣选作业，由于作业场地很大，完成一个班次的作业往往需要走很长的路。以某大型电子商务配送中心为例，其位于北京的配送中心面积达数万平方米，工人一个班次的行走路程达到12～15公里，劳动强度非常高，工人离职率也非常高，主要是难以承受每天如此高强度的作业。而“货到人”拆零拣选作业几乎没有行走路程，其作业平台充分考虑人体的舒适度，有的平台高度可随意调节，以适应不同高度作业人员的需求，劳动强度大大降低。

此外，“货到人”拣选系统还具有安全存储、快速存储等诸多优势，是传统拣选系统所不可比拟的。

物流追求的目标是快捷和准确，而企业关注的却是利润和成本，物流技术的发展无不围绕这些目标和需求进行。“货到人”拣选技术的发展，正是体现了这一根本需求，从而具有很强的实用性。

3.6.3 “货到人”拣选技术的应用实例

“货到人”拣选具有广泛的适用性。以下试举几个例子加以说明。

（1）整件拣选。

北京高等教育出版社拥有一个大型图书配送中心，每年配送图书价值超过25亿元码洋，高峰时期日配送量达到约260万册，整件量达到80%。该项目设计仓库面积约6万平方米，库容量1.2亿册，是中国最大的图书配送中心。

由于图书整件重量达到20～25kg，员工拣选工作非常繁重，为此，系统设计“货到人”和准“货到人”两套拣选系统，大幅度降低人员搬运和拣选劳动强度。

“货到人”拣选系统采用固定拣选站模式，自动化立体库将拣选托盘输送到拣选工作站，计算机打印拣选标签，人工将待拣选货物从托盘上取出后放到旁边的输送线上，输送线再自动将货物送到分拣系统。整个系统仅设计了4个拣选工作站，工作效率提高6倍以上。

所谓准“货到人”拣选系统，则主要针对A类货物进行，通过计算系统运算，将A类货物从立体库整托盘上取出并放置在固定的拣选工位。拣选时，先打印好拣选标签，人工将货物从拣选工位拣选到旁边的输送线上。由于采用“波次”拣选策略，所以每个波次仅需对拣选工位进行一次操作，大大缩短了作业路径，从而达到提高效率和降低劳动强度的效果。该系统“货到人”拣选完成了80%以上的整件拣选工作量，从整体上大大提升了拣选效率，减少了作业人员。

（2）拆零拣选。

国药集团是中国最大的医药企业，2014年销售额已经超过2400亿元，占全国全部医药配送量的25%以上。为了满足日益增长的拆零拣选需求，国药集团2013年在上海建设了新物流中心，引进了最新一代多层穿梭车系统，每天完成多达30000次的拆零拣选。这是我国医药物流第一个采用拆零“货到人”拣选系统的医药物流中心，4个拣选工作站可以完成每小时2600次以上的拣选作业，相当于20人以上的工作量。

医药物流要求拣选的准确性非常高，但传统的拣选系统，无论是采用RF拣选还是采用电子标签拣选，其准确率都在99.9%以内。为了解决这一问题，通常做法是采用细致的复核程序，但是效率非常低，远不能满足实际要求。而“货到人”拣选系统可以达到99.95%以上的准确率。国药集团率先采用新一代“货到人”拣选系统，将开启中国医药物流新的时代，未来这一模式将成为国药乃至中国医药物流的示范并全面推广。

（3）特殊拣选。

中国运载火箭技术研究院物流中心面对的难题是长大件棒材的拣选问题，重量数百公斤到数吨的钢材很难靠人工搬运，采用堆场和桥式起重机的作业方式效率极低。新建成的自动化立体库不仅解决了高密度存储问题，而且解决了“货到人”拣选问题。货物被自动输送到拣选工作站，通过机械臂和起重机，可以轻易完成棒材的拣选工作。在国外，这一系统得到广泛应用。长大件“货到人”拣选系统如图3－6所示。

图 3-6　长大件“货到人”拣选系统

垂直旋转式货柜一直是“货到人”拣选的重要方式，除了可以满足货物的立体存放需求、提高空间利用率外，封闭性仓库很好地解决了货物的防护问题，因此在工厂、银行有着广泛的应用。类似这样的例子还有很多，不再赘述。

3.6.4　“货到人”拣选技术的市场需求和发展趋势

国内外许多专家在展望物流技术发展的前景时，比较一致的看法是“自动化”“智能化”和“标准化”是主要方向。“货到人”拣选很好地诠释了这一发展趋势。

从“货到人”独有的优势看，几乎所有的行业都适宜采用“货到人”技术，以提高效率和降低劳动强度。但在现阶段，考虑到作业成本问题，并非所有系统都具备采用“货到人”技术的条件。

大型电子商务配送中心是未来“货到人”拣选技术的重要应用领域，因为其拆零拣选将占拣选总量的95%以上，是最合适采用“货到人”拣选技术的行业。

医药物流，尤其是以拆零为主的配送中心，由于对物流效率和拣选准确性的高要求，是未来“货到人”拣选应用的另一重要领域。

此外，冷链物流由于作业环境恶劣，对于“货到人”拣选有特别的需求，拣选区的温度将使作业变得相对舒适。

当然，传统行业还有很多具备采用“货到人”拣选的场合，如服装、食品、化妆品，前面提到的长大件以及贵重品拣选等，均有应用“货到人”拣选的需求。

然而，量化市场需求是困难的，因为即使在同一个行业，拆零拣选的需求也是不一样的。但作为一种高效的拣选技术，“货到人”拣选技术的应用前景非常广阔。

应该指出的是，未来的拆零拣选还会出现“自动拣选”趋势，这是“货到人”的更为高级的表现形式，只是这时的“人”已不是普通的人，而是机器人。

（注：本文发表于2015年8月《物流技术与应用》杂志，有部分修改）

3.7　重量复核技术的理论基础

重量复核技术，近年来在很多场合得到应用。本节运用概率论和统计学原理，对货物误差成因和机理进行了研究，提出了误差判定标准和实际应用的关键技术，以期解决物流系统中重量复核技术的难题。

3.7.1　概述

物流系统中的重量复核技术，就是采用称重的方法，完成对于一定批量货物数量进行计量，确定是否正确。传统的物流系统中，通常采用人工清点的方式，不仅需要耗费大量的人力，而且有时还需要开箱检查，效率低下，偶尔还不切合实际要求。

在物流系统各环节中，典型的用例很多。如收货环节，判断一个托盘的货物数量是否与需求一致，判断一个包装箱的货物是否与约定一致，均可采用重量进行判断。在发货环节更是如此，比如在拆零拣选环节，拣选数量是否准确，如采用重量复核，往往会起到很好的效果。

事实上，采用重量进行计量是一种传统方法。在大量的散货系统中，一直如此。本节所指的重量计量，只是针对单元化的货物而言的，即不以重量计量，而是采用数量计量的场合。在单元化的货物中，往往是以箱、盒等为单位进行计量的，其销售过程也是以箱、盒为单位，并不以重量为单位。这样的例子很多，这里不一一列举。

在以单元为计量基础的系统中，一个重要问题是单元个体之间的重量往往存在差异，即使是非常精确的系统，由于包装、设备、气候、环境的影响，也会使得这种差异始终存在。正是这种客观存在的差异，也使得采用重量进行计量会出现误差。因此，重量计量和复核技术一直不能广泛推广，有其客观原因。

然而，随着工业化进程的深入，自动包装技术日益普及，个体单元之间的误差越来越小，这为采用重量进行复核打下了基础。

研究表明：自动化包装的单元货物的重量是符合正态分布的，这一点毋庸置疑，也正是本项研究的基础。

本文将从统计学原理分析入手，根据货物的特性，提出重量复核的判定标准和计算公式，期望从理论上解决这一问题。

3.7.2 误差的判定

研究表明，对一个品规而言，其单件货物的重量符合正态分布特征，这一点已为实践所验证。对于标准的正态分布，其密度曲线公式如下：

$$f(x) = \frac{1}{\sqrt{2\pi\sigma}} e^{-\frac{(x-\mu)^2}{2\sigma^2}}$$

设样本均值为 $\bar{x}$，标准差为 σ，标准差的计算公式如下：

$$\sigma = \sqrt{\frac{\sum_{i=1}^{n}(x_i - \bar{x})^2}{n-1}}$$

为了能够说明问题的普遍性，假设对象是多个品规的混合。实际应用中，可以是一个托盘上多个不同的箱子，也可以是一个箱子中有多种不同包装的小盒。假设每种货物单件重量的均值（即其标准值）为 μ_i，标准差的计算可通过实验获得数据，然后通过公式计算得出。

为了研究评判准则，必须对置信区间进行设定。统计学给出的置信空间如下。

置信水平在68%时，置信区间为（$-\sigma$，σ）；

置信水平在95%时，置信区间为（-2σ，2σ）；

置信水平在99%时，置信区间为（-3σ，3σ）；

实际应用中，可以根据实际的应用要求，以便选取合适的置信水平。显然，置信水平越高，置信区间就越大，作为判定的标准被接受的程度越高，误判的可能性就越大，具体分析如下。

对于一次具体作业，其结果可以按照下述描述进行（一个托盘或一个周转箱样本）：

样本品规 B_1，标准值为 q_1，数量为 k_1；

样本品规 B_2，标准值为 q_2，数量为 k_2；

样本品规 B_3，标准值为 q_3，数量为 k_3；

……

样本品规 B_n，标准值为 q_n，数量为 k_n；

整个测量对象的重量为 $q = \sum_{i=1}^{n} k_i q_i$

关键问题是，对于不同的品规，其标准差将不同，在此记为 σ_i（$i=1$，2，…，n），很显然，重量大的品规，其标准差必然会大，反之亦然。

设各个样本的标准值为 μ_i（$i=1$，2，…，n），一般通过取多个样本的平均值获得，并在应用中不断修正。总测量样本标准值的计算公式为：$\mu = \sum_{i=1}^{n} k_i\mu_i$（$k_i$ 为每个样本的副本数）。

标准差分析如下。

（1）若选取所有品规中的最小值作为判定依据，即 $\sigma=\min(\sigma_i)$，此时，一次测量的标准差将取决于标准差最小的品规。结果如下（取单个置信水平为99%）：

样本品规 B_1（数量 k_1）的置信区间为 $(-3\sigma,3\sigma)$，置信水平记为 ε_1；

样本品规 B_2（数量 k_2）的置信区间为 $(-3\sigma,3\sigma)$，置信水平记为 ε_2；

……

样本品规 B_n（数量 k_n）的置信区间为 $(-3\sigma,3\sigma)$，置信水平记为 ε_n。

所以，整个测量事件（托盘或箱子）的置信水平以最小的为准，记为 $\varepsilon=\min(\varepsilon_i)$。

显然，ε_i（$i=1, 2, \cdots, n$）越小，则系统的置信水平就越低，此时 σ_i 偏离 σ 越大。在应用上，表现为被系统检出不合格的概率越高，这对实际作业是十分不利的。但如果 ε_i 的值比较接近的话，则效果会好些。实际应用时，如果是一个品规的话，则被检出的概率就比较低，重量接近的品规放在一起也会较好，不好的情况是重量差别较大的品规放在一起，或者是一个系统中，不同品规的重量相差较大。

（2）若选取所有样本中的最大值作为判定依据，即 $\sigma=\max(\sigma_i)$。此时，一次测量的标准差将取决于标准差最大的品规。整个测量事件的置信水平为：

$$\varepsilon=\max(\varepsilon_i)$$

此时，因为 ε_i 均大于99%，n 不会太大（一般情况为10以内），所以，被检出的概率就较低。但由于置信区间变大，在实际应用中，表现为对错误的结果很难发现，同样是很不利的。

由以上分析，可以看出，σ 的取值应介于（$\min(\sigma_i)$，$\max(\sigma_i)$）比较适宜。具体应用中，对于拆零拣选来说，可以遵循以下原则：

$$\min(\sigma_i)<\sigma<\max(\sigma_i)$$

$\mu-6\sigma>\mu-\min(\mu_i)$（即对应于少的情况可以判断）

$\mu+6\sigma<\mu+\min(\mu_i)$（即对于多的情况可以判断）

以上方程式可能存在无解的情况，需要在实际应用中进行调整。

下面以图书拣选为例，为了简化分析，考虑多拣选1册或少拣选1册的特殊情形。

实际应用中，应考虑最小重量的品规被错误拣选的情形，记 $\mu_0=\min(\mu_i)$，标准偏差记为 σ（符合以上原则），此时结果分析如下。

（1）多拣选1册的情形。

置信区间为（$\mu-3\sigma$，$\mu+3\sigma$），置信水平为 ε_i。

由于多拣出1册，所以实际结果区间为：（$\mu-3\sigma+\mu_0$，$\mu+3\sigma+\mu_0$）。

此时，如果满足条件：$\mu-3\sigma+\mu_0>\mu+3\sigma$，或简化为：$\mu_0>6\sigma$，则拣选错误的箱子将被检出，这是理想情况。否则，就无法达到要求（见图3-7）。

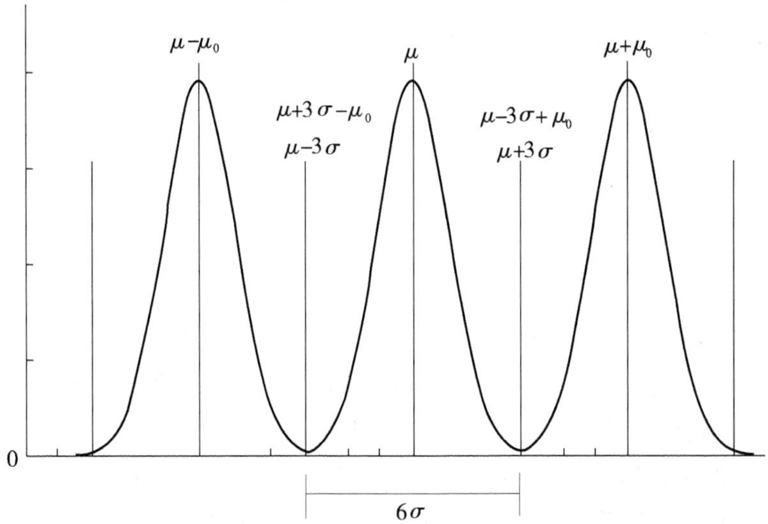

图3-7　拣选错误的判断准则（临界点）

（2）少拣选1册的情形。

$$\mu = \sum \mu_i$$

置信区间为（$\mu-3\sigma$，$\mu+3\sigma$），置信水平为 ε_i。

由于少拣出1册，所以实际结果区间为：（$\mu-3\sigma-\mu_0$，$\mu+3\sigma-\mu_0$）。

此时，如果满足条件：$\mu-3\sigma>\mu+3\sigma-\mu_0$，或简化为：$\mu_0>6\sigma$，则拣选错误的箱子将被检出，是理想情况。否则就无法达到要求。

例外的情形：以上方法不能检查重量非常接近的拣选错误，即A品种与B品种重量非常接近，但拣选时A+1和B-1同时发生。这种情形虽然发生，但发生在同一次拣选时非常少见。

根据以上分析，可以归纳如下：

（1）选取合适的置信区间，从而减少被检出的周转箱，减少人工判断的数量。

（2）置信区间确定应满足以下条件：$\mu_0>6\sigma$。

（3）由于不同的拣选条件，其置信区间的大小是不同的，因此，应考虑将重量相差太大的品规分开拣选，以提高判断的准确性和效率。

（4）置信区间的计算，是判断结果好坏的关键。

3.7.3　置信区间的选择

为了完成对标准差的分析，专门对在库图书进行测量。测量方法如下：

（1）图书的选择从轻到重排列，最小约 40 克，最大为 2500 克。

（2）每一种图书测量多个样本，根据在库库存情况，从 10 本到 50 本不等。

（3）专门编制程序，记录测量结果。

本次测试共对不同库存中的 250 个样本品种进行测量，每个品种测量 50 ~ 100 个样本。图 3 -8 是标准差的分布情况及 4 阶趋势。

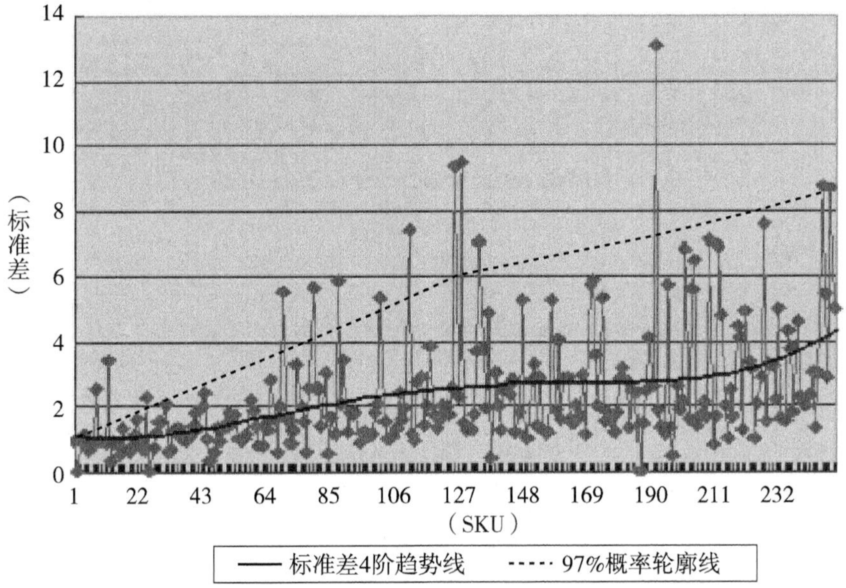

图 3 -8　按重量排列的标准差分布及 4 阶趋势

从分布图可以看出，标准差与图书本身的重量存在关系，但也有例外的情形。究其原因，可能是由图书的印刷质量（包括纸张、缺页、切割等原因）引起的。为了进一步分析，定义标准差与平均值的平方根的比为加权标准差，即

$$\sigma_{加权} = \sigma / \sqrt{\mu}$$

图 3 -9 为加权标准差的分布及 4 阶趋势。

从图上可以看出，加权标准差其趋势图基本接近一条直线，更加有助于分析。若选取 97% 的概率（置信水平）分析其轮廓图，大致为图 3 -9 中的虚线所示。采用直线进行模拟，可以得到下列公式：

$$标准差\ \sigma = 1.18 + 0.004895(\mu - 40)$$

或

$$标准差\ \sigma = [0.145 + 0.000318(\mu - 40)] \times \sqrt{\mu}$$

在实际应用中，以上两个公式可以采用其中一个即可，但建议采用第二个公式。与通常所想象的不同，标准差对于图书的厚度并不十分敏感，这是一个比较理想的结论。但不能忽视的是，随着图书厚度的增加，出现大的偏差的可能性大大增加。

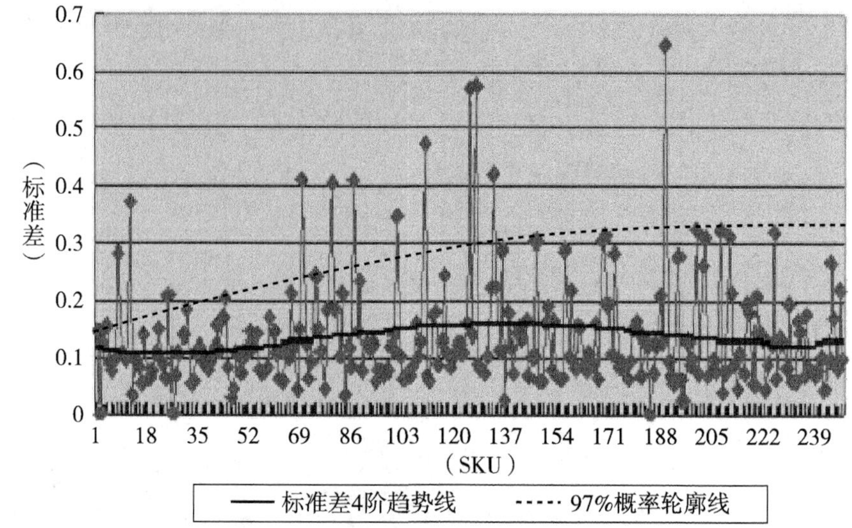

图 3－9 按重量排列的加权标准差分布及 4 阶趋势

从数据分析还可以看出，图书标准差与标准重量的平方根的比在 35% 以内，与标准重量的比在 4% 以内，最大标准差（13.06）与最小图书重量（40 克）的比小于 33%，这一现象对拣选结果的准确性判定是有利的。

鉴于过度轻的图书（如小于 50 克）和过度重的图书（大于 2000 克）在库存中的比例均很小，所以其被拣选的概率相对较低，因此，可以不考虑并箱计算时对于图书重量的限制。

此外，考虑 97% 的概率情形下，图书的最大标准差已经下降到 10 克以下，因此，在进行置信区间设置时，考虑（3σ，-3σ）是没有问题的，这样将大大提高判断出错误拣选的概率（大于 99%）。

3.7.4 图书重量复核技术的实现

具体应用到图书物流系统，应在各过程中完成具体操作。

（1）标定过程。

图书标定的重点应为尽可能地消除系统误差，为此，应尽可能地测量多个样本的值，然后取平均值。如果只取一本图书进行测量，其系统误差将难以消除。

（2）重复标定。

为了克服抽样误差带来的系统误差，尤其是版本、印次不同带来的系统误差，应在每次收货时进行修正，具体做法与新书标定非常类似。所不同的是，新书标定是直接进行的，没有历史数据，而老书的修正应与历史记录进行比对，比对的方法仍然是利用标准差进行判断，一般情况下，对于图书样本的标定应严格，采用 68% 或 95% 的置信区间就足够了，如果太大，将有可能产生系统误差。

（3）在运行过程中修正系统误差。

由于抽样和季节变化都将产生系统误差，如何克服这一困难呢？一般的做法是采用人工标定法进行。当系统误差产生时，会影响到测量的结果和判断的准确性。如果在一段时间内，某图书均出现了判断失误，则可以认为是系统误差产生的结果。需在系统中记录该书号，并采取人工标定方法，修正系统误差。应该注意的是，这种工作应局限在一定频率范围之内，避免增加大量的工作。此外，由于物流中心条件均比较理想，季节的变化对于重量的影响非常小。

（4）组盘过程。

组盘时消除干扰，是系统提供准确判断的重要过程。具体来说，应该将厚度接近的图书组合成一箱。这样虽然在实际操作中存在一定困难，但还是可以解决很多问题。组盘策略是物流中的重要课题，在此不做深入讨论。

（5）测量过程。

最后，采用动态电子秤对结果进行测量，还要注意周转箱的问题。周转箱的重量是不同的，同样也满足正态分布。如何减少周转箱对结果的影响，也是一个重要的课题。一种建议是：对每一个周转箱进行标定，并且注意定时标定。动态电子秤系统如图 3－10 所示。

图 3－10　动态电子秤系统

3.7.5 应用情况

在上海新华传媒图书物流中心采用重量复核技术，初期结果表明：重量复核在取得99%的准确性的前提下，有75%的图书通过了复核，大大提高了复核效率。

从以上分析研究及应用可以看出，图书采用重量复核技术是可行的。研究表明，标准差对重量并不敏感，这对于图书的拣选复核是有利的。

（注：本文发表于2008年1月《物流技术与应用》杂志，有部分修改）

3.8 物流仓储费用的测算

如何测算物流仓储系统的成本，对于建设物流系统，尤其对于决策和考核至关重要。这个问题其实不是什么大问题，但由于每个系统都有其特殊性，所以不好简单回答。而对于一个企业来说，物流成本又很重要，尤其是很多人摸不着头脑。本文就此问题进行简单论述。由于所选样本为医药B2B物流，所以适用性也有局限，望读者自行体会。

3.8.1 库房租金或折旧

如果库房租赁，比较好计算。直接计算租金就好。

人们通常讲的仓库，其实分很多种类，租赁价格也是不一样的。如常温库和冷库的租赁价格就相差很大。一般来说，冷库是常温库租赁价格的2~3倍。

即使都是常温库，还有条件的差异，如地段好坏（主要考虑交通的便利性）、是否有站台、是否保温，高度（层高）如何等，差异还是比较大的。目前以普洛斯的仓库作为参照来议价是比较合理的。在北京五环到六环之间，普洛斯的仓库租金为1.5~1.8元/平方米·天，可以作为一个参考。

如果是自建仓库，那就复杂一些。

自建包括购地费用、建设费用及贷款等，计算起来要复杂一些。如果要想简单化，土地可以按照50年折旧（有些只有30年），房屋建筑可以按照30年折旧进行计算。这个标准也给出租库房提供了依据。当然，市场价格并不是一定会按照这个标准走。

3.8.2 设备折旧

设备一般折旧为5~15年，可以简单一点，按照10年计算。

需要注意的是，消防系统和空调系统也要归到设备来计算比较准确。

值得一提的是，很多企业认为自动化物流设备是导致成本增加的关键，这是天大的误会。实际情况是：自动化物流系统会大大降低物流成本。这是因为，一方面，自动化系统可以大幅度提升空间利用率和系统处理能力；另一方面，可以大幅度提升作业效率。实际的分析表明，物流成本中，最大的成本是人力成本和库房租赁成本，设备成本占比为10%～15%，不是主要成本。

3.8.3　人力成本

一个物流中心需要多少人力，是其业务形式和业务量决定的，很难“一刀切”地估算，但也有规律可循。

大部分常规的物流系统，都符合以下特征中的一个或多个。

（1）一般批量出入的模式（没有拆零）。

（2）有一定拆零业务（如门店配送）。

（3）全部拆零业务（如电子商务）。

业务量如果用一个公式表示就是：

$$Q = k \times Q + (1 - k) \times Q$$

其中 k 的范围在0～1，表示拆零的比例。每个具体业务，其拆零量是不一样的。

整件拣选和拆零拣选的能力是不一样的，以医药物流作为一个例子，整件拣选每人每天可以完成600箱左右，拆零拣选每人每天只能完成100～1500订单行（与有没有辅助拣选系统关系很大），折合为120～180标准箱，这样就能够估算出具体的工作量。

拆零业务还要进行包装工作，其人员数量大约是拆零拣选的70%，再加上主管、收货、上架、质检、集货、发货、系统维护、开票等岗位，这样就可以估算出整个物流中心的人员数量。

还有就是大件、中件和小件的差异是很大的，需要区分。大件作业的成本当然会高很多，尤其像冰箱、彩电、汽车等，要单独考虑。

3.8.4　耗材

耗材包括包装材料、标签、打印纸、墨水、打包带等，与业务量有直接关联。

电子商务系统中，耗材是非常重要的支出。因此，对耗材要充分关注，不要小看一个包装袋、一个标签的重要性。

3.8.5　电费

电费要根据具体情况进行核算，一般与业务量关联不大。冷库的耗电量一般会明显大于常温库的耗电量。自动化物流系统的耗电量不会明显高于传统仓库。

3.8.6　其他成本

其他成本中最关键的是退货成本。退货是不产生价值的工作，却是每个企业必须面对的工作任务。

退货需要完成3个无效动作：发货、退货、退货处理。这3个动作几乎同样浪费时间和资源。分析表明，一个系统中，如果有1%的退货，对物流成本的影响（不含运输环节，下同）大约是3%，可见其影响之大。很多物流中心退货量超过10%，有的甚至超过30%，其影响可想而知。退货在有些领域成为一个最大的问题。

3.8.7 一个简单例子

下面以某一个物流中心作为例子进行测算。

购地：980万元。

建筑：17500万元，含设计及人工费，库区面积33000平方米，办公面积10000平方米。

设备：3500万元，含AS/RS等自动化设备。

业务：20%拆零，80%整件。

耗材：整件为0.1元每件，拆零件为1.5元每件。

电费：每年180万元（阴凉库）。

固定成本：

土地摊销和建筑折旧：616万元（按照30年折旧）。

设备折旧：350万元（按照10年折旧）。

电费：180万元。

年固定成本总计：1146万元。

可变成本：

以20%负荷~100%负荷（满负荷）作为测算依据，每年可变成本测算如表3-3所示。

表3-3　每年可变成本测算　　单位：万元

业务饱和度（%）	业务量（件/天）	人员成本	整件耗材	拆零耗材	其他	可变成本合计
100	20000	1381.00	40.32	151.20	100.00	1672.52
90	18000	1257.00	36.29	136.08	90.00	1519.37
80	16000	1118.00	32.26	120.96	80.00	1351.22
70	14000	994.00	28.22	105.84	70.00	1198.06
60	12000	856.00	24.19	90.72	60.00	1030.91
50	10000	732.00	20.16	75.60	50.00	877.76
40	8000	580.00	16.13	60.48	40.00	696.61
30	6000	456.00	12.10	45.36	30.00	543.46
20	4000	318.00	8.06	30.24	20.00	376.30

注：按照每天发货20000件设计，人员成本按照7万元/年计算。

如果折算为每件的成本，每件价值按照 1500 元计算，每件成本测算如表 3－4 所示。

表 3－4 **每件成本测算** 单位：万元

业务饱和度（%）	业务量（件/天）	可变成本	总成本	每件成本	成本占比（%）
100	20000	1672.52	2818.52	5.59	0.37
90	18000	1519.37	2665.37	5.87	0.39
80	16000	1351.22	2497.22	6.19	0.41
70	14000	1198.06	2344.06	6.64	0.44
60	12000	1030.91	2176.91	7.20	0.48
50	10000	877.76	2023.76	8.03	0.54
40	8000	696.61	1842.61	9.14	0.61
30	6000	543.46	1689.46	11.17	0.74
20	4000	376.30	1522.30	15.10	1.01

影响物流中心效益的几个关键因素如下。

（1）业务饱和度，这是影响最大的因素。对于一个自动化的物流系统来说，业务饱和度必须达到一定水平才能抵消设备及系统的摊销成本。

（2）拆零比例，一般拆零比例越大的业务，成本越高（相对于每件而言）。

（3）系统处理能力，这与自动化水平有关，也与库存量和库存周期有关。

3.9 物流仓储系统的柔性化设计（一）

3.9.1 柔性化的概念

柔性（Flexible）一词，已经有一定的历史。20 世纪六七十年代提出的柔性制造系统（FMS）是对机械制造行业的一次革命，它主要是引入数控加工中心、物料自动输送系统和计算机系统，解决连续 24 小时生产问题，从而大幅度提升对于小批量产品生产的效率。在 FMS 系统中，自动化物流系统是重要的一部分，用于加工件的自动供应和产品的储存，以及加工刀具的自动更换和储存。我国在 20 世纪 90 年代大举引入 FMS 系统，取得了一定效果。

物流仓储设备和系统的柔性化显然与 FMS 有很大差异。总体来说，物流仓储设备及系统的柔性化要解决的是装备和系统的适应性问题，以便提高设备和系统的应用水平。比如典型设备叉车，可以应用于很多场合，通过更换属具，还适用于搬运多种形状的物料。再比如一个自动化立体库系统，它可以应用于多个领域产品的储存和管理等。这应是物流仓储设备和系统柔性化的基本内容。

此外，物流仓储设备的柔性化还取决于产品本身，包括产品的可互换性、产品对于场地的适应性等，均可归于柔性的范畴。但这一点在实际应用中通常不太会受到重视。

与之对应的是物流系统的柔性化。这里系指物流系统的适应性问题，包括产品选型、单元化物流以及标准化等，单元化是现代物流的标志。一个符合柔性化标准的系统必然选择具备柔性化的设备和软件，这样的系统具有很高的可塑性和适应性，在实际应用中将发挥更大的作用。

众所周知，物流系统在很大程度上是一个非标准系统，它的设计和设备选型总是有非常明确的目标和有针对性，这就为柔性化设计提出了挑战。

3.9.2 物流仓储设备和系统的柔性化体现

物流仓储主要设备大致可以分为存储设备、搬运设备、输送设备、分拣设备，它们的柔性化问题具体体现在以下几个方面。

存储设备：包括托盘货架、搁板货架、自动化立体库、托盘等。作为存储设备，其柔性化重点体现在对不同物料种类完成存储的适应性。由于物料种类繁多，形态各异，要做到这一点并不容易。从技术上讲，组合式货架的设计理念是非常符合柔性的需求的。此外，单元化作业起到了规范产品外形的作用。因此，对于存储装备，尤其是托盘货架（包括自动化立体库），在长期的应用中，已经具备一定的柔性。

搬运设备：主要包括各种叉车、托盘搬运车、地牛等。搬运设备在设计过程中，产品已经形成系列化和标准化，已经很好地考虑了多种情况下的适应性问题，可以说是柔性化执行得最好的物流装备之一。叉车通过变换属具，已经变得非常通用，只在特别少的情况下不能适应。另外，搬运设备的标准化和系列化，也约束了系统设计者在设计系统时，必须遵循产品的标准，这是非常有意义的。

输送设备：主要包括多种形式的输送机、提升机、穿梭车、AGV 等。输送设备由于对输送产品的宽度、高度、重量等参数反应敏感，解决适应性方面问题会比较困难。尽管如此，输送设备在设计中，采用可变高度支腿的设计思想，不仅解决了安装现场的地面不平等问题，也为将来搬迁提供了帮助，尽管这种帮助非常有限。而 AGV 的设计，本身在路线设计上就具有很大的柔性。早先 AGV 采用电磁感应技术，其路线相对比较固定，后来采用激光导引的 AGV 系统，其路线设计完全可以由软件完成，这是产品柔性化设计的经典之作。

分拣设备：主要包括多种型式的分拣机，如滑块式分拣机、交叉带式分拣机、跃起轮式分拣机等。分拣设备的适应性问题与输送设备基本一致。主要受尺寸和重量的限制比较大，影响了产品的柔性化。然而，分拣设备采用单元化设计，尤其是交叉带分拣设备，对场地的依赖逐步降低，也是其柔性的基本体现。另外，鉴于分拣效率和设备的速度存在一定的关系，在实际应用中，通过调节设备速度从而适应不同效率需求的例子也屡见不鲜。

关于物流系统的柔性化问题，除了体现在设备选型以外，还在于单元化的设计理念的实施。典型的如三方物流系统，因配送产品和用户的多样性，必须具有统一的单元才能适应多变的物料的需求。这时，托盘的标准化显得非常重要。此外，从物流系统软件的来看，其柔性则体现在对于流程设计的多样性。收货、上架、拣选、包装、分拣、集货，这些典型的物流仓储过程的一致性和标准化，也是系统实现柔性化的基础。

3.9.3　如何实现物流仓储设备和系统的柔性化

要提高物流装备的适应性，从设备本身来讲，应解决设计的模块化和标准化问题，从应用系统来讲，则应解决单元化和标准化问题。综合起来就是模块化、单元化和标准化。实际上模块化和单元化只是不同对象的两种表达方式而已，是解决物流仓储设备柔性化的关键，虽然仍不能解决所有问题，但将设备向柔性化推进了一大步。从目前模块化和单元化进行得比较好的产品，如叉车，就足以说明这一点。

首先来看模块化（Modular），这是针对装备本身设计而言的。在 FMS 系统中，模块化是指刀具的可换性，针对不同的加工产品，会使用不同的刀具，但装载刀具的刀盘是一致的。这一点也给物流仓储设备的设计提供了借鉴。设备应用场合不同，但基本单元模块是一致的。如叉车的属具可以不同，但叉车主体是一致的。模块化设计的另一含义是可互换性，即构成设备的单元是可以互换的，是通用的。

其次来看单元化（Unitized）的作用，单元化规范了物料的形态。无论是采用纸箱包装，还是采用托盘储存，单元化过程将各种形态的物料规范成了统一的外在形式。正是这一过程，使物流自动化变得相对简单。无论是装载、储存、搬运，还是计量，单元化给物流带来了全新的概念，所以，从根本上讲，现代物流是以单元化为基础的。

最后是标准化（Standardized）。虽然模块化和单元化解决了很大的问题，但对于设备而言，如果模块和单元不能统一，一个模块只相对于单一的设备有效，就无法解决设备的互换性问题，也就没有柔性可言。对于物流系统而言，如果单元没有统一的标准，从小的方面看，会导致供应链的整个过程将无法顺利对接；从大的方面看，则是不同行业间难以形成统一的接口，其结果是物流的效率将无法发挥。这是中国物流发展走过了几十年弯路才悟出的道理。

有意思的是，标准化和单元化表面上是与未来物流发展的个性化相背离的。然而，正如同太极生两仪，两仪生四象的道理一样，标准化和单元化就如同太极的两仪，它们的组合可以变幻成万千种个性，这是非常奇妙的。

为什么要将设备与系统放在一起来说，因为设备的柔性化在很大程度上是建立在现代物流的基础上的，其适应性除了自身的模块化和标准化之外，很大程度上取决于系统的单元化和标准化。可以说，离开物流系统中的单元化和标准化，物流设备的模块化和标准化意义将大打折扣，其应用只不过是无的放矢而已，更无法论及适应性和柔性。

3.9.4 未来市场对于柔性化的需求

随着物流产业的快速发展，物流装备产品市场必将出现空前的繁荣。与过去 30 年不同的是：就装备而言，标准化和模块化将成为产业发展的主要方向，不符合标准的定制化产品将逐步被淘汰。就物流系统而言，单元化物流将是未来发展的主要方向。

物流装备和系统的柔性化需求是从多个方面得到反映的。

首先，随着企业的发展，企业规模将越来越大，自动化程度将越来越高，如何使装备和系统在不断升级换代中，实现平稳连接，将是企业优先考虑的问题。这就要求设备符合标准，具有广泛的适应性。典型设备（如托盘）的选择，不仅要与自身的需求相匹配，更要与社会的需求和供应链的需求相匹配，只有这样，前期的投资才不会浪费。

其次，企业战略调整过程中，也对物流设备提出适应性要求。制造业企业是这样，第三方物流企业更是这样，而且后者对于适应市场变化的要求更高。现代企业对于物流的依赖越来越强，物流仓储装备的投入也越来越大，一旦产品转型，如果物流装备和系统不能适应，将造成重大损失。这样的例子也是非常多的。

再次，产品的柔性还在于产品是否具有可迁移性，如库房变更后的设备搬迁问题等，也是企业要考虑的重要问题。

最后，就是企业在战略调整过程中，物流装备产品的保值升值问题也是重要问题之一。以电子商务为例，很多企业初期经历快速且盲目的发展，后来再经历战略收缩过程。这一过程中资产和设备需要处置，设备的保值与升值直接与产品的适应性紧密关联。未来随着物流装备市场的进一步成熟，物流设备和系统的社会化将成为一个重要市场。

除此之外，物流设备的租赁将成为未来市场的一个亮点。设备的适应性问题通过租赁来解决。从目前的情况看，托盘、叉车等标准化产品租赁市场增长惊人。随着单元化物流的深入人心，设备租赁会成为一个常态。

3.9.5 设备供应商应如何面对挑战

不容置疑，物流设备和系统的柔性化将是未来发展的重要方向，也是产品走向成熟的重要标志。对此，装备企业如何应对？

首先，作为设备和系统供应商来说，在市场中处于一种被选择的被动地位。如何才能提高自身的核心竞争力，使自身产品在被动中寻求主动，这是首先要解决的问题。从国内外的发展看，创新是企业发展的根本出路，如何提高自身产品的适应性和标准化，则是创新的重要方向。

其次，设备供应商应具有强烈的社会责任感，努力促进物流的柔性化发展。

（1）对产品本身来讲，标准化是一个主要发展方向。这就要求企业努力调整策略，为市场提供符合标准的产品。对物流设备来说，所谓柔性，就是标准化。离开标准化去谈柔性，可以说是舍本逐末、缘木求鱼。

（2）从设计上讲，要求产品具有一定的适应性。采用模块化设计是关键。

（3）从质量上讲，要求产品具有互换性和通用性。这就对生产设备和生产工艺提出了高的要求。

（4）从竞争力上讲，要求产品具有很好的性价比。降低产品的生产过程中的成本是非常重要的课题。从国外的经验看，采用自动化生产线，提高单位人工的生产效率，是关键。这一点，对于大批量产品是比较容易做到的，但对于小批量产品，则应重点考虑减少生产中的脱节问题，对于有条件的企业，借鉴柔性制造系统将是捷径。

最后，对一个企业来说，主流产品必然是标准产品。对于非标准产品，也应尽量减少其非标准成分。采用单元化、模块化设计手段，将非标准化为标准。

应该看到，柔性化也会有一个发展过程，不会一蹴而就，需要逐步实现，不断完善。尤其是营造一个良性市场，让标准化、柔性化深入人心，对用户的选择进行一定的约束。

（注：本文发表于2014年10月《物流技术与应用》杂志，有部分修改）

3.10　物流仓储系统的柔性化设计（二）

自2014年开始，我国的物流技术掀起了一波蓬勃发展的浪潮。除了各路资本大举介入物流技术与装备领域外，柔性化设计与技术成为了这一波浪潮发展的主题。其主要标志是：涌现一大批以研发和提供AGV系统（包括KIVA机器人系统）的企业，并且在电商等多个行业出现了一波建设柔性化物流系统的热潮。

毫无疑问，随着物流技术的变化和发展，柔性化理念已经深入人心，甚至已经成为未来物流技术发展的一个重要方向。有两点是需要特别引起注意的，一是个性化与定制化多变的特征，需要柔性化的生产系统与柔性化的物流系统作为支撑；二是以电商为特点的物流中心，由于其业务的巨大不确定性，一方面，需要快速部署以满足市场不断变化的需求，另一方面，在共享理念下，从成本的角度考虑，要求系统具备通用性、可复制性、可迁移性、可扩充性等基本特征。

基于以上的背景，以下将换一个角度，重新审视物流系统柔性化及其重要性。

3.10.1 柔性化物流系统的新特征

柔性就其本来的意义来说，是与刚性相对应的一个概念。柔性代表可变，刚性代表不可变，物流系统如此，其他很多系统如制造业系统也是如此。但是，物流系统的柔性不完全表现为一个物流中心或一套物流装备对于不同业务的广泛适应性，或者说，它不追求一个物流中心对变化莫测的业务的广泛适应性或通用性，因为这在很多情况下是很难做到的。如一个常温库要被改造为一座冷库，其代价是非常昂贵的，反过来也是如此。当然，通过标准化、模块化产品，使其具备更为广泛的适应性，这还是可以做到的。

物流系统柔性化追求的目标往往在于以下几个方面。

（1）对于业务量因季节变化，或节日到来的激变的适应性。

（2）系统在搬迁、升级过程中，设备与系统的可迁移性和可增减性。

（3）系统对于环境变化的适应性，如对于柔性制造生产线的支持等。

从这个意义上来说，以前讨论的单元化、标准化与模块化等技术，仅仅是从系统和设备本身的适应性去诠释柔性化的具体内容和内在需求，而非从业务层面去审视系统对于柔性化的需求，尤其是系统的可迁移性、可快速扩充性，以及对环境变化的广泛的适应性等。现在看来，这些需求有时更为迫切。

FMS 解决的是个性化和定制化时代，生产系统如何提升效率的问题，在此前提下，柔性生产线由于其强大的即时响应能力基本解决了这一问题。显然，就如同没有流水线就不能实现大规模生产一样，物流系统虽然也完全可以采用人工搬运完成物流过程（原始的柔性化），但对于海量的电商订单，以及工业 4.0 下的物流需求来说，传统的作业方式已经不能适应未来的需求。电商的特点在于其忙闲不均非常严重，此外，搬迁和快速部署系统也是适应业务变化莫测的基本需求，而柔性生产线与其说是生产线，还不如说是一套高度柔性化的物流系统。以前所说的定制化生产，只不过是柔性化制造系统的初级阶段，未来柔性化的生产和物流系统，不仅仅要满足定制化的需求，更要满足当产品形式频繁发生巨变的情况下的适应性问题。这是需要从信息系统、供应链系统，再到设计系统、生产与制造系统，最终到物流系统，均实现高度柔性化才能做到的。

电商的几个变化特征，一是产品的多样性，二是业务的不均衡性，三是增长的不确定性，四是地点的不确定性。这些特性对于物流系统提出了新的要求，而柔性化可以使这一要求得以满足。

令人欣喜的是，五六年前，KIVA 系统还只是亚马逊在其物流中心应用的一个新技术，虽然发源于传统的 AGV 技术，但对于料箱的搬运，KIVA 开了应用的先河。而今天，在中国不仅有了数量惊人的公司在研究和应用 KIVA 系统，而且 KIVA 的技术也突飞猛进，这是物流系统柔性化发展的新特征。

3.10.2 柔性化物流系统的发展状况

对制造业物流来说，柔性制造对物流的需求与过去已经大为不同。以汽车制造为例，组装车间的组装线已经完全拆除，代之以 AGV 为载体的移动式生产线。这种移动式生产线的最大好处是柔性化。比如说车型的变化，不仅仅是各组件的变化（包括主要元器件的巨变），还有整个工艺路线的变化，各个组装站点构成一个单元，需要组装的汽车通过预先设置好的路线，完成整个组装过程。此外，柔性生产线因为避开了几乎所有的障碍物，所以对于安装工具的配置就灵活得多，这是传统生产线所无法比拟的。

需要说明的是，自动化立体库作为高效的存储系统还是十分必要的，但连接立体库的输送机系统在很多环节已经被 AGV 取代。在以汽车为代表的制造业，柔性生产线已经成为标准配置。

AGV 系统很好地诠释了现代物流对于柔性化的需求，如快速部署、可扩充性和可迁移性等，AGV 的灵活性是其他产品所无法取代的。在流通领域，作为 AGV 技术的代表产品——KIVA 系统，给人一种返璞归真的惊喜，这是一开始没有想到的。

KIVA 的应用与其说是一次大胆的尝试，不如说是一次思想的革命。人们最早并不认同采用 AGV 去搬运一个箱子，因为那样实在太慢了。然而，当人们突破这一固有的想法时，突然看到的是一片新的天地。不仅是 KIVA 系统，还有更多的处理箱子的系统，如多层穿梭车、四向穿梭车、旋转货架等，在解决物流中的“货到人”快速拣选问题时，人们收到了非常意外的惊喜。

零售业是最先引入 KIVA 系统的行业，早在 2008 年前后，亚马逊已经开始部署 KIVA系统，KIVA 这一名称实际上是一个研制 AGV 系统的公司的名称。据说，KIVA 在亚马逊遍布全球的物流中心中已经布置了上百万台。KIVA 在中国的发展也是一个令人惊奇的现象，因为 2005 年前后，各种以 KIVA 为主要产品的新兴物流技术企业纷纷诞生，并在短短数年间风靡全国。应该说，电子商务的蓬勃发展给了 KIVA 一个千载难逢的机会。现在，围绕着 KIVA 进行研发的公司可能已经有上百家，应该说他们对整个物流行业的发展起到的推动作用是巨大的。

柔性化物流系统并非一个新的名词，早在 20 年前甚至更早，物流行业就已经意识到柔性化的重要性，柔性化设计也一直是物流设计的重要内容。只是当时由于柔性化的代价太高而影响了一些技术的发展。虽然现在人们对柔性的理解还处于不断发展阶段，但几乎可以肯定，柔性化是物流系统未来发展的主要方向之一。

3.10.3 柔性化物流系统的优势和劣势

物流系统柔性化的优势非常多。

人们往往从成本和效率的角度去衡量一个物流系统的优劣。构成成本的因素很多，比如土建和设备成本的摊销，人工成本可能是所有成本中上升最快也最受人关注的部分，至于服务质量和服务水平对于成本的影响，对很多企业来说，并不将其归类到成本之中。其实，越高的服务质量肯定意味着越高的成本，此外，如果考虑到质量和服务导致的退货成本，则这一成本所占的比重，往往会高得超出想象，如果进而考虑到企业发展的机会成本，则完全超出了成本的范畴，成为另一个更加严肃的话题。而对效率的理解，可能更多的人会放在具体的业务上，如系统的作业效率等，从而忽略了时间成本和机会成本。所谓的时间成本和机会成本所涉及的方面也有很多，如物流中心建设的周期，就是与此话题密切相关的。电商的发展周期都非常短，并且有越来越短的趋势。机会一旦失去，就不会再来。有时，时间和机会一旦失去，再谈效率已经没有意义。

物流系统的柔性化技术，对于成本和效率的影响是其主要优势之一。以下试举几例说明。

（1）KIVA 系统的快速部署和可扩充性对于机会成本的影响是重大的。以电商为例，电商往往具有较大的随机性和不可预测性的特点，当机会来临时，由于物流的影响而使机会错失，这种情况是非常多的。有些企业为了应对这种突然的市场需求，利用人海战术予以解决，不仅成本巨大，效率低下，而且服务质量得不到保障，更加影响了客户的体验，是一种饮鸩止渴的做法，得不偿失。KIVA 系统可以分为硬件和软件两部分：硬件部分主要是小车和货架，由于高度标准化和单元化，几乎没有现场的安装工作，最多只是在拣选站、地面等场地进行非常有限的安装工作，这样可以极大减少设备安装时间；软件部分包括调度与管理软件，这是完全可以在模拟环境下进行测试的系统，因此，现场的调试工作也可以大大减少。这正是系统快速部署和可扩充性的基本特性。

（2）KIVA 系统的可迁移性，则在产品共享方面发挥出了极大的优势。无论是立体库、输送机系统，还是分拣机等设备，其最大的问题是搬迁困难，不仅成本很高，而且还很费时间。KIVA 系统的优势在于：不仅搬迁成本低，而且硬件和软件均可以实现快速搬迁，这是立体库等系统所无法比拟的。从 KIVA 系统的可迁移性和可扩充性可以看出，这些设备在未来可以形成批量生产优势，产品的成本和安装调试成本将大幅度下降，系统维护成本也是如此。另外，随着市场需求的进一步扩大，未来形成成熟的租赁市场是完全可行的。无论是货架单元，还是小车系统，均可以控制在少量的规格范围之内，从而实现标准化生产，进而大幅度降低成本。这正是工业化时代的基本特征。

（3）柔性化物流系统在突出“简约”这一特点时，可以做到极致。柔性的意义在于简约，即可以在设备层面做到按需配置。很多实际运行的物流系统，其业务都呈现一定的波动性和增长性（当然也有个别呈现出衰落态势），而柔性化物流系统做到极致就是体现在根据这一变化的需求配置系统。从需求方面来说，可以大大减少由于设备投资所带来的成本；从供方来说，可以提升设备的使用率，从而实现效益的增加。

柔性化本身没有什么明显的劣势，只是在各个应用阶段，由于应用水平和相关技术的局限，会表现出一些比较劣势而已。

如 AGV 与输送系统的比较，会存在性价比的问题。在不影响使用的前提下，AGV 会导致投资的增加，这是其劣势所在。在大部分情况下，柔性化的设计虽然会需要更大的投入，但在实用性方面，柔性化又往往显得更加“节约”。

柔性化的表现往往是多层次和多方面的。以 AGV 系统为例，就 AGV 的导航技术而言，有磁条导航、二维码导航、惯性导航、激光导航、SLAM 自然导航等，每种导航技术的柔性化表现方式和程度是不一样的，不能简单地一概而论。在实际设计过程中，不要为柔性而柔性，有些没有必要表现为柔性的地方，采用相对刚性的设计也是必要的。

3.10.4 建设柔性化物流系统需要考虑的问题

物流系统的柔性可以分为需求的柔性和自身系统的柔性两个方面。前者是指对业务变化的适应性，后者主要是指在业务确定的情形下，系统根据现场情况进行实时调整的能力，如路径优化、交通的避让等，在实际应用中要加以区分。

企业在建设柔性化物流系统时，要对自身的需求有比较清楚的认识。

有些系统的需求是不清晰的，或者是不准确的。如电子商务，不仅发展速度不可预测，或预测很不准确，而且完全有可能连业务形式都发生重大变化。这时，充分考虑系统的柔性化会有比较好的效果。在建设模式上，采用总体规划分期实施的策略是一种典型的策略。在技术和设备选型上，考虑可移动技术（典型的如 AGV 技术），使系统具有更大的弹性。在设计指标方面，留出一些余量是必要的。一要考虑短期和长期的需求，二要考虑长期需求中的不确定性。

认真推敲系统需求是必要的，一方面，要避免盲目提出设计指标，另一方面，要克服过分担忧的心理。

有些系统在可预见的未来，需求是相对确定的，如一个工厂的物流系统。规划此类系统时，过多考虑需求的变化将付出不必要的代价，如空间利用率、产能限制等。同样是工厂物流，AGV 最早是在车间中使用的，尽管当时的设备价格非常昂贵，但仍然值得采用，因为车间没有更多的空间去布置输送设备。

柔性与刚性是相对的。在实际设计中，并没有什么硬性的指标去规定哪些地方采用刚性设计，哪些地方采用柔性设计。以 AS/RS 系统为例，尽管 AS/RS 系统非常刚性，但在充分利用空间方面确有其独到之处，有时甚至不可取代。有时，虽然看到亚马逊仓库中成千上万的 KIVA 小车很是震撼，但 KIVA 也并非一种普遍适用的技术，它的优点与缺点都非常明显。在一项具体设计中，要因地制宜采取恰当的策略。

3.10.5 未来的发展趋势

可以肯定的是，未来的物流将是一个柔性化的物流世界，会朝着柔性的方向快速发展。

在生产领域：大规模定制化生产是催生柔性化生产系统的主因之一，因为传统的生产模式刚性太强，不容易适应定制化的变化需求。将生产线化整为零，简化为一个个生产单元，以取代刚性的生产线，通过 AGV 将各单元联系到一起。柔性化生产是通过单元化和标准化实现的，如汽车生产线。从外部需求来看，车的型号、颜色、功率、性能、外形等，不断发生变化，市场的需求呈现多样化的特征，这就要求生产线具有快速调整的能力，以适应外部不断变化的需求。物流也是如此，从内部需求来看，Cell 生产线必将逐步取代传统的流水生产线。柔性化生产线不仅仅是为了满足快速变化的定制化生产的需要，更重要的是，随着物流技术的发展，尤其是成本的降低，柔性化生产线显示出了巨大的优势。

在流通领域：柔性化体现在多个方面。其中最关键的方面在于更灵活的配置，更快捷的部署，以适合快速变化的市场的需求。以电商为例，从业务需求看，订单的变化往往出乎人们的预料，尤其是“双 11”购物节的需求量呈爆发性增长，需要设备和系统具有一定的适应能力，更重要的是，面对高速增长的需求，系统能否及时跟上?因此，需要与业务需求相匹配的系统能力以满足需求，同时要兼顾成本控制。

显然，柔性化的实现要与当前的技术水平相结合，而不能离开实际需求盲目推进柔性化。柔性技术也有其适应性问题，就如同其他领域一样，未来的世界，应该是多种技术的共存，它们各自找到最佳的应用场合，从而发挥出最大的作用。

人们常说，未来是“软”的，其实，这种“软”就是柔性的一种表现形式。

（注：本文发表于 2019 年 10 月《物流技术与应用》杂志，有部分修改）

3.11 穿梭车系统及其应用概述

3.11.1 穿梭车系统的定义、功能及发展

穿梭车（Shuttle Car），是物流系统中一种执行往复输送任务的小车，其基本功能是在物流系统中（平面内）通过轨道上的往复运动以完成货物单元（主要是托盘和箱子）的输送。

穿梭车有别于提升机（垂直输送）、AGV（自动导向，无轨道），以及堆垛机（AS/RS 与 Miniload，三维输送）。由于其具有灵活性，被广泛应用于物流配送中心和生产物流系统。

穿梭车按照输送货物单元类型可以分为托盘式穿梭车和箱式穿梭车，按照其作业场地不同，可分为输送型穿梭车和仓储用存取型穿梭车（见图3－11）。

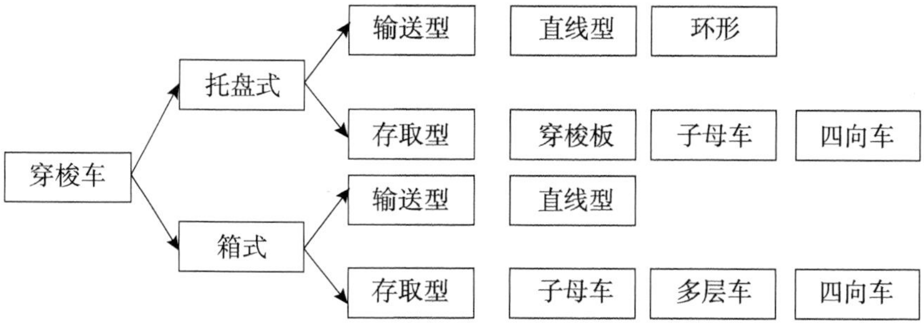

图3－11　穿梭车的基本分类

穿梭车还有其他多种型式，只是因为种类太多且部分车型应用较少，在这里没有一一列出。

此外，从荷载及存储形式看，还有单工位单深度、单工位双深度、单工位多深度、双工位单深度、双工位双深度、双工位多深度，以及多工位的变化。但应用最多的还是单工位单深度和单工位双深度两种型式。

本文讨论的范围仅限于存取型穿梭车。

相对于输送型穿梭车有超过50年的发展历史，存取型穿梭车的历史要短得多。最早的穿梭板和子母车应用也不过有20年历史，而四向穿梭车的应用则是10年以内的事情。究其原因，可能主要是电池技术和充电技术的限制所致，当然，网络技术和通信技术的发展也是重要原因。

随着电池、网络等关键问题的逐步解决，穿梭车技术被迅速应用于物流系统。在我国，最早的穿梭板应用可以追溯到2010年，基本采用半自动方式，由叉车进行换巷道和换层作业。

穿梭车的巨大作用是解决了两大问题：一是密集存储问题，采用穿梭车系统，可以大幅度提升存储密度，这是以前很多技术（如双深度堆垛机）所无法比拟的；二是快速存取问题，其实，目前火热的“货到人”拣选技术的兴起，其根本原因在于采用多层穿梭车、四向穿梭车等技术，彻底解决了快速存取问题。可以说，穿梭车技术的发展，为未来的物流技术发展奠定了基础，指明了方向，并且开辟了一片新天地。

3.11.2　穿梭车系统的基本构成

穿梭车系统的基本构成多种多样，作为一个独特的物流系统，它与其他的物流自动化系统有许多相似之处，但也有很大不同。一般情况下其系统的基本构成如图3－12所示。

其中，调度系统是至关重要的子系统之一，有些功能是其他物流系统所没有的。

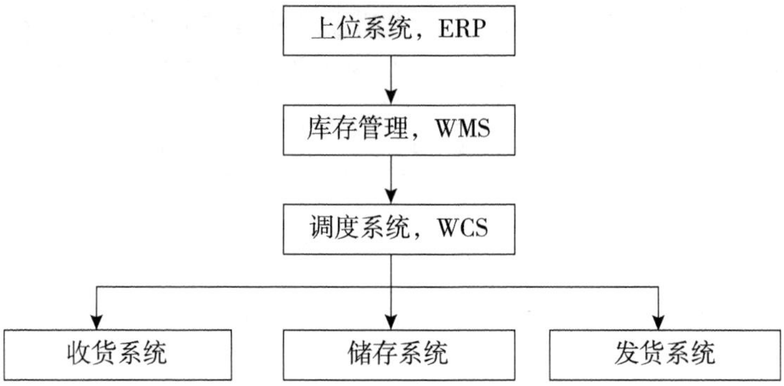

图 3－12　穿梭车系统的基本构成

托盘式穿梭车系统主要用于密集存储，其收货系统中主要包括输送机（包括提升机），储存系统则包括货架、穿梭车、提升机等，有些也采用堆垛机完成穿梭车的换层，发货系统包括输送机及拣选系统等。有些系统比较简单，如穿梭板可以自行构成系统，有些系统则比较复杂，如采用机器人完成入库码垛和出库拆垛等。

箱式穿梭车系统主要用于“货到人”拣选系统，其收货系统包括收货换箱工作站和收货输送系统；储存系统包括货架及轨道、穿梭车（包括多层车、子母车、四向车等）、提升机等；发货系统则包括拣选工作站、包装工作站和输送系统等，根据实际应用不同，有些系统会简单或复杂一些。

穿梭车是系统的核心产品。其本身的构成包括车体和移载机构。多层穿梭车只能完成往复运动，有的可以依靠提升机完成换层，有的则不能换层；四向穿梭车可以完成平面内的 x 方向和 y 方向的运动，换层则通过提升机完成；还有一种子母车，母车完成巷道内 x 方向的运动，子车可以完成 y 方向的运动。移载机构有很多种形式，其中夹抱式货叉应用比较多，此外还有皮带式 + 货叉式等。穿梭车有多种供电方式，电池和滑触线方式较为常见，早期的多层穿梭车主要采用滑触线供电，而采用超级电容 + 电池供电是目前常见的方式。采用超级电容 + 电池供电时，一般给每台车设计有固定的充电站，除此之外，在提升机上充电是一种临时快速充电的方式。

3.11.3　穿梭车系统的关键技术及技术难点

最早的穿梭板小车，采用的是半自动控制方式，结构和系统简单，电池技术是影响其应用的关键技术之一。每次完全充电能满足的工作时间，成为穿梭板的一个制约。而高性能的电池价格昂贵，使得穿梭板小车的应用非常有限。随着电池性能的不断提高，量产以后价格下降，穿梭板小车才得以广泛应用。

在早期，有一个很大的困难是小车的电量监测，设想一下小车突然没有电怎么办？而这种情况确实每天都发生。如果不能有效监测到小车的电量，问题就无法解决。这一问题会造成全自动的系统和大型系统无法应用，也是穿梭车系统迟迟不能推广应用的关键原因之一。

此外，通信和定位也是关键技术。早期的穿梭板由于通信问题导致定位不准确，进而出现大量空位情况，而设备通信故障频繁导致维护也很困难，在很大程度上影响其使用。

托盘式四向车的诞生改变了人们的思维方式。托盘式四向车为立体存储提供了新的解决方案，是立体存储技术的重大突破，传统以 AS/RS 为主的立体存储设计思想受到了很大冲击。然而，四向车系统的调度是非常困难的。越大的系统，调度难度越大。此外，由于增加了横向和纵向的轨道，系统交通管制也是一个非常大的问题，这些问题不解决好，也将无法大规模使用。

对于箱式穿梭车来说，最早的多层穿梭车应用研究有超过 10 年的历史，它的发明解决了“货到人”拣选系统中长期困扰人们的存取速度问题。在此前，尽管 Miniload 的速度已经提高到 350m/min，但存取效率还是局限在 100 次/小时左右，多层穿梭车轻松地突破了这一极限。多层穿梭车的关键技术在于充电装置，以前采用的滑触线方式，安装维护很困难，成本也高，现在的电容充电装置可以在数秒之内快速充电，满足小车几分钟的作业要求，这样，小车完全可以实现 24 小时不间断工作，这是一个重大突破。此外，多层穿梭车的货叉设计也是重点。随着市场分工越来越细，现在已经有成熟的货叉可以选用。货叉的成本约占小车的 20% ~30%，从这一点也可以看出其重要性。

这几年，“货到人”拣选发展迅速。未来，自动拣选应该是一个大趋势。尤其是基于货到机器人的自动拣选。到时，传统的补货策略也将发生很大改变。特别是在电子商务这样比较特殊的系统中，整件拣选和整托盘出库或许已经非常少见，库存区和拣选区的互动形式将发生比较大的改变，这些是可以预知的。“货到人”拣选工作站如图 3 – 13 所示。

图 3 – 13　“货到人”拣选工作站

世界在不断向前发展，物流技术也是如此。人们也许无法准确预测到未来 10 年以后的技术发展情况，但关于补货的原理以及由此引申的基本要求应该是一致的。

对于四向箱式穿梭车来说，其难度主要在于控制和调度系统，订单管理、路线优化算法非常复杂，控制更加困难。设想一个具有500辆小车的系统，如何调度才能有效是一个非常大的问题。很多系统的能力受到限制主要是由于车的不合理调度造成的，不同系统的差异非常大。

四向穿梭车具备良好的灵活性，具有多层穿梭车不可比拟的优点，但其价格昂贵，又为其推广带来了障碍。随着技术的不断成熟，四向穿梭车可能会迎来很大机会。

3.11.4 市场需求及未来变化

穿梭车的诞生，为密集存储和快速拆零拣选提供了十分有效的解决方案，所以一经推出，便广受用户欢迎。

对托盘式穿梭车来说，与传统的AS/RS系统相比，根据方案不同，其存储密度会提高30% ~50%，而且最大的优势是四向穿梭车不受空间形状的限制，几乎可以在任意的空间中布置，这是AS/RS所无法比拟的优势。虽然AS/RS系统也具备双深度存储技术以提高存储密度，但无论存储密度还是对空间的要求，都与穿梭车相去甚远。

密集存储的应用场合非常多，如烟草原料和成品、食品饮料、工业制造等，尤其在冷链行业有很大的用武之地。传统的冷库不仅空间利用率低，而且作业环境非常恶劣，托盘式穿梭车的发明，大幅度提升了存储的密度，也改善了作业环境，可谓一举多得，市场前景非常广阔。目前存在的问题是，由于穿梭车系统对货架要求比较高，增加了系统的成本，为需要快速作业的系统带来了成本压力。

箱式穿梭车在拆零拣选方面的应用则更为广阔。箱式穿梭车系统可以适用于多种现场情况，这是与Miniload不同的地方，此外，Miniload的存取能力受到限制，无法满足"货到人"拣选的需求。与传统的阁楼式货架比较，穿梭车系统存储效率更高，拣选更为准确，对人工的需求也大幅度降低，这是其具有巨大优势的几个方面。当然，成本是其劣势之一。但随着人工成本的不断降低，这一点很快会达到平衡，并显示出优势。

就"货到人"拣选技术而言，目前也有多种形式，如典型的KIVA系统就是应用最广泛的技术之一。KIVA系统十分灵活，设计简单，容易搬迁和增减设备，这是其得以推广的主要原因。然而，KIVA系统存储和拣选效率低且拣选难度相对较大的缺点，也注定其应用将受到限制。

对设计和使用者来说，在实际设计中，如何选择和评价穿梭车系统非常关键。主要应该注意的是以下几个方面。

出入库作业能力：出入库作业能力是衡量穿梭车系统的重要指标。包括输送系统、提升机、穿梭车、堆垛机等所有关联系统或设备的作业能力的匹配，以及拣选工作站的能力等。在实际设计中，要求一个拆零拣选工作站达到每小时600订单行以上的拣选能力是非常基本的，这对输送系统的设计也提出了很大挑战。

存储能力：存储能力是一个静态指标。不同的设备和技术所能够达到的存储能力是不一样的。一般情况下，存储能力越高越好。密集库系统对存储能力要求比较高，但拆零拣选系统并不特别追求这一点。要注意存储能力和存取能力的一致性，有时过分追求单一指标是没有意义的。

软件系统：对于箱式穿梭车系统来说，其难点在于软件系统，如何快速高效地响应订单的拣选要求，如何有效调度小车，是考验一个穿梭车系统的关键内容。而对于托盘式穿梭车来说，四向车的控制系统是难点，密集库的管理与作业流程设计与普通仓库也大不一样。

3.11.5 穿梭车系统的发展趋势

穿梭车的诞生是物流设备技术的一次重大创新，它甚至改变了长期以来 AS/RS 系统独占市场的格局。对于未来的发展趋势，行业内多数专家都表示乐观。

托盘式穿梭车的应用，彻底改变了密集存储系统的概念，甚至可以说是一种颠覆。从简单的穿梭板应用，到子母车，再到四向车系统，其发展轨迹一致围绕着密集存储进行。密集存储在制造业物流中有广泛的应用空间，尤其在烟草、食品、酒水、家电等大宗商品生产领域，而冷链物流的市场需求将超出人们的期望，托盘式穿梭车可以说是应运而生。

如果说托盘式穿梭车是为密集存储而生，箱式穿梭车则完全是为拆零拣选而生，一个巷道达到 1000 余次的作业量，这在以前是无法想象的。而箱式穿梭车的诞生轻易地将人类这一梦想变成了现实。其意义是巨大的，影响是深远的。

过去几年来，智能物流（Smart Logistics）成为行业最时髦的词汇之一。人们畅想的智能物流到底是什么？有的人不是很清楚，有的人给出了蓝图。其中最关键的一点共识是，智能物流是实现大规模定制化生产的基础。什么是大规模定制化生产？简单来说就是要将以前的“千人一面”市场需求转变为“千人千面”的个性化需求。从这个意义上讲，生产物料供给需要拆零，流通配送也需要拆零，拆零拣选将是未来的主要拣选方式，由此也可以看出“货到人”拣选系统和穿梭车的价值所在。

许多年前，人们在预测物流行业的未来的时候，往往乐观地认为未来物流中心规模将越来越小，理想甚至是库存等于 0。但事与愿违，现在的物流中心，规模变得越来越庞大，品规数变得越来越多，订单越来越细，这正是一个大规模定制化需求的真实写照，电子商务很好地诠释了这一需求，并在很短的时间内使之成为现实。可以预见的是，穿梭车的应用将越来越广泛，规模也将越来越大，前途不可限量。

（注：本文发表于 2015 年 10 月《物流技术与应用》杂志，有部分修改）

4 系统集成的典型案例

本章导读

本章选择了9个不同行业的代表性系统集成案例，对设计方案、流程、关键技术、创新点等进行了相应解说。其中联想集团北京厂物流系统是一个典型的计算机制造业物流系统，也是我国第一个大型的集成化物流系统；神州数码上海配送中心则是我国第一个自动化的集成化配送中心；上海新华传媒图书配送中心开创了我国新华书店省店物流配送的新模式，是图书配送领域的示范性工程；北京高等教育出版社作为中国最大的出版社之一，其图书物流中心集多种新技术于一身，被称为我国集成化物流中心的典范；物美集团华北配送中心曾是国内物流处理量最大的配送中心，每天处理100万箱货物，是零售业物流的标志性项目；湖南全洲医药食品物流中心则属于我国较早的全自动化医药物流配送中心之一，其技术特点一直作为此后十多年医药物流的标杆，被行业所效仿；国药集团上海物流中心Ⅱ期工程在国内第一次采用“货到人”拣选技术，成为行业的先行者；京东商城广州小件库是“亚洲一号”的示范性工程，日处理订单最多时超过60万单，其中多项拣选技术更是首次采用；太平鸟慈东服装配送中心，建筑面积达到13万平方米，曾是国内最大的服装物流中心，也是全渠道配送的示范性工程。

4.1 联想集团北京厂物流系统

4.1.1 项目的由来

1998年，经过15年的发展，联想集团（以下简称“联想”）已经具备了一定规模，年销售额超过220亿元，在国际舞台崭露头角。有两件大事改变了联想发展的轨迹，使其迈入国际化企业之路：其一是建设北京工厂、惠阳工厂，开展规模化生产；其二是实施SAP R/3系统，实现供应链管理。当时，在企业内部还没有争论“技工贸”还是“贸工技”的时候，联想迎来了最好的发展时期。

联想北京厂是一座集研发、生产、展示于一体的现代化工厂，在此后很长一段时间里，这座位于上地六街的造型有些奇特的建筑一直是联想的中枢，是北京中关村科技园的标志性建筑，上至中外国家领导人、外交使节，下至慕名而来的政府官员、客户，以及其他普通参观者，总计有数万人在此留下足迹。

联想北京厂是第一个将物流放在了如此重要地位的现代化工厂，这在很大程度上是因为联想的领导层见多识广，有着超前的国际视野，这在当时是很不容易的。如今，再次回顾当时的成就时，不得不感叹中国的制造业曾经在很早的时候就有了今天人们所努力追求的工业 4.0 的思想，并将其付诸实践。

简单来说，联想北京厂的建设目标，就是要建造一座超现代化的工厂，并将物流放在了前所未有的高度。而当这一重任最终落在了北起所课题组肩上的时候，大家才发现，这是一个划时代的工程，而无论从技术储备，还是从人才准备，当时都还差得远。

4.1.2 系统设计的基本需求

联想北京厂是一座多功能建筑，其工厂设计日产能为 1 万台台式机，而物流中心主要承担日产 1 万台台式电脑的原材料和部分成品储存。这在当时是一个重大挑战。

在此之前，联想的供货周期大致是 25 ~ 27 天，即订单下达后，25 ~ 27 天可以交货，这在当时是计算机行业比较平均的水平。显然，这不是联想追求的目标，联想要求将供货周期缩短到 15 天以内，占据行业的制高点，这给当时的供应链提出了挑战。

计算机生产线分为流水线和 Cell 线两大类，流水线的每个工位只完成固定的一个或几个动作，物料的供应也就相对简单，安装主板的工位，只要配送主板就可以了，安装硬盘的工位则配送硬盘，如此而已。流水线适合大宗订单作业。与此相对应的是 Cell 线，一个工位完成一台计算机的全部组装工作，显然，Cell 线对于小批量的订单就更加灵活。由于联想当时有大量的定制化客户订单，所以，Cell 线发挥了巨大作用。

从物流考虑，原材料的种类有数千种之多，而立体库的储存能力是有限的。因此，大宗的物料，如机箱、包材等的储存时间被压缩到只有 2 ~ 3 天。后来，联想还创造性地提出了 VMI 管理模式，即部分材料的货权属于供应商，只有在使用时才转移所有权，这在当时是一个创举，但对设计和系统提出了挑战。

联想在 1997 年已经开始实施 SAP R/3 系统，这在国内是非常早的。此前，只有长春一汽实施过这一系统。因此，联想对系统提出了 WMS 与 SAP R/3 无缝对接的要求。这在当时还没有先例。

工厂分为两层，上层是组装线，下层是包装线。物流中心则主要包括一座自动化立体库，以及收发货的输送系统等，要求与工厂的生产线紧密连接。

从技术层面来说，国内的堆垛机和输送机技术已经有了一定发展（如采用 SIEMENS PLC 进行控制，以及采用 SEW 电机等），WMS 软件也在不同的场合得到应用，ERP 的概念则是刚刚被提出（以前提到最多的是 MRP II 系统），但这显然不是联想的目标。巧合的是，项目组中多人此前在杭州卷烟厂自动化物流系统建设中，作为顾问参与了它的全过程，一方面，对处于世界先进水平的欧洲物流系统及产品有了一个全面的认识，另一方面，对制造业物流的组织与管理有了一个全新的了解。

4.1.3 最终的方案

联想北京厂物流系统的最终方案包括一套自动化立体库系统，以及与之配套的收发货系统、WMS 系统、看板系统等。物流系统布置示意如图 4－1 和图 4－2 所示。

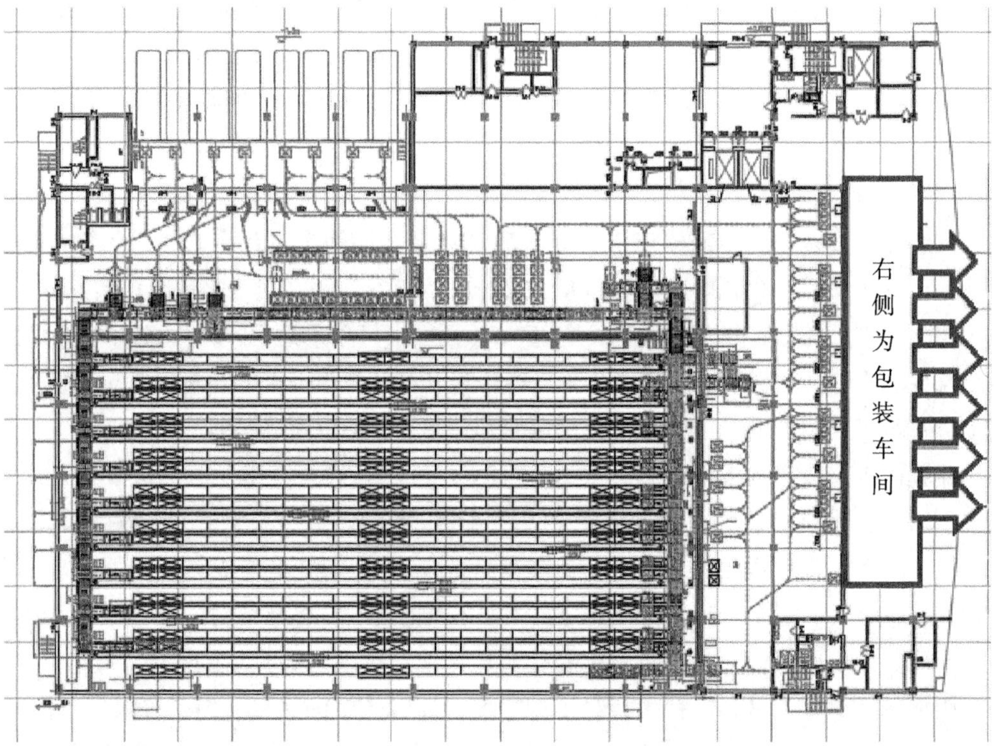

图 4－1　物流系统一楼布置示意

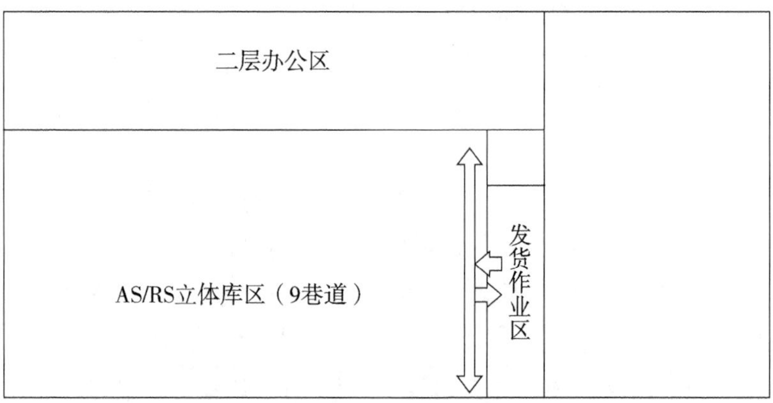

图 4－2　物流系统二楼布置示意

系统设备构成方面：AS/RS 系统包括 9 台堆垛机、18 排货架，高度 24 米，货位数为 8172 个。设计输送机 163 台，以及 2 台穿梭车（位于二楼）和 1 台空托盘码垛设备。此外，站台设备中有 4 套升降平台、6 台平衡重电动叉车以及若干地牛负责搬运托盘。

信息系统构成方面：WMS 与 ERP R/3 系统完成无缝对接，WCS 除了处理指令的分发外，还提供每个作业区的看板信息发布。此外，还配置了一套托盘调度系统。WMS 在每个作业区均配置了现场工作站。

物流系统负责原材料和部分成品的收发货作业，要注意的是，原材料和成品的物流路线是相反的。

原材料收货（一楼）：供货商送货到站台，经卸车组盘后，即可入库。

原材料的配货（一楼、二楼）：一楼主要配送包装箱等材料，二楼则配送生产线的物料。对流水线而言，配送的物料以托盘为单位居多，但对于 Cell 线，则先要进行配方拼盘才能送达生产线。为此，联想还专门设计了以电子标签为辅助手段的拼盘系统。

托盘上剩余的物料还要及时回到 AS/RS 系统储存，这是本系统设计的难点。

成品入库与出库（一楼）：部分成品完成最后一道工序装箱后，经码盘便可进入立体库储存。而当其需要发货时，则从立体库的一楼北侧出库。空托盘经过自动码垛后，由输送机送到南侧入库储存。

4.1.4 技术难点与创新点

联想北京厂自动化物流系统是一个具有划时代意义的项目，有许多技术难点和创新点。

1. 首次在中国完成 SAP R/3 系统与 WMS 的无缝对接

SAP R/3 系统进入中国，大致在 1995 年前后，一汽集团引进奥迪生产线，成为第一个实施 SAP 系统的中国企业。此后，众多著名企业如海尔、联想等开始跟进。联想集团是成功的 SAP 系统应用者之一，这得益于联想的 IT 背景，更为重要的是联想领导层的重视。WMS 与 SAP 实施无缝对接的困难之一是 SAP 系统本身非常复杂，仅移动类型就有几十个。另外，当时几乎没有 SAP 系统的物流顾问，好在联想自身的队伍具有很强的能力，弥补了这一不足。联想 SAP 系统与 WMS 的连接成功，为后来 SAP 系统在中国市场的推广应用，起到了一定的示范作用。

2. 面向生产的 WMS 系统开发

WMS 系统在 20 世纪 90 年代并不成熟，很少有商业化的系统，现今所熟知的 WMS，要么还在开发初期，要么还没有进入中国，一些高端的物流系统，如杭州卷烟厂物流系统，虽然采用了国外的 WMS，但均以项目形式整体引进。联想北京厂 WMS 的意义在于第一次完成了与 SAP 系统的连接，并且首次在复杂生产系统中得到应用。

WMS 支持订单发货，支持 VMI 管理，并且具备 Cell 线的配方管理。当然，联想 WMS 也受到了国外 WMS 的启发，这是不容回避的。

3. 首次明确现代物流信息系统基本架构

联想北京厂物流系统明确了现代物流系统的 4 层架构，如图 4－3 所示。

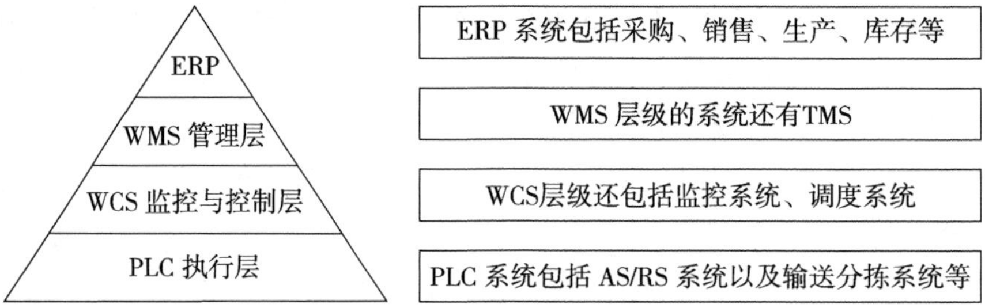

图 4－3　物流信息系统的层级架构

在本项目中，创造性地提出了托盘调度管理系统。这一系统通过对在线任务队列的控制和作业任务优先级的管理，能提升系统的综合能力，有效舒缓输送系统的压力，在许多复杂场合都具有非常重要的意义。

4. 新一代 AS/RS 堆垛机系统和输送系统

我国的堆垛机技术，此前经历过 3 次重要升级。第一代堆垛机是通过逻辑电路控制的，采用相对认址技术，无上层计算机管理，单机自动，运行采用双速电机，运行速度在 40 米/分钟左右。第二代堆垛机采用单片机控制，可以进行联网控制，较第一代前进了一大步，但计算机技术尤其是网络技术和数据库技术仍然受到限制，在这一阶段，通过增加断绳保护和松绳保护技术，堆垛机的安全性得以大幅度提升，技术引进开始被重视起来。第三代堆垛机采用了 PLC 控制系统，采用 SEW 的变频调速技术，运行速度提升到 80～120 米/分钟，计算机联网控制和数据库技术已经开始应用。

欧洲和日本的技术显然要领先我国许多年，在经历过引进、消化等过程后，联想项目终于迎来了最大的一次升级。首先是基于总线控制的联网控制技术的全面应用，使系统的规模实现了一次突破，计算机网络技术，尤其是"客户机/服务器"模式应用已经普及，计算机管理水平大幅度提升，"激光认址＋变频调速"技术使得堆垛机的速度得以大幅度提升，可以达到 180 米/分钟甚至更高。此外，堆垛机的结构也发生了重大变化，变截面立柱使得堆垛机的重心更低，质量更轻。输送机系统无论在外形设计还是性能方面，均有大幅度提升。穿梭车也有一个重要创新，运行速度得以大幅提升，双台穿梭车的调度与避让管理，在此前均无先例。托盘自动码垛机首次在立体库中应用。所有这些新技术的投入使用，集中在一个系统之中，真是不可思议。

4.1.5　后记

联想北京厂物流系统的成功建设，是一个划时代的事件。这一项目的多项技术以及设计理念，成为中国此后十多年间建设自动化物流中心的指南。联想集团在北京厂建成投入使用后，其业务得到了突飞猛进的发展，并成为PC领域世界领先的供应商之一，成功赞助北京奥运会。有两个指标值得一提：其一是最大产能曾达到每天3万台台式电脑以上，其二是供货周期从设计初期的15天减少到7天。

另外值得一提的是，本项目获得众多荣誉，其中包括北京市科技进步一等奖。而承担本项目建设的北起所，则维持了其在物流技术领域的领先地位，并在此后的许多年里大放光彩。

4.2 神州数码上海配送中心

4.2.1 项目的由来

神州数码是联想集团的一个子公司。若要追溯其历史渊源，则应是联想集团实施“贸工技”战略的关键举措的结果。2000年，联想集团一分为二，神州数码正式成立，主营电子产品销售，并于2001年在香港联交所成功上市。此前，神州数码的业务已经具有一定规模，年度分销总额超过70亿元人民币，是国内电子产品销售领域的佼佼者，并在北京西郊闵庄路建立了大型的配送中心——这是当时国内具有相当规模的3C配送中心。

神州数码的独立为其业务发展提供了很大的发展机遇，管理层也是雄心勃勃，因此，在公司成立不久，即决定在上海建设自动化物流配送中心，以此确立全国的业务布局。

4.2.2 设计细节

神州数码上海配送中心的设计指标是以北京的业务为参考的。日配送能力设定为750单订单，高峰时期达到1000单左右，主要是上海周边的业务，以及负责全国的调配业务，配送时间要求在库内2小时内完成订单发货。这是一个很高的指标。

那时，B2C业务还没有兴起，因此神州数码的业务是以B2B为基础设计的，拆零业务所占比例不到3%，与现在的差距非常大。

配送中心占地面积约20亩，设计整体为两层，其中AS/RS系统在一层和二层都有出入库作业接口。配送中心一层总体布置如图4-4所示。

配送系统基本构成包括以下几部分。

1. 自动化立体库系统

自动化立体库系统是神州数码上海配送中心的重要组成部分，配置4台堆垛机，存储能力为7384个标准托盘位。自动化立体库系统设计了入库输送系统和出库输送系统。其中，入库输送系统主要由辊筒输送机和链条输送机构成，出库输送系统则由链

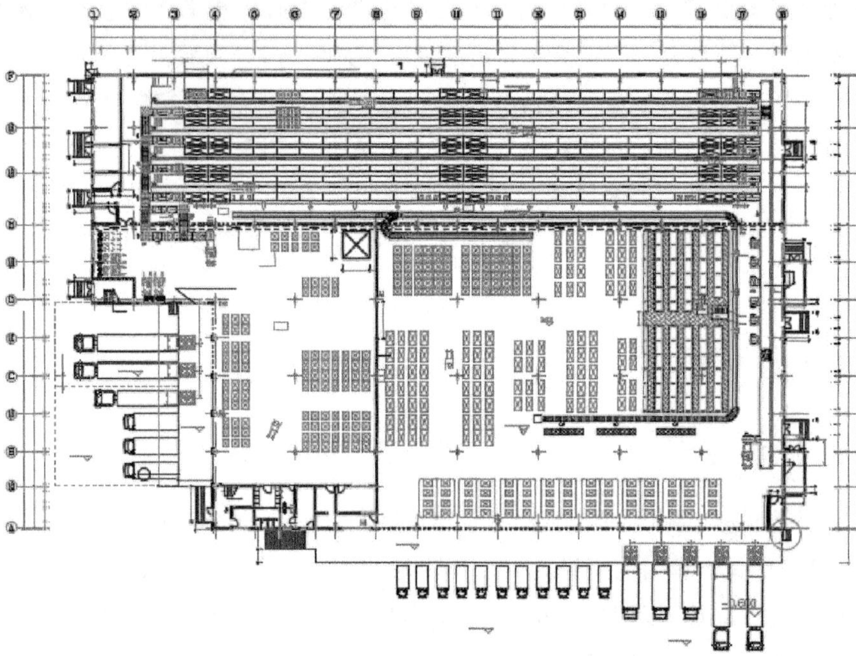

图4－4　配送中心一层总体布置

条输送机和穿梭小车构成。与传统设计不同的是自动化立体库系统不仅具备存储功能，还具有在线拣选和AA区快速拣选功能。

2. AA区快速拣选系统

本系统的创新点之一是自动化立体库的快速拣选区（AA区）设计，无独有偶，同期建设的海烟物流中心，也采用了这一技术，只不过它的规模更大。根据物料的拣选特点，系统定义54种特别频繁的拣选物料作为快速拣选物料，储存在第1巷道的第1层，大大减少货物托盘的搬运工作。物料的补充则自动在立体库中完成。

3. 托盘在线拣选系统

托盘在线拣选系统是本系统的又一重要设计思想。对于拣选不频繁的物料，本系统设计6个在线拣选点，配置RF系统完成拣选操作。实际运行表明，在线拣选具有很多优点，如便捷拣选、集中拣选、柔性拣选等。

托盘在线拣选在后来的设计中大放异彩。然而，当时行业中对于这一技术的应用却存在很多争议。

4. 阁楼货架

对于小件物料，系统提供阁楼货架进行存储和拣选。其配置800个拣选位置，其中流利式拣选位置36个。小件拣选的操作在RF系统上完成。

本项目中应用阁楼货架作为拆零拣选的技术手段，也是一个创举。虽然当时的拆零量很少，设计的阁楼规模也不大，但这一设计理念为我国后来的拆零拣选提供给了参考。

5. 平置堆放区

对于大件物料，如服务器、机柜等，以及大宗物料，如笔记本电脑、打印机等，设计平置堆放区。通过设计虚拟货位号和提供 RF 系统辅助拣选，极大地提高了物流系统作业的灵活性。

6. 拣选输送机系统

各拣选区的物料运输通过一套拣选输送机完成。在物料缓存区，操作人员通过标签识别不同单据的物料。

7. 集成化物流管理系统

集成化物流管理系统是本系统的灵魂。它不仅提供了各拣选作业的后台支持和数据分析手段，还提供了与 SAP R/3 系统的接口、提供 RF 系统的支持等。

4.2.3 流程细节

1. 物料的接收、注册及入库

收货员根据采购订单在 ERP 系统中进行收货。ERP 系统将自动根据采购订单生成收货单打印，如果 ERP 系统暂不能运行，可以由模拟终端执行该任务。

WMS 和 ERP 接口系统将收货单转换成入库任务，该入库任务将实时传输到 WMS 的数据库，并被入库用户工作站所识别。

收货和组盘在 RF 系统上进行。组盘操作时，应录入物料号和入库单号，并与托盘建立关系。组盘结果通过接口程序传至 ERP 系统，进行物料确认和地址分配。

码盘结束后的托盘，将由系统指定一个库存区。本系统设计了 4 个库存区：自动化立体库 AS/RS 区、平置区（含大件区）、小件物料区和 X - Docking 直入直出区。确定物料库存区由系统自动完成。对于一种物料来说，存在放置多个库存区的可能，但库存区的选择有优先原则。对于具体物料来说，通过设置库存区上限来防止大量的物料被堆放在某一区域。

2. 物料的拣选及配送

物料的拣选及配送是物流中心的主要业务。本项目从物料来讲包括大件和小件，整托盘发货也很多，业务十分复杂，但极少的拆零比例又使得作业变得简单许多。具体操作如下。

ERP 系统根据用户订单生成出库任务后，将该订单传到仓库管理系统（WMS）。货位的指定在 ERP 中完成。出库指令（包括发货单、物料、货位、托盘、数量、客户等信息）通过程序发送到 WMS 后，任务调度系统首先将根据客户信息进行任务分类，并附加缺省优先级。优先级的缺省值为市内客户，30；外埠客户，20；紧急客户，50。紧急客户是指要求加急的客户。在一般情形下，出现紧急客户时，会导致相关部分客户的订单提前。为了实现对客户优先级的控制及调节，系统在调度过程中控制下发的订单数，该数量可以由操作人员控制。任务调度系统还负责分解出库指令和生成自动化设备的指令，并将操作指令发送到 WMS 中管理。

拣选完毕的订单将触发系统自动打印发货单，RF 系统操作人员将根据发货单的提示最后核对拣选物料，并根据需要扫描物料的序列号（SN）。操作无误的订单将在 ERP 系统中进行确认（称为过账操作），等待装车运输。整个操作至此结束。

4.2.4 配送中心的专门技术

与传统的物流配送中心不同的是，神州数码上海配送中心广泛应用了以下现代物流配送的专门技术。

1. 物流系统的任务调度

通过 ERP 系统下达的物流中心的任务，分为两部分：其一是自动化系统执行的任务，需要自动化立体库设备及自动输送设备执行；其二是 RF 系统执行的任务，由 RF 系统直接执行的拣选任务。

任务优先级问题：解决优先级问题是调度的主要任务。该问题的基本描述是：任务本身具有优先级，用户有更改优先级的权利。在本系统中，优先级划分为 99 个级别，其中 1 表示最低，99 表示最高。高优先级的任务比低优先级的任务优先处理。在实际处理过程中，有两方面的问题需要特别注意，即多任务问题和重复拣选问题。

多任务问题，即一个订单具有多于一行的任务，优先级更改将针对所有行才有意义；重复拣选问题即对于一个托盘而言，存在被多个订单拣选的问题，调度中应充分考虑整托盘问题和零托盘问题，确保拣选顺利进行。

2. 拣选分区问题

配送中心的面积较大，分区较多，有时一个订单具有多行，拣选任务几乎覆盖中心的各个物理区域。若采用按订单拣选的策略，势必导致效率低下、劳动强度增加、成本增加等问题，无法满足客户的需求。在本系统中，采用区域分解原则解决该问题。基本原理是根据物流中心的布局和逻辑关系，划分作业区。包括以下作业区。

AA 拣选区：负责自动化立体库 54 个热选物料的拣选。

在线拣选区：负责其他自动化立体库的拣选和托盘返回。

小件拣选 A 区：负责阁楼式货架 1 层的拣选（包括流利式货架的拣选）。

小件拣选 B 区：负责阁楼式货架 2 层的拣选。

平置 A 区：一层平置区的拣选（大件物料和频繁拣选物料）。

平置 B 区：二层平置区的拣选（大件物料和流通加工物料）。

每个作业区有其唯一标识，拣选任务将自动分解作业到各拣选区，操作人员仅根据 RF 的提示完成相应的拣选任务即可，充分体现了并行作业的快捷与方便性。

3. RF 系统

现代物流系统的重要特征之一就是无纸化作业。无线射频装置（RFID）是实现无纸化作业的重要工具，它有多种形式，其工作原理在物流系统的不同作业区域是不一样的。

对于收货区，RF 系统负责组盘操作。组盘根据采购订单、转储订单等进行。系统通过扫描供应商代码获得物料信息。组盘完毕后的托盘将进入管理系统，WMS 系统将为托盘分配存储空间（存储区域和存储货位）。

对于入库区，RF 系统将通过扫描托盘获得作业指令（如托盘的目的区域和目的地址），并通过扫描目的仓位号获得对任务的确认。实际操作中，不同的作业区域其作业原理会有不同。

对于拣选区，RF 系统将根据不同的作业区，采取主动获取作业任务和被动获取作业任务两种不同方式。

对于在线拣选区和整托盘区，主动扫描托盘获取作业任务是较好的选择；而对于其他作业区（如 AA 区或小件存储区），则由系统分配作业指令较为适宜。

4. SN 序列号扫描

神州数码系统是一个跨平台的分布式系统。除上海物流中心外，包括北京、广州等地的 12 个销售平台共享物流信息。物流（包括库存）信息不仅可以在异地浏览，在具有一定权限的情况下还可以进行操作。对于 SN，要求各平台的数据相容。因此，作为工作内容覆盖全面的 SN 扫描系统，RF 应完成每次扫描数据的合法性核对。实时性、可靠性是本技术的焦点。

5. 接口

神州数码 ERP 系统采用著名的 SAP R/3 系统，配送中心 WMS 与 ERP 系统的实时连接是本系统的基本需求。总体来说，接口软件应解决以下问题。

接口方式：采用 SAP 系统提供的 BC 中间件连接技术，数据引入和导出均采用 XML 文档形式。

数据格式：SAP R/3 系统导出数据的基本方式分为 IDOC 文本方式和 PRC 远程调用方式。其中，IDOC 文本方式采取主动下发策略，而 RFC 远程调用方式则是类似 API 函数的调用方式。通过 BC 中间软件，SAP R/3 系统的数据均转换为 XML 文档格式。WMS 向 SAP R/3 系统返回的数据也是 XML 格式，通过 BC 返回 SAP 系统。

4.2.5 经验分享

神州数码上海配送中心是我国 3C 流通领域第一个真正意义上的自动化配送中心，虽然面积仅 10000 平方米，但许多工作是具有开拓性的。本项目的建成，对今后的自动化配送中心具有很重要的指导意义。有以下经验和教训值得总结。

总体规划方面，要从基本需求出发，特别要明确设计目标，并仔细分解目标。库存、收发货能力是设计的重点。配送中心面积一般都比较大，作业区比较多，如何规划好各作业区的能力，选择合适的存储方式和作业方式是关键。本项目中，把货物分为A类、B类、C类区别对待，是符合提高作业效率的需求的，尤其是对AA类货物的处理，体现了一定的超前性。从实际作业看，要充分考虑AS/RS系统能力的局限性，要明确穿梭车的适用场合，比如在大量整托盘出库时，穿梭车并不是很好的选择，要充分发挥平置区的能力。

流程设计方面，本项目首次完整地规划了自动化配送中心的出入库作业流程，为后来者提供了参考。对立体库来说，提总拣选是非常关键的技术，在本项目中也进行了尝试。唯一不足的是没有充分考虑二层平置区的作业潜力。

信息系统方面，本项目在与SAP R/3系统连接时，大胆尝试了由SAP系统管理库存的作业方式，这一方式大大增加了接口通信的数据量，但简化了接口的复杂程度，可谓是优劣参半。但从行业后来的发展看，由WMS管理库存还是主流。

本项目的搬迁工作量非常大，尽管事先进行了详细的部署，但在实施过程中还是出现了不少问题，如下架和上架效率问题、盘点效率问题等，没有对这些指标进行准确的估计。时值冬天，正是发货的高峰，项目组的人员多日加班加点，最后都是精疲力竭。好在系统本身没有什么大问题，而神州数码的所有人员都发挥了极高的职业素养，使得搬迁得以顺利进行。

（注：本文发表于2003年9月《起重运输机械》杂志，有部分修改）

4.3 上海新华传媒图书配送中心

我国的图书发行体系，最早是由新华书店总店（位于北京）总发行，各省有自己的配送中心，然后再配送到遍布全国的门店，即新华书店。新华书店引以为傲的是，它是全国唯一一家由毛主席题写店名的企业。

新华书店省店除了完成各新华书店图书配送外，还担负省内全日制中小学教材及教辅的配送任务，这既是一项政治任务，也是一项必须在给定时间内完成的工作，因为每年的春秋季开学前，学校必须拿到教材，否则就是严重的事故。

2003年，新华书店进行以省为单位的连锁制改革，揭开了我国图书配送改革的序幕。率先进行物流配送体系建设的主要有辽宁省新华书店、江西省新华书店、四川省新华书店、江苏省新华书店、浙江省新华书店等。由于当时的技术条件所限制，所有的物流配送中心建设还处于摸索阶段。

2005年，上海新华传媒股份有限公司（简称“新华传媒”）决定建设新的图书物流配送中心，以满足不断增长的业务需求。经过一年多的准备工作后，物流中心自

2006 年 8 月正式开始动工，到 2007 年 10 月 22 日建成并成功上线运行。成为国内建设周期最短的大型图书配送中心项目。该中心占地 38 亩，建筑面积 36000 平方米。首次在图书领域实现了高度信息化和适度自动化相结合：一方面，集成化的图书供应链一体化管理系统和物流管理系统有机结合，实现了商流、物流、资金流的高度集成；另一方面，现代化的拣选、输送和分拣系统，使物流中心的各个作业环节和作业过程井然有序，高效流畅。该物流中心的建设，为我国图书省店配送提供了样板。

新华传媒拥有大中小不同类型的售书网点 2000 余家，2004 年销售额近 15 亿元码洋。新华传媒的高层领导意识到，图书发行公司的竞争力主要体现在物流、连锁经营和信息化三个方面，建设现代物流中心将是企业做大做强的必由之路，也是新华传媒改革发展进程中的一件大事。

在建设过程中，该项目既得到了中共上海市委宣传部等上级单位的大力支持，也得到了新华传媒哈九如董事长和其他高层领导的大力支持，尤其是项目主要负责人新华传媒物流中心总经理姜胜青、信息中心总经理顾明良和总裁助理吕瑜等，一年多来几乎每天都到工程现场监督检查，参与具体流程制定和技术讨论，付出了辛勤劳动。图书物流有其独特的特点，项目组正是在充分吸收了姜胜青等领导几十年丰富经验的基础上，才得以完成这一全新物流配送中心的总体设计，这是项目取得成功的关键。

4.3.1 总体方案

物流中心位于上海市闸北区沪太路和汶水路交会处，紧邻中环线，地理位置十分优越。该项目总占地面积 38 亩，建筑面积 36000 平方米，其中物流中心 30000 平方米；总投资 1.3 亿元，其中物流系统及设备投资 4000 万元。

物流系统共由 5 个子系统构成，具体如下。

（1）一般图书处理系统：负责处理图书的接收、翻理、直配、储存、拣选、配送业务。

（2）一般图书销退处理系统：负责处理图书销退过程中的接收、分类、退社、上架各环节的业务。

（3）教材处理系统：负责处理教材的到货、储存和配发业务。

（4）音像处理系统：负责处理音像制品的到货、储存和配发业务。

（5）文教用品处理系统：负责处理文教用品的到货、储存和配发业务。

配送中心通过广泛应用电子标签和 RF 无线技术，结合自动分拣与自动输送系统，实现了无纸化与自动化作业，大大提高了作业效率与准确性。采用了著名的仓储管理系统 INFOR SSA 4000 实现统一的库存管理，该系统与企业 ERP 系统共同构成了新华传媒的信息系统。值得一提的是，在物流中心信息系统建设的同时，还进行了商流系统的建设。尽管难度很大，但实际运行结果表明，新华传媒信息化建设获得了巨大成功。

物流中心的主机房主要有4台高端小型机服务器和大容量磁盘柜，组成双机热备份系统，负责商流和物流业务，这在当时还是不多见的。配送中心内景如图4－5所示。

图4－5 配送中心内景

系统采用了多项先进的信息技术与物流技术，集成一体化成为该中心物流系统的突出特点，其中包括：物流、信息流、资金流一体化，图书、教材、音像、文教用品、退货一体化，图书到货、翻理、编目、入库一体化，图书添配、直配拣选和打包复核一体化，以及图书入库、直配、拣选、称重、分拣自动化。

物流中心的建设始终以创新为主题，创新体现在系统设计的以下方面。

（1）教材采用全直配模式，采用优先分配终端算法，推行面向学校发货的一站式服务，全面解决教材配送中由于季节明显、中间环节多，导致占地大、浪费大的问题。

（2）图书收货、翻理、新书注册实现流水线作业，在节约到货翻理空间的同时，大大提高了作业效率，缩短了翻理时间。

（3）图书直配采用电子标签和RF技术相结合的方式，直配品种和直配能力没有限制，解决了图书直配难题。

（4）创造性地提出二段式上架策略，大大提高了系统能力，并使系统处理能力摆脱了过去与品种密切相关的约束。

（5）图书储存按照班组设计，高效率实现配送按班组进行；货架设计采用集成化设计思想，结合图书自身特点和图书存储特点，高效率解决了储存和ABC移库问题。

（6）并包计算采用模糊成件算法，既考虑路线优化问题，又考虑拣选效率和最长路线问题，并从根本上消除了零包现象。此外，拣选与直配实现了自动并包。

（7）图书销退运用二次分类算法和电子标签辅助技术，彻底解决了长期困扰新华书店的退货难题。

（8）图书拣选复核采用重量复核技术，在对数以万计的图书进行分析的基础上，运用统计学原理，对图书误差进行了深入分析，找出了影响图书重量复核精度的关键因素，即图书重量的系统误差，提炼出重量复核的计算方法，从根本上解决了重量复核的关键问题。复核精度在判断正确拣选时保持在90%以上，在判断错误拣选时保持在99.9%以上，大大提高系统的处理能力。

（9）供应链管理与物流系统实现一体化，为科学决策、以市场需求拉动采购提供技术支持。此举将深刻影响目前新华书店的采购模式，大幅度节约物流成本，节约国家资源，并提高了配送服务水平与满足率。

基于以上诸多创新，物流中心总经理姜胜青认为，建成后的新华传媒物流中心将创造我国图书物流建设的多项新纪录。

（1）在不到38亩土地的基础上，设计每年高达40亿元码洋的图书配送，土地占用仅为目前国内已建成的图书物流中心的20%～30%。

（2）整个项目从开工建设到一次上线运行，仅用了14个月时间，刷新了我国大型物流中心建设最短周期的纪录。

（3）年图书流转次数将达到10～12次，比目前全国平均水平提高2倍以上，是一般省店的4倍以上。

（4）在一个项目中同时应用多项新技术，采用全新的设计理念，全面更新了收货、直配、储存、拣选、复核、销退等各个环节的设计思想，全面实现了供应链管理与物流配送管理一体化，将成为我国图书物流建设新的里程碑，引领我国图书物流建设进入新的阶段。

4.3.2 流程设计

配送中心的流程设计比较复杂，分为5个部分，分别是一般图书、音像制品、退货、课本、文教用品。每个部分均有其独特性，下面简单叙述。系统流程示意如图4－6所示。

1. 一般图书

一般图书配送是图书物流中心的工作重点和难点。新华传媒物流中心一般图书配送分为入库翻理作业区、图书到货直接配送区、图书储存区、大宗图书储存区和图书分拣打包复核区。一般图书储存区设计各种规格货位12.25万个，可以满足40万个品种，共2.5亿元码洋的储存要求。

（1）入库翻理。

每天到货量通常为700万～850万元码洋（35万～45万册），品种次达到6000个以上，其中新书约600种。最大的订单一次送货可达400个品种次，约30万元码洋。这在其他行业是很难见到的。

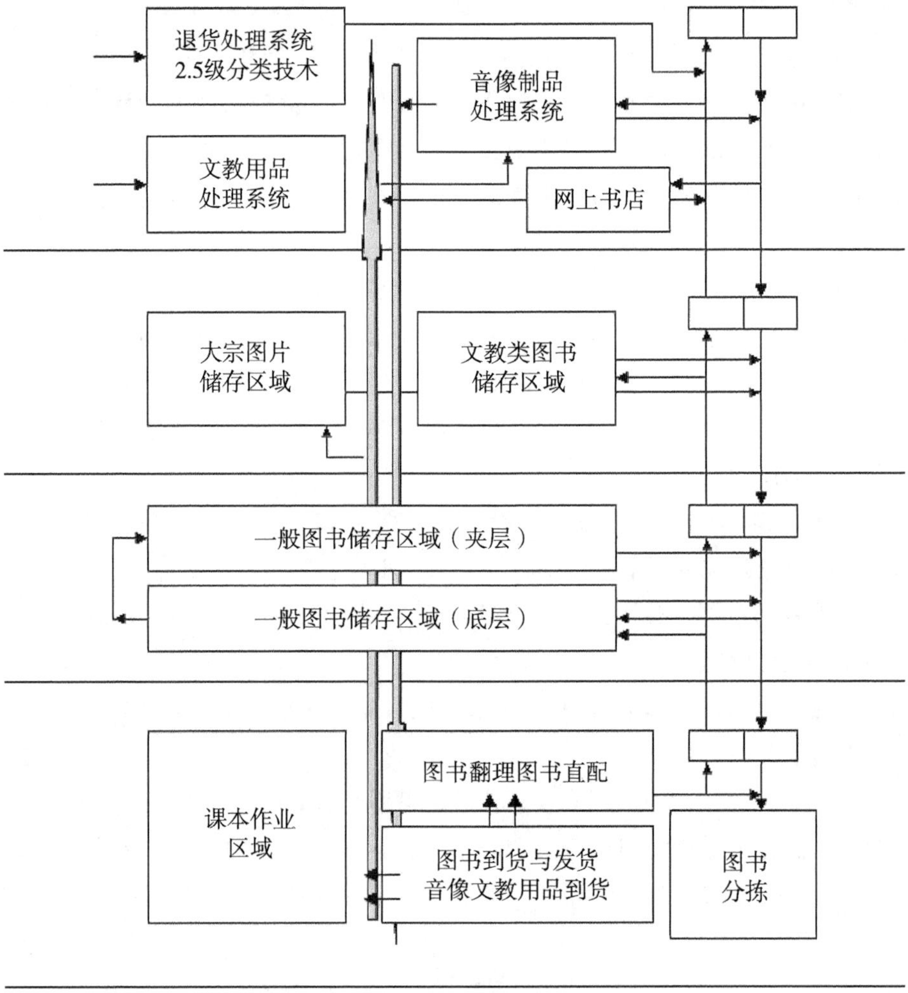

图 4－6　系统流程示意

入库翻理就是将图书按类分开，对新书进行编目注册，完成上架、直配、拆分等工作，是图书物流的关键内容。而新书在线编目是本系统设计的关键技术之一，将整体翻理速度提高了一倍以上，使单本图书的翻理时间至少缩短了 3 个小时。

（2）直配。

对于一书多店情形，采用电子标签辅助的摘果方式处理，大大提高了拣选速度。系统设计了 8 个区域共 1050 组电子标签，可以完成每天约 3000 件的直配任务。

对于一书一店情形，采用 RF 辅助按门店和按班组播种方式，设计了 4 个区域共 480 个播种点，大大提高了播种的效率，取得了很好的效果。

（3）上架。

上架区域包括二段式货架区域、播种区域、摘果区域、一般图书储存区、大宗图书储存区。整个系统的上架操作均采用 RF 技术支持，使上架简单而准确。

RF 技术操作要求扫描周转箱号获得目标地址系列，扫描书号获得对品种的确认，扫描货位号获得最后确认。

（4）拣选。

系统的发货是按照波次进行的，这样可以更加有效地提高服务水平，并减少对资源（如暂存区域、分拣路线）的需求。

拣选的主要操作是按区域拣货，全部储存区域设计了 23 个拣选区域。一次拣选可以对多个周转箱，并采用模糊成件算法，可以使拣选路径达到最短。

（5）分拣。

采用自动分拣的形式进行分拣作业，共设计 13 个出口，对应 13 条发货路线。每小时最多可完成 1200 件图书的分拣。

（6）打包复核。

打包复核是拣选作业最后的复核环节，采用重量复核技术解决拣选自动复核问题。重量复核分为图书标定、周转箱标定、动态测量和模糊判定等几个环节，最后系统根据实际测量结果完成对拣选正确性的判断。实际测试表明，采用重量复核技术可以提高工作效率 3 倍以上，复核准确性可以提高到 99.9%。

此外，系统还设计了人工复核程序，以满足特定情况下图书人工复核的需要。

（7）发货。

包装完成的图书，按照路线和门店集合，当一个订单的所有集合完成后，系统打印发货单，订单经过检查无误后即可以进入发运程序。发运是按照路线进行的。

2. 音像制品

音像制品的库存品种约为 3 万种，每天配送量较少，只有一般图书的 1/10 ~ 1/8，所以在大部分情形下，采用人工处理为主。音像制品的直配比例达到 70% 以上，这一点也降低了对库存的要求。

音像制品配送系统设在物流中心 4 楼，占地 3200 平方米，设计储存区 8000 个货位，可以满足库存 24500 件，约 2500 万元码洋的储存要求。系统设计音像与一般图书进行统一配送，所以输送线的设计覆盖了音像部分。

音像制品配送过程与一般图书基本类似，分为接收、翻理、直配、上架、拣选、复核、发送等环节，但是音像的品种、数量和配送方式与一般图书存在差异。在配送过程中，音像与图书的最大差异是标签的处理。

（1）系统内的配送：要求在发货时打印标签，并逐一粘贴。

（2）系统外的配送：一般不需要打印标签。

（3）超市和大卖场：要求按照特种规格打印标签，如莲花超市、家乐福，每个店的标签纸都不一样，增加了配送难度。

3. **退货**

退货作为一个单独的系统进行设计，设在物流中心的4楼，面积约1500平方米，设计储存货位9500个，储存能力约900万元码洋，可以满足一般图书和音像制品的退货储存要求。

退货作业分为接收、翻理、一次分类、二次分类、退社和上架几个主要环节。退货系统设计是新华传媒物流系统的主要内容之一，具有创新意义的二次分类系统为图书退货提供了一个全新的解决方案。

配送中心退货作业的复杂性表现在每天需要完成约1000件图书（约100万元码洋）、高达8000～10000 SKU的退货任务。这些图书分别属于约1000个供应商（其中出版社约570家，主要代理商约400家），其中，部分图书需要上架进行二次销售（比例约为50%～60%），部分图书则由于污损严重，需要退回书店。完成如此大规模的工作，传统手工作业方式需要60～70人，由于操作时间长、效率低、信息不及时，导致退货商品很难再进行销售，并经常出现一边大量退货、一边又产生大量订单的奇怪现象，导致每年的退货成本高达数百万元。

为了解决这一难题，一般建议采用高速分拣系统完成退货分类工作，在实际应用中尽管可以大大减轻退货的劳动强度，但也带来了一些问题。

得益于分拣系统的启发，新华传媒物流中心采用二次分类技术解决了图书退货难题，可以大大减少人员数量（是传统操作方式的1/2，比高速分拣系统略高），降低劳动强度，节约投资成本（仅为高速分拣系统的1/5）。

二次分类退货的基本原理是：将所有1000个供应商分为若干组（本项目分为12组，大小兼顾），每组有约80家供应商。一次分类时，将所有退货图书按照组分类，采用专用退货架，辅助以电子标签系统，大大提升退货效率。二次分类则是在一次分类前提下，进行供应商的播种操作。每个供应商按照其退货总量大小（预估），设计若干个储存位，一次分类后，退货范围已经大大缩小，退货效率也就大大提升。总人数由原来的70余人减少到16人，而退货效率由原来的1～2个月，减少到2～3天。

4. **课本**

课本配送是物流中心的重要业务。由于课本数量大，品种相对较少，有明显的季节性，所以一般均以传统处理方式为主，不采用自动化设备进行辅助。上海新华传媒的课本业务每年仅为4亿元码洋，其中秋季为2.6亿元码洋，春季为1.4亿元码洋，在全国新华书店系统中是比较小的。

课本配送有完整的征订单，所以操作相对比较简单。新华传媒的课本配送着重解决三方面问题：其一是针对季节性强的特点，要求减少库存及仓库占用空间；其二是针对地区仓库特点，有针对性地对具备库存条件的区县优先配送；其三是直接配送到学校，这是一个巨大的难题，但新华传媒在上海最终实现了对1600所学校的直接配送。

为此，物流中心在设计时提出了“当前配送用户”的概念。所谓“当前配送用户”有两层含义：一是该用户是当前优先配送的对象；二是该用户具备优先配送的条件，如库存情况符合要求等。

课本配送中心设置在物流中心一层，占地3000平方米，除设计平面堆放区域外，还配有少量货架，以完成部分货物的储存。

5. **文教用品**

文教用品配送是上海新华传媒物流中心的特色之一，每年完成3亿元的配送业务，在全国并不多见。文教用品配送本身也比较简单，主要原因是品种少（约3000个），退货也少（小于5%）。

文教用品作业区位于4楼，占地2000平方米，分为收货、一般储存、贵重品储存、大件货物储存和发货5个区域。

4.3.3　技术特点

作为先行者，新华传媒配送中心是当时国内采用新技术最多的图书物流配送中心，有效地解决了长期困扰我国图书配送领域的诸多问题。其技术创新点主要包括以下方面。

（1）到货翻理系统。

到货翻理系统包括图书到货、图书整理、图书编目、图书分配等多项业务，是图书物流配送中心设计的重点和难点之一。新设计的到货翻理系统具有占地面积小、自动化程度高、翻理效率高、翻理时间短等优势。一体化图书翻理工作站如图4－7所示。

图4－7　一体化图书翻理工作站

（2）到货直配系统。

图书直配与 Cross - Docking 模式相类似，但又有不同。图书到货直配通常占新华传媒物流中心到货量的 50% ~65%，是图书物流配送系统设计的关键。由于品种太多，图书直配存在很大困难，主要是一书多店问题和一书一店问题的矛盾很难协调。

新华传媒物流中心一般图书未来每天到货品种要求达到 6000 种以上，到货码洋超过 800 万元。到货直配系统针对一书多店和一书单店的特点，分别采用摘果式配送和播种式配送技术，并综合运用 RF 技术和 DPS 电子标签技术，很好地解决了以往系统作业效率低的问题。

（3）阁楼货架系统。

新华书店图书中心一般要求库存品种超过 25 万种，对货架设计提出了很高的要求。

新设计的图书储存系统采用阁楼式货架，大大提高了空间的利用率，并在货架设计上采用不同大小的货位设计，充分满足图书的高效储存要求。大宗图书采用托盘货位，充分体现了系统设计的灵活性。

（4）图书重量复核技术应用。

对拣选出的图书进行复核是图书配送中的难题，采用扫描复核，不仅成本高，同时还难以保证准确性。因此，采用其他技术进行复核成为研究的重点，而重量复核就是其中一种技术。

本项目运用统计学原理对图书的重量误差进行了深入分析，并找出了决定重量复核技术可行的关键因素，最终将重量复核技术应用到新华传媒物流中心，并取得了预期的效果。

（5）采用二次分类的图书退货系统。

退货约占一般省店发货量的 25% ~30%。目前，中国有大约 570 家出版社，一般供应商约 1500 家，每年出版新书约 12 万种，再版图书 10 万种。一般图书的退货处理是一个比发货难度大很多的难题，长期以来没有得到彻底解决。

图书退货要解决部分图书从新华书店退回到出版社或供应商，其余一部分上架再销售的问题。新华传媒物流中心采用的二次分类法是一种具有独创性的系统设计。

简单来说，二次分类就是先将图书按照出版社（供应商）和品种分为若干大类，然后再在大类中进行第二次分类，以完成图书到出版社（供应商）和到储存货位的目的。

（6）基于路线优化的模糊成件算法。

由于新华传媒物流中心面积达 3 万平方米，如果不加分析和优化，一个包件最长拣选路线将超过 600 米，拣选时间和周转箱行走时间将超过 30 分钟，其他辅助时间也将达到 30 分钟。这是物流中心设计所应避免的，因此必须对拣选路线进行优化。

其实，对于一个周转箱（一件图书）来说，其装箱容量本身就是一个区间：一般要求码洋在 800 ~ 1200 元，长宽高的尺寸在 200mm × 300mm × 400mm 左右，重量在 15 ~ 20kg。这是模糊成件的基本前提。

模糊成件为路线优化提供了良好的机会，在满足基本成件原则的基础上，选择较短的路线将会达到很好的总体效果。此外，模糊成件还将使成件效果非常好，可以在很大程度上消除零包。这是一般系统很难做到的。

（注：本文发表于 2008 年 1 月《物流技术与应用》杂志，有部分修改）

4.4 北京高等教育出版社图书物流中心

高等教育出版社（以下简称“高教社”）创立于 1954 年，是教育部直属的以出版高等教育、职业教育与社会教育等各级各类教材和提供优质教学资源服务为主的大型综合性出版社，是当时我国当前唯一进入世界单体出版社前 50 强的出版社。2009 年，高教社的出版物超过 1.6 万种，销售册数超过 1.3 亿册，销售码洋逾 25 亿元人民币。

高教社图书物流中心位于北京大兴庞各庄，占地 180 亩，总投资约 3.6 亿元人民币，其中物流设备及系统投资约 1.2 亿元人民币。

高教社图书物流中心是国内最早开始建设的自动化图书物流中心之一，也是目前国内最大的图书物流中心之一。在建设规模、库存能力、技术水平、出入库能力等方面创造了多项第一，堪称我国出版行业物流中心建设的里程碑。

高教社是典型的教材出版社，约 90% 的出版物都是教材，因此高教社的物流表现出明显的季节性，春、秋两季的发货量大约各占全年总量的 1/3 和 2/3，并且存在忙闲不均的现象，旺季日最高发货量达四五万件，而淡季的日均发货量只有几千件。因此，为了充分利用物流资源，高教社准备积极开展第三方物流业务。

同时，图书的品种规格差异较大，虽然书的开本有几种固定的规格，但异型规格越来越多，书的厚度也千差万别。此外，书的定价大多较低，尤其是教材，如果新建的物流系统完全实现自动化，建设成本、运营成本将与现实需求脱节。因此，在物流中心规划之初就确定了适度自动化的目标，同时注重信息系统建设，因为信息化是图书物流的灵魂。

物流中心的建设目标确定为：满足高教社近期约 30 亿元码洋的年配送需求，并可实现每年约 20 亿 ~30 亿元码洋的第三方图书配送业务。

经过 2009 年冬季和 2010 年秋季两季发货的检验，物流中心基本达到了设计目标。其最大能力一度达到日收货 4 万件、日发货 5.2 万件的高点，创造了新的纪录。

对物流中心的运转效果，杨松涛副社长表示满意。他说：“高教社物流中心的能力完全可以满足社里的要求。此外，保守估计，还可以完成每天 2 万件以上的第三方物流业务。这在全国出版行业是首屈一指的。”

4.4.1 物流中心总体布局与配置

物流中心建筑面积约5.5万平方米，局部采用两层设计。物流中心效果图如图4－8所示。

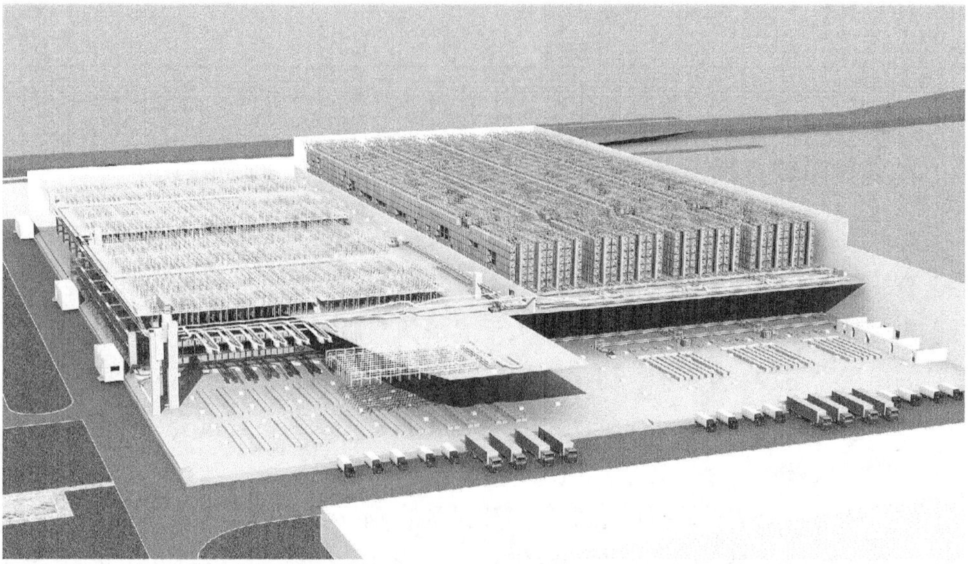

图4－8 物流中心效果图

物流中心一层设置了入库区、自动化立体库、A类拣选区、B类拣选区、高速分拣区、发货区等，二层为平置存储区、在线拣选区、拆零作业区、拆零复核区、退货处理区，作业区设置如表4－1所示。

表4－1 高教社物流中心作业区设置

序号	作业区	面积（m^2）	长（m）×宽（m）	备注
1	入库站台	350	5×70	可同时停放11辆车
2	发货站台	360	5×72	可同时停放12辆车
3	入库作业暂存区	2400	40×60	包括入库输送机区
4	发货作业暂存区	2520	40×63	不包括分拣区
5	AS/RS区	11932	78.5×152	分为4个防火分区，24米高
6	高速分拣区	1540	77×20	包括整托盘出库作业区
7	A类拣选区	5082	77×66	A类货物整件拣选区
8	B类拣选区	5082	77×66	B类货物整件拣选区
9	配电区	640	16×40	位于一层收货区旁

续　表

序号	作业区	面积（m^2）	长（m）×宽（m）	备注
10	辅助作业区	800	—	电梯、叉车充电区、更衣室等
11	办公区	1600	—	位于夹层
12	二层平置存储区	2432	76×32	位于收货区上方
13	AS/RS 在线拣选区	608	76×8	分为 4 个作业点
14	退货作业区	1848	77×24	包括退货作业设备
15	拆零复核区	1232	77×16	包括输送设备
16	拆零拣选区 A	6622	77×86	包括阁楼货架和输送机
17	拆零拣选区 B	5082	77×66	包括阁楼货架和输送机

自动化立体库使用了 16 台堆垛机，共有 49088 个货位。物流中心内部同时使用了托盘输送系统、整件输送系统、拆零输送系统、提升机、高速分拣设备、动态称重系统、静态称重装置、托盘流利货架、高架叉车货架、特制拣选车等相关设备，并且设置了包装复核系统、退货系统等，如表 4－2 所示。

表 4－2　　高教社物流中心配置的主要设备和软件系统

序号	设备名称	规格	数量	备注
1	站台调节平台	2.5m×2.4m	8	入出库站台各 4 套
2	滑升门	2.4m×3.0m	23	入库 11 套，出库 12 套
3	AS/RS 堆垛机	H＝21000mm	16	高速堆垛机设备
4	托盘输送系统	1200mm×1000mm	2	一楼输送系统 1 套 二楼输送系统 1 套
5	AS/RS 货架系统	1200mm×1000mm	1	共 49088 货位
6	拆零货架系统	H＝5100mm	1	共 14000 组货架，分上下两层
7	托盘流利货架	1200mm×1000mm	1	共 1433 货位组，2866 货位
8	高架叉车货架	1200mm×1000mm	1	共 4850 货位
9	拆零输送系统	600mm×400mm	1	约 1200 米
10	整件输送系统	440mm×300mm	1	约 1300 米
11	提升机	H＝12000mm	3	从 1 楼到 2 楼
12	高速分拣设备	120m/min	1	分拣能力为 6500 件
13	动态称重系统	25kg	1	用于图书称重
14	静态称重装置	6kg	3	用于图书标定
15	包装复核系统	Vstrong－I 型	14	用于图书包装
16	退货系统	24 格口	16	采用电子标签系统退货

续 表

序号	设备名称	规格	数量	备注
17	平衡重叉车	1600kg	4	采用进口产品
18	前移式叉车	H = 6m	2	采用进口产品
19	高位拣选车	H = 6m	2	采用进口产品
20	托盘	1200mm × 1000mm	48000	采用木制托盘
21	周转箱	600mm × 400mm	5000	用于拣选
22	特制拣选车	25kg × 4	40	用于拣选，有登高功能
23	电梯	3.0t	3	用于托盘搬运
24	LED 显示系统	1200mm × 800mm	1	共 9 块 LED 显示屏
25	WMS 系统	INFOR WMS	1	采用 WMS9.0 版本
26	WCS 系统	AUTOWCS	1	采用 AUTOWCS1.0 版本
27	WCC 系统	AUTOWCC	1	用于 AS/RS 托盘调度
28	退货 DPS 系统	AUTO - DPS1.0	1	定制开发
29	AS/RS 监控系统	AUTO - ASRS1.0	1	定制开发
30	输送机监控系统	AUTO - CONV1.0	2	一套用于拆零系统，一套用于整件系统，定制开发

物流中心共划分 12 个防火分区，由于整体建筑和分区均超过国家消防规范要求的标准，为此，专门成立由中国建筑科学研究院建筑防火研究所专家组成的“物流中心防火量化分析”项目组，在对整个项目的防火数据进行分析和计算的基础上，设计了一套防火方案，并请清华大学公共安全研究中心对计算结果和方案进行复核，该方案得到了北京市消防局的批准。

4.4.2 系统总体流程

本项目的主要流程包括收货入库作业、拣选出库作业和退货作业，并且针对图书行业的特点，在流程设计上强化了针对性。

1. 入库环节作业流程

WMS 严格按照 ASN（预先发货清单）收货。

可以直接越库收货（Cross Docking）。

图书基本数据应事先维护。

图书重量标定对每一批次进行，非常重要的一点是：一次标定图书不得少于 3 本。

图书的组盘分配自动进行，也可以人工干涉。

图书如果已经包装，则直接码盘，包装比例应根据需要预先确定。

收货时，可以直接收货到拆零区和整件拣选区。

大宗图书（约54个品种），直接进入平面库（南库）储存。

上架作业全部采用RF技术指导作业。

2. 拣选环节作业流程

补货按照波次进行，必须补完后才能进行分配。

周转箱数量的计算根据图书的体积进行，实际操作过程中同时考虑开本和厚度两个参数。

为了缩短周转箱的响应时间，拆零拣选分两个区域发起，标签打印可以提前进行。

整托盘出库后，标签打印完成，可以人工分拣，也可以投入到输送线进行分拣。

LED显示屏提示各区域的拣选工作量及开始时间。

重量复核是本项目的重要技术手段；分拣一般要求按照路线进行；集货时要求标签朝外，以便复核。

3. 退货环节作业流程

退货的货物，按照退货单位组盘。一般要求有经过批准的退货单作为退货依据，如没有退货单，则拒收。最终的退书清单以实际翻理结果为准。

每天的作业内容为，先对待处理图书进行分析（根据退货单），确定大宗图书的信息。

对于大宗图书，设置专门的集货区，待满一个托盘后，进入AS/RS储存。

报废图书先集中储存，然后分批销毁。

4.4.3 关键技术及创新点

在高教社物流中心系统设计及建设过程中，针对图书配送的关键技术提出了一系列解决方案，有如下创新点。

1. 物流路线问题

作为面积超过5万平方米的物流中心，其作业路线和输送线的布置规划尤其重要，否则将导致整个作业路线过长，作业效率大大降低。这也是该项目的难点之一。

作业路线包括收货、入库、整件拣选、拆零拣选、整托盘出库、集货、退货翻理、退货上架等主要过程。在设计中充分运用输送机等传输设备，结合生产线作业原理，大大减少人工作业的行走路线。其中尤其是采用托盘流利货架和货到人在线拣选技术，使拣选路线缩减到最短。

2. AS/RS应用于海量储存

该项目的难点之一是库存量大。按照业务要求，物流中心将设计超过20亿元码洋的库存，约折合托盘6万个（理论值），这对于普通的平面仓库和叉车仓库均是不能完成的。最终，项目提出采用AS/RS系统完成大容量库存的设计思想，共设计16个巷道、32排货架的双深度立体库，储存能力达到49088个托盘，圆满地解决了海量存储问题。如此大规模的立体库系统此前在国内是没有的。

3. **重量复核技术**

尽管高教社物流中心图书的拆零比例只有约 25%，但总量最高达到每天约 6000 件。这样的拆零量在全国的出版社中是绝无仅有的。为此，项目采用了重量复核法进行拆零图书的复核。应用结果表明，超过 75% 的周转箱可以通过重量复核得到确认，从而大大缩短了复核所需时间，并且提高了拣选的准确性。

图书重量复核技术是针对图书拣选提出的重要理念，该技术已在上海新华书店和浙江新华书店得到应用，并取得了良好效果。

4. **快速拣选系统**

高教社物流中心图书整件拣选量有时每天高达 3 万 ~5 万件，如何实现快速拣选成为关键问题。研究表明，约 10% 的图书品种占据了图书配送量的 70% 左右。为此，该项目采用了两种技术。

其一是对极少数大品种，包括两课教材（仅 4 个品种）和其他约 50 个品种（约占全部发货量的 20%），采用独立拣选区方式，并利用平面仓库进行存取，独立成件，因而大大降低了这部分图书的拣选难度，极大提高了拣选水平。

其二是对发货量位于前 1500 位的品种，采用托盘流利货架进行拣选，大大降低了操作人员的劳动强度，提高了拣选效率。

5. **特殊输送系统**

在该项目的设计中，有一个技术难题一直困扰着工程技术人员，就是如此大规模的拣选输送，如果采用周转箱或托盘作为载体来运输，那么载体的补充和收集将成为一个重大问题。

为此，项目组提出包装后的纸包直接在输送线和提升机上运输的设想。最终采用加密辊筒间距、大量采用皮带机等技术手段，成功解决了这一技术难题，现场运转效果非常不错。

6. **托盘调度**

AS/RS 系统中，一个波次的“在线作业”有时将达到上千个托盘的作业量。这时，整盘出库、收货入库、补货、在线拣选等作业指令互相抢占 AS/RS 资源，若不进行有效管理，现场托盘将十分混乱，作业效率必定降低。

为此，项目组专门开发了托盘调度程序，通过有效分配在线托盘数量，成功解决了 AS/RS 的资源分配问题。现场运转表明，托盘调度程序不仅大大提高了作业效率，而且还可以调整由于作业任务在各巷道分配不均对系统效率、波次完成造成的影响。

7. **退货解决方案**

退货始终是图书物流的一大难题。高教社物流中心的退货量高峰时每天约 3000 件，对于如此大的退货量，以往的技术几乎是束手无策。有些新华书店和出版社采用高速分拣机解决退货问题，但效果甚微。

针对退货问题，项目组创造性地提出二次分类法，即将退货图书首先按照大类分类（在新华书店中，是按出版社和图书品种分类；在出版社中，是按拆零货架进行分类），然后再进行每个大类下面的分类操作。将一个数以10万计的事件，分解为100×1000，或100×100等级的事件，从而大大加快了退货处理速度。

采用电子标签的二次分类系统，其成本只有高速分拣系统的1/3，但效率远远高于高速分拣系统。在高教社物流中心，每天处理约3000件的退货图书，仅需要40余人。

8. 系统总体效率保障

系统总体效率的体现非常关键，包括拆零拣选的完成时间、拆零拣选的复核包装时间、整件拣选的完成时间、在线拣选的完成时间、集货发运的完成时间。对于一个波次而言，需要在规定的时间内完成这些作业。

高教社物流中心设计了调度系统、LED指挥系统等，辅助各区域和子过程的作业，实现各区域作业任务完成时间的一致性，从而保证了系统的总体效率。

4.4.4 经验分享

高教社物流中心虽然系统庞大复杂，但建设工期和项目管理制约得很好，其中有很多经验值得借鉴，包括土建配合、设备安装配合、建设节点制约、系统调试与测试、搬迁、运营管理等诸多方面，以下仅举两个例子进行说明。

1. 搬迁时机与策略

对于物流中心建设者来说，对于搬迁进行充分、周密的考虑是非常必要的。

高教社物流中心投入使用时，需要对15000个品种、10亿元码洋库存、约110万件图书进行搬迁，需要2100车次，还需要进行盘点、做账、码盘、装车、卸车、组盘、称重、注册、入库等工作。这些工作都需要在不影响正常收发货的前提下完成，因此，选择搬迁的时机非常重要，在发货低谷时完成搬迁比较有利，此外，搬迁方法也很重要。

本项目在搬迁时，由于老库采用传统平置仓库，托盘规格并不一致，所以给搬迁带来很大困难。再由于拆零发货系统尤其是WMS系统并未完全调试完成，时值冬天，正是发货高峰，给搬迁带来了很大困难，并造成了一定的混乱。这是需要吸取的教训。

2. 如何高效完成一个波次拣选

大型物流中心的运营管理是一个重要课题。以该项目为例，在实际运营过程中，对于波次的准备、补货、波次下发、拆零打印、整件打印、拆零拣选、整件、集货、复核等过程，如果没有一套系统的管理办法，使各环节紧密衔接，其作业效率将十分低下。

以拆零拣选为例，在波次下发时，往往会发现上一波次还没有结束，这时不能启动下一波次拣选，但可以启动打印程序，完成标签打印等工作，这样就使波次衔接更加顺畅。

进行拣选操作时，如拆零区域拣选，按照24个拣选区的顺序，位于A区和F区的拣选将优先进行，因此在拣选初期任务比较多。而位于B区和E区的拣选将最后完成，在拣选后期任务比较多，针对这种情况，应对拣选人员进行有效调剂，才能高效地完成拣选任务。

（注：本文发表于2010年9月《物流技术与应用》杂志，有部分修改）

4.5 物美集团华北配送中心

4.5.1 物美商业集团简介

北京物美商业集团股份有限公司（以下简称“物美”）是国内最早以连锁方式经营超市的专业集团公司之一。物美自1994年在京率先创办综合超市以来，秉承“发展现代流通产业，提升大众生活品质”的经营理念，以振兴民族零售产业为己任，在连锁超市领域辛勤耕耘，取得了显著的成就，连续多年成为北京地区最大的连锁零售企业，2010年销售额突破340亿元，位列当年中国连锁百强排名第十位。

目前，物美在华北、华东及西北地区已经拥有满足顾客一次购物需求的大卖场、提供大社区全面服务的生活超市、便利商店和中高端百货公司等各类店铺700余家，建立了服务城乡居民的连锁零售网络，不断推进中国商业流通现代化的进程。

由于业务量的增长及市场的需求的增加，原有的百子湾、大红门、磁各庄和石景山4个物流中心规模小，位置分散，配货能力低，导致物美配送比例低下，采购成本上升，已经越来越不适应物美的发展。2007年6月，物美着手筹建新物流中心，并选址位于南皋村北京三元公司的化工厂内，按照三元公司建设库房，物美租赁、投资设备和系统的模式进行建设。新的物流配送中心被物美命名为WINDC项目，与此前成功实施的ERP系统WINBOX（基于SAP R/3系统）相一致。物美WINDC外景如图4－9所示。

4.5.2 系统构成

物美WINDC是国内少有的多业态并存的物流中心。物流中心分为干货库和冷库两部分，冷库包括果蔬库、日配库和冷冻库三部分。物流中心总面积接近7万平方米。干货库设计日配送量20万件，果蔬库设计日配送量460吨，日配库和冷冻库设计日配送量1.2万件。全系统设计年配送能力74.5亿元。

物流中心充分应用现代物流的最新技术，并遵循高度信息化、充分机械化、适度自动化的设计思想。物流中心系统基本配置如表4－3所示。

图 4－9 物美 WINDC 外景

表 4－3 物流中心系统基本配置

序号	项目	单位	数量	备注
1	A/B 普通货架（满货位）	托盘位	13050	上海精星
2	A/B 普通货架（半货位）	托盘位	12021	上海精星
3	A/B 阁楼货架	货位	190000	南京音飞
4	A/B 阁楼拣选平台	平方米	5400	南京音飞
5	A/B 流利货架	货位	3456	南京音飞
6	C 库压入货架	货位	920	南京音飞
7	C 库托盘货架	货位	400	南京音飞
8	C 库流利货架	货位	180	南京音飞
9	C 库平台	平方米	2144	南京音飞
10	拆零流水线（输送机）	米	820	威雅
11	分拣系统	套	1	威雅
12	自动称重系统	套	2	威雅
13	前移式叉车	台	16	林德
14	平衡重叉车	台	21	林德
15	电动拣选车	台	62	林德
16	木托盘	个	32000	集美
17	塑料托盘	个	5000	
18	周转箱	个	15500	

续 表

序号	项目	单位	数量	备注
19	拣选车	个	80	
20	手动地牛	个	50	
21	笼车	个	450	
22	计算机硬件（部分）	套	1	LENOVO
23	计算机服务器	套	1	IBM S570
24	RF 硬件	个	200	MOTOROLA
25	A 库播种电子标签	个	160	IOI
26	B 库拣选电子标签	个	1152	IOI
27	C 库播种电子标签	个	180	IOI
28	WMS 系统	套	1	SAP WMS
29	WCS 系统	套	1	VSTRONG
30	RF 系统	套	1	索勤
31	LED 系统	套	1	
32	监视系统	套	1	

物流中心充分应用了 SAP/WMS 系统的功能，并配合北京伍强科技有限公司的 WCS 系统和上海索勤信息科技有限公司的 RF 系统，构成了高度集约完整的物流信息系统。

1. 常温库（干货库）

物流中心建筑面积 55376 平方米，分为 A、B 两部分。负责物美和美廉美北京地区的所有店铺的配送作业（约占全部配送的 40%）。物流中心平面布置如图 4 - 10 所示。

在设计上，干货库将大卖场与综超、便超等分为两类，采用不同的策略和配送方法。其中，“整件拣选”策略的应用，以大卖场为主的店铺按订单拣选，以便超为主的店铺按品种提总拣选的；“拆零拣选”策略的应用则是全部以按订单拣选的方式进行拣选，每个订单按照区域独立拼箱。

收货作业时，要求将直配的商品平置堆放在暂存区，其他商品则上架储存。直配将占据物流中心约 66% 的份额，这是物美的特色之一。

物流中心设置南北两侧的收货站台约 400 米，全部采用升降调节平台，以方便车辆直接卸货。采用 RF 技术进行移动式收货，大大减少了大量数据传递对收货带来的影响。

发货作业时，直配商品作业对于成件的商品按照统一设置的拣选策略进行拣选（包括大卖场和便超），而对于拆零的货物，则按提总后播种的方式完成。系统设计了电子标签为辅助作业手段的直配播种系统。

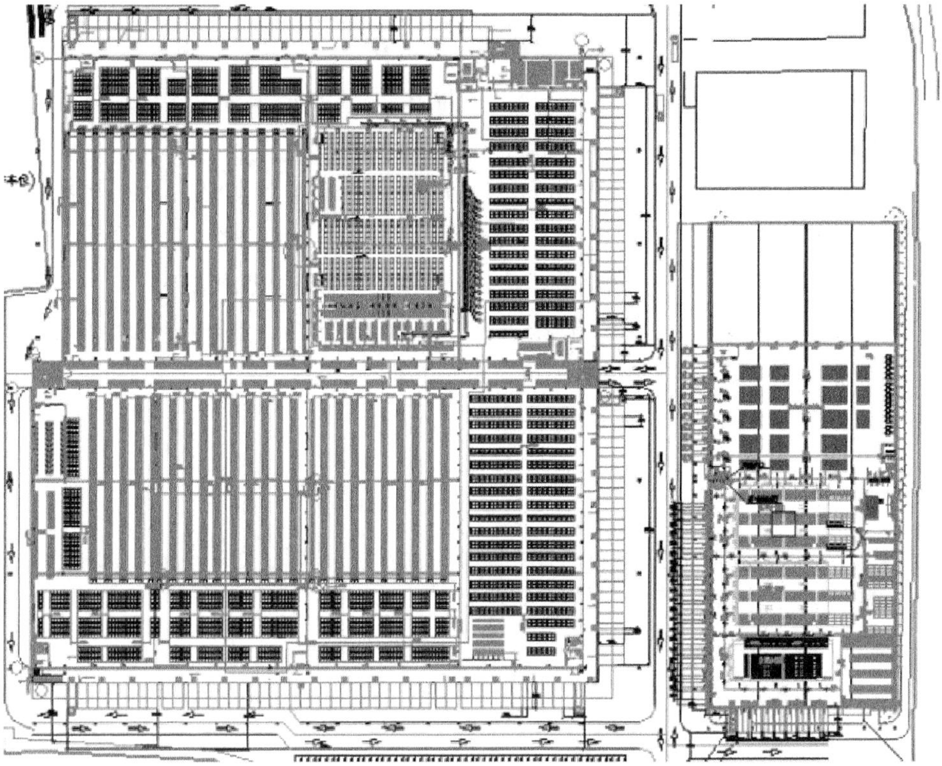

图 4－10　物流中心平面布置

全部拣选分为“整件拣选”作业和“拆零拣选”作业。

整件拣选分为“按订单拣选”和“按品项拣选”两种主要拣选方式，分别适应于“大店模式”和“小店模式”。对于一个波次中构成整托盘的部分，将按照整托盘提总的方式进行拣选。

拆零拣选按照“课组”进行分类拣选。不同的店铺根据其规模不同，其分类原则是不一样的，有的分为四类，有的分为两类。

拆零拣选采用先进行计算后拣选的方式进行。对于计算有误的情形，系统还可以进行临时调整。

此外，针对贵重品（含易碎品）和异形品还特别设计了特殊拣选区域。其中贵重品采用的是整零合一的拣选策略按单拣选，而异形品由于不适合由输送机运送，故采用人工处理方式。

补货作业时，一般按照波次进行。也可以在拣选的空隙进行补货。

完成拣选的商品将在集货区进行收集。本项目设计了约 10000 平方米的集货区，以便应对每天 20 万件的发货需求。所有集货区均按照订单（店铺）进行动态分区，以便系统进行管理。电子显示屏将根据当前的集货区分配状态，显示当前的店铺信息。

2. 冷库（果蔬库、日配库、冷冻库）

物流中心设计约6600平方米的冷库。其中0℃～15℃的库房约4000平方米，0℃～4℃的库房约2000平方米，－18℃的库房约500平方米。分别适用于果蔬直配、果蔬储存和日配冷藏、冷冻品配送。

针对冷链物流的特点，果蔬配送90%采用直配方式。在完成主力供应商送货后，物流中心将货物直接配送到各门店。收货时间一般在15：00—22：00，发货时间一般在次日凌晨3：00—5：00。货物在物流中心停留的时间不超过10小时。

日配冷藏品的配送采用100%直配方式。为此，设计了一套电子标签系统完成播种。每天可完成约10000箱货物的配送。

冷冻库设计为－18℃，其拣选和配送均独立完成。

4.5.3 主要流程

物美WINDC项目中库区主要分为干货库、日配库、果蔬库和冷冻库四大块，相对应的流程主要有以下13个。

（1）干货库收货流程。

（2）干货库直配流程。

（3）干货库库存管理。

（4）干货库发货流程。

（5）干货库电子标签拣货流程。

（6）干货库退货流程。

（7）干货库盘点流程。

（8）干货库运输管理流程。

（9）日配库收发货管理流程。

（10）日配库直配电子标签播种流程。

（11）果蔬库收发货流程。

（12）冷冻库收发货流程。

（13）冷冻库库存管理流程。

本篇限于篇幅，不再对每一个流程进行详细说明，仅挑选果蔬库收发流程作为一个例子。

1. 收货流程

PC（加工中心）向供应商下达的采购订单（PO），多数是依据门店订单产生，也有部分商品是采购部统一下指令进行采购，生鲜采购人员需要依PO与供应商进行电话确认。若不可以送货，或送货数量不能满足订单需求，需要报主管，并调整各店发货数量。

PC收货和发货的大部分商品都由电子秤称重完成，将商品配送到相应的店铺。

供应商将商品送至PC，收货员接收货物，对商品进行抽检，抽捡合格后在生鲜操作台上根据PO的内向交货单和商品进行称重，需要去除皮重，系统将电子秤的净重数量更新到工作台上，收货员检查数据，然后进行收货过账操作，并进行实物入库的操作。

2. **发货流程**

生鲜PC根据各门店的订单创建外向交货单或根据分配表创建外向交货单，然后进行装箱、称重，并在称重后打印出标签，记录周转箱的使用数量和发货件数，然后进行发货过账。

4.5.4　重要突破与创新

本项目的实施取得了一系列的重要成果。概述如下。

（1）建设原则："高度信息化，充分机械化，适度自动化，员工主管化"。物美副总裁于剑波博士提出的这一设计原则是在总结了国外几十年经验的基础上，结合我国物流建设基本策略，提出的具有重大意义的建设思想。其中尤其以"员工主管化"的思想具有独特的创造性和深刻价值。

（2）业务模式：基于物美副总裁于剑波博士提出的"零售业是高科技企业""零售业是供应链企业"和"零售业必须走标准化、工业化和国际化"思想，进一步提出物流建设应充分考虑新的业务模式并与之适应，"主力供应商模式"是现代零售业的主要盈利业态的科学论断。极大丰富了我国零售业物流建设的思想，具有深远的意义。

（3）多拣选方式对应多业态业务：针对本项目多业态并存的现状，项目组创造性地提出多种拣选模式以适应不同的业务形态，有效地解决了物美WINDC的拣选难问题。直配、按品种拣选、按订单拣选、电子标签拣选等多种拣选方式并存，大卖场的拣选模式和便利店的拣选模式并存。

（4）海量发货：每天发货20万件是目前物流中心的巨大挑战，本项目通过对物流路线的优化，多种拣选方法组合、无线终端全面应用等现代物流的技术手段，有效解决了这一难题。对于我国建设大型物流中心提供了样板。

（5）动态发货区管理：本项目中的动态发货区管理思想，包括按班组拣选和配送、按货位管理集货区和完成集货、按托盘分解装车任务等一系列先进思想，极大丰富了现代物流设计思想。具有很强的推广价值。

（6）SAP WMS与WCS配合：本项目在充分分析了SAP系统负担、物美主流业务、物美未来业务发展等一系列问题后，提出采用SAP WMS和WCS系统连接的软件架构。经实践检验，极大地缓解了SAP的压力，提高了系统的灵活性，具有很强的推广性。

此外，物美WINDC项目在电子标签应用、重量复核技术应用、直配技术应用等多方面均取得创造性成果。

物美 WINDC 物流配送中心已成为我国零售配送最先进的系统和规模最大的系统，2010 年 5 月成功上线应用以来，取得了预期的效果。该项目以其巨大的成功，获得了业内的高度评价，受到了中国物流与采购联合会的表彰，已成为物美集团核心竞争力的重要组成部分。

4.5.5 项目建设经验

WINDC 项目的成功上线，有许多经验值得借鉴。简述如下。

1. 业主团队和集成商团队的紧密结合

物美 WINDC 项目的成功，其根本是取决于物美有一支高素质的团队。项目启动之初，物美成立了由副总裁于剑波领衔的项目组，该项目组由土建、物流、IT、设备等专业人才构成，在充分了解国内外基本情况的前提下，与系统集成商一道共同提出了总体建设方案，对主要业务流程、IT 建设方案、商业模式、搬迁方案等进行了深度沟通，确保了项目有条不紊地推进。

2. 对业务的充分了解

对业务的充分了解是 WINDC 项目成功的另一个重要原因。WINDC 项目组花费了约一年的时间，详细探讨了配送中心的每一个流程。其中有的流程经过反复推敲和修改。一个重要的细节是：WINDC 项目组中，有一批非常熟悉 SAP R/3 系统的技术顾问，他们的参与使得流程讨论变得容易。

3. 搬迁

一般而言，搬迁是一件非常费时费力的工作。物美原来有 4 个仓库（配送中心），年配送额约 10 亿元人民币。WINDC 建成后，搬迁工作显得尤其重要。

经过反复测算和论证，项目组确定了以下搬迁顺序。

（1）最先完成百子湾配送中心搬迁，这是工作量最大的部分。

（2）搬迁磁各庄果蔬库。

（3）完成石景山冷库搬迁。

（4）完成大红门配送中心搬迁。

至此，整个项目搬迁完成，前后用时将近 4 个月。

事实证明，以上决策是非常正确的。物美 WINDC 的搬迁，几乎没有对正常业务产生影响，是一次非常成功的运作。

4.6 湖南全洲医药食品物流中心

2007 年 5 月 16 日，中南地区规模最大的医药物流中心——全洲医药食品物流中心在雨花区万家丽路正式开业。

全洲医药食品物流中心设计规模为年配送能力50亿~60亿元，是集药品、食品、保健品、中药饮片、医疗器械的批发、代理、零贸连锁、产品展示、多方物流、信息平台和强大资金链、产业链于一体的专业市场群。一期投资约3亿元人民币。

全洲医药食品物流中心的基本目标如下。

（1）建成具有世界水平的现代化物流中心，满足全洲药业集团有限公司（以下简称“全洲药业”）当前业务需求以及今后5~8年的增长业务，尤其是第三方物流业务的需求。

（2）引入现代化的存储和订单拣选技术，满足GSP认证要求。

（3）着重于大幅提高订单拣选的自动化程度，大幅度提高满足未来客户服务水平，并为全洲药业带来经济效益。

（4）系统易于升级、扩展，具备足够的适应性。

4.6.1 系统构成

物流中心主要由三部分构成：以AS/RS系统为主的存储系统和以多层平面构成的拣选系统以及辅助系统。

1. 存储系统

由12台堆垛机构成的全自动化存储系统，可以完成14568个托盘，总计约40万件货物的储存。并具备组盘、注册、入库、补货、在线拣选和整托盘出库的功能。

2. 拣选系统

拣选区分为4层，其中一层为A/B类整件拣选区，二层为C类整件以及保健品类货物拣选区，三层为拆零拣选区，四层为保税仓库。

拣选系统中，配置了大量的重力货架、搁板货架、流利货架，配置了流水线和分拣系统，配置了完成作业的拣选作业工具，如RF等。

3. 辅助系统

辅助系统分为多个部分，主要包括二类精神药品仓库、冷冻品仓库、医疗器械仓库、易串味品仓库、不合格品仓库、退货库，以及构成物流中心的中央控制系统，空调通风系统、消防控制系统以及其他辅助设备，如电梯等。

物流中心基本设备及系统构成如表4-4所示。

表4-4 物流中心基本设备及系统构成

子系统名称	数量	说明
1. 货架系统	1套	包括多种规格
AS/RS货架系统	1套	14568个货位，托盘尺寸1200mm×1000mm
重力式货架	1套	720个货位（348个拣选点）

续 表

子系统名称	数量	说明
拆零搁板式货架	1 套	20307 个货位（包括 1368 个流利式货架）
整箱搁板式货架	1 套	27640 个货位
2. 有轨巷道堆垛机	12 套	8 台进口，4 台国产
3. 巷道设备	12 套	包括天地轨和安全滑触线
4. 托盘输送机系统	4 套	入库；出库（1 楼）；出库（2 楼）；出库（3 楼）
5. 输送系统和分拣系统	1 套	长度约 1000 米，包括 3 台连续提升机和一套高速分拣设备
6. 电子标签系统	1 套	支持 960 个拣选点的电子标签系统
7. RF 拣选系统	1 套	由 35 台设备构成拣选系统
8. WMS 系统	1 套	与 ERP 系统及供应链系统集成
9. WCS 系统	1 套	WCS 系统支持与 WMS 系统和 PLC 系统的连接
10. 计算机设备	1 套	满足系统运行所需要的硬件环境，包括计算机、外围设备、RF 设备等
11. 辅助设备	1 套	12 台升降式调节平台，1 台托盘提升机设备，1 套电线电缆桥架；8 台地面叉车（入库 2 台、出库 2 台、补货 4 台）；15000 个木制托盘，2000 个周转箱，若干笼车
12. 冷冻品仓库	1 套	2 套冷冻设备，体积约 500 立方米
13. 空调通风系统	1 套	保证 19℃的恒温控制

物流中心一层平面布置如图 4－11 所示，总体效果图如图 4－12 所示。

4.6.2 医药物流的特点

总结医药物流的特点，主要有以下几点。

（1）医药物流系统建设，按照 GSP 标准的要求，要满足温控的标准。一般情形下，物流中心要求设置冷冻库区（温度在 0℃以下）、恒温库区（温度在 19℃以下）和常温库区（温度在 28℃以下）。其中阴凉库区（恒温度）的面积不低于总库区面积的 60%。像医药物流中心的温度控制要求，在其他场合是不多的，甚至是没有的，这也是导致医药物流中心投资增加的重要因素之一。

（2）医药物流中心设计的难点之一是严格的批号管理制度。与其他产品不同，医药产品事关人民群众的身体健康和生命安全，因此，国家药品监督管理局对于医药产品的管理非常严格，按批号管理成为药品管理的重要制度。在医药物流系统建设中，不同批号药品不能混放，成为流程设计和系统设计的基本约束。按批号管理和配送为医药物流系统的设计和操作带来了很大困难，这是医药物流的重要特点和难点。

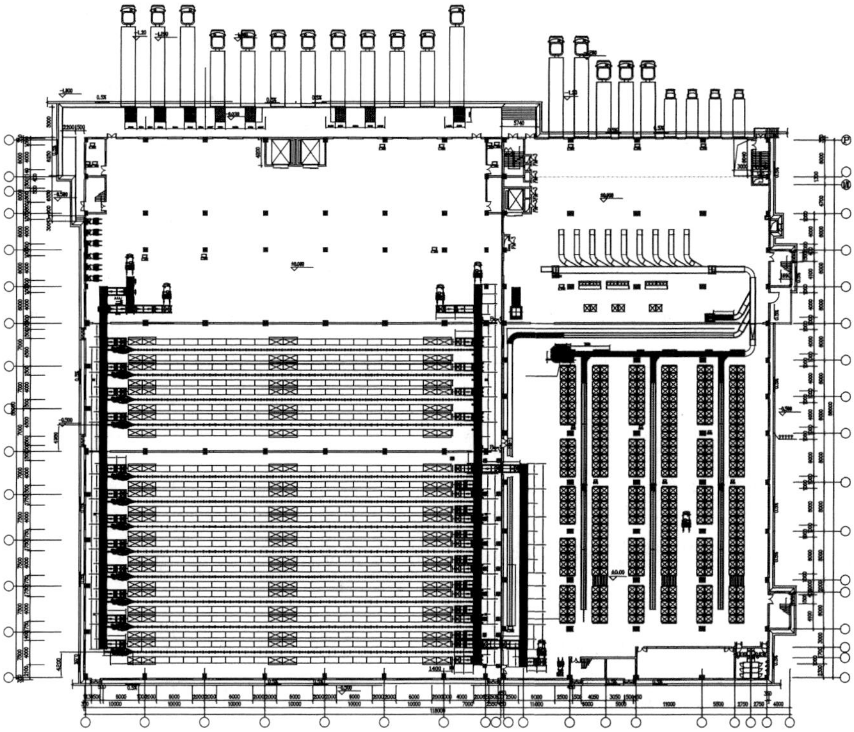

图 4 -11 物流中心一层平面布置

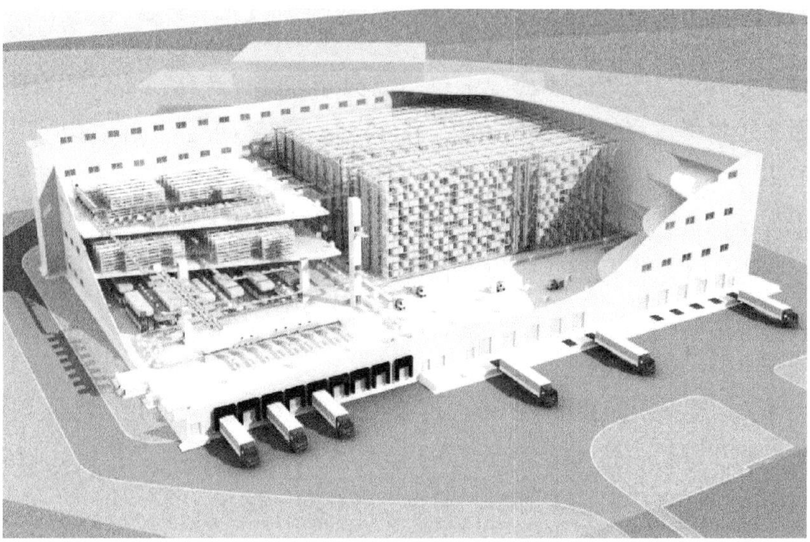

图 4 -12 总体效果图

(3) 按品类存放的要求。如按照剂型分类要求，其中特别重要的是像二类精神药品的单独存放要求，不合格品、退回药品的单独存放要求，易串味品的单独存放要求，医疗器械的单独存放要求等，成为医药物流的另一特点。有些物料还需要单独包装

（如冷冻品），为配送带来困难。

（4）品种多，生产厂家多，储存周期长，储存条件苛刻。作为一个大型的物流中心来说，一般的储存品种将达到10000个以上，一般的储存周期在20～30天。因此，物流中心的规模一般都比较大。以全洲医药食品物流中心为例，设计储存能力为35万～40万箱，若采用普通的平面仓库，仅储存面积就需要约55000平方米，这本身就是一种过度投资，因此，采用立体储存，尤其是自动化立体库（AS/RS）储存成为众多物流中心的首选。

（5）医药物流配送拆零比例高，这为拣选和配送都带来了困难。拣选的准确性和正确性是重要指标，一般要求采用100%的人工复核，为配送系统的设计和运行带来难度。

总之，医药物流系统有其鲜明的特点，针对这些特点进行物流中心的设计，应用最恰当的技术，采取最合适的方法，成为中国医药物流发展和系统建设的基本方向。

4.6.3 基本流程设计

物流中心的作业流程设计是系统设计的重要组成部分。主要包括以下流程。

1. 入库有关的作业流程设计

入库作业流程设计规定了两类物料的入库：食品的入库和药品的入库。在入库过程中，均应遵从GSP的要求，物流软件系统的功能设计应以此作为依据。入库的过程包括正常入库作业和物料的退货入库作业等。

2. 出库有关的作业流程设计

出库作业即配送过程。包括整托盘出库、整箱出库和拆零出库等多种情形。出库作业是物流中心的核心业务。该流程中包括波次处理、拣选路线、拣选策略、包装方法、分拣过程、集货过程、暂存区管理、站台管理、车辆调度等方面内容。

（1）食品出库。

食品出库不考虑拆零作业，由立体库直接出库拣选，人工分类。从物理上将食品出库与药品分离。如果不是整盘出库，需要设计出库缓存区，以减少设备的操作和提高出库效率。

（2）药品出库。

药品出库分为整箱出库和拆零出库。订单在处理过程中自动拆分，然后再进行处理。

对于整箱出库部分，按波次进行合并。然后根据物料特性在各拣选区域进行拣选。每件货物均要求打印条码以便按订单和路线进行自动分类。

整件拣选方式包括货到人拣选和人到货拣选两种主要方式。货到人拣选是通过AS/RS完成的。

拆零拣选在三楼进行，按照订单进行。订单的零头自动合并，并根据要求计算拆零的箱数。拆零拣选通过输送系统连接不同拣选区域。共分为RF拣选区、普通流利货架拣选区和电子标签DPS拣选区。每个拣选区域又根据其拣选频繁程度分为多个作业区。

完成拆零拣选的物料，要求进行包装，包装也在三楼进行。包装时还要求进行核对。

其他特殊储存区物料（毒麻药品、冷冻品、易串味品、医疗器械等）的拣选是通过打印拣选单方式完成拣选的，并按照订单类别进行分类。

3. 补货有关的作业流程设计

为了实现系统的正常高效运转，补货作业对于本系统具有非常重要的作用。几乎所有区域之间均存在物料的交换作业，补货的程序设计是本系统中最复杂和最具有挑战的内容之一。

4. 其他辅助流程设计

辅助流程包括托盘的流转，周转箱的流转以及其他辅助过程。

4.6.4 关键技术

本系统运用了许多物流新技术和关键技术，概括如下。

1. 充分运用 AS/RS 系统的功能

本系统采用了 12 台堆垛机设备，既可以完成储存工作，也可以进行整盘快速出货和托盘在线拣选操作。尤其是托盘的在线拣选操作，为系统的柔性设计提供了技术手段，是本系统的关键技术之一。

2. RF 技术的广泛应用

独特的拆零设计思想是本系统的关键技术之一。运用接力拣选的订单处理技术，使十分复杂的拆零拣选和包装问题得到合理有效解决。全面应用 RF 系统，是贯彻拆零拣选技术的技术手段之一。功能强大的 RF 系统将使整个物流中心在快速有序的环境下高效运行。

3. 电子标签辅助拣选技术的应用

对于 A 类品种而言，拣选频率很高，要求对此进行专门的研究设计。采用流利货架配置电子标签拣选的手段，成为本系统的重要特色。电子标签的应用在国内已经有很多案例，但全洲医药食品物流中心的应用是将输送系统、RF 系统和电子标签系统结合起来，是提升系统拣选效率的关键技术。

4. 托盘流利式拣选技术

本系统的另一特色是托盘流利货架的采用。在此前已经有国外的供应商采用类似的技术，专门针对 A 类品种的整箱拣选。对于大幅度提高系统的拣选效率、减少物流的次数、降低劳动强度等，均将发挥重要作用。托盘流利拣选技术将成为本系统的关键技术之一。

5. 条码的全面应用

现代物流系统的基本表现之一是新技术的全面应用，条码作为物流识别的基本技术手段，在本系统中得到全面应用。包括拣选标签在内的条码应用为物流中心的自动识别和自动分类打下了基础。同时，全系统的信息跟踪也与条码应用息息相关。

4.6.5 经验分享

全洲医药食品物流中心的建设，在中国开创了现代医药物流系统的先河。在这之后，中国医药集团上海物流中心、上海医药公司物流中心、北京医药公司物流中心均先后建设成功，其技术手段、流程设计、关键技术应用等与全洲医药食品物流中心遥相呼应，共同谱就了我国新一代医药物流中心建设的序曲。随着 GSP 标准执行的步伐加快，越来越多的新一代物流中心正在加紧建设。这其中，既有大型的医药物流中心，如国药、九州通、南京医药的物流中心等，也有中小规模的物流中心，如京卫医药、亚邦医药、康民药业的物流中心，这些物流中心所采取的技术手段是类似的。综合起来，有如下几点。

（1）先进的拣选技术的应用。主要包括基于无纸化作业的 RF 无线射频、RFID 射频标签、DPS 电子标签、语音拣选等。这些先进技术的应用，解决了三方面的问题：作业简单化、作业准确性和作业环保性。这是物流发展的基本方向。

（2）先进的存储技术的应用。立体存储技术得到广泛应用。重力货架、流利货架、搁板货架等成为物流中心的首选和必然。此外，随着技术的不断完善，在大型物流中心，越来越多的系统倾向于采用自动化立体库。

（3）或许是基于 GSP 的要求，在拣选策略上，将整件拣选和拆零拣选分开的设计思想逐渐深入人心。大型的物流中心，其配送对象动辄上千个，配送物料中有 80% 需要拆零，如何解决拆零问题，是每一个物流中心所关注的。

（注：本文发表于 2008 年 12 月《物流技术与应用》杂志，有部分修改）

4.7 国药集团上海物流中心 II 期工程

4.7.1 项目背景

我国医药物流配送中心自 2003 年国药集团开启了自动化物流系统建设的序幕以后，现代医药物流系统的建设就此如火如荼地展开。10 余年间，以国药集团上海物流中心（以下称为“I 期工程”）为基本模板，在全国建成各种规模的物流中心有数百个之多。其中仅国药集团就建设了 40 多个自动化系统，其他如上海医药、华润医药、华东医药、九州通医药、老百姓大药房等重点企业，也相继建设了一大批自动化医药物流配送中心。

2013 年，经过 10 年的探索，作为医药领域的领头羊，国药集团一直在思考医药物流如何总结经验和升级换代的问题。此时的物流技术已经有了大的改变，无论是整件拣选还是拆零拣选，自动化水平都有质的提升，自动拆垛和码垛技术，“货到人”拆零拣选等技术已在国外开始广泛应用。国药集团经历10年快速发展，业务额已经从2003年的100多亿元猛增至1000多亿元。作为国药集团大本营的上海，业务额已经达到200亿元以上，特别是医院各大药房业务和卫生健康委B2C配送业务的增加，原有物流中心无论是处理能力还是业态形式已经不能满足发展需求，新配送中心建设提上议事日程，在此背景下，国药集团上海物流中心Ⅱ期工程（以下简称“Ⅱ期工程”）就此展开。

Ⅱ期工程位于原物流中心东侧，中间需要横跨康宁路。总面积约10万平方米，分为南北两部分。为了均衡每座仓库的业务，项目主管领导提出了从宏观论证三座仓库的定位和联动问题。其中北库作为医疗器械库，南库承担医院业务和卫生健康委的B2C配送业务，而Ⅰ期工程库房则承担第三方物流和分销业务。

本案例对南库的设计进行简要说明。

4.7.2 设计方案

医院配送业务与卫生健康委的业务有一个共同的特征，即拆零业务比较多。与其他系统不同的是，新物流中心对低温库的需求有比较大的增加。这些都是在设计阶段即已经确定的战略方针。

基本设计需求是：库存35万~40万件，日发货2万件，其中拆零在10000行订单行以上。这一需求并非太高，所以设计也不是非常困难的事情。但业主明确提出了面对人工成本日益增加的现状，以及提升服务水平和达到行业示范作用的需求，需要采用一些新技术。

什么是当时的新技术呢？设计组对此进行了探讨。在收货环节，机械手码垛已经在生产系统开始使用，但流通领域使用比较少；在储存环节，各种各样的自动化技术（包括密集存储技术）已经非常普遍，也谈不上新技术了，四向穿梭车还没有使用；在输送环节，AGV技术已经成熟，但价格昂贵，其主要应用于制造业，流通业非常少；在拣选环节，虽然已经有应用自动拣选技术的案例，如A字架技术已经存在很长时间，但应用于中国的案例少之又少；“货到人”拣选在国外已经成熟，但中国还没有先例；在分拣环节，快速分拣系统不仅技术成熟，即使是国药集团本身，也已经有多套系统在应用。

针对这一现状，项目组提出采用多层穿梭车技术完成“货到人”拣选的策略，在事后看来，国药集团的这一决策的确是开风气之先的重大举措。

如今，“货到人”拣选技术有很多种，其中最火爆的当属KIVA系统，但在当时，可选的技术只有SCHAEFER的旋转货架和KNAPP的多层穿梭车，KIVA系统仅限于亚马逊公司自己使用。

为什么没有采用机械手自动拣选和码垛技术，主要是考虑3D图像识别技术还不成熟，这一技术的应用后来留到了山西项目完成。

根据以上考虑，总体方案如下。

一层总体布置如图 4 - 13 所示。

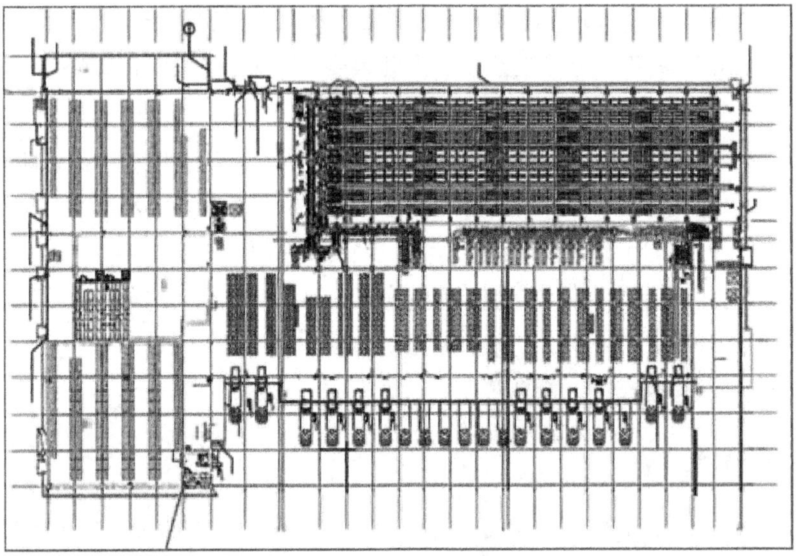

图 4 - 13　一层总体布置

二层局部布置（“货到人”拣选区）如图 4 - 14 所示。

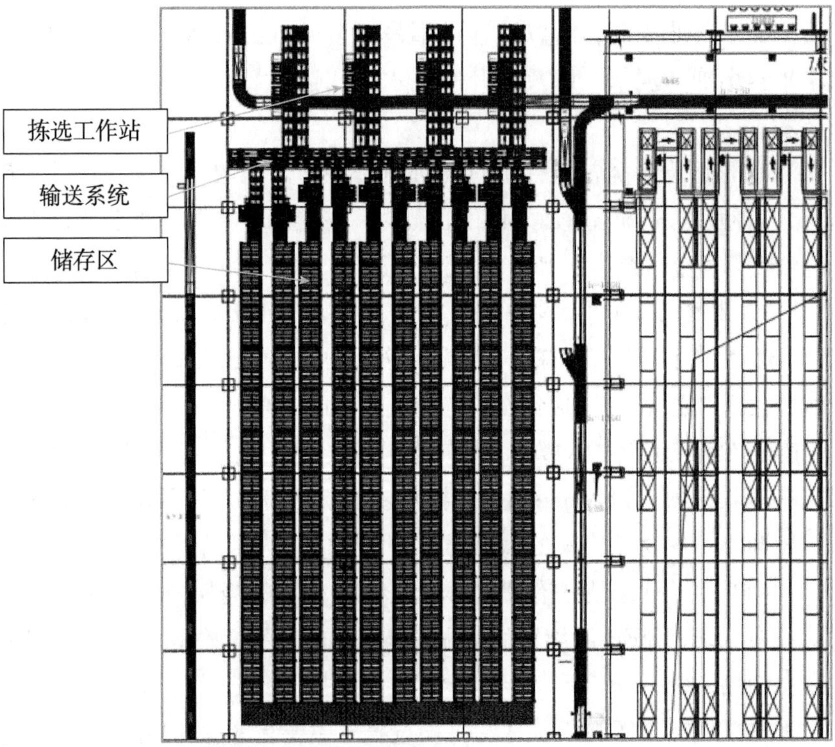

图 4 - 14　二层局部布置（“货到人”拣选区）

系统主要配置如表4－5所示。

表4－5 系统主要配置

序号	设备名称	参数	备注
1	AS/RS系统	6巷道、6台堆垛机、12000个托盘位	伍强科技
2	“货到人”拣选系统	5巷道、55台穿梭车、10台提升机、11800个货位、4个拣选站台	KNAPP公司
3	电子标签拣选系统	300个拣选位置	上尚公司
4	补货系统	16个补货台	伍强科技
5	A类货物拣选系统	3楼A类整件拣选系统	伍强科技
6	箱式输送机	1套箱式输送系统	伍强科技
7	螺旋提升系统	3套螺旋提升机系统	APOLLO公司
8	货架系统	立体库货架、拣选区货架	精星公司
9	托盘提升机系统	1台	北起院
10	WMS系统	MAT－WMS系统	国药集团
11	WCS系统	AUTOWCS1.0	伍强科技
12	塑料托盘	12000个标准托盘	上海力卡

4.7.3 关键技术

本项目的关键技术有两个，一个是冷链的无缝连接技术，一个是“货到人”拣选技术。

冷链无缝连接是新版GSP所要求的，其宗旨是要求车与库连接过程中不要出现“断链”的情形。这无疑给设计带来困难。

本次设计考虑到现场情况，设计了专门的医药冷链通道，采用内置站台、交换间、快速卷帘门等技术，完成了无缝连接的设计需求，如图4－15所示。

本项目冷链无缝连接的设计思路，获得了行业的认可，给后来者提供了参考。

关于“货到人”拣选，是物流作业中的新思维。与之对应的“人到货”拣选已经为大家所熟悉，效率低、错误率高是其主要问题。而“货到人”拣选从根本上解决了这一问题。

项目组经过反复论证，最终决定采用KNAPP公司的多层穿梭车（Multi Shuttle）作为“货到人”拣选的主要技术，用以完成快速存取作业。KNAPP是世界著名的物流系统集成商，尤其在医药物流领域，在欧洲的市场占有率超过80%。KNAPP研究“货到人”拣选已经有近15年的历史，并在全世界拥有众多的成功案例。

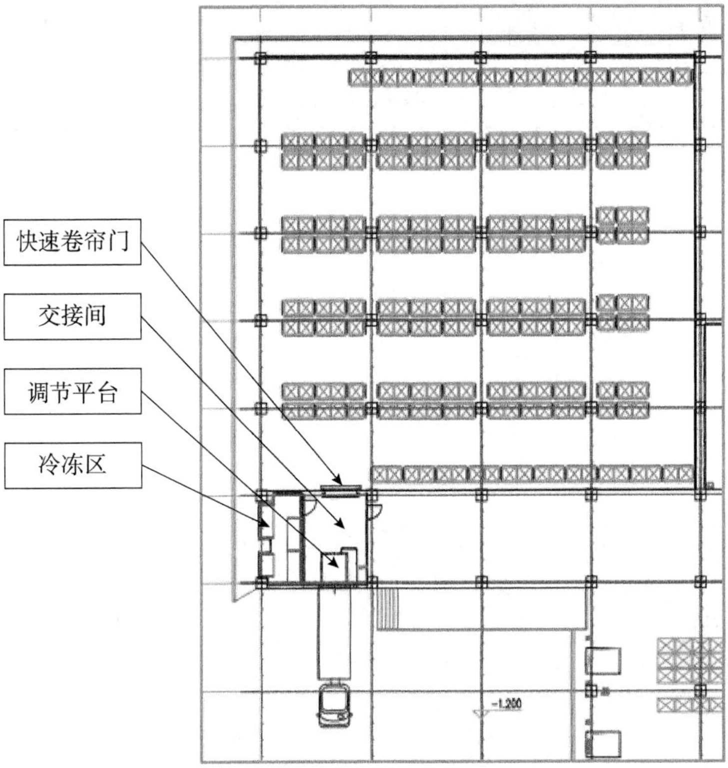

图 4 – 15　冷链设计方案示意

“货到人”拣选系统主要由快速存取系统、输送系统，以及拣选工作站组成，此外还包括换箱工作站与包装工作站。其中快速存取系统和拣选工作站是关键。KNAPP 公司提供的多层穿梭车存取系统将过去由 Miniload 完成的存取效率提升了 4 ~ 5 倍，拣选工作站则比“人到货”拣选快了 5 ~ 10 倍，而拣选准确性可以提高一个数量级。这是本项目最引人注目的地方。拣选工作站如图 4 – 16 所示。

图 4 – 16　拣选工作站

拣选工作站的设计非常重要。分为上下两层，上层是储存箱，下层是订单拣选箱。储存箱按照拣选箱的要求，依次从存储区送达拣选站，电子标签提示拣选数量，同时还配置计算机仿真终端。一般情况下，拣选效率可以提高 5 ~ 8 倍。

附带说明一下，为了解决“货到人”拣选中 A 类品种的快速拣选问题，以便降低成本，本项目还采用了传统的流利货架拣选系统，这也是值得借鉴的方法。

4.7.4　经验分享

II 期工程的成功上线，是一件值得在行业内大书特书的事情。伍强科技作为本项目的集成商之一，有一些经验值得分享。

一方面是国药集团领导的创新精神。国药集团建设现代物流始于 2003 年，10 余年的经验并没有使他们满足于现状，而是不断钻研如何总结和创新。顾一民总经理反复强调的是，经过 10 余年的实践，大家的经验是什么，又有什么是不足的，10 余年来物流技术改变了什么，这些是建设 II 期工程的指导方针。

另一方面是团队合作精神。本项目参与方主要有伍强科技、KNAPP 公司和国药集团自己的团队，其他配套厂家的团队则多达 10 个。一开始大家的想法并不一致，沟通也有困难，如何协调一致成为最大的问题。但在长达 3 年多的时间里，无论是对总体方案的梳理，还是对“货到人”拣选系统原理与接口的讨论，大家逐渐达成了共识。应该说，国药集团的团队付出了很多。尽管项目进度因为土建原因而拖延，但大家始终没有抱怨，对每一个问题始终是认真对待，所以项目的上线非常成功。此外，KNAPP 公司的专业精神也是令人钦佩的。

本项目成功上线后，真正起到了示范作用，行业参观者络绎不绝。“货到人”拣选设计思想逐渐深入人心。这也许是这一项目最引人关注的地方。

4.8　京东商城广州小件库

4.8.1　项目概述

京东商城（以下简称“JD”）在电商领域是一个有自己独特想法的企业，早在 2010 年，即开始尝试自建物流，这在整个电商早期，应该是一个大胆的决策，也可以称为远见卓识。

2012 年，JD 位于广州的小件库配送中心开始建设。其设计目标是日处理 20 万订单，这在当时是一个大胆的目标，大家有一些将信将疑。

此前，对于如何建设一个高自动化的物流系统，行业内并没有一个统一的认识，也没有可供参考的案例，这无形中增添了项目的难度。

项目从设计到完成上线历时两年多，其中由于土建的原因耽误了很长时间。项目在2014年年底成功上线，正赶上电商的蓬勃发展时期，JD因此在电商领域独领风骚，以其竞争对手望尘莫及的配送速度，赢得了市场的先机。

电商的业务特征，可以归结为几点：其一是订单量大，且呈快速增长态势；其二是SKU多，从几万个到几十万个；其三是订单行少，一般在1.8~2.3行；其四是时效要求高，典型的如JD的“211”承诺；其五是不可预测性，订单的分布及增长速度不可预测；其六是峰值很高，遇到促销季，订单是平时的几倍甚至几十倍。这些特点为电商物流配送中心的设计都带来挑战。

项目在设计时，并没有什么经验可以借鉴，只能根据实际的要求来进行设计。好在电商已经有一定规模，历史数据虽然不可靠，但还是有规律可循。

4.8.2 业务综述

JD的小件库业务是其主要业务之一，在本项目中，小件包括3C、服装服饰，以及其他综合类的商品，总SKU要求达到30万个以上，而配送能力则要求达到日处理20万单以上，从管理层的意愿看，这个数字并不是极限，希望更大胆一些。这是以前所没有遇到过的情形。

订单结构比较简单，平均每单的件数为1.9~2.1件，而且单件订单占到60%以上。这为设计提供了非常好的施展空间。因为单件订单的拣选，其实有非常简单的策略。

电商的订单产生比较特殊，从早上6点一直到晚上11点都在发生，甚至晚上11点以后也还有零星的订单，为了尽可能满足客户的需求，JD提出了“211”承诺，即上午11点前提交的订单，将在晚上11点前配送到客户，晚上11点前提交的订单，将在次日上午11点前送达。这就要求配送中心将作业时间调整到早上6点到晚上12点，约18个小时。

从更加详细的数据分析看，电商在一天中的订单密度是不一样的。图4－17描述了电商典型的一天订单密度分布情况。

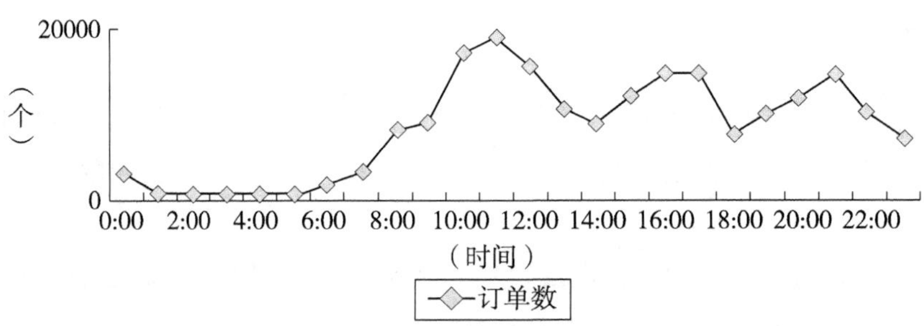

图4－17 分时订单密度

从设计角度看，针对订单密度分布制定对策是必要的。并非要按照高点时段进行能力设计，但设计显然要大于平均值，这是与B2B的设计理念有差异的地方。

4.8.3 总体设计

设计组面对的是一块空地，最终决定采用单层建筑形式。这在今天看来仍然是一个合适的选择。考虑到消防的影响，整个园区设计为 2 栋建筑，中间有一个 12 米宽的消防通道。其实，即使如此，消防仍然是一个大的问题。

整个建筑除西侧发货区的一个防火分区采用两层结构，其他均采用单层结构，按照分拣工厂报批消防方案。即使如此，还是费了很大周折。消防已经成为大型配送中心设计的一道难题。

在整体方案上，设计组大胆采用了阁楼式货架，这在电商中应是普遍采用的技术。但 4 层阁楼给设计带来一定挑战。

总体布局示意如图 4－18 所示。

图 4－18　总体布局示意

建筑投影面积达到 5 万平方米，每座建筑根据规范又分为若干个防火分区，个别防火分区超过 6000 平方米。

从 4 层阁楼设计来说，因为消防问题，还需要在每层搭建与外部连通的逃生楼梯。两座建筑在 3 层的高度上设计了连廊，使得业务得以整合。

本项目最大的挑战是拣选方案的选择。如果将 4 层阁楼铺开来看，整个面积超过 10 万平方米，整个输送线的长度有数千米，这对于把订单拣选时间看得非常重要的电商业务来说，显然不可接受。项目组经过认真研究，决定采用并行拣选策略，即将整个拣选区域分解成若干个独立的拣选分区，每个拣选区单独拣选，最后在包装区集合订单，完成播种，每个集合单按照 40～50 个订单设计，可以保证在每个拣选区大致有一个整箱的拣选任务，这样会减少整个线路上的箱子的数量。

并行拣选策略为输送系统的设计带来很大的便利，大大减少了一个拣选箱在线路上运行的时间，但对订单的管理带来了困难。设计组创造性地提出了订单拣选优先级策略，并设计了集合单缓存区，使得两个波次之间的切换变得非常平滑，甚至几乎没有影响。

电商的单件订单拣选可以采用一个特殊的拣选策略。面对大量的单件订单，设计组提出了单件订单单独拣选的策略——每件货物对应一个订单，这为拣选带来极大便利，不仅在拣选时可以按照货物的地址进行线路优化，而且省去了播种的时间，效率得以显著提升。包装时，单件订单与多件订单也是分开的。

项目的收货也是很有特色的。参考了新华书店图书的收货站台设计了一体化的收货站台（见图4－19），在实际运作中，收货的效率得以大幅度提升。

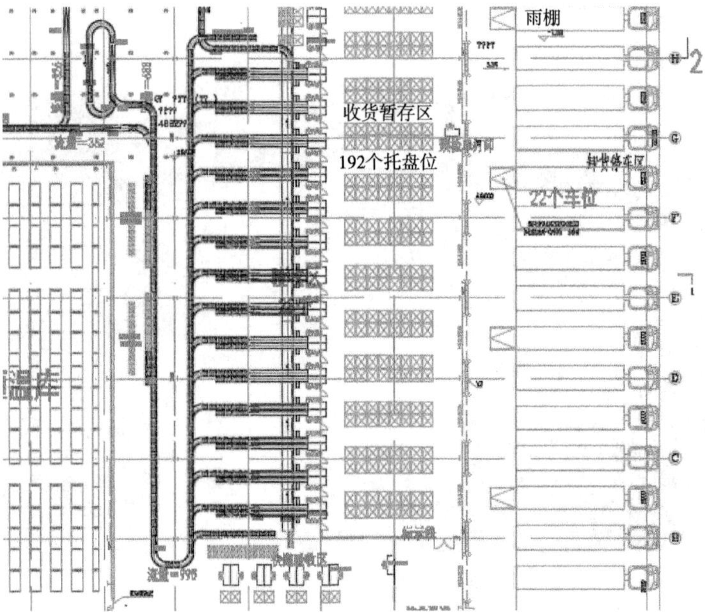

图4－19　一体化的电商收货站台（局部）

4.8.4　关键技术

项目采用的技术从表面看均为传统的成熟技术，包括4层阁楼货架、流利货架、3000米长的输送系统、多达100个的播种和包装站点，在发货区，设计了一套矩阵式分拣系统，这是受到邮件分拣系统的启发。

对于JD来说，更大的订单处理量是可以期待的。在项目建设初期，广州地区的日均订单量仅为6万单左右，然而，到项目完成时，日均订单量已经接近25万单，这是意料之中的事情。提高处理能力，这是项目面临的关键问题。

如前所述，拣选策略的选择是非常重要的环节，但对一个订单量如此大的系统来说，要发挥系统的能力，关键还要处理好3件事情：

（1）系统的设计能力要满足要求；

（2）系统的运营要平稳，尤其是波次衔接要平滑；

（3）系统要具有一定的柔性。

第一个问题是基本设计问题，所要考虑的无非是库存、设备参数、输送能力、包装能力等能够满足需求，其他只要按照设计规范进行，则完全没有问题。然而，系统作业在各区的不均衡是要考虑到的问题。

第二个问题比较关键。本系统采用多区域并行拣选策略，从设计要求看，按照波次处理会出现各区域订单发起的时间不同，到达时间也不同的问题，有的甚至会出现后发先至的情形，但各区域又不能因为要同时拣选而出现等待，包装复核区也不能出现等待现象，因此，本系统在播种区设计了3条缓存线，以应对各区域拣选不同步的问题。从数据分析看，即使只有20万单，每小时处理订单也不得少于15000单，如果按照平均50个订单组成一个集合单计算，每个集合单的间隔时间也只有30秒（仅考虑多件订单），如果一个集合单在一个区域拣选时间平均为5分钟，那么，同时在拣选的集合单也会多达10个，而实际上不同波次的订单拣选由于要有良好的衔接，所以下发的订单会有一定积压，即同时会有多个波次的订单在等待拣选。这就要求播种区要有一定的缓存能力。以多件订单为例，如果拣选能力按每人每小时120行计算（每个多件订单的订单行约3.75行，120行折合约32单），播种能力按每人每小时450行计算（折合120单），则6000个多件订单需要播种台50个左右，而缓存区按照1∶3设计的话，需要150组。换句话说，150组缓冲区在理论上可以支持150个集合单同时进行拣选，也就是说，按照每5分钟下发10个集合单的速度，系统可以在极端情况下允许最长75分钟（约150个集合单）完成一个集合单的全部拣选工作，而不影响整体作业的效率。这在实际应用中是非常宽裕的。

关于柔性化设计的问题，为了应对像“双11”和“618”的购物节高峰，系统要有极端情况下的处理能力。这时，要求拣选、播种、包装以及输送能力等都要具备柔性化的需求。简单来说，作业时间可以从18小时扩大到24小时（三班制），因为拣选、播种、包装都可以通过加人来提升作业能力，所以输送能力事实上成为限制整个系统能力的关键。以本系统为例，因为采用并行拣选策略，所以全部可以通过加人来提升系统的处理能力，而输送能力本身就有富余（一个集合单平均5～6个周转箱，则6000个多件订单需要周转箱660个，单件订单需要300个周转箱，总数达到960个，系统设计能力为单条输送线1200个周转箱，两条输送线2400个周转箱，能力有较大富余）。此外，还应考虑到单件订单比较多的情形发生，因此，实际上输送机的能力最大可以支撑每小时22000～24000单的作业（考虑两个区域不能同时达到饱和，按照70%～80%的系数折算）。如果按照24小时计算，则可以满足52.8万～57.4万个订单的日处理能力。当然，实际上还要考虑人员交接的影响，以及单件订单的占比和人员劳动熟练程度对结果的影响。实际结果也印证了这一设计理论的正确性，本项目在“618”和“双11”期间，高峰日处理能力突破60万单。

此外，本项目在设计中也特别注重细节，如输送机的设计就是一个典型。为了增加一个拣选区的面积，特别设计输送机处于一个比较高的高度，并通过下降和爬升来实现投箱点和过道的增加。

4.8.5 总结语

每个新事物的诞生，都对设计者提出了新的挑战，电商物流尤其如此。但正是这些挑战使设计充满了乐趣与变化。

本项目在设计中，项目组始终遵循一个设计理念，即不以经验去思考问题，而是以需求为导向思考问题。本项目中，面对20万个订单的挑战，如果简单按照经验去思考，可能会得出一个完全不一样的解决方案，其投资可能会增加很多，却并不实用。将一个大或复杂的问题分解开来，变成一个一个小的问题，有些小问题可以有更好的解决方案，如单件订单；有些小问题则必须面对，如跨区域的多件订单，然而，整个问题的难度就大大降低了。

本项目输送系统的设计，可以看作一种新的尝试，从使用效果来看，的确兼顾了多种需求，如补货与投放的便利性、路线的通畅性，以及设备维护的便利性等。是一项值得推广的技术。

如今，更多的技术可以用于电商的拣选，典型的如“货到人”拣选。然而，JD的解决方案仍然具有很强的指导意义，不仅仅是方案本身，更在于思维方式。

4.9 太平鸟慈东服装配送中心

太平鸟服饰有限公司（以下简称“太平鸟”）是宁波著名企业，以生产时尚服饰闻名，在2010年已经跻身全国10大时尚品牌。公司旗下品牌众多，尤其以魔法时尚最为有名。公司销售额逐年上升，2013年，公司销售额已超过60亿元，门店达到3000多家，因此，公司决定在慈东滨海区修建物流配送中心，以缓解物流配送的压力。

物流中心占地约16.3公顷，建筑面积13万平方米，这在当时是物流行业最大的物流中心之一。

随着电子商务的兴起，立即吸引了各大服装企业的加入。电子商务对服装销售有特殊的意义，因为“正品”价格高企，一般人消费不起，而电商的高折扣，加上面向全国的销售网络，使全国各地的中低端消费群体，实现了穿名牌的梦想，而对于生产企业，电商更是一个去库存的有效途径，唯品会是服装领域非常著名的电子商务公司，以销售服装尾货为主（“唯”即“尾”的谐音），取得了极大成功。

新建物流中心规模宏大，是多种业态的组合，需完成全渠道的配送，这对总体设计来说是一个新的挑战。为此，公司专门为此成立了高素质团队，并聘请了行业资深物流经理担任项目负责人，聘请国际知名的咨询公司进行前期咨询，因此，大家对做好该项目充满信心。

4.9.1　基本需求

本项目规模宏大，从设计需求来说，分为以下 3 个部分。

1. B2B 业务

B2B 是未来的主要业务。根据发展纲要，本项目将支持公司未来 200 亿元的业务规模，其中 B2B 业务将占到 80%，即 160 亿元，是当时（2013 年）业务的 4 倍左右。

本项目设计日发货能力为 47 万件，折合 1 万箱。

2. B2C 业务

B2C 业务的特征是增长快，且在促销期间，订单量是平时的 10 倍甚至几十倍。以 2015 年作为例子，其“双 11”期间，总发货达到 3.8 亿元，是全年的 30% ~40%，未来的发展速度还要更快。

本项目在高峰时期设计发货能力将达到每天 14 万单（约 19 万件）。

3. 退货业务

B2B 业务退货率达到 17.3%，每天 B2B 退货量设计为 11 万件，B2C 退货量为 3.7 万件，也是一个很大数据。服装的退货量大，是导致库存增加的关键因素。

考虑到退货问题，本项目要求库存达到 65 万箱，库存周转天数约 130 天。

4.9.2　总体方案

对于一个规模很大的物流中心来说，如何使总体设计合规是一件非常困难的事情。服装物流的难点也是如此。

经过反复研究，本项目采用“品”字形布局，物流中心分为存储区和拣选区，分别适用不同的规范。

在存储区，设计为高架仓库，防火分区面积限定为 3000 平方米，独立库房面积限定为 12000 平方米（实际上扩大了 1 倍，中间采用防火隔离区技术）。而在拣选区，则按照车间进行设计。多层建筑的防火分区设计为 8000 平方米（注：2016 年按规范扩大了一倍，达到 16000 平方米）。各建筑物之间采用 12 米宽的消防通道隔离。

一层平面布置如图 4 -20 所示。

整个建筑面积达到 128000 平方米（计容面积达到 176000 平方米），这显然是一个规模很大的建筑群，在防火报批上存在重大难题。好在使用规范恰当，最终通过了审查。

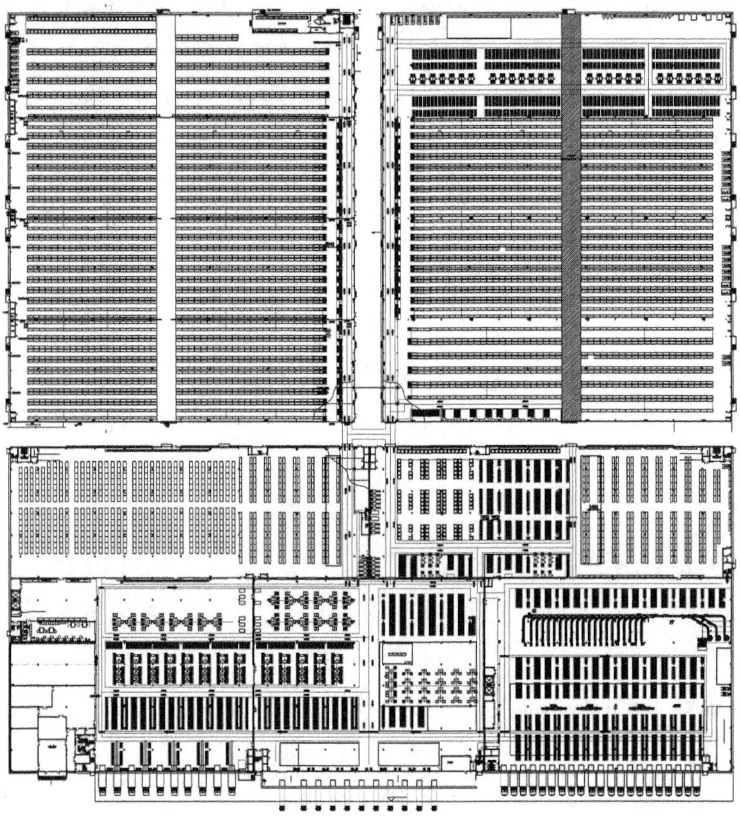

图 4－20　一层平面布置

值得一提的是，单座仓库面积达到 24000 平方米，这是消防所不允许的，为此，专门在中间开辟了一条防火隔离带，这也是比较少见的技术。采用隔离带技术，在大型的公共场所，如展览馆、机场、火车站等比较常见，在仓库设计方面却并不常见，这是本项目引人注目的地方。

在存储方面，主要采用了 VNA（窄巷道货架），是考虑到服装箱子并不坚硬的缘故，如果采用 AS/RS 系统，可能会带来一些麻烦，如码垛超差的问题。在其中一个仓库，创造性地设计了整板托盘（码垛 4 层）、半板托盘（码垛 3 层）以及网格货位，极大提升了储存的效率。

本项目仅在仓库南侧布置了站台，为了减少输送的距离，从高架库补货与拣选时采用输送线（既有托盘，也有箱子）与拣选区连接，输送线可以直接将货物运送到拣选区或发货区。本项目中，VNA 区域的拣选，既有整托盘的情形（虽然比较少），也有整箱拣选情形，还有整箱补货的情形。

本项目设计采用高速交叉带分拣机进行拆零拣选分类，这是一个新的尝试。主要应用于 B2B 业务，当运用于 B2C 业务时，主要采用集合单播种拣选的模式。货物按照订单提总拣选后，直接投放到分拣机进行分拣。为了提升分拣机的能力，设计了两组投放格口，并在预拣选时，将订单分成两类，这样使分拣系统的分拣能力得以大幅度提升。

本项目的输送系统有2000多米长，采用了特殊的设计方式，即平时在高位运行，每个拣选区域设计若干个补货口和拣选投放口，由于减少了线路干涉，大大方便了现场作业，但维修作业并不方便，这是需要改进的地方。

本项目采用3台螺旋提升机运输包裹，并配置滑块式快速分拣机对拣选结果进行分类。拣选完成的货物在一楼东南侧集货，等待发货。

4.9.3　运营效果

太平鸟物流中心项目是服装物流行业里非常著名的项目。当然这与运营团队的创造性发挥是分不开的。一个项目设计好、建设好只是基础，关键是要用好、用活。

本项目的B2C业务采用的是带层格的拣选车进行拣选。这种拣选车最大的好处是减少了二次播种的环节，效率是比较高的。尤其是在促销季节，可以简单地通过增加人员来提升效率，柔性高、效果明显，所以很多电商系统采用这一技术。

太平鸟于2016年上市成功，新物流中心的建成功不可没。尤其是项目运营团队，专业勤勉，对系统不断进行优化，使得物流中心整体性能表现大大超出最初的设计指标。

4.9.4　经验分享

太平鸟慈东物流中心的建设成功，在当时成为服装物流的典范。这与其整体规模宏大以及太平鸟的行业影响力有关，更为重要的还与其设计理念有很大关系，还得益于双方团队的专业性。

服装物流有其独特的地方：品种多、规模大、季节性明显、退货量大。每到换季铺货时，物流中心的工作量陡然增加。这就要求对库存和收、发、退货能力有比较准确的估计。并且要求系统有较大的柔性。所有这些，是本项目考虑比较周到的地方，比如分拣机的设计，既考虑了B2B的业务，也考虑了B2C的业务。在B2C促销季节，还考虑了较大的作业预留空间，都是设计比较合理的地方。

本项目前期工作准备充分，工期基本按照计划进行，这是非常不容易的。一般来说，如此大型的园区建设，在报批阶段会有比较大的拖延，因此，在选择设计院方面应该慎重，要优先选择对物流工程比较熟练的设计院，尤其是消防处理，消防规范解读的能力与经验，对项目的报批尤其重要。此外，本项目地处新开发区，基础设施和条件并不完备，但由于事先对水电等市政设施予以了高度重视，所以并未因此耽误工期，也是难得的。

大型物流中心的设计问题在于流程的通畅和效率的保障，尤其是路程太远，会导致效率降低是较难解决的问题之一。本项目表面上并没有照顾收货时的路径问题，没有采用双侧站台的设计方案，其实是考虑到收货时需要进行检测，从检测区域到存储区域距离已经大大缩短，并充分考虑到收货时整托盘运输的高效率。从结果看，设计是非常成功的。

5　系统集成中的问题与思辨

本章导读

本章由11个专题主题文章构成，是对物流系统集成过程中一些问题的思考与辨析，内容涵盖比较宽泛，有些不是纯技术性的。第1、第2个专题探讨了物流自动化问题与速度对物流的重要性问题，旨在对企业用户有所启发，非不能也，是不为也；第3~5个专题分别探讨了单元化物流概念、智能物流的本质以及绿色物流的重要性，这是行业共同关心的问题；第6~8个专题分别对物流中的坪效、零库存，以及所谓的“黑科技”概念进行论述与溯源，给读者答疑解惑；第9、第10个专题是给物流设备制造商提出的建议，其一是如何解决定制化与标准化之间的矛盾，其二谈论了时下火热的智能制造问题，智能制造的概念其实并不为人所熟知；第11个专题是给大学师生们的建议，阐述理论联系实际的重要性，包括如何选题、如何调研、如何培养专业性等一系列问题，也是作者的心得体会。

5.1　论自动化对物流的必要性

5.1.1　话题的由来

写下这个题目，是基于两种相对立的思维：有人觉得这是小题大做，物流实施自动化是理所当然和不言自明的事情，不需要再讨论了；与此相反，有人觉得话不要说得太满，是否实施自动化还得根据具体情况来确定，自动化也不是必需，有时还会误事。

如今我们看到物流自动化和信息化——其实，很多行业都是如此——已经成为一种趋势，甚至是一种不可阻挡的趋势。但仍然有人会问，自动化是必然的吗？自动化是必需的吗？

事实上，有很多物流企业由于规模太小，没有必要实施自动化。自动化有时甚至会带来麻烦，会增加成本，会带来风险。有时，由于产品的缘故，实施自动化代价太大，或者难度太大。这样的例子不胜枚举。

更多的情况是，很多企业长期以来采用的都是传统的人拉肩扛，事情也顺利地干完了，人是多一点，效率可能是低一点，可是从来没有耽误过事。随着企业规模的逐渐扩大，这种惯性思维一直没有改变。一旦要实施自动化，心里总有这样那样的担心，从而产生疑问，甚至抵触。

对于这些情况或现象，一开始我也是理解和赞同的，其实也没有什么需要解释或辩解的。实施自动化对企业总得有所帮助或改进才行。通常的情况下，企业首先要算的是经济账。如果因为实施自动化导致了成本的增加或作业难度的增加，是没有办法说服企业决策者的。

60 多年前，毛主席曾经有过著名的论断："农业的根本出路在于机械化。"当时有很多人不理解，认为中国地少人多，实施机械化没有必要。直到有一天，当看到一个美国农民可以耕种数百亩土地的报道，我才突然明白了一个道理：我们的因果关系出现了颠倒。之所以我们不需要机械化，拒绝机械化，是因为我们习惯了低效的劳动，习惯了小农经济的思维方式。

其实机械化也好，自动化也好，都是为了提高劳动生产力。本书所说的"自动化"从更广的意义上包括机械化、自动化、信息化和智能化。

为什么在市场竞争中，强者恒强？因为强者的劳动生产力水平不同，所采取的技术手段不同。他们的产品不仅质量好，而且价格低。而自动化则是其最佳的也是必然的手段之一。英国 18 ~ 19 世纪的工业革命，使其迅速崛起，并成为日不落帝国，其原因也是如此。

很多人有一个误区，就是认为小农经济才是成本最低的。其实不然，小农经济因为生产力水平低下，生产效率低下，产品质量得不到保障，缺乏核心竞争力，在未来根本没有出路。物流企业也是如此。企业不是不需要自动化，而是规模水平太小，还达不到需要自动化的水平，还没有能力实施自动化，还仅处于竞争的末端。对这样的企业，如果甘于做小，被淘汰只是时间问题。因为不实施自动化，企业只能在低水平下运作，无法在质量、价格（成本）、品牌等方面取得优势，也就无法在竞争中取胜。

在互联网时代，做大可能比做强更重要，至少是一样重要。

5.1.2 自动化是提升生产效率的关键

1999 年我去意大利参观访问，参观了几个生产制造企业，其中有一个是生产塑料薄膜的。陪同我们参观的是宝硕集团的领导。参观的企业规模是宝硕当时的 5 ~ 10 倍，人员是宝硕公司的 1/10 还不到，也就是说其生产力水平至少是宝硕的 50 倍以上。一个全自动的物流中心仅有 2 ~ 3 个员工，其中一个给我们演示的员工还是智力存在问题的小伙子。当看到这一切的时候，宝硕集团的领导深感震惊。当时的宝硕集团是上市公司，规模在行业中也是名列前茅，生产效率尚且如此，更遑论其他企业了。

很多企业都会算经济账。上立体库还是不上立体库，买叉车还是不买叉车，犹豫不决，对前途缺乏信心。他们或许看到了过去和眼前的现状，但他们肯定没有看到未来。在科学技术如此发达的现今，有的人对自动化的可靠性仍然充满怀疑（当然这里也包括很多供应商的产品质量的确有问题，导致企业有此担心），但这是与时代精神不符的。

在一个小农经济思维充斥的市场，偷工减料、以次充好、恶性竞争是不可避免的。很多为自动化物流系统配套的生产厂家，其车间却采用最原始的作业方式，采用最原始的方式进行管理，因陋就简，效率低下，差错频出，这样怎么能生产出高质量的产品？很多快递公司的分拣车间环境极其恶劣，作业手段极其原始，作业过程极其野蛮粗暴，这样又如何为广大用户提供放心的服务？

人们常常骄傲于中华民族是一个无比勤劳且吃苦耐劳的民族，然而，几千年农耕文化孕育的小农经济思想也是根深蒂固的。长期的贫困和生产力水平低下是这一思想产生的客观原因。然而，在改革开放已经40多年的现今，我国的生产力水平在很多领域已经发生了翻天覆地的变化，是彻底矫正这一思想的时候了。

诚然，要实施自动化，其基础是生产要有一定规模。前几年，国家倡导大众创新、创业，本来是为了解放思想，鼓励和崇尚创新和创业。却被很多地方片面地理解为人人办公司、做老板。把创业片面理解为去办公司，结果造就了很多的人离职创业，办了很多小公司。这是一个误会。不是说不需要创办新公司，也不是说每一个公司一开始就要很大，大多数公司都经历过从小到大由弱变强的发展过程，有的创新型公司是有希望做大的，但有的公司，从创办的第一天起，就注定做不大。物流装备行业也是如此，市场不缺生产低质量产品、低效率的企业，缺少的是高质量的创新型企业。我国的物流装备，总体表现为低端产品过剩，而高端产品供应不足的态势。现代企业，在互联网时代，恰恰是要以规模和质量制胜，要以创新制胜。这是需要深思的。

小的公司在初创期，如何发挥自动化的优势？这是一个课题，必须努力去寻找答案。对于物流业务来说，借用第三方平台是一个可行的解决方案。把物流交给第三方去做，把生产加工交给第三方去做，这是一种合乎发展逻辑的模式。

自动化的意义，不仅在于开拓了人的思维，更在于大幅度提升了人类的劳动生产力水平。利用挖掘机，一个人可以干500人的活；利用高速分拣机，一人可以完成100人的分拣任务；利用立体库、机器人、KIVA小车，一个人可以完成数百人的劳动量。自动化的功效可谓大矣。

5.1.3 自动化是提升产品质量的关键

关于自动化是否能够提升产品质量的话题，存在一些争论。先做一些正面的论述，仅仅讨论狭义的工业产品和服务的质量问题。

产品的质量特性因产品的特点而异，表现的参数和指标也多种多样。反映用户使用需要的质量特性有多个方面，如产品性能、耐用性、可靠性、维修性、安全性、适应性、经济性、美观性等。每一种产品被关注的质量特点是不一样的，如物流配送服务，关注的是正确性、准时性、完整性等；如对于物流装备，更关心产品的安全性、耐久性、效率、噪声以及外观等。

无论是物流作业自动化还是生产制造的自动化，均对产品质量的提升起到关键作用。如生产过程中产品的有效保存、平稳配送，特别是在定制化生产系统中，及时、准确提供合格的零部件对产品质量的保障至关重要。在一个大型的生产系统中，自动化对于准确、快捷、完整地提供物流支持是人工所无法达到的。仅仅就准确性这一点，自动化就远远胜于人工作业。

自动化对产品质量的影响的另一项重要内容是无差别地提供高质量、稳定可靠的服务。自动化系统与人不同的一大特点是，人与人之间可能有很大差异，有细心的，也有粗心的；有强壮的，也有瘦弱的；有高的，也有矮的；有聪明灵活的，也有愚笨死板的，如此不一而足。对每一个人来说，不同时期的表现也会有很大的差异，其情绪不同，身体状况不同，均会影响其表现，并不可避免地会犯错误。自动化系统却完全不同，它不受情绪所左右，也基本不因人的差异而有所改变。它的表现是稳定且可靠的，它的工作质量也是稳定且可靠的。虽然也会有故障，其结果是可期望的，故障是可控的，这就是两者的最大差异。

也许有人会问，为什么人们都说手工制作会比工业自动化（机器）系统制作的产品价格更高，而且质量更好？如手工制作的包、服装、皮鞋，甚至汽车等。

关于这个问题，可以从两个方面来说明。其一是在某些场合下，手工制作也许会更有价值，如绘画、书法等，但其取决于两个因素：第一是手工制作不是每一个人都可以完成的，只有少数的“匠人”才能完成，因此不具有普遍性；第二是产品要具有定制化尤其是稀缺性的特点，产品因稀缺引起价格上涨，并非产品本身质量更高或更好。一位艺术大师的绘画作品可以非常昂贵，但其复印件就会一钱不值，就足以说明这个道理。其二是有些工作还无法采用自动化来完成，或采用自动化代价更大，如工业上喷漆的均匀性控制，在很多情况下很难依靠机器自动完成。再如汽车制造中，有些奇怪的造型和零件制作，如果采用自动化制作模具的话，代价就很高，采用手工制作就相对容易。另外特别要强调一点的是，自动化并不排斥手工辅助作业。在某些领域，或某些环节，正是由于有了手工的干预，而使得自动化更加容易实现，也大幅度降低了成本，尤其在自动化技术还暂时无法应用的场合更是如此。

从经验看，总体而言，规模越大的企业，因为实施了自动化作业，获得了更高的生产力水平，其成本会更低，产品质量会更高，并且会更稳定。而那些规模很小的企业，靠手工作业的企业，其产品高成本、低质量的概率会高，如果出现低价格的现象，往往是在非常简陋的环境下，依靠不规范的生产管理，甚至通过偷工减料而获得较低的成本。而真正具有远大理想的企业，是不会牺牲品质，用低价去赢得市场的。

5.1.4 自动化改变竞争格局

在军事领域，人们看到武器的先进程度对战争的影响是巨大的，甚至是根本性的。未来的战争，更加趋向于无人的战争。机器人和无人机将成为战争的主角，这是毋庸置疑的。无人机和机器人时代的到来，甚至会改变过去关于战争的理论，士兵将不是战争的主角，几千年来关于战争的理论将要改写。对物流系统来说，也是如此。

虽然普通的物流可能不会像战争那样千钧一发（军事物流除外），但关于物流的几个关键指标，如速度、质量（储存质量和配送质量）、准确性、准时性、成本等，仍然是决定物流策略的根本因素。物流自动化（当然也包括信息化、智能化等在内）是如此重要，它将改变物流长期以来的很多策略和竞争格局。

从成本因素看，因为自动化的巨大威力，成本会大幅度下降，这在已经实施自动化物流的企业中已经看到端倪。很多企业担心自动化会导致物流成本大幅度上升，其主要原因是没有理解成本的真正构成，单从某一个或几个指标片面地比较。如果从用地成本、土建成本、装备成本、运营成本综合分析，传统物流与自动化物流完全不在一个频道上面。导致这一根本性变化的主要原因是：①自动化和信息化的能力已经大大加强，其作用今非昔比；②自动化本身的实施成本大大降低，尤其是相对成本，伴随而来的是实施难度大大降低；③人工和土地的成本持续增加，已经超过临界值。

从效率因素看，无论是仓储还是配送，由于自动化和信息化的强大能力，单位人力的效率将大幅度提升。尤其是“货到人”拣选、机器人拣选、自动驾驶、无人机配送等技术的不断成熟，物流将迈入一个崭新的时代。另外，以前很多人力不能做的事情，如恶劣环境下的作业、高负荷作业、高强度作业等也变得可行，零差错和零损耗已不再是理论的可能，而是将成为现实。

从竞争力看，物流的费用将大幅度下降，而服务质量和水平将大幅度提升。未来甚至连超载问题、假货问题等一系列社会顽疾也将得到根除。

企业的竞争从来就不只是和自己的竞争，而是在不断寻找比较优势，从竞争中觅得先机，和时代竞争。从稍微长一点的时间看，物流自动化不是企业想不想实施的问题，而是何时实施和如何实施的问题，因为，没有自动化，就没有未来。

5.1.5 未来属于自动化

世界在发生巨变，观念必须改变。

一直以来，我国对物流系统的定位是适度自动化和高度信息化。这一定位在现今已不再是最合适的了。一个高度自动化和信息化的时代已经到来。我们看到，AI 时代已悄然到来，5G时代也已来临。自动化在新时代具有了完全不同的内涵，无人化、智能化将是物流自动化下一步的发展目标。

对物流系统来说，没有自动化和信息化，就意味着落后，就意味着低效。尽管没有自动化也能完成一些工作，但没有自动化是不可能做到更高质量、更高效率和更低成本的。应该特别注意的是，对自动化和信息化的追求应该因地制宜，既要照顾到企业的发展现状和短期目标，也要考虑企业发展的长期目标，更要考虑产品的适应性，不能一味地不加区别地实施自动化。在自动化程度和方式的选择上更应该以科学的态度，慎之又慎，不要为自动化而自动化，更不要建设所谓的形象工程。就像我们推广"货到人"拣选系统一样，一方面，要认识到"货到人"虽然有很大的优势，但这一技术不是万能的，更非系统的全部；另一方面，采用什么样的"货到人"技术手段，应根据具体情况确定，而不是盲从。

在以前，因为竞争态势不一样，自动化是可选项；而在未来，自动化是必需的。自动化并不因为作业量小而没有必要，其实在任何场合都是必要的。而对于那些已经成长起来的企业，实施自动化更是刻不容缓的事情。自动化给企业带来的是更高的安全性和更低的成本，而不是相反。

在以前，自动化辅助人们完成一些简单的工作，尤其是人不能完成的工作，在未来，自动化应能全方位、不同程度地取代手工作业，并完成一些人类以前不敢做和不敢想的工作。

让我们主动拥抱自动化吧！因为未来是属于自动化的！

5.2 论"快"对物流系统的重要性

读武侠小说时，人们经常看到"天下武功，唯快不破"，你的出拳比对手快，你的刀剑比对手的快，取胜已是顺理成章的事情。当你的速度远胜于对手时，你甚至可以后发先至，对手的任何招式、武功秘籍等都显得毫无意义。

体育比赛中，"更快、更高、更强"是人们追求的主要目标。不仅跑步、游泳、滑雪、赛车等如此，因为比的就是速度；球类运动、技巧运动等也是如此。在很多情况下，速度决定了比赛的结果。一个足球运动员，除了意识、盘带、占位、配合要好外，如果有很快的奔跑速度，那无异于如虎添翼。

快，在日常生活中的优势更是随处可见。正是有了高铁的快，我们每个人都体验到了速度带来的巨大便利。事实上，对于1000公里以内的距离来说，高铁比飞机还便利。中国现在已成为世界上名副其实的高铁之国。无论是出差还是旅游，乘坐高铁成为首选，中国因此也成为世界上交通最便利的国家之一。

快，在人类发展过程中也扮演了重要角色。子弹发明以后，战争就彻底改变了原有的形态，传统的冷兵器逐步退出战场。飞机发明了以后，大大缩短了地球上旅行的距离。人造卫星和宇宙飞船的发明，让人类可以登陆月球，甚至可以飞向茫茫宇宙。

5.2.1　快，改变了人们对物流的需求

物流为什么要强调快，对很多人来说，这个问题应该不难理解。快递的“当日达”和“次日达”，让购物体验达到了前所未有的高度。我国的快递速度，也因此上到了一个前所未有的新台阶，过去中国邮政的低效率更是一去不复返。快，在一定程度上体现了物流的精髓。

或许有人会问，物流不是一直在强调6R（在正确的时间，用正确的方法，沿正确的路线，将正确的货物，按正确的数量，送达正确的地方）吗？怎么现在强调起“快”来了？的确如此，从物流的本质来说，是“准时”而非“快”，“准时”比一味地快更加重要。而且一味地快有很多问题，如资源浪费、物流成本的居高不下等。但仔细一想，只有具备了“快”的能力，你才有本钱和底气做到准时。只有具备了“快”，才能做到随心所欲。

物流的“快”体现在很多方面。如前面说到的订单履行快，这是一个综合概念，包括的内容很多，如信息系统处理快、信息反馈速度快、物流关键装备作业速度快（堆垛机、分拣机等）、站台装卸速度快、配送路线优化快等很多方面。新零售对物流的“快”提出了新的需求。大家知道，设备“快”终究是有极限的，从北京到广州，即使是采用航空运输，也是需要几个小时的。为了从根本上满足市场对于“快”的要求，在大数据指引下，合理分配仓库位置，尤其是采用前置仓的概念，就可以在几乎不增加成本的前提下，取得更“快”的效果。

物流的“快”有很多优势。表面上看，“快”会增加成本。但有些情况下，“快”不仅不会增加成本，还会带来效益。如采用单元化物流，装卸速度就会大大加快，因而大幅度减少站台资源和集货区资源的占用，并且可以充分发挥配送车辆的作用。以前一天只能配送一次的车，如今可以配送多次。在同样的条件下物流中心会发挥更大的作用。又比如库存周转快，同样的仓库就可以配送更多的商品，这样配送成本就会大大降低，类似的例子还有很多。

5.2.2　快，是物流技术发展的重要方向

“你有你的计划，世界另有计划”，2019年年初因一本书的名字变得有所不同。曾几何时，人们羡慕过去的农耕时代，羡慕当时的慢生活，羡慕千里赶考的日子。如果仅以人类自身生活的需求来看，慢有慢的乐趣和悠闲，然而，世界却并不以人的意志为转移，它正变得越来越快，如果要分析其原因，应该是多方面的。

首先是市场的需求，倒逼物流要越来越快。人类对快的追求没有止境。以前人们习惯了邮政快件3天甚至更长时间到达，现在却需要当日准时到达。以前从北京到上

海，一天时间也不一定够，来回 2 ~ 3 天已经很快了，现在当天往返已经成为常态。商业活动是以服务社会需求为宗旨的，社会需求是商业活动的动力源。

其次是竞争的需要，是企业生存的需要，倒逼企业要越来越快。别人能快，你若不能，那么被淘汰的是你。快，成为物流企业和电商企业的核心竞争力。全国性的“当日达”将不再遥不可及。

最后是技术的不断发展，使物流的“更快”成为可能，其中，计算机、互联网、物联网、大数据、AI、机器人、无人机、飞机、高铁、高速公路等更是其中的关键技术和关键设施设备。

正是市场不断变化的需求，改变了人们对技术的追求。快，成为一个永恒的主题。随着物流本身变得越来越重要，为追求快而研发的各种新技术将会层出不穷。

物流发展到今天，也出现了很多意外，如城市堵车就是一个意外。人们在 20 年前也许不会想到堵车的严重程度，因为那时的汽车还很少。要说堵车，也只发生在北京、上海这样的大城市的个别路段以及上下班时间。但今天，人们看到的是全国性的堵车，不要说省会城市，就是一个地级市，一个县城，甚至一个镇，都会出现严重的堵车现象。这一现象给物流带来了巨大的挑战。尽管道路越修越多，配送效率却越来越低。很多建在城市中心的物流设施不得不搬迁，物流中心离城市中心越来越远，“最后一公里”配送变得困难。由此可以预测，在城市，无人机配送也许会很快实现，甚至会出现专为物流修建的快行线、地下铁路，或地下管道，因为在拥挤的道路上，实在是快不起来。另外，人工成本剧增也是一个意外。20 年前，一个快递小哥的月收入也许只有 500 元，而现在，月收入上万元已是非常普遍，并且收入还会进一步提升。但用户不会理会这些意外，不会因为这些意外而降低对速度的要求。于是，更高水平的自动化，甚至智能化、人工智能技术，都被提上议程，可以预测，所有减少人力需求和提高效率的技术，将会大量得到应用。世界在不断变化，而对于快的追求，却始终没有变化。

其实，物流的快的确给世界带来了很多改变。当人们习惯于慢生活时，也许并不能体验“快”带来的改变，可一旦体验了这种快的便利性，人们就再也不愿回到从前的慢生活了。高铁就是一个证明，高铁刚刚出现的时候，乘客很少，那时人们还没有体验到快的便利，而今高铁成了人们出行的最重要选择，有时甚至是一票难求。

物流技术也是如此。以前很少有“货到人”拣选的应用，主要原因是人们并没有认识到这一技术带来的便利性和重大意义，其次是“货到人”拣选需要的快速入、出库设备还没有被发明，或者代价太高。现在，随着人们认识的提升和技术发展的成熟，“货到人”拣选已经深入人心。有时，快可以使不可能的事情变得可能，如更快的堆垛机，使得在很小的地方实现快速出入库成为可能，更快的提升机，使得设备变得更少等。

查理·芒格有一句名言：“宏观是我们必须接受的，微观才是我们可以有所作为的”，快，将是人类发展的主题和趋势，自然也是物流技术发展的主题和趋势，这是我们必须接受的。如果要对未来的物流技术发展做一个预测，更“快”是必然趋势。

5.3 单元化物流的内涵与外延

5.3.1 什么是单元化物流

什么是单元化物流（Unitized Logistics）？每个人的理解会有一定差异，一般的理解是：单元化物流是在物流和供应链过程中，采用一定的单元器具对物品的存储和操作进行规范，并在一定范围内保持其物理形态和信息的稳定，以便实施物流作业，提升作业效率的一种物流过程。物流存储的单元化如图 5－1 所示。

图 5－1　物流存储的单元化

单元化物流的单元，有很多种形式，如日常所见的周转箱、纸箱、托盘、集装箱等。由此可见，单元化物流并非一个全新的事物。

单元化物流在定义一个具体的单元时，会根据具体情况有不同的选择，有时会出现多级单元的情况，如纸箱组合成托盘，就是一个很常见的例子。单元化物流中的单元，并非固定单一的模式，如托盘的码垛形式会有多种情况，但要求在一个系统中，每一个单元是可识别且可操作的。

单元化物流中的单元，既是一种物理形式，也是一种信息载体，两者密不可分。这种单元在整个物流过程中，可以保持不变，也可以变化。如果一旦出现变化，则其定义将同时改变。

虽然单元化物流中的单元可以改变，但其改变并非随意的，要遵循一定的规则。单元的完整性和可操作性非常重要，一个没有定义的单元在单元化物流中是没有意义的。对于任何一个具体的单元而言，其信息是完整的、确定的，其形态是基本固定的。特别重要的是，整个单元是可识别和可操作的。

单元化物流是一个系统，就其相关性而言，所涉及的物流装备包括单元载体、装卸设备、输送设备、存取设备、码垛与拆垛设备、运输设备、信息系统等，几乎涵盖物流系统的所有技术与装备，其内涵与外延是非常大的。

单元化物流与托盘是两个概念。托盘只是单元化物流的一种单元载体，是一种单元工具。单元化物流是一个系统概念，托盘本身不成系统。单元化物流从范围看，几乎涵盖物流装备的所有门类，还包括运输车辆，甚至飞机、轮船等，尤其包括信息系统。而托盘只是单一的装备，虽然也有很多种类和规格。单元化物流关注的是系统的效率和管理成本，包括单元的形式、应用场合、装卸效率、储存效率、作业的便利性、对生产和流通带来的质量和服务的影响、信息传递和信息处理的一致性、单元回收、实现路线等问题。托盘作为一种单元器具，关注的是技术、成本、材料以及生产和应用。

5.3.2 单元化物流的利与弊

单元化物流的好处显而易见。由于单元化物流在货物装卸、储存、运输、信息传递、管理等方面均具有巨大优势，所以无论是生产领域还是流通领域，单元化物流的优势明显。物流中心发货区的单元化如图 5－2 所示。

图 5－2　物流中心发货区的单元化

在生产领域，采用单元化存储可以大幅度提高空间的利用率，可以通过组合单元快速完成生产工位的配料，单元化物流还是工业 4.0 概念下实现自动化和智能化生产的关键技术。以卷烟生产为例，每个生产工位有数十种物料需要供给，通过对各种物料消耗的精确计算，可以定义一个组合单元——按比例配盘形成组合单元，实现快速的物料供给，AGV 从立体库将组合单元按照生产节拍自动配送到工位。单元化物流在提升效率、降低成本、快速满足生产对原材料需求、解决生产中物流存放和配送问题，均具有积极意义。

在流通领域，单元化物流对于整个供应链体系的影响至关重要。在货物的交接环节，通过单元化物流可以快速完成单元货物的装卸和信息传递。不仅大幅度减少对资源（如站台、车辆）的占用，而且人员的减少也是非常可观的。以物美集团为例，通过实施单元化物流，全供应链减少人员 100 多人，车辆利用率提升 1/3，装卸车时间减少 80%，其效果非常明显。此外，在货物的存储和拣选环节，单元化物流在提升作业的便利性、存储的效率等方面都取得明显的经济效益。

特别是在军事物流和应急物流领域，单元化物流将发挥更大的作用。军事与应急物流具有非常大的不确定性，对物流提出了较高的要求。通过实施单元化物流，不仅可以快速集装货物，完成装机、装车等作业，而且在野外环境下，可以快速确定货物的属性，从而实现货物的快速定位与分发，在千钧一发之际取得先机。

任何事物都有两面性，在实施单元化物流时，也常常存在一些意见的分歧。如比较关键的问题集中在货物的装载率以及单元载体的回收等方面。

通常情况下，人们普遍关注托盘单元化的货物装载率的问题。采用传统作业，装载率一般可以维持在 90% 以上，而采用托盘单元化作业，装载效率将会降低到 80% 甚至更低。对于这个问题，要具体情况具体分析，要从整体分析资源成本、人员成本、车辆利用成本，从而选择最合理的物流模式，不应该一刀切。

单元载体的回收是一个比较大的问题，除了要计算回收成本外，还要计算一次性投资、单元周转次数、货物损耗等一系列成本。这个问题彻底解决的基本前提是建立单元器具的共用体系。

单元化物流并非万能，有些场合也并不适宜采用单元化作业，如传统的散料存储等。

5.3.3 单元化物流的应用场合

单元化物流应用场景广泛，几乎所有的工业制品和生产环节，均可以采用单元化物流。

最典型的应用包括汽车生产线、食品和饮料生产线、服装生产线。生产环节，物流活动花费的时间占很大的比例，物流费用也占生产成本的很大比例。工业 4.0 所要解决的问题，主要是物流问题，其次才是生产问题。以前人们对物流的认知还往往停留在如何提高效率和节约成本方面，进一步的研究和实践表明，单元化物流在提高产品质量方面也是有突出贡献的。单元化物流至少在两个方面对产品的质量提升至关重要，其一是通过实施单元化物流，减少了零部件及原材料的搬运次数，对零部件形成了良好的保护，事实上保障了零部件在物流过程中的质量；其二是通过实施单元化物流，促进了生产过程的透明性和可控制性，尤其是产品的跟踪和追溯变得相对简单，不仅方便及时发现产品的质量问题，也可以及时定位问题的所在。

除少数产品（如煤炭、矿石等），流通环节对单元化物流的需求非常普遍（如医药、烟草、食品、零售、电商等）。特别要指出的是，电商在过去 6 ~ 7 年，每年的增长率几乎翻倍。2016 年全年快递包裹数达到 312 亿个，极大地改变了物流在流通领域的地位。随之而来的是如何降低物流成本，尤其是如何解决“最后一公里”这一困扰人们的首要问题。对此，研究基于智慧物流的单元化物流新技术可能是唯一的出路。配送周转箱、配送柜等技术的推出，正是单元化物流的一种体现，目前虽然还没有取得普遍认可的效益，但基本方向已经确定。

特别要指出的是，农产品的单元化物流，不仅可以提高物流效率，更加重要的是可以减少损耗。有实验表明，采用单元化物流，农产品的损耗率从传统的 30% 以上可下降到 10% 以下，这是非常了不起的成绩。此外，通过对物流过程中的温度进行控制，通过减少产品在运输、存储及拣选过程中的碰撞，还可以保持产品的品质，这一点常常不被人们关注。单元化物流在农产品领域的应用将有广阔的前景。物流中心用于拣选的周转箱如图 5 - 3 所示。

图 5 - 3　物流中心用于拣选的周转箱

5.3.4 标准化是单元化物流的基础

一方面，从物流管理和作业的角度看，标准化是非常重要的。单元化物流要求上下游具有同样的基础设施以方便作业，包括站台设备、装卸作业设备、存储设备等，要求信息传递保持一致性。因此，上下游遵从统一标准是必需的。

另一方面，从社会化的角度看，标准化更加迫切和必要。单元化物流的根本目的是提升物流效率，不仅在供应链的上下游需要保持单元的一致性，更应在不同领域保持单元的可识别和可操作。这是单元化物流更有生命力的方面。

为解决单元载体的回收问题，建立单元共用体系就显得尤为重要，这是建立单元统一标准的更为直接的理由。目前，托盘的共用体系建设已经取得一定进展。尤其是托盘银行的建立，为未来托盘共用体系的建立提出了一个可行的商业模式。

过去若干年来，我国托盘业的发展非常迅猛，托盘的标准研究更是取得重大成果。在经过充分调研的基础上，新的托盘标准提出了 1200mm × 1000mm 和 1100mm × 1100mm 两个推荐规格，这比过去十多个规格的情况前进了一大步，也为单元化物流的实施打下了坚实的基础。

其他方面，包括叉车、货架、货运车辆等的标准化已经提上议事日程。尤其是货运车辆，过去车辆标准制定很少考虑与托盘的配套，现在情况已经有所改变，这是非常大的进步。

5.3.5 单元化是绿色物流的基础

绿色物流一直是最近几年强调的话题。随着物流业的迅猛发展，物流对于环境的破坏问题凸显。尤其是电子商务的兴起，使对绿色物流的需求变得越来越紧迫，原因是电子商务的包装是一个大问题，每年数百亿个包裹，对资源的浪费和对环境的破坏尤为严重。

单元化物流对于解决这一问题有自己的解决方案，其核心就在于单元载体的重复利用。以托盘为例，目前存在两方面的浪费，其一是一次性木托盘，目前约占整体木托盘使用的 80%，每年 1.5 亿 ~ 1.8 亿个，对资源的浪费非常严重；其二是库内托盘利用率一般在 70% 以下，巨大的浪费不仅加重了用户的负担，增加了成本，更为严重的还是对环境资源的破坏。

基于共用系统的托盘租赁业务，将大幅度提高托盘的利用率，与此相关的是周转箱取代纸箱，会有更加明显的效果。以一个周转箱一年循环 120 次计算，对于需要 10000 个周转箱的使用单位来说，每年将减少 120 万个纸箱的消耗，对环境和资源的影响可见一斑。

5.4 论智能物流的本质

现在对于从事物流系统集成的很多人来说，如果不提智能物流，恐怕都会被人认为是落伍了。

一个典型的现象是，几乎所有的大会、小会，“智能物流”总是人们最热忠谈论的话题。而演讲者，无论是什么题目，无论是讲政策还是讲技术，必谈及智能物流或智慧物流，否则就是落伍了！

2016 年，曾有一个网上评选智能货架公司的活动，参与评奖的企业和用户非常踊跃。当问到一位当选的货架厂的老板，他是否知道什么是智能货架时，他摇摇头，露出尴尬的表情。写这篇短文时，作者特意百度了“智能货架”，令人大吃一惊的是，居然有“智能货架”的词条！

看来大家是在集体奔向一个充满诱惑的智能时代，智能手机、智能制造、智能物流、智能家居、智慧城市，生活哪能没有智能呢？

然而，究竟什么是智能，却不是大多数人关心的了。以至于大家在提起“智能什么”时，都是不假思索，脱口而出，然而如果一问究竟，却又是一脸茫然。

下面就说说什么是智能物流。

5.4.1 人类智能的基本描述

什么是智能（Intelligence)？科学家给出的定义比较抽象，现抄录如下（来源于百度词条)：

> 从感觉到记忆到思维这一过程，称为“智慧”，智慧的结果就产生了行为和语言，将行为和语言的表达过程称为“能力”，两者合称“智能”。将感觉、记忆、回忆、思维、语言、行为的整个过程称为智能过程，它是智力和能力的表现。它们分别又可以用“智商”和“能商”来描述其在个体中发挥智能的程度。“情商”可以调整智商和能商的正确发挥，或控制二者恰到好处地发挥它们的作用。

相关的几种解释是：

> （1）指智谋与才能。
>
> ①《管子·君臣上》：“是故有道之君，正其德以莅民，而不言智能聪明。”
>
> ②《汉书·高帝纪下》：“今天下贤者智能，岂特古之人乎？”
>
> ③《周书·苏绰传》：“太祖方欲革易时政，务弘强国富民之道，故绰得尽其智能，赞成其事。”
>
> ④司马光《程夫人墓志铭》：“呜呼！妇人柔顺足以睦其族，智能足以齐其家，

斯已贤矣。”

(2) 指智力。

李大钊《上海的童工问题》：“为帮助他们智能的发育，娱养的得宜，非赖上海的献身于无产同胞的青年团体不可。”

应该说，以上的解释是对人类智能的基本描述。

5.4.2 人工智能定义及特征

在科学上，与此对应的是“人工智能”（Artificial Intelligence），简称为AI。定义如下（来源于百度词条）：

> 人工智能是研究、开发用于模拟、延伸和扩展人的智能的理论、方法、技术及应用系统的一门新的技术科学。人工智能是计算机科学的一个分支，它企图了解智能的实质，并生产出一种新的能以人类智能相似的方式做出反应的智能机器，该领域的研究包括机器人、语言识别、图像识别、自然语言处理和专家系统等。

人工智能的主要特征是：思维、感知、学习、推理判断和自主解决问题的能力。

“人工智能就是研究如何使计算机去做过去只有人才能做的智能工作。”人工智能是研究人类智能活动的规律，构造具有一定智能的人工系统，研究如何让计算机去完成以往需要人的智力才能胜任的工作，也就是研究如何应用计算机的软硬件来模拟人类某些智能行为的基本理论、方法和技术。

显然，正如所有事物的发展具有阶段性一样，不同阶段的人工智能的定义和表现程度是不一样的，每个人对于人工智能的理解也是不一样的。

5.4.3 智能物流的定义

现在大致可以对智能物流进行定义了。

所谓智能物流就是在物流的各个环节之中，充分应用人工智能，以达到提高效率和降低成本的目的，极大限度地满足日益增长的客户需求。

物流的基本环节包括运输、装卸、存储及拣选、包装、流通加工、配送、信息处理七个环节。其中“拣选”是特意加上去的，使其有别于一般的存储活动。

由此可见，要理解什么是智能物流，就是要验证在这七个典型环节中是否引入了人工智能技术。只要在一些环节上引入了人工智能技术，无论程度如何，都可以称为智能物流系统。遗憾的是，在现有的已经建成或在建的物流系统中，还没有这样的案例。

从被感知的角度来说，现在的RFID技术、GIS技术、GPS技术等均为智能物流提供了基础技术，但还远没有达到智能的程度。由此定义可以看到，基于大数据作出的某些判断以及基于优化原则作出的某些判断，如路线优化，倒是类似于人工智能，但实际上还是基于规则的行为，应属于自动化范畴，而以下提到的所有技术和设备，都不能与智能物流画等号。

5.4.4 智能物流的载体

AGV：AGV 可以根据信号自行引导，以及基于障碍等选择路线。这是一个自动化系统，与人工智能没有关系。不过，基于自然导航的系统，如汽车的自动驾驶，的确具有人工智能的元素，可以称为弱人工智能。

无人机：除了能够飞行以外，无人机与 AGV 没有太大的差别。

机器人：机器人是当下最火的物流研究领域，各种各样的机器人被广泛应用到物流系统之中。但机器人本身不具备人工智能的特点，它不过是一个典型的自动化系统，所能替代人的工作也十分有限，如简单的装配、码垛等。

安装了 RFID 的周转箱：很多人称其为智能小车，其实不过是可以被自动识别的周转箱而已。未来的智能物流，所有设备和货物要被识别，RFID 是少不了的，说 RFID 是智能物流的基础载体是不过分的。

AS/RS：也是一种典型的自动化设备，可以在计算机指挥下完成入库和出库的作业。

然而作为智能物流的载体，人们完全有理由相信，以上所有的技术和装备，正是智能物流不可缺少的组成部分。

至于前文所提到的货架，不管是否在货架上安装了可以识别的 RFID 标签，均不能称为智能货架。在未来，货架也许会有更多的形式和功能，也可以是智能物流系统中的重要组成部分，但货架就是货架。

5.4.5 人工智能尚未真正实现

对于物流系统来说，人工智能尚处于研究阶段，真正的人工智能尚未实现，并且还看不到实现的时间表。但这并不影响我们去探索，去畅想。利用自动化、大数据、网络手段去模仿并逐步逼近人工智能，应该具有非常重要的意义。

其实在生活中没有必要过分拘泥于“人工智能”本身的含义而去生搬硬套“智能物流”概念。生活中有很多定义是模糊的，如智能手机，它与传统意义上作为通话工具的手机相比在很多方面有了巨大的进步，如具有查询功能、上网功能、地图功能、提示功能，还可以在线翻译，进行交通引导等。尽管不是真正意义上的智能化，但并不妨碍它发挥巨大的作用。智能手机已经具有了全新的含义，至于是否真的智能，已经并不重要了。

人工智能是一个渐进的过程。现在人们所处的时代可能离真正的人工智能还相去甚远，却并不影响大家对人工智能的不断研究和追求，并在这一过程中逐步理解人工智能的意义并享受人工智能给人类带来的巨大改变。其实，人工智能哪怕是一点点的突破，都会对人类的进步和生活产生巨大的影响。最典型的例子是2016年的AlphaGo围棋大战，事实证明，尽管人类的智慧远远高于计算机，但就围棋这一门游戏而言，人类已经不是计算机的对手。

5.5 “绿色物流”是物流先进性的关键指标

5.5.1 绿色物流的基本内涵

“绿色物流”（Environmental Logistics）的概念，早在20世纪90年代就已经被提出。中华人民共和国国家标准——《物流术语》（GB/T 18354—2001）给出的绿色物流活动的定义是：“在物流过程中抑制物流对环境造成危害的同时，实现对物流环境的净化，使物流资源得到最充分利用。”

关于“绿色物流”，虽然存在许多不同的理解，但其主要内涵是一致的，即“节能”“环保”“低碳”。

随着世界各国对于气候环境变化的担忧，节能减排行动开始在世界范围展开，我国也不例外。绿色行动越来越受到各行各业的重视。绿色物流的提出，既是形势所迫，也是物流活动对于节能减排的重要性的体现。

物流活动主要包括运输，储存与拣选，包装与流通加工，装卸，废弃物回收等。

1. 运输

运输是物流活动中能耗最多的环节。因此，在规划物流运输活动时，应尽量减少能源的消耗，并减少排放对环境的污染，如采用合理的运输方式，缩短总体运输路线，减少装卸次数，提高车辆的装载率，减少空驶率，使用清洁能源，通过改善运输工具从而降低能耗指标，减少排放等。

2. 储存与拣选

对于储存的要求，一方面，要求仓库选址要合理，有利于缩短总体配送路径；另一方面，仓库布局要科学，使空间得以充分利用，实现仓储面积利用的最大化。此外，应合理规划流程，减少内部操作；应合理控制环境（如温湿度控制），在有效保障货物质量的同时，减少对于能耗的需求；还应科学设计，合理选择物流设备，充分运用自动化、信息化、无人化技术，使储存作业的能耗得到有效控制。

拣选作业中，利用“货到人”拣选、无人化自动拣选、自动复核技术等先进的拣选技术，将大幅度提升拣选的准确性和效率，并减少对于人员的需求。

3. 包装与流通加工

包装与流通加工是物流活动的一个重要环节，绿色包装可以提高包装材料的回收利用率，有效控制资源消耗，避免环境污染。包括采用可回收和可降解的包装材料，在条件许可的情况下，采用循环包装材料或周转箱，大幅度降低物流对包装材料的需求。

4. 装卸

装卸作业是物流活动的关键环节之一。要充分运用单元化、信息化和自动化物流技术，减少装卸过程的重复作业，大幅度提升效率，减少对仓库站台资源的占用，并通过合理规划站台，采用合理的装卸工具，以提高装卸效率减少环境污染等。如采用带调节平台的装卸站台、采用电动叉车代替内燃叉车、采用带板运输、采用自动装车技术等都是很好的例子。

5. 废弃物回收

《物流术语》中对于废弃物物流有专门的定义：将经济活动中失去原有使用价值的物品，根据实际需要进行收集、分类、加工、包装、搬运、储存等，并分送到专门处理场所的物流活动。

显然，废弃物回收本身就是绿色物流的体现。应该更深入指出的是，作为一项物流活动，废弃物物流活动也应遵循绿色物流的标准。

5.5.2 绿色物流是国民经济发展到一定阶段所必然提出的要求

随着世界经济的快速发展，工业化给环境和气候带来了巨大的影响和破坏，如能源短缺、环境污染、土地沙化、温室效应等，其后果是给人民生活带来巨大影响，对世界经济的可持续发展提出严峻挑战。有鉴于此，世界各国政府和民间组织都开始关注和支持“绿色环保”运动。倡导绿色工业，开发绿色能源，主张低碳生活，注重环境保护。为应对世界气候变化，2009 年，我国政府郑重承诺，到 2020 年，单位国内生产总值二氧化碳排放比 2005 年下降 40% ~45% 。

物流作为重要的工业活动之一，与环境、能源等息息相关。目前，我国物流业发展虽然取得了长足进步，但还处于粗放、高耗能阶段。物流的规模化、专业化、信息化、标准化水平与发达国家比较仍然有很大的差距。因此，经济活动中的物流成本居高不下。据统计，2019 年我国全社会物流费用占国内生产总值的比重约 14.7% ，而日本仅为 8% 左右。我国物流业存在的问题，从整个供应链角度看，主要表现为物流作业效率低下（重复作业、低水平作业）、运输效率低下（重复运输、无效运输、空驶率高）、库存积压过大、仓储利用率低、货物周转时间长、物流设施重复建设、“大而全，小而全”现象普遍存在、物流信息化程度低、自动化水平低，再加上油价高，高速公路收费过高等人为因素，最终导致物流费用居高不下。过去十多年以来，经过政府的大力扶持、引导和行业的不断努力，我国物流状况已经发生了很大改变，但整体情况还不容乐观。

物流业作为我国重要产业，其本身有巨大的市场和价值。因此，物流业有必要在保护环境、发展低碳经济中发挥自己的作用。可以说，“绿色物流”就是顺应此潮流而诞生的，是国民经济发展到一定水平的必然要求。

5.5.3 绿色物流在现代物流活动中的具体体现

事实上，绿色物流在现代物流活动中无处不在。以下从“节能”和“环保”两方面进行分析。

1. 节能

物流所提倡的“提高效率”和“节约成本”均对节能提出了具体要求。

物流的“效率”可以从很多方面得到体现，如提高运输效率，采用合适的运输工具提高装载率并减少成本，优化流程以提高作业效率，采用信息系统以提高订单的履行效率，采用现代物流技术，如 AS/RS 等以提高存储效率等。无一不是为节能创造条件。

此外，由于物流中心动辄数万平方米，采用自然光、太阳能、地热、风能等自然资源，部分满足物流中心的采光、供热需求，是节能最具体的体现。这些措施在国内的部分物流中心开始被采用。物美集团物流中心，面积达到 7 万平方米，采用自然光，其白天作业基本不用电灯照明，每年节约电费达到 130 万元以上。

我国用电在时间上很不均衡，晚上 12 点到次日早上 6 点的电能浪费相当严重，许多物流中心采用夜间作业，充分错开用电高峰，其节能效果突出。

值得一提的是，自动化、信息化、智能化技术也是绿色物流的重要手段。如采用 AS/RS 以提高储存效率，从而大大减少对于土地的需求，更是达到了“节能”与“环保”的双重效果。

2. 环保

在物流活动中，环保也是随处可见。从根本上讲，节能就是最大的环保行动。

从运输方面讲，充分利用铁路运输，是物流环保的重要方式。铁路运输方式是“节能环保”的最佳方式，也是降低运输成本的最佳方式之一。铁路运输可以最大限度减少废气排放且提高运输效率。然而，我国目前的运输体系存在诸多的不合理，各种运输方式之间的衔接不流畅，公铁联运实施还存在技术上的瓶颈，“最后一公里”问题尤其突出，导致我国的运输成本高、能耗高等问题长期得不到解决。

在物流中心内部，采用现代物流技术，实现无纸化作业和无人化作业，也是环保的具体体现。

在物流作业中，充分利用废弃包装箱（纸）和可重复利用的周转箱，减少对纸张和纸箱的需求，也是环保的重要措施。作者曾在上海新华传媒物流中心做调研时了解到，该物流中心每年利用废弃的包装纸张，可以节约40万元左右的成本，合计约35万张回收废纸，占该物流中心需求量的80%（该物流中心还大量采用周转箱配送，每年节约包装纸达到55万张）。

特别要提出的是，建立“托盘共用”体系，循环利用周转箱，大幅度减少对资源的需求，减少浪费，这是最近几年实施绿色物流的重大举措。

总之，在物流系统建设和物流活动中，充分考虑“节能”与“环保”的措施，对于绿色物流的贯彻实施是极其重要的。将绿色物流的理念融入实际工程之中，既是经济发展的必然要求，也是现代物流发展的必然选择。

5.5.4 绿色物流是物流先进性的最佳体现

评价物流系统先进性的重要指标包括“高效”和“经济”两方面，而绿色物流是这两方面的最佳体现。

作者曾对于物流系统的“合理性”和“先进性”概括了八方面的内容，对绿色物流的合理性和先进性进行了系统的阐述。

“合适的”选址：合适的物流中心选址，将会最大限度降低物流系统土地成本，有效缩短运输半径，从而减少物流成本。

“合适的”储存规模：合适的储存规模能够缩短库存周期，从而提高资金的周转率并减少对于库房面积的需求，从根本上降低生产成本和运营成本。

“合适的”作业效率：物流配送水平的设计，不能追求单个指标的最高和极致，而是应追求系统整体的平衡。作业效率也是如此。物流系统的设计应保障各环节的平衡，不能仅强调其中几个环节的高效，在满足用户需求的前提下，应将降低成本放在重要位置。虽然“快”对物流非常重要，但绝非越快越好。“合适的”作业效率，为绿色物流提供了优化的可能。

关键问题的“合理”解决：任何行业的物流中心建设和设计，均存在一定的难点和关键问题。如关键流程，存在于装卸、储存、拣选、包装、加工等过程中的关键问题等。解决好这些关键问题，有助于提高物流中心的“合理化”水平，也就是提高物流系统的“绿色”水平，这是物流系统先进性的重要内容。

“合适的”劳动强度：如果考虑“以人为本”的设计理念，则可以理解“合适的”劳动强度既是对人的尊重，也是提高劳动效率，进而降低成本的重要手段。

高度信息化、“适度”自动化：这不仅是我国物流建设的基本原则，也是绿色物流实现的基础。虽然现在我们强调自动化、无人化和智能化，但长期以来，高度信息化和适度自动化被认为是符合我国国情的物流设计理念，其根本一点是符合了“高效”和“经济”设计思想，很好把握了这两者的平衡。

“合适的”投资和运营成本：物流系统的建设和运营，其目的是以高效和经济的手段来组织产品、服务以及相关信息从供应到消费的移动和储存的计划、执行和控制，满足客户要求。要达到“经济”的要求，在具体实施过程中就要控制投资和运营成本，避免过度投资、重复投资，提高物流管理水平，充分利用废弃物，减少物流环节中的浪费等，正是绿色物流的中心内容。

“合适的”先进性：满足“短期、中期、长期”的发展需求，从发展的眼光看，物流中心建设的中、长期战略思维是符合绿色物流理念的，可以最大限度延长物流中心的使用寿命，减少投资的浪费，避免短期投资行为。

总之，绿色物流是物流先进性的重要体现，发展绿色物流应成为我国物流发展的基本国策。

（注：本文发表于2011年8月《物流技术》杂志，编入本书时有修改）

5.6 关于仓库的“坪效”

“坪效”这个词，开始是中国台湾地区用于评估商场销售效率的一个指标，即在一定时间内（一般是一年或一月）每坪（1坪≈3.3平方米）的销售额。这个词后来被引进大陆，有时“坪效”也称为“平效”，即每平方米的销售额，但两者数据的含义是不一样的。

“坪效”一词被用于电商仓库，始于2010年前后。那时电商还不是很发达，市场需求与现在完全不能相比，每天全国的订单不过几万单而已。与之对应的是，电商仓库的自动化水平也相对落后，于是，行业内流行用坪效来评估电商仓库效率，甚至用于预测租赁仓库面积。

有一个简单的公式可以说明：电商仓库坪效(F) = 每日订单量(S)/仓库面积(A)。

显然，坪效是评价一个仓库单位面积处理订单的能力。这里的订单，主要是指早期B2C电商的订单，尤其是像图书、服装一类的订单，对于B2B业务，由于订单差异很大，几乎没有谁提过坪效这一指标。

5.6.1 “坪效”的积极作用

尽管“坪效”这个词用于仓库评价指标的时间还不长，还存在这样和那样的不足，但在电商发展的早期，还是起到了一定的作用。

一方面是给电商的效率定义了一个很简单的公式。一开始，电商作为一个新生事物，从经营者角度来看，对物流的认知是十分有限的，更不用提物流效率了。对企业来说，做多大的业务，会有多少订单，需要多大的库房，能产生怎样的效果，其实心里是不知道的。坪效很好地解决了这一问题，这是难能可贵的。对坪效的最初描述，很多公司的物流经理给出了大致的“经验值”，就是1平方米约1个订单。这一“经验”数据曾经被广泛采用，以至于当后来坪效大幅度提升时，人们的观念还没有根本改变。这就足以说明坪效这一概念的指导意义。

另一方面是对普及物流知识作出了重要贡献。物流是什么？其对电商有什么作用？这些问题在一开始，并不为人所熟知。人们对于效率的理解，并不像现在这么深刻。坪效至少很形象地回答了物流的“效率”这一问题。如今谈论物流对于电商的作用，已经完全不同于以往。事实证明，物流对于电商有着举足轻重的作用，以京东为代表的电商企业，由于多年来对物流的不懈追求和持续投入，使其不仅成为企业的核心竞争力，并且从根本上使企业在竞争中立于不败之地。

人们常说“大道至简”，坪效是如此简单直接地说出了物流的根本在于效率，它对于人们从电商物流认识的迷茫走向清晰，的确起到了至关重要的作用。

5.6.2 坪效的局限性

应该指出的是，坪效这一指标仅对于传统仓库特定的电商业务有一定的参考意义，或者对同一业务模式起到横向比较的作用。如图书、服装等的电商业务。不同的业务模式，不同的领域，其“坪效”指标是千差万别的，根本无法比较。而在一个以自动化作业为主的现代物流中心，已经很少有提及坪效的，更不用说用坪效来作为主要考核指标。

众所周知，早期的电商仓库，条件均比较简陋，基本没有什么物流设备，更不用说自动化设备，如自动化立体库及输送设备。其存放基本采用平置堆放，作业大都采用纸单，部分采用RF作业已经是后来的事情了。因此，在这一大环境下，采用“坪效”是有一定意义的，因为仓库的租金是主要成本，同样的面积，能够完成多少订单，是很多电商企业所最关心的问题。然而，随着自动化物流技术的引入，一方面，除仓库外，物流设备的投入逐步增加，并且成为成本的重要组成部分；另一方面，采用先进的物流技术可以大幅度提升储存能力和作业能力。此时如果再简单地用“坪效”这一指标来评价一个物流中心的效率和成本，就显得过于片面和简单，以至于失去意义。

举例来说，如果采用AS/RS系统，仓库的存储能力是传统平置仓库的3~5倍，当然，对仓库建筑的要求也会相应提升，设备的投入也将大幅度增加。如一个10000平方米的立体库，除建筑成本外，设备投入可能高达3000万元以上，按照10年折旧，每年也有超过300万元的成本，这样就相当于8000~10000平方米的仓库租金（视地域不同，差异较大），当然其坪效也会大幅度提升。

又比如，采用阁楼式货架，仓储能力会提升将近一倍，但设备投入也会相应提高，当然，坪效也会提高。这些都是因为采用了先进物流技术带来的变化，设备成本占据了重要比例，已经不是简单的管理问题了。

此外，在拣选阶段，若采用电子标签技术，一般会有 2 ~ 3 倍的能力提升，若采用“货到人”拣选技术，则可能有 5 ~ 8 倍的能力提升，其“坪效”自然也不同，而其相应的设备投入差异很大。

其他环节，如收货、组盘、注册采用自动化技术，分拣采用分拣机技术，输送采用输送机技术，包装采用自动包装，以及 AGV、机械手等技术的应用，都会不同程度地提升物流各个环节的效率，坪效也会相应提升，但伴随而来的将是投资的增加。至于综合成本，则需要重新核算。

总之，“坪效”作为仓库的评价指标已经没有太大的意义，既不能反映设计的先进性和合理性，也不能反映物流成本和效率。有一点倒是非常明确，即仓库的处理能力已经大大提升。

5.6.3 “订单成本”的概念

如上所述，简单地用坪效来评价一个现代化物流中心，是没有参考意义的。但随之而来的问题是，如何去简单而相对合理地评价一个物流中心呢?

物流追求的是“效率”和“成本”的统一和平衡。要评价一个物流中心，最重要的指标还是其综合性价比。如果一定要用一个公式来表达，则可以套用“坪效”的评估方法，采用“订单成本”来描述。

所谓的“订单成本”，就是完成一个订单的物流成本，这其实也不是一个什么新词。“订单成本”主要包括储存成本、库内作业成本、配送成本三个部分（当然还包括管理成本）。如果要展开来说，这几乎覆盖了物流仓储的各个过程。

很显然，“订单成本”描述了要完成一个订单所需要的代价，对于考核一个物流中心设计的优劣是非常直观且重要的指标。有时，用户面对眼花缭乱的现代物流技术，会有一种迷茫的感觉，以至于无法判断。但如果明确了“订单成本”的概念，有些决策就一目了然。

当然，不同的业务形态、不同的行业由于订单结构差异太大，其“订单成本”也是不同的，不能简单地横向进行比较，这一点与坪效有相同之处。B2B 业务和 B2C 业务不能比较，医药和 3C 也不能比较，就是这个道理。

“订单成本”对于评价 B2C 业务比较有用，与“订单成本”类似的还有“箱成本”，即完成一个标准“箱”配送所需要的成本，这个在 B2B 业务中也是有用武之地的。

物流系统的关注点是“物”，很多时候，如果将作业量转换为标准的“箱”或订单，就比较有利于对系统指标进行评估，这是区别于其他系统的。同样，人们在对一些指标进行比较时，也一定要在同样的条件下比较才有意义，如储存效率、作业效率、投资成本等。

作为一个系统规划工程师，重要的是为客户提供高性价比、合适的解决方案，不要陷入设备和技术选择的泥潭，其关键的评判标准就是“订单成本”和“箱成本”。至于所谓的先进性，不应是刻意追求的目标。当然，眼光需要放远一点，不要仅仅根据眼下的条件就匆忙作出判断。

作为一个合格的物流经理，最重要的不是知道有多少种设备，而是要知晓每种设备所能达到的最终效果，关注最终的“订单成本”和“箱成本”。

5.7 基于供应链的“零库存”概念

“零库存”概念提出已有几十年之久，已经形成一整套理论和方法。在供应链环境下的“零库存”有了新的内涵，其中，基于供应链的物流系统优化，要求各节点库存保持均衡是非常重要的内容，降低整个供应链环境下的物流总体成本显得尤为重要。由于信息技术、物流技术和生产技术的高度发展，实现基于供应链的物流系统优化已经成为可能。

5.7.1 “零库存”的基本含义

“零库存”概念起源于日本，最先由丰田汽车公司提出并成功实施，取得了巨大效益。此后，从日本到全世界，制造业企业纷纷仿效，最终为全球制造业所推崇。

零库存管理在实施过程中，主要是通过实施库存控制策略，实现原材料和制成品库存量的最小化，它是追求去库存化的一种极致，即在物资有充分社会储备保证的前提下，运用社会资源，采用 JIT 配送模式所采取的一种特殊供给方式。

“零库存”管理理论在 20 世纪 80 年代逐步形成。现在，零库存管理已从最初的一种降低库存水平的方法，发展成为内涵丰富，包括特定知识、技术、方法的管理学科。如 Dell 公司运用直销模式以实现产成品的零库存，通过供应商管理库存（VMI）和准时制配送（JIT）的方式，实现原材料的零库存管理等。

传统仓储管理的优势在于：可以避免缺货，保障向客户供应；应对各种意外（如原料短缺）；保证生产与经营过程的连续进行；缩短供货周期；应对产品季节性需求波动等。但其缺点也非常突出，如占用大量资金，增加投资和增加成本等。“零库存”作为一个可有效降低成本的管理手段，凸显了库存管理在生产和销售过程中独特的价值。

然而，在互联网技术已经高度发达的今天，随着供应链管理技术的应用和普及，零库存管理已经显露出时代的局限性。“零存库”概念产生于信息化不发达和产品相对单一的时期，所谓的“零库存”在很大程度上是以牺牲原材料供应商和产品销售代理商的利益为前提的，以现今的眼光来看，它没有从根本上降低整个供应链环节上的库存量，这种管理必然会蕴藏巨大的风险。因此，以供应链管理为出发点，赋予零库存管理新的内涵是非常必要的。

5.7.2 生产的本质

关于生产（制造），总体来说可分为“主动生产”和“定制生产”两种基本模式。所谓主动生产也称为预测生产，是指企业根据对市场的预测来组织生产；定制生产也称为按单生产，是根据客户的具体需求来组织生产。一般情况下，主动生产的产品呈现出标准化的态势，如汽车、家电、食品、药品、图书等，而定制生产一般为非标产品，如建筑就是一种典型的定制产品。当然，定制产品也有可能是标准产品，只是需要根据订单的需要安排生产而已。

无论是主动生产还是定制生产，其生产过程是基本一致的。大致要经过制订生产计划、采购原材料、安排生产工艺、组织人力资源、生产执行、成品送达客户等几个过程，不同的是，主动生产的销售行为在后，定制生产的销售行为在前。

显然，要顺利完成生产过程，必要的计划是不可缺少的。原材料的准备与配送是完成生产的基本要求，问题是如何准备、何时准备和由谁来准备。一种极端的方式是生产企业将生产所需要的各种原材料准备好，存放在原料仓库之中，生产时随时配送到车间工位；另一种极端的方式是所有生产所需的原材料由供应商按照生产要求直接配送到车间。在后一种方式下，供应商为了不影响生产，一般在生产厂周边设置仓库储存原材料，然后按照生产要求进行配送。其实人们平时看到的是另一种综合的情景：部分原材料采用第一种方式，部分原材料采用第二种方式，当然还有其他方式，如第三方配送等。不管采用哪种方式，其本质都是实现库存控制。事实上，无论自建仓库还是采用第三方物流，仓库和库存本身是客观存在的。探索“零库存”的意义是，库存应维持在一个怎样的水平才是合适的，过高的库存不仅没有必要，同时还是一种浪费，间接提升了生产成本，而过低的库存将会直接影响生产的正常进行，也会间接提升生产成本。

研究基于供应链的物流优化系统，主要是运用高度信息化技术，确定供应链上各节点的最佳库存和解决配送的及时性问题。不仅是原材料，也包括在制品和成品。需要指出的是，未来的生产将面临小批量和定制化的挑战，“敏捷物流”将是解决这一问题的关键。所谓敏捷物流，是基于“敏捷制造”的概念提出的，其中心内容就是保持供应链各节点的最佳库存水平，从而达到降低成本和规避风险的目的。

5.7.3 成本的本质

一项生产活动的成本可以分为采购成本和制造成本两个大部分，物流成本则贯穿始终。物流成本不仅与采购成本密切相关，也与制造成本紧密相连。事实上，物流成本因为是一种隐性成本，往往不容易被重视。一项研究表明，从时间比例看，产品制造过程中，约95%以上的时间处于物流活动之中。

基于供应链的零库存管理的意义在于确定合理的库存水平，实现协同生产，明确市场分工，实现利益分配，达到降低成本的目的。

信息化时代的生产越来越强调分工协作和专业化，这主要是基于降低成本的目的提出的。专业化被认为是降低成本的最有效途径之一。专业化大幅度提升了产成品的质量和水平，形成了规模化生产和作业。分工协作的积极意义就在于将专业化提升到一个新的高度。

以前理解的成本，如制造成本、配送成本、销售成本等，绝大多数是从自身的角度或环节去考虑的，很少顾及上下游的成本，可以说只是一种单赢的模式。如果从供应链整体去看成本的话，情况会有很大的不同：一方面仍然要通过专业化提升产成品的质量和水平，进而降低成本；另一方面则要求从供应链各节点的需求出发，总体上降低生产和销售成本，建立双赢和多赢的协同生产局面。

不同的物流解决方案，综合成本在供应链各环节的分配是不一样的。从物流的角度看，降低成本应从整体上减少库存，提高货物的周转次数，减少货物的移动次数，降低物流过程中的损耗，降低货物装卸、搬运和运输费用等。一个合适的解决方案，对于有些环节可能是不利的，但整体上是最优的。

降低成本的方法应该不止一种。将供应链各节点的成本进行加权，然后求解一个以成本最优为目标的优化系统，将可以对不同的供应链系统进行优化。

从供应链角度考虑，单元化物流具有重要意义。单元化物流被认为是未来物流发展的方向和重点研究课题之一。从目前来看，实施单元化物流的重要工作是标准化。单元化物流至少可以在产品标准化、作业自动化、物流社会化，实现高密度存储和产品保护等众多方面发挥独特的优势。

5.7.4 “零库存”对合作伙伴是一种风险

总体来说，库存在供应链各节点的分配应保持一种动态平衡，以前制造企业过于强调“零库存”，这对合作伙伴（供应商和分销商）是不利的，对于自身的发展也是不利的。

一方面，对于原材料供应商来说，“零库存”意味着供应商应为制造商准备更多的库存，以应对生产的需要。由于供应商有时并不了解制造商的真实需求，所以库存的有效性存在风险，而最大的风险则来自订单取消和修改。

另一方面，对于广大的分销商而言，“零库存”的负担会让他们为未来的无效库存耗费资源。大量退货表面上损失最大的是制造企业，但分销商的成本也是惊人的。

由此可见，“零库存”将风险转嫁到了原材料供应商，破坏了供应链各节点库存的平衡，对协同生产是不利的。

此外，“零库存”对制造企业自身也存在风险，可以从制造成本、市场机会、库存积压等方面得到体现。

现代制造业通过批量生产大幅度降低了产品的制造成本，尤其是流水线生产技术，使工人的劳动效能大幅度提升。为维持工厂生产的连续性，“零库存”模式会使得供应商付出更高的管理和配送成本。

从市场机会的角度看，供应商的适度备货是必需的，否则会因为延长采购时间和生产交货时间，从而丧失市场机会。从产品供应来看，适度的库存对于争取市场机会是有利的。

还有一个问题是库存积压，上、下游均会遇到这一情况。因为没有库存压力，原料供应商将更加倾向于采购比预计的要多一些的原料，以避免违约；而分销商也乐意囤积更多的产品以应付市场需求。这一现象在供不应求的情况下是很好的，但一旦市场逆转，库存积压将使企业面临巨大的危机。目前服装行业的情况充分说明了这一点。

5.7.5 供应链环境下的“零库存”策略

毫无疑问，“零库存”仍然是未来企业追求的重要目标之一，但在供应链环境下，其本质已经发生根本转变。随着互联网技术，尤其是移动互联网技术的全面应用，传统的零库存管理已仅适用于为数不多几个行业，更多的情况将是采用以实现供应链环境下的库存优化为目标的新零库存管理理念。更低的成本、更高的效率已不是某一个企业的事情，而是整个供应链上所有企业的事情。

在供应链环境下，零库存的基本策略可以从以下方面得到具体体现。

1. 单元化物流的全面应用

单元化物流是近年来为业界推崇的旨在降低物流成本的新物流理念。总体来说，单元化物流将解决供应链环境下物流形态的一致性、物流信息一致性、物流作业的自动化等一系列问题。单元化物流可以大幅提升物流效率，从而为提升物流周转效率和降低库存提供技术保障。

2. 托盘共用体系的建立

与单元化物流同时提出的托盘共用体系，旨在通过解决托盘利用率和托盘回收这两大难题，从根本上降低物流成本。建立托盘共用体系与其说是单元化物流的基础，不如说是实现基于供应链环境的“零库存”的基础。

3. 信息系统的协同一致

建立整个供应链环境下的物流系统优化体系，还需要解决信息系统的协同问题。物流信息的同步传递和快速反馈是实现零库存的基础条件之一。传统物流出现的“牛鞭效应”和库存过多问题，主要原因是对市场反应迟钝，进而影响决策。

4. 形成供应链体系下“多赢”共识

实现企业共赢的关键在于实践的检验，实施供应链环境下的零库存管理，其根本目的应为使所有企业获利，只有这样才能实现企业的可持续发展。

令人欣慰的是，基于供应链环境的物流优化已不存在技术上的困难，主要得益于以下条件。

首先是信息化的发展，整个供应链实现一体化的信息管理系统已经成为大多数企业可实现的目标，全供应链库存的透明化可以使管理人员清楚看到各节点的库存情况和销售情况，数据挖掘技术、大数据技术和云计算技术将为决策提供实时支持。在此前提下，库存周期可大大缩短，整体库存水平将大幅降低。

其次是随着高速公路网和高铁路网的建设，我国物流已经发展到一个新的阶段。敏捷物流需求将不再是梦想。这一现实带来的利益就是，没有必要采用大批量生产的旧模式，而是根据生产能力和销售能力，将库存提前量控制到一个合理和精确的水平。

最后是生产的敏捷性已经达到了空前的高度，为小批量生产创造了条件。尤其是3D 打印技术的兴起和应用，为定制生产开辟了新的天地。以图书为例，随着排版技术和印刷技术的快速发展，所谓的“经济印量”问题将不复存在，未来甚至可以根据个人的个性化需求随时随地“打印”所需要的图书。除个别产品外，大规模预测生产将被定制化生产所取代，由此为整个供应链库存的降低创造了条件。

（注：本文发表于2016 年4 月《物流技术》杂志，有部分修改）

5.8 谈谈物流系统中的“黑科技”

最近看到了很多关于物流“黑科技”的报道，初看令人欣喜，看过之后却未免有些失望。

什么是黑科技？这一名称来自日本动漫《全金属狂潮》，原意是指非人类自力研发，凌驾于人类现有的科技之上的知识或技术，引申为以人类现有世界观无法理解的猎奇物，泛指远超人类科技或知识所能及的范畴，违反自然原理和违背现有科学原理的产品或技术。也就是说，现实世界不存在，只有在科幻电影中才能看到的科技才能被称为“黑科技”。

对照定义，就来盘点一下在各种报道中提到的几个所谓物流“黑科技”，看看它们的“黑”成色如何。

5.8.1 KIVA 机器人

这是前不久被网络刷屏的一项“黑科技”。需要指出的是，这一技术不是源于中国，而是人们熟知的亚马逊公司于2012 年收购的 Kiva Systems 公司的产品，这一产品的诞生应该可以追溯到此前数年。

KIVA 机器人最成功的应用是亚马逊公司位于美国凤凰城的物流中心，有3600 台

KIVA 机器人投入使用，蔚为壮观，一时也引起物流界的广泛关注。

事实上，KIVA 机器人的前身就是应用了磁导引技术的 AGV。众所周知，AGV 其实早在 1970 年前后即已经应用于欧洲的物流中心，此后日本引入，并广泛应用于工厂自动化领域。Kiva Systems 公司不过是将其简化后应用于物流配送中心，开始是“货到人”拣选系统，后来则是分拣系统。所以，这是一项再熟悉不过的传统技术，将其列入“黑科技”，的确是有些名不副实。

小黄车分拣机器人系统的确是一项重大创新，亚马逊公司曾经试图将其应用于自身的物流系统，并且已经投入巨资进行研究推广，但不知何故一直没有实现，究其原因，应该是成本太高、布局困难，或者是分拣能力达不到要求。

我国仿制 KIVA 机器人始于 2013 年，目前总体上讲应用还不是十分成熟，只是在个别规模不大的物流中心初步应用，效果如何，还有待考验。一般来说，要检验一款工业设备的性能，5 年以上的高负荷运转是必要的。

KIVA 机器人的优点是布局灵活，减少或根本不用输送系统，既可以在很小的场合使用，也可以在很大的场合使用，尤其是有利于拆卸和搬迁，对于我国电商不断变化的需求十分有利。典型的缺点是空间利用率不高，对基础设施要求很严，效率与其他的“货到人”系统相比还有差异。平心而论，作为一项“货到人”拣选技术，KIVA 机器人虽有一定的用武之地，但由于其天然的缺陷，很多人并不很看好其应用前景。

5.8.2 具有自然导航功能的自动叉车

林德公司在 2015 年前后推出了具有自然导航（Natural Navigation）功能的自动叉车，被称为是具有里程碑意义的 AGV 自动导航技术，但这一技术其实是来源于近年被炒得火热的自动驾驶汽车导航系统。

自动驾驶汽车已经由谷歌公司研发成功，我国的企业也在纷纷效仿。毋庸置疑，这是一项了不起的高科技，必将引领未来汽车驾驶的革命。

解释一下自然导航技术。

传统的 AGV 导航方式有多种，如磁条导航、激光导航、图像导航等，其中磁条导航依靠地下预埋的磁条发出信号，指引 AGV 的路线，而激光导航则通过不断发射激光，扫描预先布置在建筑物内的反射板，以获得当前位置，从而指引 AGV 的路线，图像导航的原理也是与此类似，利用图像识别，获得当前位置。这些导航系统有一个共同的特点就是预设路线，系统只能在这些预设的路线中运行，通过各种手段获知 AGV 小车的位置，从而实现导航，如果路线改变，则需要重新布置现场，并需要修改相应程序，非常麻烦。

自然导航则不然，比如汽车的自动驾驶，不可能预设路线，对路况也不能做到预先了解（当然也可以通过大数据获得一些资料），因此，只能通过自身的识别系统实时获得现场情况，以便做出决策。目前比较一致的做法是在汽车上安装多个照相机和传感器（大致是6组），从而获得前、后、左、右、上、下所有方位的路况，以此确定汽车的下一步动作。路线导航则是通过 GPS 卫星导航系统完成的。自然导航叉车系统简单来说就是借用自动汽车导航这一原理，但进行了很大简化。主要是由于仓库作业面都在一个水平面上，且仓库的布局基本是固定的，所以传感器和照相机的数量大大减少，当然，成本也就减少了。与汽车自动驾驶不同的是，自然导航叉车系统需要对库内每一条道路进行初始化，以便系统能够记忆。

我国已有很多公司能够生产 AGV，但自然导航系统和激光导航系统还需要依赖进口，这是一大差距。在仓库中采用自然导航，或在空旷的场地使用自然导航叉车，其技术应该不是那么难以实现，与“黑科技”的要求还相差甚远。

从应用前景看，自然导航由于其灵活的配置且几乎不需要对场地进行规划和设置，其优越性是其他导航技术所无法比拟的，具有广阔的应用前景。随着技术的不断成熟，成本必然会大幅度降低，自然导航在未来成为自动导航的主流技术将为期不远。

5.8.3 无人机

最近几年，无人机异军突起，人们不仅可以从电视上看到美军无人机的威力，而且也时不时看到我国自行研发的无人机的报道。将无人机应用于物流，应该是一种重要的应用创新。然而，不可否认的是，最早提出这一想法并付诸实现的还是亚马逊公司，据报道，亚马逊公司早在2010 年以前就已经声称在研究无人机送货。

无人机送货在技术上需要克服自动导航、自动驾驶、精确定位、自动避让、自动卸货、自动交接等一系列问题，而在航路管控上，还存在许多不能克服的技术问题和安全问题。

亚马逊公司的无人机应用，经历了多年的实验，据报道，其在英国剑桥的实验，飞行距离超过 30 英里，在多项技术上取得了突破。但距离真正的商业应用还非常遥远。

我国也有公司宣称实现了无人机送货，有人是表示怀疑的。其实，不应该怀疑无人机技术，不过我们看到过的无人机表演有的并非自动驾驶，而是人工操作，就像我们常见的玩具，这与亚马逊公司的具有自动导航和自动定位功能的无人机是两个概念。

从关于亚马逊公司的报道可以看出，尽管技术上已经取得了很大突破，但无人机送货还有很多技术问题无法克服。另外，无人机本身作为一项历史超过 50 年的飞行器，在技术上已经非常成熟，与“黑科技”的定义相去甚远。

需要指出的是，关于无人机送货，抛开技术因素不说，应该还是大有前途的。一方面是快，这在城市配送领域是非常重要的，尤其是急救药物和应急商品的配送，面对日益拥堵的城市交通，将发挥巨大的作用，据说亚马逊公司已经在考虑建设大型无人机航站楼，不知其前景如何。另一方面是在一些人所难以到达的地方，如缺乏道路的陡峭山峰、缺乏舟船的荒岛，无人机还是有很大用途的。相信在不久的未来，无人机将在很多紧要的情况下发挥无与伦比的作用。但平心而论，用于日常的配送，无人机不会有太大的市场，主要原因是它的限制多、效率低，而成本太高。

5.8.4 结束语

有关物流“黑科技”的报道还有很多，比如码垛机器人、拣选机器人、各种变形的 AGV、密集存储系统、巷道中爬行的机器人等，不一一列举。随着物流热的兴起，物流技术得到了前所未有的广泛的关注，这是可喜的现象。然而，就像人们虽然热衷于宣称已经进入物流智能时代，但其实真正的智能物流系统还没有出现一样，真正的物流“黑科技”离我们还很遥远，这是客观的现实。目前看到的所谓“黑科技”，有的已经有几十年的历史，有的在其他领域已经广泛应用，与“黑科技”的定义相去甚远，尤其令人沮丧的是，这些技术并非中国的原创。

我们要保持对于物流“黑科技”的敬畏，要积极探索，而不能因为难度太大，而放弃努力。应理解有些企业为了宣传而制造轰动效应的苦衷，同时也对科技工作者努力探索、大胆尝试的精神予以肯定，毕竟高科技尤其是所谓的“黑科技”非朝夕之功，需要有一个漫长的过程，学习、模仿、研究、尝试、失败、再尝试，直到成功，最后实现超越，这从来就是科学研究的有效途径。但有必要保持清醒的头脑，绝不能好高骛远、人云亦云，更不能自欺欺人，为了宣传而不顾基本事实，这样才能有助于在未来创造出真正的物流“黑科技”。

5.9 论物流装备的定制化与标准化

“互联网 +”时代的到来，加快了工业品“定制化”的步伐，个人产品如此，如汽车、电器、服装等行业；商用产品也是如此，如飞机、高铁等行业。物流系统本身就是一个非标系统，定制化的程度本来就很高，随着“互联网 +”概念的迅速普及，物流装备如何借助于互联网快速升级以适应日趋激烈的市场竞争的需求变得日益迫切。

互联网时代与传统时代的一个明显不同就是：距离短了，时间快了。对于制造业来讲，市场需求个性化趋势使然，过去的“规模化生产”正向“定制化生产”转变，同时，市场信息全覆盖的趋势也越来越明显。国内东西部的距离，世界东西方的距离，无论是技术的还是物理的，都在迅速变小，市场信息在互联网时代，更是逐渐演变成“零距离”。

因此，我们不得不面对这样的情况：一方面，市场对定制化的需求越来越强烈，大大推高了制造成本；另一方面，则是市场竞争越来越激烈，地域之间的综合差距越来越小（主要是技术的差距），发达地区的技术优势往往难以抵挡欠发达地区的成本优势的冲击，尤其对于技术难度较低的产品更是如此，物流装备大多属于这种情况。

5.9.1 定制化是基本特征

物流集成系统的定制化是其基本特征，与单纯的产品定制化不同，一方面是系统的差异，即整体的差异，另一方面才是产品级别的差异。

系统差异方面，由于行业不同、处理的物料对象不同、流程不同、规模不同、地理位置不同、温度不同、管理方式不同、基础条件不同等，世界上几乎没有两个完全一样的物流集成系统，除了个别情况外，基本相似的系统也是极其少见的。正是由于这种独特性，才显示出物流集成系统规划设计的至关重要，并成为一项专门的工作。

产品差别方面，一部分是由于系统选型的不同所导致的，如货架的高度及规格尺寸和单元重量；堆垛机高度、载货台型式、起升与运行速度和加速度、作业能力；叉车的型式和额定荷载；输送机的宽度、速度、输送能力、分段长度、分流与合流方式等，这些差异都是由于系统变化直接导致的。另一部分是由客户的定制化需求所决定的，如设备的颜色搭配方案等，这些与系统的关联不大。尽管物流技术有一定的通用性，但由于这种定制化的需求使产品的变化丰富多彩，给规模化生产带来了困难。

货架是物流系统的最常见的设备之一，也是最简单的设备之一，但货架的定制化程度依然非常高，包括货架型号、尺寸、颜色、承载能力等多个方面。即使是非常类似的两个物流集成系统，也会出现明显的差异。

有人认为货架生产简单，这是因为对货架生产不了解。事实上，货架的设计、计算非常复杂，生产过程的质量控制也非常难，如对轧机的要求、材料的要求、温度的要求、表面处理的要求，以及孔型、连接方式、安全防护的要求等都较高，都需要有专业的知识和经验。没有这些专业知识和经验，所生产的货架不仅质量难以保障、成本难以控制，其安全性也难以保障。

巷道堆垛机是一套复杂的系统，其定制化体现在多个方面，简单的如尺寸、承载能力、结构型式、托盘型式、货物尺寸、货叉型式、配色要求、巷道宽度、巷道长度、货架高度等，复杂的如材质要求、安全性要求、速度与加速度要求、作业能力要求、故障处理能力要求、联网要求、接口要求、可靠性要求等。

为什么不同厂家的堆垛机价格上有很大的差异？除去进口因素之外，系统的构成、性能参数和加工工艺是导致巨大差异的根本原因，这些差异也反映在产品的性能方面。

其他产品，如输送机、分拣机、AGV（包括 KIVA）的情况也是如此，其定制化的特征非常突出。这是物流装备的普遍情况，尽管不同类型的产品，其定制化的要求和程度不同，但定制化是其共同的特征。

物流装备定制化的特征，加上我国物流装备产业的集约化程度不高，是导致生产效率低下、产品成本居高不下的根本原因。随着市场竞争的加剧，行业利润逐年走低，如何在保证质量的前提下降低成本，成为行业面临的首要问题。

5.9.2 规模化生产是必然出路

长期以来，我国物流装备行业小、散、乱的局面一直没有发生根本改变。随着物流市场需求的快速增长，尤其是电子商务的快速发展对物流装备带来的需求的激增，使得物流装备行业在过去十多年间呈现出欣欣向荣的态势。不仅市场总体需求每年以超过30%的增速增长，参与的企业也是如雨后春笋般涌现，2015 年以来，资本市场对物流和物流装备行业产生了浓厚的兴趣，从另一方向促进了物流装备业以惊人的速度快速发展。我国的物流装备市场需求，在 2016 年前后已经位居世界 4 个主要市场的前列，成为发展速度最快的单一市场，这 4 个市场分别是欧盟、亚洲（主要是日韩）、北美和中国。

面对日益激烈的市场竞争和定制化需求的现实，规模化生产仍然是大幅度降低生产成本的首要途径。

何为规模化生产？这个问题并不难回答。自福特和丰田推出流水线生产的理念后，世界汽车业就进入工业化的大规模生产阶段，并且取得了显著成效。这一理念迅速被推广到其他行业，由此推动了世界工业化快速发展。

规模化生产不仅大幅度降低了生产过程的成本，而且降低了整个供应链的总成本，如设计成本的摊销、采购成本的下降、运输与仓储成本的下降、管理成本的下降、销售成本的下降等。尤其是引入机器人以后，生产成本进一步下降。以货架横梁的焊接为例，一个工人一天的焊接能力可以达到150 根，成本为1 ~2 元/根，但如果一天的生产规模只有 50 根的话，人工成本将因为没有规模化而增加数倍，如果采用机器人生产，产能会进一步增加，成本摊销会低于 1 元/根。规模化生产大幅度降低了产品生产过程的人工成本和设备成本，这一部分成本对于不同领域和不同产品而言，占总成本的 50% 甚至更高。

规模化流水线生产的核心思想是让一个人只干很少的一部分工作，并不断重复。大幅度降低生产准备和切换的时间，从而提升生产效率。一般情况下，流水线生产效率会是普通生产的 1 ~5 倍，不同的工种差异很大。

然而，规模化与定制化是一对矛盾，如何解决这一矛盾，则是所有参与企业最为关心的问题。从系统设计角度看，要实现规模化生产，必须要减少设备的种类和规格，使每一类产品的需求构成规模，这与定制化其实是背道而驰的，因为未来的市场趋势应是丰富的和多样化。从制造业生态环境的构成角度看，要大幅度降低产品的同质化，明确分工，使每一类产品的生产大幅度集中，每一个参与者都应朝专业化和集约化方向发展，改变制造业小、散、乱的局面，但从现实情况看，情况不容乐观。我国的货架、堆垛机、叉车、托盘、分拣机、输送机、AGV 等主要产品的生产厂家不下 1000

家，分布非常广，集约化程度虽有提高，但远远不够，这也导致我国物流装备和系统集成企业的产值普遍不高，短期内看不到出现世界级企业的希望。

5.9.3 模块化和标准化是解决之道

物流装备品类繁多，千变万化，面对定制化和规模化这一对矛盾，采用模块化设计和标准化是唯一途径。

模块化的概念非常好理解，就是将一个整体进行有效分解，使其由一个一个独立的模块构成，就像日常生活中的搭积木。模块化设计大幅度降低了系统设计的难度。

在软件设计中，模块化是将系统分解为一个一个的功能块，分别进行调试，然后整合成为一个整体。模块化不仅解决了软件开发的分工问题，使项目组可以同时进行开发与测试，而且一个模块出现问题，不会影响其他模块的正常运转。

在产品设计中，模块化也是如此，因为任何复杂的产品均可分解为不同的模块，产品的多样性仅仅是模块的不同组合形式而已，这是模块化能够解决规模化和定制化矛盾的原因。

当然，实际生产中，模块不可能无限多，并且过多的模块本身就与规模化生产互相矛盾。并非任何产品都可以由标准的模块所组成，如堆垛机的立柱，它的尺寸往往要与场地相结合，立柱高度就是一个非标值，这时强制进行标准化，不仅没有必要，反而会增加生产和管理成本。

产品的模块化旨在大幅度降低其非标的比重或非标的程度，从总体角度的100%降低到30%或更低，就已经达到了规模化生产的要求。即使是像堆垛机的立柱，也应在结构型式、承载能力、接口型式、尺寸等方面做到标准化和参数化，一方面使其设计难度大幅度降低，另一方面减少备料的难度，甚至还可以将立柱进行进一步模块化，使其由若干标准段和非标段所构成，降低非标的程度。

什么是“标准化”?“标准化”的定义是：为了在一定范围内获得最佳秩序，对现实问题或潜在问题制定共同使用和重复使用的条款的活动。这是一个比较拗口和抽象的定义。其实所谓标准化的主要含义，在生产领域，主要是对产品所要遵循的技术要求、质量要求和接口要求提供一致指南。

标准的范围非常广，可以是设计手段、数据接口、机械接口、材料选择、适应场合、承载能力、功率输出等多个方面。对模块化设计而言，标准化是其基础。标准化不仅是对不同设计者而言，遵循同样的标准可以简化过程，顺利完成对接，如电机的功率、基座型式、传动轴方式等，而且可以大幅度提升模块的复用率，从而为规模化生产创造条件。

标准化在物流装备行业不同专业间的应用是非常广的，如托盘、叉车、货架、堆垛机等产品的标准化，已经形成全行业共同遵循的一系列标准。然而，产品本身的模块化设计却参差不齐，这与具体企业的规模、能力、管理和认知有很大关系。

有人说，标准化程度的高低是一个国家和一个行业制造水平的体现，对物流装备行业何尝不是如此。如何理解标准化和应用标准化，应是一个长期的过程。

5.9.4 主动迎接新时代的挑战

20 世纪 90 年代，计算机辅助设计与制造（CAD/CAM）发展如火如荼，彻底改变了过去的设计理念和方法，也为模块化设计和标准化打下了基础。

在“互联网 +”时代，随着智能制造理念的提出，尤其是人工智能理念的提出与应用，计算机辅助设计与制造达到了一个新的高度，设计手段和生产手段均发生了根本性的改变。

在设计环节，智能设计提供了更多的选择，并且为每一个设计方案提供了从力学计算到计算机仿真再到计算机辅助样机制造（如 3D 打印技术的应用）、实验验证等全部过程。许多新的结构形式，在以前都是奇思妙想或不可思议的东西，将成为现实，最优化的产品设计成为可能。计算机仿真技术的应用，大幅度缩短了新产品研发的时间，而以 3D 打印技术为代表的新制造技术的应用，则为样机制造和高难度零件加工提供了全新的方法。不仅设计研发成本大大降低，而且设计研发难度也大大降低。随着 AI 技术的研究不断深入，智能化成为设计研究的主要技术手段，未来的设计研发将会更加快速、全面、有效、彻底。

在生产环节，无人化的制造系统达到了一个新的高度，机器人制造、智能化的物流系统、透明化的信息管理系统、柔性化的生产制造系统一方面使得定制化生产难度大大降低，准确性和质量大大提升；另一方面使得制造成本进一步下降，响应速度进一步提升。人工智能参与管理的新兴制造系统，将彻底改变过去人工管理生产切换效率低的问题和质量难以保证的问题。柔性化的生产线将取代传统的流水线，机器人将取代大部分人的工作，先进的制造系统的标志将是柔性化、无人化和智能化。

大规模定制化，在 20 年前可能只是一个理念，但如今，已经是每个制造企业所必须面对的选择，物流制造行业也是如此。

5.10 论智能制造的本质

有关智能制造的会议和报道真是铺天盖地。回想 2018 年的许多场会议，上至部长，下至教授专家，都对智能制造充满期望。然而，作为普通大众，大家对此却感到越来越疑惑，尤其是对智能制造的概念更是莫衷一是。

智能制造有两个英文单词：外国人喜欢用 Smart Manufacturing，中国人喜欢用 Intelligent Manufacturing，到底哪一个更靠谱一些？如果不好直接判断，可以换个角度来看问题，就是智能制造到底要干什么，它的目的是什么？

关于智能制造，权威部门给出的定义主要强调信息的自感知和自决策，以及智能研发、智能装备、智能生产、智能服务、智能工厂、智能产品。猛一看的确是高大上、全智能，却又云里雾里不知所云。如果再看解释，就会让你觉得智能制造更是遥不可及，毕竟人类离人工智能时代还有很长的距离，但中国制造 2025 却又有明确的时间表。责任重大，时间紧迫。

不可忽略的事实是，我国的绝大部分制造业，别说是智能制造了，就是简单的自动化都没有。很多企业厂房简陋，制造手段原始落后，效率低下，产品粗制滥造，甚至有些行业内非常著名的企业，连物料管理系统和物料编码都没有，也在高谈什么智能制造。更多的情况是，买几台机器人或者 AGV 就自称是智能制造，真是应了老话：无知者无畏。

大家可能不太清楚很多专家强调的智能制造系统的智能到底表现在哪里，是一台组合机床，还是一台 AGV 小车，抑或是别的什么东西？一些专家一说起来胸有成竹，让人感觉煞有介事，好像未来马上真有什么智能设备，它们会无所不能似的，甚至你让它生产什么，就可以生产什么，从此世界就进入了全面的人工智能时代了。

作者于 1987 年参加工作，参与的第一个课题是国家“七五”科技攻关计划项目：桥式起重机计算机辅助设计（CAD）。也就是说，在我国，计算机辅助设计已经有超过 30 年的历史，但计算机辅助设计并非智能设计，与智能制造关系不大。然而，如今有很多企业却在高谈阔论，不仅把计算机辅助设计与智能设计混为一谈，而且把很多与自动化沾点边的事情全部归于智能制造，这真是令人啼笑皆非的事情。

所谓的智能产品，应该与智能制造没有什么直接关系。生产出来的产品是否智能，与生产手段和设备是否智能应该没有直接对应关系，有些产品不可能智能，如物流仓储系统中常见的货架、输送机、堆垛机等，但在未来，人们可以期待通过智能制造系统完成其制造过程，从而大幅度提升其水平并降低成本。而未来要生产出智能的产品，也未必一定得用智能的生产设备去生产。一个典型的事实是：第一台智能制造设备肯定需要非智能设备才能生产出来，否则就失去源泉了。

相比国人的高谈阔论，外国人要老实得多。简单来说，智能制造可以从生产的几个环节得到体现，即从设计、工艺、仿真验证、生产、物流、实物验证等得到具体体现，这是实实在在的。智能制造强调的是通过网络、计算机、大数据、云计算、人工智能等技术，优化设计，通过充分应用虚拟仿真技术以完成设计验证，并通过 3D 打印等未来技术，完成产品的试制，最终达到降低成本、提升产品性能的目的，以快速适应定制化时代的客户需求。

具体来讲，在设计阶段，主要是通过人工智能、大数据、云计算、新材料技术，在给定条件下尽可能充分地利用计算机系统自身能力，提供尽可能多的全方位的设计方案（即所谓的衍生设计）。这一技术目前已有应用，虽然还处于初级阶段，但已经显示出巨大的潜能。不管怎么说，人工智能未来将全面超越人类的设计能力和水平，这是毋庸置疑的。

产品设计成果需要验证，这是计算机仿真技术最大的舞台。通过自动完成的有限元分析，可以计算出产品结构是否符合力学要求，以及在外荷载下产品的表现。通过疲劳仿真，可以快速完成需要很长时间才能完成的疲劳试验。通过运动学仿真，可以完成产品运转情况的测试……此外，新材料的应用，为人类制造新的设备提供了无穷的可能。计算机仿真大大缩短了新产品试制的周期，也大大节省了试制的成本。此外，有些实验是无法轻易通过实物完成的，如核热反应、超高音速的风洞试验、外太空实验等，而通过计算机仿真就可以很好地达到实验的目的，这是智能制造中的关键技术之一。

关于生产过程，这是产品实现的最关键环节。智能制造与传统制造从原理上讲可能差异甚小，如零部件的车铣刨磨等，但自动化程度可能会有质的飞跃，如组合加工中心的出现即是很好的例子。到目前为止，还看不到真正的智能制造系统。现在，除了传统的制造技术和工艺外，智能制造还是有其独特之处可以期待，如通过 3D 打印可以完成传统制造不能完成的复杂结构的加工工作，如晶格结构。目前，3D 打印对于生产样品具有无可比拟的优势，成本低、时间短，大大加快了新产品研制的速度，但 3D 打印还处于初级应用阶段，有些环节还存在无法逾越的障碍。

新产品制造完成后，还需要得到实践的检验并不断改进，就其迭代升级的过程和逻辑而言，这与传统制造过程和逻辑也没有什么差异，但可以肯定的是，智能制造的成功率要大大高于传统制造。

智能制造系统中，有一项容易被人忽视的主要内容就是智能物流。可以说，与智能制造相配套的智能物流（Smart Logistics）同样不可或缺，这并非说离开智能物流就不可能完成智能制造，而是智能物流是降低生产成本、提高生产效率和产品质量的重要手段。有关这方面的深刻道理，需要有专门的文章进行阐述。

从上述内容可以看出，外国人眼中的智能制造并不是什么神秘之物，而是在过去许多年即已经开始的实践，其发展过程由点到面，由浅入深，并循序渐进，其目的也是非常清楚，即提高制造水平、降低制造成本，为大规模定制化生产提供可能。反观中国，很多人对于智能物流的概念都不甚了解，完全没有明白智能制造的基本过程、要素和基本原理，也不能解释为什么需要智能制造，却一味地鼓吹智能制造，令人遗憾。

纵观我国的制造业现状，既有比肩国际水平的少数精英公司，也有制造水平尚处于机械化和自动化初期的大多数企业。前者固然可以在智能制造方面更上一层楼，提升国际竞争能力；后者则更多地反映了我国的现实情况。从可行性来讲，他们应该从基础抓起，从提高设计水平入手，把自己从模仿阶段上升到独创阶段，从粗犷式生产上升到精工细作，逐步引入中高端制造设备，并切实做好产品优化设计，严格控制成本，提升质量，逐步提升我国整体制造业水平，这才是正道。

关于制造业，有两种典型情绪：其一是担心制造业空心化，因为现实情况是印度、东南亚劳动力成本比中国更低，据说一些欧美厂家有迁厂的打算；其二是豪情万丈，3～10年就要超英赶美。须知，越南、印度纵然有人口红利，也只是在低端制造范畴，我们何来担忧？关键是我们是否可以通过3～10年，在智能制造上真的有所作为，而不是维持低端制造的现状。另外，我们对机床制造水平、基础工业、新材料研究水平、计算机设计和仿真水平、理论研究水平，应该有客观的认识，更应该知耻后勇，脚踏实地奋起直追。盲目空喊口号，误人误己，更误国家！

希望多些有识之士，发出正确的声音，针对我国国情制定切实可行的方针政策，使我国的智能制造能够朝着正确的方向发展。

5.11 论理论与实际相结合的重要性

5.11.1 引言

2018年10月，我有机会参加“马钢杯”第六届全国大学生物流设计大赛并担任裁判，除了自己学到了很多东西外，也发现了一些问题。因自己也曾多次担任全国高职院校物流大赛的裁判，两相对比，也有一些体会。趁着有时间，把这些体会写下来，分享给大家，希望抛砖引玉，引起共鸣，或许会对在校师生们有一些帮助。

“马钢杯”全国大学生物流设计大赛已经成功举办过五届，这是第六届。参与的学校有300多所，有580支代表队参与初赛（每个学校可以派2支队参赛），有312支队进入复赛，最终进入决赛的共有90支代表队。可以说从侧面反映了我国物流本科教育的总体水平。

客观地讲，很多设计成果具有比较高的水准。大赛评委是来自全国各地的27名专家学者，大家私下感慨，本届大赛的水平的确非常高，超过了以往各届。比赛过程也是高潮迭起，精彩不断，同学们表现可圈可点，其理论水平和临场应变能力，完全不像是大学二、三年级的学生。

然而，有些同学由于缺乏实际经验，对问题的处理还是显得稚嫩，理论应用往往流于形式或千篇一律，有些同学的论点和论据之间缺乏关联性，显得牵强附会，由此提出的解决方案与实际要求相去甚远。

大赛从侧面反映了教学基本情况。我国幅员辽阔，东西南北的教学条件差异较大，老师们对于物流的理解也是千差万别。有些同学解题思路清晰，有些却不知所云，逻辑混乱。究其原因，我认为是理论与实践的脱节。有些地区经济发达，师资力量雄厚，有些地区却缺乏实践资源和条件，对理论的应用结果就相去甚远。

本篇就从一个裁判的角度来谈谈对于比赛的观感。

5.11.2 关于选题和审题

本次大赛的论文题目是根据马钢集团的实际情况设计的，有 14 道题目，从宏观战略到运营和具体的园区设计，涉及多个层面的多个问题。其中属于战略层面的题目有 4 个，分别涉及绿色钢铁物流建设、马钢集团物流战略转型、个性化的绩效考核，以及专业化的对标管理；属于运营管理的题目有 6 个，分别从多式联运探索、物流企业上市分析、汽车后市场、专业化管理、智能物流，以及供应链一体化管理层面展开；属于操作层面的有 4 个，包括物流园区优化设计、如何提升铁路运输比例、长江江海运价指数探索，以及外贸策略选择。这些问题，有的有关联，有的没有关联，有的专业跨度很大，难易程度也相差很大。如何选题成为参赛者的第一道难题。若选择自己熟悉的题目，可能会陷入雷同，而难出新意，比如很多学校选择物流园区设计就是如此；若选择综合性的题目，有可能陷入专业性不强、论述不充分的境地；若选择自己不熟悉的题目，更可能会陷入危险境地，如专业性、数据的来源的权威性，以及决策的合理性等方面。有些同学选择了毫无关联的几个题目硬凑在一起，结果就连自己也糊涂了，显得牵强附会，也有的同学题目与内容明显不符，题目虽大，却显得空洞，受到了评委的质询。

其实，无论选择什么题目，内容与题目一定要一致。基础能力强的，可以选择综合性强一点的题目，展示出自己对问题的驾驭能力；专业能力强的，可以选择范围窄一点的富有挑战性的题目，从深度方向挖掘，体现出自己的专业能力。选择太简单和太普通的题目，竞争会比较激烈，除非自己有绝对实力，否则会流于平庸，这是选题要注意的地方。

审题就如同做作业，要切实理解问题的本质是什么？本次大赛以企业生产和发展过程中的实际问题为题目，并欢迎同学们与用户单位积极互动。如何切中问题要害，考验参赛选手的基本功。有的同学抓不住要点，论文看起来长篇大论，不是流于形式，就是流于拼凑字数。比赛并不看重论文的长短，相反，还限制论文的长度，这是要引起注意的。

5.11.3 调研的重要性

一项科研活动或设计，其基本过程应该是“首先提出问题，其次研究问题和理解问题的本质，进而找到解决问题的方法，最后解决问题”。作为竞赛，现在问题已经提出来了，那么，如何解决呢？纵观同学们的答案，其实是五花八门的。应该说，有的同学查阅了大量的资料，国内的、国外的，对问题进行了仔细阅读和理解，这是非常可贵的。但更多的同学对于用户的需求是不甚了解的，对问题的理解是缺乏深究的，仅凭借自己有限的经验，望文生义，其效果就比较差。物流是一个非常接地气的学科，因为参赛选手还是学生，缺乏实践经验，即使指导老师也是如此，因此也难免会有这样的问题。虽然在提供的资料中提到了一些问题和现状，但这是远远不够的，需要同学们进一步进行调研和实地考察。

很多同学的设计成果，看起来都是有板有眼的，从方法论到理论指导，然后得出结论和解决方案，最后通过计算机仿真验证。这其实就是大学里做论文的基本套路，但用于物流规划设计就显得非常不够。物流设计强调对具体问题提出具有针对性的解决方案，其重点当然是成本的控制和效率的提升，而非仅仅停留在理论层面的探索，但要如何才能有针对性？就要进行实地调研，然后对比分析。以园区设计为例，现状是什么，痛点是什么，业务特点是什么？哪些前提是不能改变的，哪些是可以改变的？所有理论，均要与实际相结合才能解决实际问题。从结果看，真正能了解具体痛点和需求的同学太少了，泛泛而谈，如同隔靴搔痒，又如何能够给出正确的答案呢？

举几个例子，许多同学在运用统计学原理对物料发货订单进行分析时，发现发货具有典型的 ABC 分布特征，进而提出采用分类聚合存储的基本原理解决存储问题。这一结论并没有错误，但同学们在依据这一原理解决问题时，就犯了想当然的错误，没有从本案例 SKU 很少、存储空间较大的实际出发提出具有针对性的解决方案，如分组存放等，而是止步于理论分析，没有将分析结果恰当地应用于实际；又比如有些同学虽然知道以最短路径作为拣选的优化目标，却没有考虑到在本案例中，并非通常的人行走拣选，而是车行走拣选，路径长短并非主要目标，而停靠次数才是影响装车效率的关键。这些都是因为缺乏认真调研，想当然的思想占了上风，从而导致理论不能与实践相结合。

5.11.4 论文的专业性

一项研究成果，最终往往会以论文的形式呈现出来。这是大学生和老师们最擅长的事情。有些同学就做得很好，从摘要开始，到问题的提出、现状分析、方法论、解决方案、实例验证，以及结论和改进建议，最后还有图、表，以及参考文献，这些内容都很完善。但也有一些同学没有做好这些，呈现的文件比较随意，有些用词看起来华丽，却往往词不达意，反而弄巧成拙。有一件非常严肃的事情是，科技论文要求语言平实无华，形式与内容一致，这是最基本的东西。

如何判断专业性？对问题理解的全面性是非常重要的。对于一个问题的影响因素，不能仅仅将精力放在问题的一个或几个点上。比如园区的优化设计这个问题，需要考虑的问题非常多，如车辆排队入场问题以及车辆到达问题、进出大门问题、车辆等待装车和卸车问题、仓储策略问题、拣选策略和拣选工具问题、路径优化问题、路径指引问题、任务调度问题、缺货问题、人员问题、订单安排问题、车辆调度问题、装车高峰问题、道路通过能力问题甚至天气问题等，绝对不仅仅是一个储存策略问题这么简单。但遗憾的是，大量的同学都将问题仅仅集中在很少的几个，自然得出的结论也是不专业的，有的甚至不能抓住问题的实质。

有些同学往往被题目所迷惑，而丧失了全局观，这是常见的专业性问题。我们提出问题的解决方案，不能只看到局部，而是要看整体，要从供应链的高度去看问题。如在考虑苏锡常杭地区适当提升铁路运输比例的问题时就是如此，同学们花费了很大精力去研究解决方案，优化路线，甚至考虑物流中心的选址等，却忽视了问题的前提是，本地区仅占公司销售业务的10%而已，本应从政策、成本、运作、安全性等方面去考虑这一问题，结果却跑偏了方向。

有的同学因为专业的缘故，热衷于将大量的时间浪费在软件设计上，其实是没有必要的。可能这也是目前大学生毕业设计中的普遍现象。提出需求是比赛的要求，但进行一项软件的开发是非常耗时的工作，关键是大量的软件是没有价值的。当然，用于展示性质的软件框架也许是必要的，可是要求选手在这么短时间内完成一套非常适用的软件开发，本身就没有可能。

5.11.5　如何对待争议问题

作为一项比赛也好，作为一项具体的设计也好，要尽量避免闯入是非之中，这是区别于平时讨论问题的。因为一项充满争议的技术或方案，往往不可能让评委们在短短的几十分钟内取得一致意见，而学生对于争议问题的驾驭能力往往又不够，因此，常常会出现比较尴尬的结果。

作为竞赛，创新点是必要的，但真正的创新要具有很强的可操作性，有成熟的使用案例，并且在案例应用中显得非常必要，而非牵强附会。创新离不开对问题的深究，离不开科学的方法，更加离不开发散性思维。要严格区分创新和引用具有争议的技术或方案两者的不同。创新的东西，会使人眼睛一亮，而不是令人充满怀疑。

这样的例子还是不少的。如组装式集装箱、管道输送等，这些技术看起来就不那么可行，充满争议。而创新就不是这样，如有的同学经过认真分析，发现影响长江航运价格的种种因素之中存在季节因素，这一发现对于支持其完善运价模型就起到了特别的作用。有的同学看到了题目以外的东西，从而为解决问题提供了更加全面的方法，这是一种典型的创新。

有争议问题有时会导致非常被动的局面发生。如有的同学对货物联运问题的解答，不从经济、环境、政策、技术、路线等方面去考虑问题，却提出管道运输、集装箱设计等充满争议的解决方案，其结果是可想而知的。

5.11.6　结束语

本届大赛沿用了以往的经验，从实际问题出发，希望同学们将所学理论与实际结合起来，这是大赛最有价值的地方。从同学们的表现可以看出，部分同学做得很好，尤其是对部分问题的解答，充分体现了理论与实践结合的精髓。

理论上，采用 SWOT、PEST、波特五力等分析法进行战略分析；采用 EIQ 分析、聚类分析等各种数据分析法对企业数据进行分析，从而找出规律，进而采取相应的解决方法；采用遗传算法、蚁群算法等众多算法对路线进行优化计算；采用 Flexsim 等软件和系统对设计模型进行仿真，所有这些工具的应用，都在说明一件事情，即下一代的物流人才，已经进入理性分析阶段，与上一代摸着石头过河已不可同日而语，这正是物流的希望所在。虽然学生们还显得有些稚嫩，但假以时日，必将大有作为。

理论与实践结合，不是靠简单的说教就可以完成，而是必须去实际体验，去仔细揣摩，去反复试验，有些甚至要反复试错，才能真正达到目的。既然是实践，就要亲身体会，饭菜要自己品尝才知道真正的滋味，游泳要自己下水才能学会，老师的教导、同行的经验，虽然非常重要，但那都是别人的体会，甚至只能归入理论层面，完全不能替代自身的实践，这个道理应该是非常简单的。

学会如何查找资料和分析问题，学会如何全面地看问题，学会逻辑思维和发散思维，学会理论与实际的结合，这是大学期间要学到的基本知识，具备了这些基本知识，未来有些实际问题即使是第一次遇到，也就不会慌张畏难。如果理论不能与实际紧密相结合，虽然可以夸夸其谈，却不能解决实际问题，这样即使书读得再多，其用途也是有限的。

（注：本文是 2019 全国大学生物流设计大赛观后感）

名词术语解释：

（1）SWOT，是指优势（Strengths）、劣势（Weaknesses）、机会（Opportunities）和威胁（Threats）4 个单词的缩写。

（2）PEST，是指政治（Politics）、经济（Economic）、社会（Society）、技术（Technology）4 个单词的缩写。

（3）波特五力分别是：供应商的议价能力、购买者的议价能力、潜在竞争者进入的能力、替代品的替代能力、行业内竞争者现在的竞争能力。

6 物流系统集成商的外面世界

本章导读

本章由4个专题文章构成，与其说是介绍国外的物流技术，不如说是游记。第1个专题是参观美国芝加哥物流展的观感，两年一度的PROMAT物流展被称为世界4大物流技术展之一，来自世界几乎所有著名的厂商云集于此，充分展示各自的最新成果。第2个专题是参观德国汉诺威CeMAT物流展的观感，CeMAT被称为规模最大的物流技术展，也是两年举办一次。通过参观访问，可以打开眼界，学到知识，找到不足。第3个专题和第4个专题分别为考察欧洲与日本的笔记，除了参观物流企业，更多的是了解各地的风土人情，对于物流工作者来说，外面的世界丰富多彩，参观访问未尝不是一件轻松快乐的事情，本章可以引导读者做一个预览。

物流系统集成工作虽然辛苦，却充满乐趣，是可以托付终生的事业。物流系统有大美，需要大家去创造，去欣赏。

6.1 芝加哥PROMAT 2015观后感

2015年3月23—26日，“美国芝加哥国际物流设备与技术贸易展览会（PROMAT 2015）”在美国芝加哥麦考密克会展中心（McCormick Place）隆重举行。PROMAT是北美著名的物料搬运、供应链与物流解决方案的展览会，由美国物料搬运协会主办，它是全球物料搬运和供应链领域四大展会之一。此届展会参展单位800多家，展会地点位于芝加哥麦考密克会展中心二楼南侧。

本次展会展出的产品基本覆盖了物料搬运与供应链领域的主要产品，包括物料搬运设备和系统、自动化立体仓库、机器人、货物运送车、货架、叉车、单元搬运系统、制造执行系统、仓库管理系统、输送机及分拣设备、装卸设备、包装、容器和运输设备、包装盒和包装箱制造机、包装机械、打包设备、扫描验货设备、托盘、塑料和金属容器、托盘堆垛设备、管理和控制技术、自动识别设备等。

值得一提的是，位于展会北侧，同期举办了自动化与机器人展（AUTOMATE 2015），集中展出了以机器人为主题的各种类型的自动化设备。数百家来自全球的机器人制造厂家、自动识别与控制元器件提供商参加了本届展会。

据官方统计，来自世界各地的参观人数超过 20000 人，是历届展会参观者最多的一次。展会期间，各单位和举办方还举办了 100 多场演讲和讲座，其中比较有名的是当年苹果公司的创始人之一，Steve Wozniak 为大会所做的主题演讲：下一步是什么——论技术的未来。看到大厅里多处悬挂出 Steve Wozniak 的巨幅照片，想来这场演讲的重要程度了。

由中国机械工程学会物流工程分会组织的 PROMAT 2015 参观团一行 11 个单位共 19 人，全程参与了本届盛会。参观团中，物流仓储企业有伍强科技、湖州德马，起重机企业有大连华锐重工、天津华德、河南东风起重机械，散料输送企业有交通部水运科学研究院、中粮工程科技郑州院、东莞奥能实业，此外还有江苏泰星减速机、江西华伍制动器等单位。以下是记录的一点观感。

6.1.1 规模庞大，盛况空前

春天的芝加哥风光旖旎，3 月 23 日早晨还下起了鹅毛大雪，这让大家兴奋不已，但也耽误了行程，40 多公里的路程走了两个多小时，到达展会时已经是中午时分，但整个展会已是人头攒动，好一派热闹场景!

进入展会大厅，南侧是本届展会（PROMAT 2015）的场地，北侧则同期举办自动化与机器人展览（AUTOMATE 2015），整个展厅有几万平方米，让人感慨美国宏大的建筑风格。由于大会组织者将两个展会同期举办，且可以一票两用，所以，大家有幸可以同时观看两个展会。

北美芝加哥展会是世界上物料搬运与供应链技术最大的展会之一，每两年举办一次，是全世界物流搬运领域知名企业的一次盛会。本次参展的单位有 800 多家，此外，AUTOMATE 2015 机器人参展商有 300 余家，可谓盛况空前。

在 PROMAT 展区，主要参展单位分为起重机、工程机械、物流仓储机械、辅助设备、信息技术等几个部分，中国虽然也派出了 20 余家单位参展，但主要还是美国、欧洲和日本的企业。

起重机参展单位以德马格为代表，重点展出起重机在自动控制领域的最新成就，本次起重机参展单位相对较少，且以零部件参展商为多。

工程机械则以海斯特、永恒力、TCM 等著名叉车企业为代表，占据了展会的很大空间，展出了各种各样的内燃机和电动叉车，重点是产品的多样性、自动化以及节能。如永恒力重点展出电动叉车的自动驾驶和自动识别技术，与 AGV 系统殊途同归。值得一提的是，著名的电动汽车品牌特斯拉也展出了最新款式概念车，为大会增添亮丽的风景。

物流仓储机械展出单位众多，参展单位有位列全球前列的几乎所有制造企业和系统集成商，如胜斐迩、大福、科曼、范德兰德、KNAPP、SWISSLOG、村田、ViaStore

等，本次展出的设备和技术，仍然延续了近年来物流仓储技术发展的最新成就，即注重于自动化和智能化，注重于“货到人”拣选和自动拣选这两个主要发展方向。

更为庞大的队伍来自物流辅助设备展区，这里门类繁多，令人眼花缭乱，数不胜数。既有熟悉的货架、托盘、笼车、车轮等设备，也有不常见的自动包装、自动贴码、自动填充，以及装卸设备等。这些设备也各有其亮点：注重产品的多样性和实用性，注重自动化，注重节能环保，其中不乏亮丽的创新点，如液态自动填充材料、抗地震货架装置等，非常吸引人们的注意力。自动缠膜设备如图 6－1 所示。

图 6－1　自动缠膜设备

作为物料搬运和供应链展览的主题之一，供应链技术和信息技术领域的参展公司约 100 家，其中著名的企业有 IntekIntegration Technologies，International Business Systems (IBS)，INFOR，Manhattan Associates 等，重点展示其在供应链领域的最新成就，包括大数据和云技术等在内的信息技术在物流领域的应用。此外，还有关于 WMS、WCS 的专业公司。

在 AUTOMATE 展区，则清一色是欧美日企业，著名的机器人企业 ABB、KUKA、三菱等悉数参展。

机器人主要用途分为焊接、装配、码垛、喷涂、搬运等，但本次机器人展更突出未来的智能机器人概念，并且在自动识别、自动判断和决策等方面已经有了长足的发展。

本次机器人展是全球最大的一次机器人盛会，不仅参展单位多，而且展出产品丰富多彩，令人目不暇接。应该说，这次机器人的展出，为 PROMAT 物流展增色不少，双方相得益彰。

6.1.2 高度自动化和智能化

本届展会给人的一个最突出的印象是：高度自动化和智能化的时代已经来临。

我们一行当中，有起重、运输、仓储等多个领域的成员，大家各有各的重点，也各有各的兴趣，但有一点是共同的，就是都对参观机器人展怀有浓厚的兴趣。

在 PROMAT 展上不仅有机器人，如大福展出了机器人自动从 AGV 上抓取箱子的技术，德马泰克则展出机器人自动拣选物料的技术，还有很多单位展出了机器人自动码垛（见图 6－2）和拆垛、机器人自动挂箱，以及多种识别模式的医院用 AGV 系统等技术。

图 6－2　机器人自动码垛系统

而在 AUTOMATE 展区，机器人更是登峰造极，大家从来没有见过这么多的机器人集中展览，各种各样，千奇百怪。有在复杂表面焊接的机器人，也有随机状态下码垛的机器人，还有玩拼图和投篮的机器人。这些技术的展示，已经远远超出了自动化的范畴，踏入智能化的门槛了。

智能化的定义主要在于自我识别、自我判断、自我学习，以及创新等方面，目前展出的机器人技术在前面两个方面已经有所突破，如大福展出的机器人从不规则的托盘码垛上取下货物，要求对货物的位置、方位进行准确判断，然后调整机器人的位置，才能完成作业，难度很高。再有如拼图机器人，不仅需要对零件进行准确抓取和识别，还要对拼装位置进行识别，难度非常高，需要具备一定的人工智能。

在自动化方面，本次展出已经涉及各个领域，仓储机械更是领导了行业风潮。伯曼展出的是最新的 BS7 交叉带，主机运行速度达到 2.4 米/秒，采用直线电机驱动，向世界展示了它独特的技术。OPEX 则展出了以机器人 iBOT 为核心单元的高速存取技术，iBOT 可以在货架内任意位置垂直运动，快速将货物从货位取出，通过底层输送机送到拣选站台，实现“货到人”拣选。本次展览中，“货到人”技术不仅包括人们熟知的旋转货架技术、多层穿梭车技术，以及著名的AutoStore技术，而且也将iBOT技术的核心展示给参观者，让人大饱眼福。参观“货到人”拣选系统，如图6－3所示。

图6－3　参观“货到人”拣选系统

此外，KNAPP不仅展示了它引以为傲的“货到人”拣选技术，还展示了自动复核系统——通过集中扫描，自动复核拣选货物的正确性。这是一项难度相当大的技术创新。

有意思的是，传统的AS/RS技术在本届展览中绝无仅有，看来AS/RS技术已经是非常成熟的技术，或许已是明日黄花了。

6.1.3　中国企业需努力

纵观整个展会，欧、美、日成为主角，美国本土企业自不必说，占据了绝大部分展位，其中海斯特、Intelligrated、伯曼、OPEX、MercuryGate、EnerSys、Yale Materials Handling、Tri－BoroShelving & Partition等均是行业内的世界级公司，欧洲派出了胜斐迩、德马泰克、KNAPP、TGW、SWISSLOG、永恒力、SEW等重量级企业，日本则有大福、村田、小松、TCM等世界知名企业参加。但作为世界发展最快和未来市场最大的中国，只有少数几家厂商参展，本次来展览会参观的中国代表团及个人也少之又少，总计不超过100人。不仅与上海展形成鲜明对比，而且与德国汉诺威展也不可同日而语。

北美物料搬运产业是一个很大的市场，目前约占世界市场20%以上，而参加这样的展会，则是宣传的极佳机会，中国企业要想在物料搬运市场有所突破，则必须走出去，而北美市场则是最好机会。因为与欧洲和日本市场相比，美国本土企业的竞争力相对不如欧洲和日本企业，这样会留给中国企业机会。

纵观本届展会所展出的技术和装备，成熟的技术固然不少，但更多的是创新。相比看日本和上海的展会，看过大福的展品，他们每次展会均有不同的新产品问世，其创新能力可见一斑。其他如德马泰克、KNAPP、胜斐迩等，每次展会均有不同的技术和装备亮相，让人耳目一新，这也造就了这些企业的长盛不衰，这是中国企业要认真学习的。2014 年参观上海展会的时候，看到国内企业一窝蜂地发展穿梭板技术，很少有创新，跟风现象严重，不利于技术的全面发展。

从物料搬运技术发展看，自动化和智能化固然是主要发展方向，但从中国的现状看，首先要解决的是标准化、多样性、适应性等基础性问题，把一样事情做精做透，长期坚持不懈，是目前最要坚持的，而不是盲目做大。尤其是长期存在于行业中的粗制滥造、低价竞争等现象，更是有百害无一利。恶性竞争，表面上是用户得到了实惠价格，但因为产品质量低下，故障频繁，售后服务跟不上，产品寿命短，其实是从根本上损害了用户利益，更是损害了行业利益。

三天行程，实在是匆匆忙忙，所见所闻犹如管中窥豹，难成系统。但在美国的行程中，看到美国的厢式货车在高速路上川流不息，感叹其标准化程度之高，物流之发达，令人羡慕不已。

通过本次参观，总体收获颇大。从中既看出了世界物料搬运技术与装备发展的现状和趋势，也看到了我们的不足和机会。中国物料搬运技术发展之路还很漫长，与先进国家的差距也客观存在，但也并非一无是处，中国还是有很大的机会去赶超，这需要大家的努力。

6.2 从德国汉诺威 CeMAT 2016 看物流技术发展趋势

2016 年 5 月 31 日至 6 月 3 日，两年一度的汉诺威国际物流展览会（CeMAT）在德国汉诺威市隆重举行。北京伍强科技有限公司又一次独立组团观展，所见所闻，多有收获。2016 年的 CeMAT 展会规模虽然没有超过往届，但是并没有影响其专业水平，从现场展示的技术设备以及同期举办的几十场论坛讲座可以洞悉全球物流技术的发展现状与趋势。

6.2.1 总览

汉诺威（Hannover）是德国下萨克森州的首府，位于德国北部平原和中部山地的交界处，人口 51 万，是德国汽车、机械、电子产业的中心。汉诺威国际展览中心可以说是汉诺威市的标志之一，这里每年举办世界最大的信息技术展会 CeBIT，每两年举办一次世界最大的物流技术展会 CeMAT，特别是 2000 年这里举办了 21 世纪第一个世界博览会，从此汉诺威闻名全球，现在看到的展览馆有很多都是当年世博会留下的建筑。整个展览中心有室内展馆35个，室外场地十多个，总建筑面积超过50万平方米。展览中心大门如图6－4所示。

图6－4 展览中心大门

CeMAT 2016在13号、25号、26号、27号、35号展览馆举行，其中，13号馆主要展出物流包装设备，包括货架、托盘、料箱、包装材料、标签打印机等；27号馆主要展出物流系统、软件、自动化技术以及起重机等；25号、26号、35号馆及露天展览区域主要展出叉车、叉车零部件等。每个展览馆的面积都有几万平方米，与上海新国际博览中心类似的是，展览馆都采用单层结构，气势恢宏。

CeMAT 2016以欧洲的参展企业为主，欧洲以外的企业较少。具体来看，1000余家参展单位来自44个国家，其中55%的企业来自德国以外。可喜的是，中国也有几十家企业参展，数量远超美国和日本企业，看来中国企业距走出国门已经只有一步之遥。从细分领域来看，本次展会有叉车及相关企业200多家，起重机与相关企业100余家，物流系统集成商、软件企业、主要物流设备供应商与相关企业600多家。

CeMAT 2016的主题是"智能供应链解决方案Smart supply chain solution"，关注的重点在于物流系统IT和智能化，指出未来物流技术发展的主要趋势是"智能的，联通的，高柔性的，透明的，快速的和有效的"。可以说为未来物流技术发展指明了方向。

除展览外，CeMAT 2016还安排了30多场技术讲座，分别在3个场所举办，重点介绍了"物联网和工业4.0如何改变物流""物流系统机器人化""实用、高效和低成本的包装技术"等方面的研究成果与未来趋势。如有专家提出"批量为1（Batch size 1）"的新颖概念，是对定制化和个性化的形象注释。

本次展会吸引了来自全世界的参观者，据展会官方统计，参观者有近40%来自德国以外，并且质量大幅提高。亚洲（主要是中国）的参观者比例大幅提升，占国际客户比例由2014年的14%上升到20%。在观展过程中，遇到了很多来自国内的观展团。据不完全统计，专程观展的中国团队就有几十个，人数超过300人，展会注册人数估计超过1000人，位列世界第6，表现出中国企业对CeMAT的高度关注。

6.2.2 系统集成商

物流系统集成商自然是本次展会的主角。

Schaefer一枝独秀，是所有参展企业中最耀眼的明星，在13号馆占据了1700平方米的中央舞台，在27号馆也有很大的展位。Schaefer不仅展出了它在各个领域的骄人业绩，同时展出了基于多层穿梭车的“货到人”系统等最新产品。据该公司中国区经理介绍，本次展出的最新成果是基于云计算的全球监控系统，这是有别于传统监控系统的最新技术，可以在第一时间远程监控到所有Schaefer项目并作出响应。参观Schaefer展台如图6－5所示。

图6－5 参观Schaefer展台

作为主要赞助商之一，KNAPP在13号馆展出了其最新的药房系统，每小时800次作业的效率，让人惊叹。在27号馆，KNAPP租用了很大的展台，集中展出了多项新技术。其中最引人注目的是自动复核技术：通过全方位扫描的输送系统，每小时可以完成高达2000件商品的复核，这项技术最有可能的用途是医药拆零拣选的复核。此外，KNAPP还展出了VR眼镜，将虚拟现实技术应用于物流系统设计。

2016年参展的集成商还包括Mecalux、System Group、Egemin、ViaStore、Beumer、

Kardex 等世界著名企业，它们各自展出了包括堆垛机、分拣机、AGV、垂直货柜在内的多项产品和技术，体现了作为世界级厂商的不凡实力。

但也有几家熟悉的著名企业缺席了本次展会，包括德马泰克 Dematic、Swisslog、范德兰德 Vanderlande 等，日本的大福 Daifuku、村田 Murata 等也不见踪影。详细的统计资料表明（见表 6-1），一半以上的 TOP20 物流系统集成商都没有参加本次展会。一个原因是企业自身的计划安排，很多企业并不计划每年参加全部的物流展会，而是根据需要选择参加其他的展会，如德国的工业展、日本东京的物流展、中国上海的物流展、美国芝加哥的物流展等；另一个原因是欧洲市场虽然较大，但欧洲以外的企业很难进入欧洲市场，这也是美国和日本企业较少参加的原因。至于中国的集成商，还没有能力进入欧洲的中心舞台。

表 6-1　　世界物流集成商 TOP20 企业参展情况统计

排名	公司	是否参展	国别
1	Daifuku	否	日本
2	Schaefer	是	德国
3	Dematic	否	德国
4	Murata	否	日本
5	Vanderlande	否	荷兰
6	Mecalux	是	西班牙
7	Beumer	是	德国
8	Intelligrated	否	美国
9	Fives Group	否	法国
10	Swisslog	否	瑞士
11	KNAPP	是	奥地利
12	TGW	否	奥地利
13	Grenzebach	否	德国
14	Witron	否	德国
15	Kardex	是	瑞士
16	Bastian Group	否	美国
17	System	是	意大利
18	Egemin	是	比利时
19	ViaStore	是	德国
20	Dearborn	否	中国（控股）

6.2.3 叉车

叉车展示区面积最大，包括25号、26号、35号馆和室外展区，云集了世界知名的叉车企业。在35号馆，丰田、永恒力、STILL三足鼎立（凯傲集团没有参展，其下属企业STILL代表参加）。丰田和永恒力都展示了最新产品，其中最引人注目的是自动导航叉车，这其实就是叉车和AGV的结合，既有AGV的灵活性和自动控制能力，又有叉车的堆高能力。STILL展示的还是其传统产品，包括长货叉托盘运输车等。从总的参展规模看，丰田是所有参展商中最大的企业，这与我们的认识不同，其实丰田在欧洲占据了很大的市场份额。丰田展台如图6－6所示。

图6－6 丰田展台

25号、26号馆则主要集中了其他叉车品牌以及叉车配件企业。值得注意的是，本次展会林德（凯傲集团下属企业）缺席，美国的海斯特、日本的小松等世界知名叉车企业也没有参展。而中国叉车企业占据了很大比例，合力、杭叉、龙工、如意都来参展，中联重科也有很大的展位，并且布置得很有特色。他们基本体现了中国的水平，也展出了最新的自动化技术。但总体来说，与35号馆的几大国际巨头企业相比，中国叉车企业还有不小差距，最主要的差距在于创新方面。我们的很多技术还处于跟随学习阶段，没有创新，这样与国外产品同台竞技，自然就让人感到差距明显，即使如此，在整个物流装备行业，我国的叉车走在了其他产品的前面，合力、杭叉均位于世界叉车企业前10位，龙工也进入了前20，都是很不容易的。

室外展区集中展示的是重型叉车和搬运设备。叉车配件包括电池、轮胎、货叉、专用属具等，主要位于25号馆和26号馆。

6.2.4 物流主要装备

本次展会全面展示了主要物流装备和起重机的最新技术。

货架展台集中在17号馆，参展的多为欧洲企业。从展示情况看，货架产品的多样性远超国内；从产品工艺看，镀锌货架是发展方向，Metalsistem公司巨大的展台上的货架全部采用镀锌工艺。

密集存储系统仍然是展示的重点内容，除传统的重力式密集存储外，以穿梭车为主的密集存储系统仍然是展示的主流设备。包括著名的Mecalux等企业均展示了该产品。

托盘及周转箱也是重点展品之一。各种类型的托盘和形式多样的周转箱，琳琅满目，新产品、新技术层出不穷。中国也有不少厂商参加。其中，上海力卡代表中国托盘企业参展，胡文龙总经理亲自到现场，为中国托盘争得一席之地。

货叉作为物流的关键零部件，有多家公司展出其最新技术。Eurofork更是布置了很大的展台，展示了多种货叉产品，尤其是箱式货叉。

输送机系统参展商主要是日本的ITOH，以及欧洲的Interroll和Transnorm等公司，此外还有一些欧洲的小公司，如Euroroll，更多展示主要体现在辊筒的不同用途上。日本企业利用电动辊筒完成纸箱的组合技术，吸引了很多参观者驻足欣赏。

分拣设备是主要物流设备之一，也是展示的重点，各种形式的分拣系统都有展示。其中，Optimus公司的产品给人留下了深刻印象，这是一种落袋式分拣机的变形，分拣效率高，但成本大幅降低，预计未来在中国市场会有用武之地。而VanRiet公司展出了滑块式分拣系统。

机械手是物流装备领域的传统产品，目前主要应用于托盘码垛和拆垛以及自动拣选。这次展会上比较有新意的是属具，如Schmalz公司展示的一次抓取多个货物单元的属具，最多一次可以完成一层，大大提升了码垛和拆垛的效率。无序状态的货物自动识别是机械手应用的新领域——可称为智能机器人，目前已经有成熟的解决方案。

很多公司展出了AGV，各种导引方式均有呈现。其中，Egemin公司的窄通道AGV可以在非常窄的通道中作业，大大提升了仓储空间利用率。值得一提的是，很多叉车生产企业也在推出AGV产品，看来随着工业4.0热继续升温，AGV市场将有重大变化。为了应对大规模市场需求和低价竞争，电磁导引和磁钉导引方式将逐步成为市场所推广的AGV主要导引方式，尽管其技术并不是最好的。

自动化立体仓库AS/RS的展出越来越少了，因为它发展得已太成熟了。取而代之的是各种密集存储系统，采用提升机和穿梭板、子母车等方式完成托盘的自动存取作业。

Miniload与AS/RS一样成为配角，在本次展会上几乎没有看到。事实上，市场更需要的是快速箱式存储系统，如多层穿梭车系统、3D存储系统、旋转货架系统等。

AutoStore公司展出了深井式存储系统，以前Swisslog也展出过类似设备。

回转库也是物流装备的一大门类，展出厂家众多，比较有名的是Modula、Hanel和Kardex，目前垂直回转库的应用已经非常广泛。

提升机方面，有Qimarox公司每小时2000箱的多层提升机系统，以及Apollo公司等展出的螺旋提升机。

悬挂输送机主要有Schonenberger等公司的展品，主要用于服装的输送和储存。这些产品在中国已经开始应用。

6.2.5 物流软件

物流信息系统是物流系统的灵魂，在欧洲备受企业关注，这一点与我国有很大的差异。很多物流系统集成商也把软件作为重点发展方向，认为软件才是物流技术的核心内容。

本次展会展示物流软件系统的企业并不多，世界主要的信息系统供应商SAP成为比较突出的参展商，巨大的展台与其身份是符合的。SAP主要展示了他们在WMS系统以及TMS系统方面的新成就。众所周知，SAP的主要精力不在WMS系统和TMS系统，而是ERP系统。笔者在与SAP的工作人员交流的过程中知道，他们本次展出的新技术不少，尤其是基于全程监控的TMS系统，可以展示运输系统的各个细节，特别是订单的履行过程，这是SAP在TMS系统的创新之举。SAP展示的主要还是他们的软件在实际应用中的情况，包括在不同领域的个性化应用等。值得一提的是，SAP的支持基于云计算的统一数据平台，与Schaefer和KNAPP展示的成果是互相印证的。

在软件展示区，Lagerverwaltung也展示了他们在WMS系统和语音拣选（Pick by Voice）方面的成就，Prolagworld则展示了WMS系统的应用情况。

其他世界知名软件企业，如Infor、Mahhattan、Redrail等，均没有参展。

6.2.6 辅助装备及零部件

如果单从厂家数量来看，辅助装备和零部件厂家的数量要占绝大多数，展品也是五花八门，而且中国厂商的数量也不少。

本次展会的辅助装备和零部件可以分为几大部分，包括叉车、包装材料及设备、起重机、仓储自动化、软件等，每一个大类中均有为数不少的企业参展，而我关心的主要是与物流仓储相关的部分。

从13号展厅进去，最先展示在眼前的除了货架外，就是各式各样的包装箱和零件盒。在零件盒的展示区有很多创新的产品，这些产品在工业4.0中将有广阔的用武之地。

填充物是物流包装的重要辅助部分，产品多得不胜枚举。从塑料、纸张到自膨胀充气膜，应有尽有。但这些产品要应用到中国市场尚需时日。一方面需要解决技术问题，另一方面中国市场要接受服务水平提高带来的成本问题也需要时间。

条码打印机、自动贴标机、自动识别设备是另外一大类展示产品，其中比较有代表性的是三维自动测量系统，这一系统在测量非规则货物的三维尺寸和体积方面有卓越的能力，该技术推出已经有多年了，应有良好的应用前景。

电子标签系统也有新的进展，无论是 TWI 展出的电子标签，还是德国研究院 Fraunhofer 展出的无线电子标签，均有特色，其应用将很快在市场上看到。

站台设备一直是物流系统建设中考虑的弱项，本次展会 Joloda 公司的展品吸引了很多参观者，该公司在集装能力方面展示出了独特的解决方案，相信未来的应用前景不可限量。站台设备如图 6 –7 所示。

图 6 –7　站台设备

此外，叉车和起重机的零部件厂家也不少。起重机的展区不大，约占 27 号展馆的 1/3，主要展示了零部件和自动控制系统，如多绳吊具，对起重机在物流仓储系统中的应用特别有意义。事实上，起重机技术在物流仓储领域的应用早已有之，本次展会将起重机与物流系统结合在一起，给我们很大启示，同时表明，在物流装备的多样性方面，欧洲企业还处于遥遥领先地位。

6.2.7　创新

本次展会是全球物流技术和装备的一次集中展示，创新成为其主要特征。所有创新主要体现在系统和应用两个方面。实际上，创新并非一朝一夕的事情，我们现在看到的重大创新，对于欧洲而言，大部分已经有多年的实际应用，只是中国的应用晚了一步而已。正如大家所看到的，所有创新都围绕着实用进行，并将焦点集中在工业 4.0

上面，如自主穿梭车系统和机器人解决方案等，概述如下。

1. 属具的创新

基于效率提升目的的物流技术的发展有两个主要方向：其一是通过提高速度以提高效率，如高速堆垛机和分拣机；其二是通过实现一次处理多个任务以提高效率，如一次输送多个箱子的Miniload、一次抓取多个箱子的码垛机等。从未来发展看，两者的结合对于大幅度提高作业效率会有很大的空间。本次展会上有许多改进的属具，如一次性抓取整层货物的属具，大幅度提升了码垛效率。

2. 产品的创新

产品创新是一个永恒的主题，本次展会，小到如零件盒和托盘缠膜设备的创新，大到一个系统的创新，都体现了欧洲企业匠心独具和不断创新的精神，如KNAPP展示的自动复核技术，利用全方位扫描技术，可以实现每小时2000盒药品的自动复核，将原来的自动复核平台技术提升了一大步。Qimarox公司展出的梳状提升机，可以实现每小时2000件货物的提升，同时又非常紧凑。这些创新产品均表现出极好的市场前景。

3. 应用创新

比较典型的应用创新是KNAPP的自动发药系统。过去几年，药房的自动化在中国得到了一定发展。本次KNAPP展出的基于快速堆垛机技术的药房发药系统，采用两台堆垛机并行处理，将速度提高到每小时800次拣选，让人惊叹不已。

4. 技术创新

Fraunhofer每年都有创新的产品问世，本次也没有让大家失望，所展出的无线电子标签系统，应用到每个周装箱上，摆脱了过去依赖货位的电子标签模式，而且标签采用大尺寸液晶显示器，非常新颖。相信这一技术会很快进入实际应用，可以解决实际问题。

5. 信息系统创新

许多厂家展示的信息系统不约而同地将云计算应用到物流系统，这一重大创新解决了海量数据的集中处理问题。未来可以期望的是，所有的应用将在远程进行集中监控。这一技术为大大改善客户关系提供了技术支持。此外，物流系统集成商的竞争将朝着规模化和提高服务水平的方向发展。

6. 非接触供电技术

SEW公司除了展示其电机减速器和现场集成控制技术外，还展示了其非接触供电技术。该技术不仅可以在汽车充电等领域有很大的市场空间，还将对物流系统中堆垛机供电、AGV供电、穿梭车供电等进行彻底革命。

6.2.8 其他

作为本次观展的重要组成部分，我们还参观了两个企业：德国SEW公司和范德兰德位于西班牙的 Recio 配送中心。

SEW 公司是世界著名的电机减速器生产厂，世界上 70% 以上的物流装备都采用 SEW 公司的电机减速机（微电机除外）。我们这次参观的是位于德国南部的工厂，SEW 公司向我们展示的主要是其工业 4.0 概念，从原材料加工制造出零部件，到成品组装、喷涂，直至最后包装运输的全过程。关于工业 4.0，SEW 的理解也许可以给我们一些启示：一是生产、物流、信息系统的高度融合；二是不断改进的过程。在参观中，主人向我们重点介绍的也是这两点。物流在生产中的高度配合是整个参观中的最大亮点，从存储、配送到工位料架的设计，无一不显示出设计者对于工厂物流的深刻理解。

关于不断改进的过程，SEW 公司向我们展示了 2 个环节：其一是组合加工中心的变迁，从最初的 9 个工艺，逐步发展到 5 个工艺，再到 3 个工艺，最后到 1 个工艺流程，其间经历了长达 20 多年的不断改进；其二是组装线，由原来的数十条固定式组装线发展到现在全部采用柔性组装线，大量应用 AGV，其间也经历了将近 20 年的发展。可以说 SEW 公司的发展见证了德国工业 4.0 的发展过程。

范德兰德是世界著名的分拣系统供应商，在机场行李处理系统的业绩无人不知。但这次我们参观了其位于西班牙萨拉曼卡的化妆品配送中心后，才知道范德兰德在物流中心规划建设方面也是世界领先的。Recio 集团是西班牙最大的化妆品公司，每天有大量的拆零订单要处理，早在 2003 年就投资建设了第一套“货到人”拣选系统。2013 年他们又重新规划了配送中心，在拆零拣选部分采用了范德兰德最新的 3D 小车技术，全部 13 台小车和 3 台提升机设备，完成每天 14000 行拣选任务的输送和存取工作，所有拣选工作只需要 6 个作业人员，不得不让人惊叹他们的工作效率之高。

6.2.9 一点感悟

本次 CeMAT 2016 观展，虽然时间很短，但收获很大，既看到了当前物流技术的发展状况，也了解了物流在工业 4.0 中的重要作用与实际需求，明确了物流技术发展的基本趋势。

从一个细节可以看出德国人的严谨程度。本次物流展仅局限于内部物流或企业物流（Intralogistics），这就是为什么工业 4.0 在本次物流展上拥有如此高的关注度。

本次展会总体来说是对欧洲自动化物流技术的一次检阅，除叉车外，非欧洲企业在本次展会中只是配角而已。有一点要引起我们注意，就是中国物流技术虽然取得了长足进步，但与世界水平相比还有很大差距。在本次展会中，系统 IT 和工业 4.0 被反复提及，面对未来市场对于大规模定制化的需求，面对“批量等于 1”的订单形态，只有“系统 IT + 工业 4.0”才能胜任。必须指出的是，工业 4.0 不是一个静止的指标，它将开启一个新的时代，其内涵会不断变化，并不断创新。另外，工业 4.0 的重要组成部分是物流 4.0，正如德国物流研究院 Michael ten Hompel 院长所言："没有物流就没有工业 4.0"。

（注：本文发表于 2016 年 7 月《物流技术与应用》杂志，部分有修改）

6.3 欧洲三国纪行

6.3.1 从上海到鹿特丹

应 CHESS 公司邀请，我们一行数人于 2015 年 9 月 12—23 日对欧洲进行考察，此行的主要目的是考察欧洲现代物流技术及应用，以便探索公司未来的发展方向和寻求可能的合作机会。

9 月 12 日中午从上海浦东出发，到阿姆斯特丹需要 12 个小时，飞机经过中国西北地区和内蒙古，从蒙古、俄罗斯等国飞过。因为全部为白天，所以在飞机上可以饱览沿途风光。印象深刻的是飞越俄罗斯新西伯利亚上空时，可以看到俄罗斯广袤的土地，其原始森林是完全没有人类踪迹的茫茫大地，与中国西部黄沙莽莽的戈壁滩形成鲜明的对比。尤其是在莫斯科以东约 1000 公里的广大地区，零星的白云均匀地飘浮在茫茫原野之上，山、水、湖、河流、蜿蜒的道路构成一幅绝美的图画。当飞机从圣彼得堡飞过，沿着芬兰湾和波罗的海一线向南，从汉堡和哥本哈根之间穿过，可以看到湖光山色，大海苍茫，飞鸟盘旋，非比寻常。虽然辛苦，却仍然很兴奋。

阿姆斯特丹国际机场不是很大（据说是欧洲 4 大航空港之一），国际航班并不多，所以通过海关并不困难。因为要赶去鹿特丹，所以我们选择从机场直接坐火车去。荷兰的交通发达，位于机场的火车站非常繁忙，机场到鹿特丹有 100 公里，坐火车也就 30 分钟，可以说相当方便。

从阿姆斯特丹到鹿特丹（Rotterdam），一路看到了荷兰典型的美丽景色：沃野千顷，一望无际。荷兰是世界上有名的低洼之国，地势平坦，牛羊遍地，偶尔看到风车矗立在旷野之中，景色如诗如画。

鹿特丹是荷兰第二大城市，人口约 100 万，这里旅游业和交通非常发达。一路上我们也看到不少中国游客。鹿特丹的名字来自在市中心注入新马斯河（Nieuwe Maas）的小河鹿特河，在荷兰语中，Dam 是水坝的意思。鹿特丹有着辉煌的历史，1980 年以前，为欧洲最大的海港，即使是现在，也是世界上排名靠前的港口。

一路上，我们还看到这里的农业非常发达，随处可见规模空前的温室，排列整齐，成为沿途的独特风光，这也是我们此行的任务之一：考察农业的自动化和农业的物流技术问题。

我们达到鹿特丹时已是傍晚，赶上天气很好，所以我们选择从火车站走路去宾馆。

此前我已有几次来过欧洲，但到鹿特丹还是第一次，所以也有很强烈的新鲜感。随着中国城市建设的飞速发展，感觉如何借鉴世界上其他地区城市发展的经验和教训，应是一项重要课题。

荷兰是一个小国，人口只有1680万，但拥有自己的语言。在大街上随处可见的各种标牌中，均用荷兰语标注，让人感觉很不方便，但这里的人大多会英语和德语，交流没有问题。

我们入住的宾馆在市中心步行街，晚上8点左右天开始黑下来，街上的人也开始减少了。整个城市很安静，没有喧嚣的感觉。

6.3.2 鹿特丹印象

鹿特丹给人的印象是市容干净整齐，人民比较平和礼貌。荷兰人个子很高，由于经常骑车锻炼，所以胖子不多，城市有专门为自行车留出的道路，这在世界上并不多见。

荷兰是一个风车王国，据说鼎盛时期，风车数量达到12000多座，现在保留下来的还有2000多座。最大的风车有好几层楼高，风翼长达20米。这里地势低洼，四季常刮西风，给缺少自然资源的荷兰提供了源源不断的动力。风车产生的动力，最早用来碾谷物和烟叶、榨油、造纸，后来有很多主要用于排除沼泽地的积水，这些风车不停地吸水、排水，使荷兰约1/4低于海平面的低洼地带，成为鱼米之乡。20世纪以来，由于蒸汽机、内燃机、涡轮机的发展，古老的风车逐步衰落，逐步完成其历史使命，退出历史舞台。但因为风车利用的是自然风力，没有污染且取之不尽用之不竭，所以又成为今日新能源的一种，新型风车随处可见，只是式样已完全不同。荷兰风车景观如图6-8所示。

图6-8 荷兰风车景观

在鹿特丹，有一个风车村，名字很有意思，叫小孩堤防（Kinderdijk）。风车村，位于鹿特丹以东约 15 公里，名字的由来源于一段美丽的传说，在 600 年前，这里发生了特大洪水，在洪水退却后寻找幸存者的过程中，人们惊喜地从一个木盆中发现了一只猫和一个熟睡的孩童，从此这里就叫小孩堤防村。

去小孩堤防风车村参观需要在市区乘船，从马斯河下游坐船逆流而上，中间还要换乘小船才能到达。在途中，可以饱览马斯河两岸美丽的风光。最初看到的是闻名世界的天鹅大桥，该桥采用斜拉索方式，是世界上最大的斜拉索大桥，由于形似天鹅而得名。途中可见各种形状怪异的建筑，最有名的恐怕要数联合利华大厦，这座大厦像一座廊桥，悬浮在空中，蔚为壮观。

小孩堤防风车村的风车还保持着原有的风貌，并依旧在工作着。沿着一条小河往里走，大约 3 公里的河岸两侧，布置了 20 多座大型风车。荷兰风车体型很大，安装在一座圆形的土楼上，有 4 ~5 层楼高，上部整体可以旋转，以调节方向，叶片由非常坚硬的整块大柞木做成，转动的频率不是很高，但马力强劲，据说可达到 6000 马力，这在数百年前是非常震撼的。

在鹿特丹，最有名的恐怕还是这里的建筑了，被称为露天建筑博物馆。在整个城市的东侧，矗立着数百栋形状怪异的建筑，丰富的色彩、奇特的形状，令人大开眼界。这些建筑有的悬浮在空中，有的极尽几何变化，有的采用大胆的色调，给这座城市增添了现代风韵。

在所有的建筑中，立方体房屋最为独特（见图 6 -9），即使在周围的众多现代建筑群中也是独树一帜，这片建筑由 51 座方块房子组成，这些方块房子以 45 度角方向竖立在矮小的做基础用的房屋上，使整个房子有如一个靠角支撑的立方体，室内则不可避

图 6 -9　鹿特丹著名的立方体房屋

免地全部是大顷角的斜墙。据说房子分为三层，一层为客厅，二层为卧室，三层是一个尖顶的阁楼。以我的观点看，这样的房子几乎没有使用价值，应该是鹿特丹奇特建筑的一个缩影。但这种突破常规和无拘无束的大胆设计，必定能激发出人类的无限创造力。

鹿特丹的夜色非常美妙，若漫步在新马斯河西岸，看两岸灯火辉煌，各种独特的建筑美轮美奂，在夜色中散发出迷人的光芒，仿佛置身在一个童话的世界，令人如痴如醉。

6.3.3　城市与乡村

鹿特丹是一座新兴的城市，原因是在“二战”中几乎被夷为平地。在重建的过程中，现代的元素越来越多。荷兰在历史上有过辉煌的成绩，这与他们所处的恶劣环境是分不开的。在满是沼泽的低洼之地，建立起牛羊成群的鱼米之乡，需要付出巨大的代价。无论是风车还是草场，或是分布在全国的堤坝，或是纵横交错的高速公路，都记录了他们与自然搏斗的成果。

在参观船舶博物馆的过程中（见图6－10），看到历史超过半个世纪甚至百年的各种船只，了解了荷兰最近几百年的航海历史，不禁肃然起敬，这些应该不仅是文明的象征。

图6－10　船舶博物馆

有机会去100多公里外位于比利时的北部小镇参观物流工程，一路上再次饱览了沿途旖旎的风光。由于没有山，这里的高速路宽阔而平坦，视野则尤为开阔，两边的风景尽收眼底。一片一片的草地，或一望无际，或被树木分隔成无数的景区：疏影婆姿，草地碧绿，让人感觉真是风景如画。时而天晴，则云淡风轻，时而骤雨，则乌云密布，给景色平添了一份神秘与变化，一天之中，会经历各种天气，真是令人心旷神怡。荷兰是奶牛之乡，所以他们的土地以种草为主，庄稼并不是主要作物，偶尔有牛羊在草地上自由地吃草，其悠闲景色令人神往。我小时候也放过牛，但那时的山区草少树多，山路崎岖，如果不紧紧看住它们，可能就再也找不着了，而在这里基本看不到牧人的身影。

随着欧洲一体化进程的实施，国家与国家的分界已经非常模糊，从荷兰到比利时，穿过小镇时看到一块小小的牌子上，有欧盟的标志和比利时的字样，接待我们的工程师说，到比利时了。小镇连绵，并无间断，更没有人值守边境，这是一种多么神奇景象。

欧洲的小镇发展水平相当高。因我们参观的仓库位于乡村，所以要走一段比较长的乡间道路。路不宽，车速却不低。道路修建得非常整齐。两边的民居是最令人羡慕的别墅风格，有连成一片的房子，也有独立的小院，都设计得独具特色，修建精美，让人感觉是世外桃源。

记得 15 年前第一次来欧洲时，开车从德国到荷兰，再到比利时和法国，一路上的印象是风景优美，高速路有点拥挤，设施现代，却有陈旧感。领队是一个在德国留过学的博士，一路上给我们讲了很多故事，记忆深刻的是德国人在高速路上如何守规矩，而超车插队者极少。

经过 15 年的发展，中国已经今非昔比了。尤其以城市的变化最为显著，高楼大厦自不必说，连县城也有足够现代的建筑。高速路、地铁、高铁的建设更是日新月异，可以说丝毫不比欧洲的城市建设差多少，有的甚至更好。但我们也应该承认总体水平的差距，尤其是城乡之间存在的巨大差异，这是我们需要长期努力改善的地方。

6.3.4 荷兰的花卉物流

上学时知道，荷兰被称为欧洲花园，尤其以郁金香享誉世界。但于我而言，真正的概念却是模糊的。本以为漫山遍野全部是鲜花覆盖，一年四季尽是花的海洋。以前来过荷兰，看到的景象却与想象并不相符：这里首先没有山，是一望无际的平原，也没有看到花的海洋，看到的只是大片大片的草场，以及牛羊悠闲吃草的景象。

这次出差，有机会住在鹿特丹，往南到比利时，往北到达霍恩（Hoorn）接近艾瑟梅尔湖（IJsseimeer），这已经是荷兰的最北端，往东接近德国边境，可以说是看遍了整个荷兰。沿途美丽的景象与以前所见并无两样，欧洲花园莫非是指这里美丽的风景而已？抑或现在不是花开的季节？

然而，有一个景象引起我的好奇：在游览过程中，道路两旁除了草场以外，还有规模庞大的温室，它们高度 7 ~ 10 米，三角形的屋顶，每个温室有数千平方米到数万平方米的规模。因为业务的缘故，便询问当地的物流装备工程师，原来这些温室就是种植鲜花的大棚。这里的大部分花卉均非自然生长，而是人工盆栽，通过温室控制其生长，大大增加了花卉的产量。据资料记载，荷兰共有110平方公里的温室用于种植鲜花和蔬菜，联想到其国土面积不过4.1万平方公里，可以想象其规模之大。荷兰把美丽送到世界各个角落，花卉出口占国际花卉市场的40%～50%，每年出口量超过100亿欧元。鲜花栽培温室如图6－11所示。

图6－11 鲜花栽培温室

作为此行的重要内容之一，我们有幸参观了荷兰最大的兰花生产基地——Maarel Orchids，这个基地占地约200多亩，其中温室约95000平方米，物流分拣中心约20000多平方米，每周可以供应兰花约10万株（盆），在世界排名第二。

参观之前，负责接待的Gert Jan先生已经给我们介绍了基本情况，但刚到现场就被震撼。我们在办公区见了总经理Arno van der Maarel先生，见面后就径直走进了配送中心，迎面就是已经拣配包装好的鲜花，一车一车，排列整齐，各种各样的兰花，让人感觉来到了兰花的世界。我们顾不得请示，手机已经不停地拍了起来。

这是一个非常现代化的兰花种植栽培基地，靠办公区一侧的是配送中心，远端是温室（Greenhouse），所有花卉均采用无土栽培技术。全自动的物流设备，大大减少了人力。我们在工程师带领下开始参观，了解鲜花从最早栽培、组盘到进入大棚的过程，花苗被一车一车送到入库区，由机械设备自动装入盆中，按每个托盘约1000盆的规模自动组盘，并送到温室。

进入温室，看到眼前鲜花排列整齐，望不到边的场景，我们再次被震撼。这是多大的场景呢，95000 平方米的温室被隔离成若干个温度带，一侧是低温区，存放的是幼苗，另一侧是高温区，存放的是已经长成的鲜花。在一个 300m×300m 的空间内，真实感觉到自身的渺小。所有鲜花在这里生长将近一年，需经过多次更换花盆以适应不同时期的间距，包括浇水在内，所有这一切均是自动完成，在整个近 10 万平方米的温室内，几乎看不到人。

再次回到配送中心，负责设计的工程师告诉我们，这里除了配送，还有生产辅助中心。鲜花从温室被送到配送中心后，要经过拆盘、输送、重新排队、拣选、包装等众多流程。除了拆盘和包装是人工完成外，所有工作都是自动完成。看到输送机穿梭其中上下输送，忙碌异常的情景，我们开始还有些眉目，到后来就彻底糊涂了。本来是参观这里的物流设施，到最后变成了欣赏美丽的兰花。生产线上的兰花如图 6－12 所示。

图 6－12　生产线上的兰花

约 2 个小时的参观很快结束，在交流中，我们了解到荷兰鲜花的栽培均采用温室，很少在室外自然生长，以 Maarel Orchids 为例，占地约 200 亩，年产鲜花 400 万盆，产值超过 1 亿元人民币，这是传统农业收入的几十倍。农业现代化，或者农业的工业化，其效能在这里得到了具体体现。

荷兰鲜花交易市场每周有超过 200 万盆鲜花，Maarel Orchids 只是一个缩影，让我们了解了这个鲜花的国度，究竟是如何获得这一美誉的。联想到中国的农业，其落后面貌若要改变需积极学习欧洲的技术，尤其是自动化和工业化技术，才能在有限的土地上提高产出。

6.3.5 阿姆斯特丹夜游

这已经是我第二次来阿姆斯特丹了。这次应当地客户邀请，乘舟夜游，也算是一种难得的经历。

从 Veghel 到阿姆斯特丹，路程不远，却赶上堵车，本来期望下午 5：30 赶到，却整整延误了一个小时。司机说这是常态，可以想象阿姆斯特丹的堵车也是不一般。

夜游阿姆斯特丹已经成为这里的一个特色服务项目，游船一般不大，只有 7～8 人的位置，一般分为室内和室外两部分，室内可以避雨，解决了下雨出游的问题。荷兰的天气变化多端，一天之中可能几番晴雨，下雨是家常便饭，且不容易预测，所以防雨是一个需要优先考虑的问题。我们今天从鹿特丹到 Veghel 再到阿姆斯特丹，一路上基本在下雨，接待我们的小马则说，很少出现这样整天下雨的天气。正当大家为游览发愁时，雨却在下午 6：30 停止，大家的心情一下子明亮起来。

上了游船，先点晚餐，也是这里的特色。点餐在船上进行，送餐则在下面的码头完成。西餐一般分为开胃菜和主菜共三道菜品，所以在途中会有三次停留取餐的过程，点餐不同，停留的地方也不同，给游览增添了变数和乐趣。

阿姆斯特丹濒临大海，加上地势低洼，河道纵横交错，有如北京的街道，这给游船创造了很好的机会。据说老城区有 252 座桥，整个阿姆斯特丹市有 1400 座桥，不得不让人惊叹。阿姆斯特丹的桥如图 6－13 所示。

图 6－13 阿姆斯特丹的桥

这里的桥造型各异，有普通的平面桥、钢桥、拱桥、吊桥，拱桥又有单孔、双孔、多孔很多的变化，让人目不暇接。特别的一处是 11 座桥在一条直线上，蔚为壮观。

阿姆斯特丹是一座老城，而且保护得也很好。据说“二战”期间，荷兰保持中立，而德军要求他们投降，否则将阿姆斯特丹夷为平地，开始荷兰不理，后来在看到鹿特丹被轰炸后，荷兰投降了，因此保全了整个城市免于被战火毁灭。这里有众多的老房子和博物馆，比较有名的饭店有美国饭店和 AMSTER 饭店，有历史超过百年的老船停泊在中心河道，此外还有喜力啤酒公司、红灯区、剧院等景区，红灯区是游船必去之所，可是我们因为迟到，已经错过了码头，只有听船主介绍了。其实现在这里的红灯区已经是一个纯粹的游览之所，与过去的灯红酒绿已经大为不同。

船家夫妇两人，极为殷勤，一路还介绍各处景点，说到著名处，还露出一丝自豪与得意——谁不为自己的祖国自豪呢。他们的船不大，但有百年历史。我们询问价格如何，他笑而不语，让我们猜。我们有的猜 1 万 ~2 万欧元，有的猜十多万欧元，但最后的答案竟然是 35 万欧元，现在要卖 50 多万欧元，让人大跌眼镜。

由于走走停停，2 个小时很快就过去了。上船时天还大亮，等到晚上 8：00 左右，所有的灯光打开，河岸两侧顿时有了一种别样的感觉。加上没有下雨，大多数时间都在船上的露天部分欣赏城市的风光，等到船主说已经到终点时，大家还依依不舍。于我而言，已经陶醉于这座城市的夜景了。

6.3.6 帕尔马印象

因为有客户在意大利，所以有机会再去游览。记得多年前来意大利出差，曾经惊叹于这里高耸入云的山峦，以及跨越山峰的高速公路，也领略了意大利餐饮的独特魅力。

从阿姆斯特丹到米兰，飞机约飞行 1 小时 30 分钟，由于大雾，所以从飞机上看不到沿途的风景，倒是天际浅蓝色的天空，在白茫茫的浮云映衬下，显得格外的舒适，让人难忘。

米兰的气温比阿姆斯特丹高一些，有点像上海。我们驱车去帕尔马方向，沿途所见，与荷兰大为不同，最先是远处山峦矗立，云雾缭绕的景象，让人产生了极目远眺的冲动，这里没有荷兰的草场，也没有牛羊，天气也有很大变化。但由北到南，贯穿意大利全境的高山，使得这里的景致尤为特别。

帕尔马位于意大利北部，米兰东南，距离米兰约 100 公里，是一个人口不足 20 万的小城市。远眺群山，景象万千。

意大利的餐饮世界闻名，尤其是意大利比萨、意大利面、意大利米饭等，在中国也很有名。我们一行人中午就迫不及待地品尝了意大利比萨，7 个人点了 6 种比萨，味道鲜美，各有千秋，是名副其实的“大餐”。

帕尔马是一个工业城市，这里有很多的制造业企业。意大利的制造业在欧洲也是非常有名的。帕尔马的汽车制造尤其有名，著名的菲亚特、法拉利、玛莎拉蒂，以及兰博基尼生产厂均设在这里。

晚上的意大利餐更是令人津津乐道，帕尔马所独有的赤司和火腿，的确是一种难得的美味，佐以当地的葡萄酒，其味道更令人回味无穷，这里的面条和米饭也非常地道美味，与其他地方截然不同。著名的帕尔马美食如图 6－14 所示。接待我们的 Luca 先生非常健谈，也很豪爽，体格健壮，他介绍了当地的风土人情和自己的经历，他曾经服兵役，在丛林中度过了极其艰难的岁月，他曾经是意大利国家队的一名橄榄球球员，到现在仍然保持锻炼的习惯，每天早起跑步，两周前还跨越高山，徒步 120 多公里来到佛罗伦萨的海边，他有两个女儿，让他感觉非常幸福。

图 6－14　著名的帕尔马美食

相比欧洲其他国家，意大利相对比较随意，无论是人民的为人，还是国家的形象，这为他们的创造力打下了基础，他们好客是尤其突出的。

餐间我们还聊到意大利足球，他们对于家乡的帕尔马球队每况愈下的表现很不满，他们对意大利的税收制度更为恼火，高达 70% 的所得税，让所有企业苦不堪言。当他们听到我们的所得税只有 20% 时，非常羡慕。每个国家都有自己的问题和烦恼，在西方国家，有的高福利高税收，但据意大利当地人说，他们税收高，福利并不好，严重挫伤了企业的积极性，据说很多企业，尤其是外国企业纷纷迁走，令人担忧。

意大利人喜欢运动，足球是他们的国球，随意的性格造就了他们运动的天赋，从罗西到皮埃罗，再到巴乔，他们在足球场上飘洒的身影，让全世界如醉如痴。帕尔马人也是如此，提起足球，他们个个眉飞色舞，看得出每个人对足球的热爱，这是发自内心的。

6.3.7　米兰——时尚之都

从帕尔马乘火车到米兰，其中经过皮亚琴察，约 1 小时路程。沿途所见，除了迷人的风光，也可以看到意大利作为老牌制造业大国的底蕴：几乎没有什么在建建筑工程，到处静悄悄，一派田园风光，厂房有如农舍，并不喧嚣，这与中国是截然不同的。

帕尔马火车站非常独特。我们由于赶路，比较匆忙，好像没有看到候车的大厅。买票基本是自助为主，看不到人工购票的场景，也没有检票的程序，所有一切都很简单。

米兰中央火车站则气势不凡，这是全欧洲最大的交通枢纽，站台高高的穹顶，具有非凡的艺术观赏性。车站设在城市中央，人山人海，这是我在欧洲看到人最多的地方。车站设计得也很气派和壮观，内部装饰精致巧妙，与米兰国际大都市的地位十分匹配。

正赶上米兰举办世博会，所以到处都有世博会的宣传标语，我想，米兰的人格外多，是否也与此相关?

米兰的建筑保存完好，市内经典之作随处可见。最具震撼的是米兰大教堂，宏伟的外观，有着无以言表的繁复设计，使人无法准确描述其具体形状，林立的建筑群将整个建筑烘托出无与伦比的艺术感（见图6－15）。以前看过巴黎圣母院和梵蒂冈大教堂，也是极具震撼的建筑杰作，米兰大教堂却自有它的独特之处。

图6－15　米兰大教堂

说起米兰的时尚，从到达米兰的第一分钟就已经感觉到。这里汇聚了全世界的精英，他们衣着光鲜，穿行在大街小巷，是装扮整个米兰的最重要的元素。意大利男子长相英俊，多留有胡须，他们的阳刚之美甚至盖过了这里的女性，是世界上少见的。米兰是世界上奢侈品之都，这里的服装领导了世界的潮流，令全世界为之神往。

位于米兰大教堂旁边的埃马努埃莱二世长廊被认为是世界上最古老的购物中心，这里有众多的世界顶级奢侈品商店，各国慕名而来的观光客，为的是一睹这里的繁华与奢华，将这一世界长廊挤得水泄不通。我则被这座宏伟的建筑彻底迷住了，从心底对米兰赞叹不已。

其实米兰的奢华远远不止如此，米兰时装周是世界最为重要的时装周之一，有世界时装晴雨表之称，蒙提拿破仑街是世界最为著名的奢侈品大道。这里还是足球之城，诞生了闻名世界的 AC 米兰和国际米兰，他们的成就让全世界为之癫狂。

6.3.8 汉堡印象

大学同学在汉堡工作，特邀我去游览。多次来德国，却没有去过汉堡，心里也很期盼。

从米兰到汉堡，飞行只需 90 分钟。飞机起飞时，可以看到远处阿尔卑斯雪山胜景，时值深秋，颇为壮美。而下方湖山秀丽，薄雾茫茫，科莫湖（Lago di Como）与卢加诺湖（Lago di Lugano）时隐时现，有如幻境。欧洲唯瑞士山多且高，终年积雪，是极为稀罕之地。

汉堡是德国的第二大城市，人口 180 万，地处欧洲中心，位于易北河与比勒河的入海口处，距离北海有 110 多公里，是德国乃至欧洲的北方重镇和商贸中心，常常被形容为“通往世界的大门”。

1. 天气

汉堡天气变化无常，阴晴不定。有时一天之中，几番晴雨。刚到汉堡时，阴雨绵绵，游览过程中，衣服全湿，很担心下午看足球比赛的体验，意外的是，到了下午 3：30,雨一下就停了，让人惊喜且意外。但第二天游览时，出门时天气晴好，忘了带伞，一路上竟然淋雨三四次。有时艳阳高照，一朵云过来，雨立即到了，毫无征兆。

汉堡纬度较高，比较阴冷，然而雨水滋润了万物，草木茂盛，是别处比不了的。

2. 交通

汉堡交通极为通畅，高速公路纵横交错，水陆贯通，公共交通尤为发达。

我乘坐城市轻轨，感慨良多。一是时间非常准确，站台有时刻表，标注一天的列车时刻，不差分毫；二是快慢结合，既照顾了远处的乘客，也方便了近处的乘客；三是乘客文明，虽然列车宽敞，本身不是很拥挤，即使是人多的时候，如足球比赛结束时，人山人海，大家也都互相礼让，没有出现拥挤和争抢的现象。

3. 市容

汉堡是一座老城市，虽然在“二战”中被毁坏严重，但是重建后依然保持了古朴的风貌。城市高楼不多，大多以砖墙为主，色彩庄重，很符合德国人的传统。

汉堡街道整洁，非一般城市可比。城市绿化极好，公园众多且维护完好，草木茂盛，有如花园。

4. **风景**

时间匆匆，并没有看到太多的风景名胜。市区内市政大厦颇有气势，游客众多，阿尔斯特湖（Alster）位于城市中心，闹中取静，常有海鸟飞过，提醒人们这是海边。站在汉堡具有标志性的建筑科尔布兰特大桥（Köhlbrandbrücke），可以领略汉堡港口的繁华，而在易北河边参观游艇俱乐部，可以看到数千艘游艇停泊在港湾内，有一种极度奢华的感觉。汉堡是富豪聚集之处，市区别墅规划有序，景色宜人，让人感慨德国的繁荣。

5. **足球**

汉堡足球并非特别有名，这里的球市却依然火爆。我有幸观看了一场甲级赛事，是汉堡队对阵法兰克福队。球场不大，可以容纳三四万人，座无虚席。球迷们身着两个球队的衣服或围巾，从开始到结束，两队球迷击鼓加油，摇旗呐喊，几度声嘶力竭，其声势足可鼓动三军。欧洲足球联赛盛况如图 6－16 所示。

图 6－16　欧洲足球联赛盛况

德国人口约 9000 万，足球是全国最爱的项目，学校几乎无一例外地要设置足球场，社区一般也有足球场，供市民运动，这也可以解释德国足球强盛的原因。

6.3.9　德国：乡村与啤酒

从法兰克福往北，经过韦茨拉尔（Wetzlar）、锡根（Siegen）到多特蒙德，其间山峦起伏，是典型的丘陵地带。德国没有很高的山，连绵不断的丘陵却是非常美的景观，有点类似于我的老家湖南，湖南有很多美景，尤其以张家界为最，当然，湖南的山很高。

如果选择从奥尔珀（Olpe）到孙登（Sundern）走小路，沿途风光旖旎，则可以饱览德国的乡村美景。

德国的乡村之美，不同于荷兰。这里的群山为景色增添了变化，青黛色的远山，如水墨画一般，与近处的碧绿山水形成丰富的层次，煞是好看。这与荷兰一望无际的平原是完全不一样的。

山普遍不高，雨水丰沛，适宜树木与草的生长。沿途看到的景象，美丽的山地随处可见，树林整齐得像是人工所造，草原碧绿，有如被精心修剪一般，尤其以牛羊吃草的景象最为醉人：花色的奶牛、纯种马匹、白色的羊群，在草地上悠闲自得，深得大自然之美。

这里的乡村自有一番风韵：独立的民居往往被设计成白色的基调，辅以手工绘制的木型结构花纹，线条有些笨拙，却正是其风韵所在。在我们下榻的黑博恩（Herborn）小镇，随处可见这样的民居。

当然，最美的还是处于自然形态的山水。如果在山顶远眺，你会感觉极目所见，如诗如画，也许是9月的季节的原因，由近而远，层次分明的景色依次展开，美得让人窒息，世界上很少能够见到如此秀美的景色。深入乡间的公路不是很宽，蜿蜒曲折，给绵绵不绝的山水以无限伸展的空间。有时翻过一座山，映入眼帘的是更加宽阔的视野和更加美丽的景色，于是不自觉间，对未来的景色有了更加高的期望。

常言道，好山必有好水。我们要参观的目的地，是德国著名的 Veltins 啤酒公司所在地。Veltins 处于深山之中，距离孙登不过 10 多公里，这里的酿酒历史已经超过 190 年，是德国著名的啤酒品牌。德国啤酒享誉世界，应与其独特的气候和水源有很大关系。我们参观了 Veltins 现代化的啤酒生产工艺、物流工艺，听讲解员讲解了啤酒生产的历史，其中各种酒瓶的设计历史尤其令人惊奇，啤酒文化在这里得到了具体的演绎。最难忘的是品尝啤酒的环节，Veltins 啤酒以轻柔著称，入口醇香，沁人心脾。由于所品尝的是刚刚生产出来的啤酒，无论是新鲜度还是品质，当属十分难得，即使像我这种一般不喝酒的人，也禁不住美酒的诱惑，豪饮了几杯。啤酒厂的老爷车如图 6－17 所示。

在德国旅行，所到之处，总能感觉到德国人的严谨，不仅是德国的制造，德国的乡村之美也是这种严谨风气的产物。德国啤酒之所以能享誉世界，更是数百年来严谨的工作作风的产物。一丝不苟，精益求精，这也是最值得我们学习的地方。

6.3.10 欧洲的物流制造业

这次欧洲之行，主要是考察物流装备的市场情况，在接触了多个企业后，虽然不能窥见全貌，但也可以看出一些端倪。参观范德兰德公司如图 6－18 所示。

图 6－17　啤酒厂的老爷车

图 6－18　参观范德兰德公司

首先是欧洲对于市场的把握非常准确和超前：自动化、密集存储、智能化已经成为主流，而特型产品的多样性更显示出欧洲人的创新精神和认真程度。我们参观的企业中，几乎无一例外均具有其明显特点，产品丰富，深耕细作，体现了欧洲企业的一贯精神：不盲目跟风，不贪大求全，而将自身产品做细做精。

其次是企业家族化现象比较普遍。无论是大型企业如胜斐迩、范德兰德等，还是众多的小型企业，都是以家族化形式而出现的。他们有的已经传承了三四代，长期以来坚守着家族事业，并不急于求成和上市。在欧洲的其他行业，家族传承也是主要模式，我们参观的 Veltins 啤酒公司创立于 1824 年，现在已经有五代传承，成为德国主要的啤酒生产企业之一。

再次是企业规模，除了几个比较大的集成商外，其他专业公司都比较小，员工更是少得惊人。一方面，由于欧洲人力特别昂贵，所以他们很少用人，更愿意采用机械化和自动化；另一方面，企业长期保持平稳发展，不会盲目追求规模大，所以对用人特别慎重，强调人员的合理应用，所雇用的人都是多面手，生产效率非常高。用户也是如此，我们参观的一个木材加工厂，产品直接供给宜家，万余平方米的生产车间，员工不到 20 人，其自动化立体库管理员只有一两人。但特别可贵的是，产品的出厂检验非常仔细和严格，与国内形成巨大反差。

最后是欧洲中小企业面临前所未有的困难，包括人员变化、设备老化、市场成熟、大型集成商垄断等多个方面。

说一下人员变化，由于互联网的巨大影响，欧洲的年轻人不是很愿意从事其祖辈的事业，包括制造业和服务业，市场上更是难以雇到年轻人，这是一个特别大的问题。

老企业的设备和厂房基本上是 20 世纪八九十年代添置的，这些厂房和设备经历数十年的使用，已经不可避免地出现老化，如何更新设备在中小企业是一件比较困难的事情。大型集团公司的情况会好得多。

成熟的市场，一方面使得设备的需求出现一定饱和，维修保养的工作量很大，即使像联合利华这样的大公司，也还在维修 20 年前的老设备；另一方面新型企业很难进入市场，所以集团公司通过收购中小企业提高市场占有率是主要手段，像范德兰德收购 Beween 公司，从而完成 Miniload 技术上的超越一样。小型立体库如图 6 - 19 所示。

随着时间的推移，物流装备行业出现了为数不多的大型企业，事实上，年产值达到 1 亿欧元的集成商或设备制造商在整个欧洲也不足 20 家，这些企业不断进行收购整合，逐步壮大，并形成垄断，使中小企业处于竞争的绝对劣势，或被集成商收购，或沦为集成商的贴牌生产者。

6.4 日本纪行

2018 年 11 月中旬，应日本松下公司邀请，有机会再访日本。

来日本已有多次，但每次都是匆匆而来，匆匆而回，没有留下什么特别印象。其实，东京的高楼大厦并不足以引起我的兴趣，因为在中国已经是司空见惯，日本的山水楼台，格局尤小，又怎能与中国相提并论？

图 6－19　小型立体库

这次来日本，本来就有一些打算，就是想多看看，多方面了解一下日本的实际情况，算是用了点心思，希望不是空手而回。

6.4.1　东京印象

早晨9：00出发，从北京到成田机场，不过3个多小时，这是去日本出差的方便之处，路途短，完全没有时差的问题。对于长期出差的我来说，没有了那种去欧美长途奔波的劳累，因此心情也就轻松了许多。

成田机场在东京东部的千叶县，距离东京还有一段路程。以前几次都是从羽田机场出来，所以对成田机场并不熟悉。首先一个比较好的印象是：东京虽然人口稠密，机场的车辆却并不多，更不用说拥挤了。我们住在银座，从机场到银座，要穿过大半个市区，一路过来，却并没有特别拥堵的迹象，这是出乎我的意料的。想想我们每天在北京，很多地方是时时刻刻堵车，即使是五环也是如此，想想都头疼。每天上班花在路上的时间平均达到2小时以上，这是多么巨大的浪费啊！

日本是一个地少人多的国家，总共只有37万多平方公里的土地，却要养活1.3亿人口，相比于中国，人口密度大了很多。日本还是全世界平均寿命最长的国家之一，足见其生活和医疗水平之高。

银座是东京最繁华的地区，没有之一。以前每次来东京，住的地方都比较偏远，来银座只是路过或参观购物，这次就住在银座，可以尽情浏览银座周边的风光。下午刚到，陪同我们访问的松下工作人员，就安排我们游览了银座最繁华的大街——中央大道，这恐怕是每个来东京的人的必来之地，有点类似于北京的王府井和上海的南京路，但显然这里更加繁华一些。

日本给人最强烈的印象是干净，无论什么街道，是农村还是城市，都感觉是一尘不染。晚上我特意去其他街道进行了一番调研，结果令人吃惊，这里的整洁程度超出了我的预想，也比以前要好很多。

陪同人员对我们一再嘱咐：在日本不能闯红灯、不能乱抽烟、不能并排走路、不能堵在商店门口、不要大声喧哗，等等，这些其实是很容易做到的事情。因有几年没有来东京了，这次的感受是他们依旧进步很快，城市面貌焕然一新，就连以前的嬉皮士也少见了，年轻人显得礼貌而又干净。

6.4.2 横滨物流园

一天安排去东京南边的横滨参观物流中心，距离有40多公里，约一小时路程。我们开始很担心堵车，但实际情况打消了我们的顾虑。除个别红绿灯需要等待外，几乎没有堵车的现象。日本的道路并非是最宽阔的，但他们的交通却是有口皆碑的，这体现出了东京卓越的城市建设和管理水平。

横滨是日本最大的港口城市，很多物流中心就兴建在这里。如果说这里是东京的一部分，相信没有人质疑，但事实上，横滨不属于东京。对中国人来说，位于横滨的横须贺港可能知道的人更多一些，因为经常从电视里看到报道。

在横滨，我们参观了一个自动化冷库，如图6-20所示。这个冷库原来是IHI公司于2006年设计建造的，包括AS/RS和平面库两部分，主要是用于果蔬配送，日处理能力约600吨，不是很大，但管理水平高。接待我们的课长原来是大福公司的研究人员，他提出自动化系统维护费用太高，大福尤其喜欢采用“非标”产品，导致用户有严重的依赖性，其实是需要警惕的。他认为用户掌握维护技术是非常重要的，而采用标准产品对于后期维护会有比较大的影响。目前，非标产品的维护费每年达到产品总费用的20%左右，很多用户都无法承受，采用标准产品对于有效降低维护费非常重要。

在横滨有一条中华街，据说有几百年的历史了，是中国人聚居的地方。街道很有中国特色，饭店和店铺也主要由华侨经营。中午我们就在中华街的扬州饭店用餐，是

图 6－20　位于横滨的自动化冷库

典型的中餐，饭做得很地道，尤其是扬州炒饭的水平甚至超过扬州当地。在日本吃饭是比较贵的，一顿像样的中餐，人均花费人民币 500 元左右。当然，如果饮酒，就另当别论了。

下午回东京，去拜访日本农协。日本出口中国的农产品非常有限，一年也就几百吨，多的时候 1000 多吨，几乎可以忽略不计。因此，双方都没有太大的兴趣，只是礼貌性地介绍了情况，并未深谈。

从农协出来，是日本皇宫所在地。司机为关照我们，汽车特意绕日本皇宫外围一圈让大家浏览。日本皇宫是日本天皇的住所，建成已经有 140 多年，自明治维新时代从京都搬迁过来，一直就在这里。“二战”时期，美国把东京炸了个遍，但皇宫没有受损，还保持着老样子。建筑物少，倒是树木葱茏，闹中取静，四周有城墙，城墙外便是护城河。这里几乎是游客必来之地。

晚上吃饭，是典型的日餐，非常丰盛。日本的清酒很有名，味道却是一般，如果第一次喝，可能会有些不习惯。

6.4.3　松下工厂参观

早晨，我们到皇宫附近散步，更加清晰地看到了周边的景色。日本皇宫是天皇的居所，不对外开放。我们只在东门附近看了看，宽阔的广场铺满了碎石和沙子，走在上面沙沙作响，低矮的松树林茂密而舒展，修剪得非常精致，时常有乌鸦飞过，或驻留在广场上。护城河宽逾百丈，有野鸭和天鹅戏水其中，也是一景。

早晨上班的人都出门比较早，走路也匆匆忙忙，但也有跑步锻炼的人。东京人上班很少开车，所以地面比较平静，若到地下看看，情况完全不一样，地铁四通八达，人流如织。我们走得慢，还影响了行人赶路。

当天参观松下电器的工厂，工厂在东京北面的茨城，有100余公里远。沿途可以饱览日本的田园风光。日本是一个多地震的国家，所以，房子并不追求高，农村尤其如此。总体来说，日本的房子布局受欧美的影响似乎很大，规划得比较好，也很整齐。

松下茨城工厂有72000平方米厂房，从1972年开始在这里设厂。公司生产的产品很多，参观时介绍的主要是滑导线和导轨类产品。接待我们的是社长植田雅彦先生，他详细介绍了工厂和生产的情况。在参观环节，我们主要参观了滑导线生产线，其中多数是十多年前投产的，有一条全自动生产线引起了大家的兴趣，从投料生产，到监测、合成、切割、包装，实现了全自动化，是一条典型的自动化流水生产线。松下的产品，虽然算不上特别尖端，但从原料控制、模具设计、工艺设计以及产品的不断优化来看，他们的确做到了精益求精。同时，他们除了自身不断完善产品实验外，也不断收集用户意见，不断改善设计，尤其针对用户对产品不熟悉的现状，对产品的运输、安装、维护提出了专业的指导意见，这对于保障产品的质量，产生了巨大的作用。公司有很多值得我们学习和借鉴的地方，尤其是他们的管理水平和生产自动化水平，更是令人不得不佩服。中国的工业化水平，虽然在过去几十年里有了质的飞跃，但与日本的精细化比较，还相差甚远。

比较有意思的是，公司大楼前有一棵大树，树冠很大，亭亭如盖（见图6－21），但显然与中国的所谓风水不合，看来日本的风水文化与中国大不相同。

图6－21　松下工厂

6.4.4 从镰仓到富士山

这天安排了一天的游览参观，从东京往南，经过横滨折向西行，是一些丘陵山区，翻过一座山，很快就到达了镰仓。镰仓是一个很有历史感的地方，也是日本三大古都之一，著名的镰仓幕府就在这里诞生。至今已经有 800 多年历史。这里还保存了中国南宋时期的房屋建筑，更是难得。我们第一站到达著名的八幡宫，这是日本一个著名的寺庙，历史也在 800 年以上。这里每年举行多场祈祷会，用于给不同年龄段的孩子祈祷祝福，很有特色。有很多日本寺庙深受中国影响，如长谷寺即是其一，这里供奉观音，香火旺盛。还有镰仓大佛，也是具有很浓的中国特色，这些文物，已经充分说明中日之间上千年的交流历史。长谷寺还有一处景观，可以俯瞰整个镰仓的城市风光，这里三面环山，面朝大海，湛蓝的海水与鳞次栉比的建筑浑然一体，让人感到无比震撼。在日本，环境保护相当富有成效。河流都是清澈的，街道干净得让人惊讶，游人身处其间，有一种说不出的愉悦感觉，这是日本文明程度最具体的表现。日本的道路都十分狭窄，山区尤甚，但规划整齐，十分实用。这是他们对大自然最准确的理解，这一方面，日本的确可以为师了。

去日本除东京外，最应该去的是富士山（见图 6－22），这次终于得偿心愿。我们在镰仓继续往西，一路上时不时就可以看到富士山了，据说富士山的最佳观赏地在厢根的大涌谷，这个地方其实也是一座山，海拔高度 1300 多米，是著名的温泉之乡。上得山来，眼前突然开朗起来，富士山就在前方不远处，雪白的山峦，远远望去，气势挺拔，山腰有白云萦绕，终日不去。富士山是日本的象征，山顶海拔达到 3776 米，常

图 6－22 富士山

年积雪，号称神山。站在大涌谷，富士山景色尽收眼底。这里常年游人如织，导致上下山的车辆常常堵塞。

山下的厢根最有名的还是温泉，其实温泉对日本来说是稀松平常，以厢根最为著名。这里据说有 7 处著名的温泉，每年游客有数百万之多，是日本的旅游胜地。

在日本泡温泉有很多讲究，比如要先洗净身体才能进去，又比如泡温泉的衣着、时间、礼仪等，导游一再提醒不要忘记了。在中国泡温泉虽然也有一些规矩，但比较起日本来，其执行程度是很不一样的。日本的温泉收费不高，即使是我们住的宾馆，也接待专门来这里泡温泉的客人，一般单次价格也就 80 ~ 100 元人民币。温泉分为室内和室外，但本质上是没有什么区别的。有一点与国内大为不同的是，在中国泡温泉一般需要穿泳衣，在日本却是光着身子，与北京的公共浴室差不多。

晚上除了泡温泉，我们还品尝了当地的美食，并住了日本的榻榻米。榻榻米很宽敞，但对中国人来说，其实不是很舒适，这主要是习惯所致。

6.4.5 从东京到大阪

早晨起来，一看周边，知道昨晚就住在山沟里。起来后到山上走了一圈，我们住的宾馆其实就在山里，周边除了有几处房屋外，没有其他建筑，盘旋的山路非常崎岖。

从厢根返回东京，时间也有将近 3 小时，途中还经历堵车，这与过去几天的印象不太一样，可能是有交通事故的原因。

我们中午从东京火车站乘坐新干线去大阪，应是一种新奇的体验。火车站的建设也有特色，站内各种店铺林立，站台上也有多处商店，大大方便了乘客们购物和吃饭。从东京到大阪距离约 550 公里，途中经过横滨、名古屋、京都等著名城市，还可以近距离欣赏富士山，其线路设计是非常有特色的。富士山有很多观赏点，如果是乘坐 JR 新干线，则位于正南面的静冈是最好的观赏地段，可以清晰地看到富士山绵延而上直至顶峰的全部山体。不同角度看富士山会有不同的感受，从南面看，富士山更像一顶硕大的帐篷，白色的顶盖把它装扮得与众不同。

日本国土面积很小，著名城市却很多。除了东京以外，横滨是重要的港口城市，大阪是重要的工业城市，而名古屋则是重要的制造业基地。名古屋还是一座历史名城，这里过去曾是尾张德川的城下町，历史上是日本战国文化的重要发祥地。

日本属于岛国，几乎所有重要城市都临海而建。因此，桥梁建设特别发达。尤其是东京，跨海大桥遍地都是，有的势如彩虹，气势磅礴；有的轻盈如燕，精妙绝伦；有的重重叠叠，回环婉转，这构成了日本许多城市的重要景色。

下午 3 点到达大阪，还没有出站就已经感受到大阪的热闹非凡。大阪是日本的第二大城市，长期以来就有副都之称，其地位仅次于东京，类似于中国的上海。据导游介绍，难波地区是大阪最热闹的区域，所以我们直接就到这里游览，眼前的景象也的确令人吃惊：大街小巷，人山人海，商铺林立。我们从下午4点开始一直逛到下午7点多，可能只游览了很小的区域。从地图上看，心斋桥、道顿堀、难波、日本桥这一带是繁华的商业区，尤其是心斋桥筋和戎桥筋商业街，南北绵延数公里，热闹非凡，若论小吃和购物，恐怕全世界少有能与之匹敌的地方。东京银座虽然热闹，但只限于购物而已，小吃是绝对赶不上这里的。

6.4.6 京都印象

从大阪开车到京都约75公里，需要90分钟。京都是日本的三大古都之一，作为首都，有大约1000年历史，因此古迹较多。作为日本的旅游胜地，京都的确名不虚传。我们首先参观的是著名的清水寺，这是一座有1200年历史的寺庙，最著名处在于其楼阁及红叶，据说在春天也是极佳的赏樱之处。京都地势平坦，三面环山，清水山成为其东面的屏障，风景秀丽。从山上可以俯瞰京都全市：高楼不多，有古迹镶嵌其中，古色古香，但现代化气息稍显不足。

在北面，有一处人人要去的地方是花见小路，据说这里有日本艺伎的表演，最能吸引人。但我们没有看到，也许是因为不熟悉，只看到林立的店铺——主要是吃饭看表演的地方。周边寺庙有好几个，我们去的是有名的建仁寺，这里的建筑多以木结构为主。寺内有展览，其中的书画艺术非常有特色。还可以见到抄写经文的日本少女，那种认真的程度，足以让人感动。

对中国人来说，金阁鹿苑寺是比较熟悉的，主要是因为一休和尚的缘故。金阁鹿苑寺通体镀金，在阳光下熠熠生辉，成为一道胜景，吸引了无数游客驻足留念（见图6-23）。

图6-23 京都金阁鹿苑寺

在导游的带领下，我们还参观了著名的伏见稻荷大社，建在东边的山上，供奉着传说中的狐狸神。由于狐狸神主商业，因此几乎日本所有的知名企业都在山上奉献有鸟居，祈望公司风调雨顺。鸟居其实就是一种特型的牌楼，像一道门牌，一般由木材建造，漆成红色，也有石头建造的，但比较少。在山道上，大大小小的鸟居总计有数千个之多，第一个奉献的据说是著名的丰臣秀吉。对中国游客而言，这里之所以有名，恐怕还与章子怡的电影《艺伎回忆录》有关，这一部电影据说引起很大争议，其取景就在这里。

京都虽然是游览胜地，但城市面貌却不免有些陈旧和落后。街道狭窄，电线都布置在地上而不是埋在地下，显得有些凌乱，这些与大阪和东京相比，的确有些古老和陈旧。各处景点，就其规模来说，也略显简陋和矮小，尤其与中国寺庙的恢宏程度不能相提并论。

晚上我们再去难波地区游览购物，其繁华闹市，的确与众不同。我们慢慢走了1个多小时，游览了大阪的热闹与繁华，更加对这里的一切感到惊奇。

6.4.7 奈良印象

奈良是一个历史悠久的城市，也是古都之一。在大阪以西约40公里。这里最有名的是其寺庙和鹿。我们首先到达的是著名的东大寺，其建于中国宋朝时期的门楼不仅气势恢宏，其斑驳的梁柱，记录了1000多年来的风雨沧桑。在中国可能已经找不到这样的建筑了，但其实在日本很多地方，还保存有超过1000年历史的建筑，这也是意外的收获。

东大寺的主殿建于12世纪初，后毁于大火，于16世纪重建。虽然仍然保存了两层的整体结构，但建筑形式有很大的变化，尤其是大门的武士帽檐结构，显得别开生面。日本有很多古建筑是师从中国，但又有不少地方进行了创新，并非完全照搬。

奈良的奇景之一是遍地的鹿群，数量之多无从统计，大街小巷都有，与游人和睦相处。有的在马路上，有的在商店门口，有的在水沟旁，有的在树林中，三三两两的鹿群与游人亲密无间，仿佛它们也是游客的一部分。温顺的鹿既不怕人，也不攻击人，游客可以摸摸鹿的头，有时游客投喂食品，鹿还会点头致谢，或者是用头顶撞行人，有如顽童。如此景象，真是少见。据说奈良市政府花了很大力气驯化这些鹿，使其达到现在这个程度，看来其创意是非常成功的。奈良的鹿已经成为城市名片，如图6-24所示。

在奈良，有一处春日大社，与京都的伏见稻荷大社有异曲同工之妙，不仅都规模宏大，那成千上万的供奉，从山下绵延而上，也是源出一体。与伏见稻荷大社不同的是，这里的奉献不是鸟居，而是一种带石座的灯塔，上面刻有奉献者的名字、时间等。日本的很多习俗，均由中国传来，有些习俗在中国早已失传，而日本则保存完好，也是难得。

图 6 - 24　奈良的鹿

下午我们返回大阪，参观著名的大阪城，这是一座保存完好的古城，始建于公元 17 世纪。大阪城和名古屋城、熊本城并列日本历史上的三大名城，别名“金城”或“锦城”，据说由丰臣秀吉建造，是丰臣氏的本家所在。丰臣秀吉在日本名声很大，不仅统一了日本，还多次带兵攻打朝鲜，彰显了日本侵略的野心。大阪城四周有壕沟和坚固的城墙，内城还建有壕沟和城墙，是典型的日本城垣建筑，位于东京的皇宫也是按照这一规制建设，坚固耐用，易守难攻。城内标志性建筑天守阁壮观美丽，金色的装饰熠熠生辉。原建筑已经毁于战火，现有建筑是昭和六年所重建。远远即可望见高耸的屋顶，显得金碧辉煌。城内古迹很多，大手门、樱门、千贯橹、焰硝藏、金藏等均为大阪最具代表性的名胜古迹。丰臣秀吉像基本反映了当时日本武士的形象，这种装扮虽然在我看来有点丑陋，却是日本人崇拜的偶像。

日本特别注重对于下一代的教育，在全国各处，我们看到很多中小学生集体参观名胜古迹的现象，在大阪城更加突出。在八幡宫和春日大社，还有特别为 3 岁、5 岁和 7 岁孩子举行的祈福仪式，孩子和家长都郑重其事。

6.4.8　一点感悟

早晨5点即起，赶往关西机场回国。出门的时候，突然下起了小雨，使大家顿时感到一丝幸运，过去几天的天气真是太好了。

从住处到机场有45公里左右，机场建在海上，通过桥梁与城市相连接。当年9月的特大台风“飞燕”，使大阪关西机场受重创，跨海大桥被轮船撞伤，受损严重，一度交通中断。现在桥梁已经恢复部分通车，但要修复桥梁，还需时日。

此次到日本，感受与前几次大为不同。一方面，仍然看到了日本的进步和文明程度，看到了东京和大阪这两个大城市的繁华，以及城市建设的与众不同，尤其是东京，以桥梁、道路为主的基础设施建设令人叹为观止。另一方面，我们也看到了日本古都的衰落，如京都和奈良就是一个典型。日本人口老龄化严重，年轻人都集中在东京和大阪这样的特大城市，资源也向大城市倾斜，这样就加重了地区的不均衡性，使得小城市，尤其是农村，不可避免地出现人口空心化。尽管京都和奈良都在城市规划和发展上想尽了办法，如兴建大学，加强旅游和服务业的发展，但仍然难以挽回颓势。许多城市几十年没有大的发展，这是日本的一个大问题，也将是中国未来的大问题，如何应对这一问题，中国应提前考虑。

作为物流领域的从业者，我们要向日本学习的地方是全方位的，日本人的严谨和专注尤其令人称道。国家的建设应该着眼于长久的富强，人民的长久幸福，过分看重眼前的财富，惟GDP论是危险的。一个企业，如果只为赚钱而存在，罔顾自身的社会责任，罔顾人类的良知和道义，也是没有意义的。

在日本吃饭也是这次使我印象比较深刻的方面，我们几乎品尝了各种美食，一般来说，午餐都比较随意。日本的食盒干净整齐、品种丰富，尤其是海鲜鱼类比较丰富，价格也比较便宜，午餐一般花相当于人民币30~50元的就已经很好了。晚餐比较丰盛，花样也多，可以是正规的日本料理，也可以是烧烤、自助餐之类的，价格当然会贵一点，但也与中国差不多。日本工人的收入并非想象的那么高，初级员工的月薪也只有不到20万日元，高级员工会高一些，但30万~50万元的月薪已经是比较不错的了。

关于城市文明，日本干净的市容只是其表象，其实若了解日本的家庭、宾馆、公厕等场所，将会感到这个国家的文明是全方位的，也不是短期可以养成的。听导游讲，日本以前也有脏乱差现象，尤其是随地小便屡禁不止，最近几年却大有改观。还有一个现象是，日本人表现得比以前更加温和谦逊，年轻人也显得没有那么浮躁，而是彬彬有礼，也是一个社会变化的反映。

对我来说，旅行其实很辛苦，每天行走15~20公里，已经非常不易，但收获也是很大的。有时到国外走走，也是一种学习和体验，这次也是如此。

参考文献

[1] 中华人民共和国公安部．建筑设计防火规范：GB 50016—2014 [S]．北京：中国计划出版社，2018.

[2] 中华人民共和国住房和城乡建设部．物流建筑设计规范：GB 51157—2016 [S]．北京：中国建筑工业出版社，2016.

[3] 中华人民共和国公安部．自动喷水灭火系统设计规范：GB 50084—2017 [S]．北京：中国计划出版社，2017.

[4] 刘昌祺，董良．自动化立体仓库设计 [M]．北京：机械工业出版社，2004.

[5] 刘昌祺．物流配送中心设施及设备设计 [M]．北京：机械工业出版社，2004.

[6] 贾争现．物流配送中心规划与设计 [M].2 版．北京：机械工业出版社，2009.

[7] 靳伟．中国单元化物流全书 [M]．北京：中国财富出版社，2017.

[8] 靳伟．物流的内涵和物流战略管理实践 [M]．北京：中国物资出版社，2010.

[9] 蒋先国．高速铁路四电系统集成 [M]．成都：西南交通大学出版社，2010.

[10] 杨国庆．综合布线技术与网络工程 [M]．北京：中国建材工业出版社，2015.

[11] 王国华．中国现代物流大全 3：现代物流技术与装备 [M]．北京：中国铁道出版社，2004.

[12] 何黎明，张晓东，马增荣．中国物流技术发展报告 2017 [M]．北京：中国财富出版社，2018.

[13] 中国机械工程学会物流工程分会．“数控一代”案例集（物流技术与装备卷）[M]．北京：中国科学技术出版社，2016.

[14] 中国机械工程学会物流工程分会．物流工程技术路线图 [M]．北京：中国科学技术出版社，2015.

[15] 薛威．仓储作业管理 [M].3 版．北京：高等教育出版社，2018.

[16] 程国全．物流信息系统规划 [M]．北京：中国物资出版社，2004.

[17] 陆大明．中国物流仓储装备产业发展研究报告（2016—2017）[M]．北京：机械工业出版社，2018.

[18] 戚安邦．现代项目管理 [M]．北京：对外经济贸易大学出版社，2001.

[19] 尹军琪．物流中心改扩建的要点分析与发展趋势 [J]．物流技术与应用，

2016 (21).

[20] 侯凌燕，尹军琪．物流系统招标文件的起草和评审 [J]. 物流技术，2016 (35).

[21] 侯凌燕，尹军琪．物流中心设计评价指标分析 [J]. 物流技术，2015 (9).

[22] 侯凌燕，尹军琪．图书重量复核技术的应用 [J]. 物流技术与应用，2008 (1).

[23] 吴清一．中国托盘手册 [M]. 北京：中国物资出版社，2010.

[24] 张新长，康停军，张青年．城市地理信息系统 [M].2 版．北京：科学出版社，2014.

[25] 刘敬，江宏．高教物流　中国出版物流的里程碑 [J]. 物流技术与应用，2010 (9).

[26] 琚春华，蒋长兵，彭扬．现代物流信息系统 [M]. 北京：科学出版社，2005.